Coleção

Filosofia e Direito

Direção

Jordi Ferrer

José Juan Moreso

Adrian Sgarbi

UMA SIMPLES VERDADE

O JUIZ E A CONSTRUÇÃO DOS FATOS

MICHELE TARUFFO

UMA SIMPLES VERDADE

O JUIZ E A CONSTRUÇÃO DOS FATOS

Tradução
Vitor de Paula Ramos

Marcial Pons

MADRI | BARCELONA | BUENOS AIRES | SÃO PAULO

Coleção
Filosofia e Direito

Direção
Jordi Ferrer / José Juan Moreso / Adrian Sgarbi

Uma simples verdade. O juiz e a construção dos fatos
Michele Taruffo

Título original
La semplice verità. Il giudice e la costruzione dei fatti

Tradução
Vitor de Paula Ramos

Capa
Nacho Pons

Preparação, revisão e editoração eletrônica
Ida Gouveia / Oficina das Letras®

CIP-Brasil. Catalogação na Publicação
Sindicato Nacional dos Editores de Livros, RJ

T198u

Taruffo, Michele
Uma simples verdade : o juiz e a construção dos fatos / Michele Taruffo ; tradução Vitor de Paula Ramos. - 1. ed. - São Paulo: Marcial Pons, 2016. (Filosofia e Direito)
Traduçao de: La semplice verità. Il giudice e la costruzione dei fatti

Inclui bibliografia
ISBN 978-85-66722-39-0

1. Direito processual. 2. Processo civil. 1. Título. II. Série.

16-35337 CDU: 347.91/.95(81)

Av. Brigadeiro Faria Lima, 1461, Torre Sul, 17/8
Jardim Paulistano CEP 01452-002 São Paulo-SP
☎ +55 (11) 3192.3733
www.marcialpons.com.br

Impresso no Brasil [08-2016]

Para Cristina.

Nada agrada mais à verdade
que a simplicidade da verdade.

Muriel Barbery

A verdade raras vezes é pura e nunca é simples.

Oscar Wilde

SUMÁRIO

CAPÍTULO III

CAPÍTULO IV

CAPÍTULO V

CAPÍTULO I

...1215...

1. INTRODUÇÃO

O ano de 1215 foi muito importante, mesmo se muitos dos que viveram naquele tempo provavelmente não tenham percebido. Esse ano foi importante por pelo menos três razões: duas delas merecem uma atenção particular, enquanto a terceira merece menção somente a fim de esboçar a atmosfera cultural existente na Europa naquele momento.

Falando primeiramente dessa última razão, deve-se recordar que, em 1215, a Igreja, através do Cardeal *Legato* Robert de Courçon, confirmou nos estatutos da Universidade de Paris a proibição de se ler e de se ensinar a *Física* e a *Metafísica* de Aristóteles. Essa proibição, que já fora imposta em 1210 no Concílio de Sens, foi repetida posteriormente, em 1228, e, finalmente, incluída em um elenco muito mais longo de proibições proclamado com o Sílabo de 1277.[1] Esse tema não pode ser aqui discutido; basta que se frise que depois do renascimento cultural do século XII, a cultura do século XIII já estava envolvida em discussões acerca da herança de Aristóteles, bem como do perigo que essa – inclusive por causa da intermediação feita pela cultura árabe através das traduções das obras do Estagirita[2] – poderia representar para a ortodoxia.

---

[1] Cfr. GARDINALI e SALERNO (orgs.), 1993: 220; LE GOFF, 1995: 118.

[2] Sobre traduções árabes das obras de Aristóteles e seu uso na Europa cfr. GARDINALI e SALERNO, 1993: 213.

Em Londres, pouco depois de 15 de junho, o rei João foi forçado por seus barões a conceder a *Magna Charta Libertatum*, considerada a primeira grande constituição da história europeia. O rei provavelmente não percebeu que estava dando início a uma série de outras constituições[3] e, sobretudo, a uma longa história do direito constitucional inglês. Mais especificamente, provavelmente ele não realizou que a Seção 29 da *Magna Charta* era o início formal de um sistema processual que duraria muitos séculos, segundo o qual os «*pares*» deviam desempenhar um papel central como juízes do fato.[4] Há um aspecto paradoxal em tudo isso, visto que o rei obteve rapidamente do papa Inocêncio III uma bula que anulava a constituição; essa permaneceu, pois, em vigor somente por aproximadamente nove semanas.[5] Não obstante, o Cap. 29 tornou-se, com o tempo, um símbolo do sistema fundado no *jury trial*. Como disse apropriadamente Plucknett, o mito foi muito mais importante do que a realidade.[6]

Em novembro de 1215, ocorreu em Roma outro evento importante: o papa Inocêncio III, protetor e inimigo de João da Inglaterra,[7] impôs no IV Concílio Laterano a proibição dos ordálios como meio para estabelecer se uma parte merecia vencer ou perder uma controvérsia judiciária. Mais especificamente, o Concílio proibiu os sacerdotes de participar dos ordálios judiciários, mas – visto que os instrumentos que serviam para realizá-los (espadas, objetos de ferro, água, entre outros) deviam ser consagrados por um sacerdote[8] – a aludida proibição equivalia a tornar impossível sua celebração.[9] Conforme se verá mais adiante, esse é somente um ponto na complexa história das provas na Idade Média, mas é importante como momento simbólico em que a autoridade eclesiástica decide que a Igreja não pode mais envolver-se em controvérsias judiciárias. Isso ocorre sobretudo porque parecia teologicamente incorreto desafiar Deus a intervir em questões mundanas para determinar a vitória do inocente e a derrota do culpado.

O ano de 1215 foi, por conseguinte, essencialmente um momento simbólico, em que vários eventos interessantes ocorreram no lapso de alguns meses.

---

3 Cfr. PLUCKNETT, 1956: 23.

4 Em sua versão corrente o Cap. 29 diz: «*No freeman shall be taken or imprisoned, or disseised of his free tenement, liberties or free customs, or outlawed or exiled or in any wise destroyed, nor will we go upon him, nor will we send upon him, unless by lawful judgment of his peers, or by the law of the land. To no one will we sell, deny or delay right or justice.*»

5 Cfr. PLUCKNETT, 1956: 23.

6 *Idem, ibidem*, 25.

7 *Idem, ibidem*, 22.

8 Sobre o caráter religioso do ritual ordálico cfr., por exemplo, GAUDEMET, 1965: 121.

9 Cfr. a clássica obra de PATETTA, F., 1890: 312, 341. Cfr. também BOULET-SAUTEL, 1965: 292. Proibições diretas dos ordálios foram, em verdade, emanadas mais tarde no século XIII, e começaram com a carta *Dilecti filii* do papa Honório III. Cfr. PATETTA, 1890: 342, 368, 401. Cfr. anche LEA, 1910: 428.

Todavia, tratou-se somente de uma conjuntura particular no curso de um desenvolvimento histórico muito significativo para a história dos sistemas probatórios de *civil law* e de *common law*. De certa maneira, esse foi o momento em que algumas coisas consolidaram-se e se tornaram claras. Entretanto, a fim de entender sua importância, é oportuno voltar um pouco e lembrar rapidamente daquilo que acontecera antes. Posteriormente, será o caso de seguir um pouco em frente para observar o que veio a ocorrer depois.

2. VOLTANDO ALGUNS PASSOS: ORDÁLIOS E PROVAS

Mesmo antes da queda do Império Romano do Ocidente, mas sobretudo na época que o sucedeu, os eventos mais importantes que tiveram início nos séculos IV-V e prosseguiram por muito tempo – jogando a sociedade europeia em uma profunda e duradoura confusão – foram as invasões bárbaras. Com suas famílias, seus servos e seus rebanhos, os guerreiros bárbaros trouxeram consigo suas tradições e seus costumes jurídicos. Dentre eles, um instrumento muito importante, usado habitualmente para resolver controvérsias de todo tipo, era o ordálio. Os ordálios têm uma história antiga e obscura: provavelmente chegaram da Índia à Europa central, onde foram adotados pelos povos germânicos.[10] De qualquer modo, quando esses povos invadiram o resto da Europa e criaram seus reinos, o sistema germânico dos ordálios difundiu-se por todo o continente; tornou-se o mais comum «*sistema probatório*», tanto para controvérsias penais como para as civis (também porque, em muitos casos, e por algum tempo, essa distinção não era totalmente clara).

A noção geral de ordálio inclui uma grande variedade de técnicas utilizadas em diferentes situações, de acordo com as tradições particulares e com base nas escolhas feitas pelos juízes ou pelas partes: o ordálio mais comum e duradouro foi provavelmente o duelo judicial, em que as partes ou seus campeões combatiam perante os juízes. Entretanto, outras formas foram muito populares, como a «*prova d'água*», a prova do «*caldeirão fervente*», a prova do «*ferro incandescente*», a prova «do fogo», e diversas versões dessas técnicas fundamentais.[11] Todavia, nem todos os ordálios eram assim cruéis: um instrumento de uso bastante comum era o juramento de uma das partes (*compurgatio*),[12] e outra forma, amplamente utilizada, era o juramento prestado por um grupo de pessoas (chamados geralmente de *conjuratores*)

---

[10] Segundo BARTLETT (1986: 4, 7), os ordálios foram características dos povos Francos; não de todos os povos germânicos.

[11] Para amplas e detalhadas descrições dos diversos tipos de ordálios cfr. as obras clássicas de F. PATETTA e de E. C. LEA já citadas, além de DEL GIUDICE, 1900: 336, 346; SALVIOLI, 1925: 288. Cfr. também BARTLETT, 1986: 13, GAUDEMET, 1965: 101, 105; para referências ao período carolíngio cfr. em particular BARTLETT, 1986: 9; JACOB, 1996: 43 e ss.

[12] Cfr. em particular JACOB, 1996: 55 ss., 61 ss.; LÉVY, 1965: 19.

em auxílio de uma parte.[13] Todos esses meios de prova eram vulgarmente chamados de «*juízos divinos*», visto que se fundavam na premissa de que Deus, devidamente requerido a assistir as partes, deveria determinar diretamente o êxito da prova, tornando evidente a inocência ou a culpabilidade do sujeito que a ela se submetera.[14] Consequentemente, depois da conversão das tribos germânicas à religião católica, um sacerdote deveria assistir ao ordálio e consagrar os instrumentos que deveriam ser utilizados para realizá-lo.[15] Eram previstos procedimentos específicos e muito detalhados para a celebração dos ordálios: a observância pontual desses procedimentos assegurava sua validade e, portanto, a justiça e a aceitação do resultado que delas derivava.

Não é possível aqui abordar esses procedimentos, mas vale a pena frisar pelo menos dois aspectos do fenômeno dos ordálios.

É lugar-comum, confirmado, por exemplo, pela autoridade de Levy-Bruhl, a consideração dos ordálios como meios de prova *irracionais.*[16] Na acepção moderna do termo esses eram certamente irracionais, sendo fundados em um ato de fé relativo à intervenção divina. Tal avaliação, todavia, corre o risco de ser eivada pela *Rückschluss,* ou seja, pelo erro habitual consistente em interpretar eventos passados de acordo com critérios modernos.[17] Em realidade, os ordálios podem parecer *culturalmente* racionais, no sentido de que eram coerentes com a cultura dos contextos sociais circundantes. Naqueles tempos, a vida cotidiana das pessoas era dominada pelo sangue e pela violência e estava profundamente imersa em um mundo místico repleto de milagres, santos, demônios, bruxas e magos: em uma cultura desse gênero, dominada pelo *enchantment*,[18] a convicção de que o divino pudesse desempenhar um papel importante na determinação da vida dos seres humanos podia parecer profundamente justificada. Mais especificamente, não havia qualquer extravagância em pensar que Deus devesse intervir na determinação do êxito

---

[13] Os *conjuratores* eram considerados *testes de credulitate,* pois o objeto de seu juramento não era a verdade dos fatos, mas a credibilidade da parte a favor de quem prestavam juramento. Portanto, esses não eram testemunhas em sentido próprio, mas apoiadores da parte a favor da qual juravam. Cfr., por exemplo, Bougard (1995: 332), que frisa que os *conjuratores* participavam de um ritual em que seu conhecimento dos fatos era irrelevante. Cfr., ainda, Boulet-Sautel, 1965: 292; Lévy, 1965a: 146, 148; Del Giudice, 1900: 323; Salvioli, 1925: 261. Sobre os *conjuratores* na prática judiciária inglesa cfr. Van Caenegem, 1988: 66.

[14] Cfr., p. ex. Gaudemet, 1965: 103. É diversa a tese de Jacob, 1996: 67 ss., 73 ss., segundo o qual a expressão *judicium Dei* aparece posteriormente, ou seja, aproximadamente no fim do século VIII, e refere-se sobretudo ao duelo judicial.

[15] Segundo Bartlett (1986: 42), a prática dos ordálios era fortemente estimulada pela Igreja, tendo-se difundido em conexão e com a difusão do Cristianismo.

[16] Cfr. em particular Levy-Bruhl, 1964: 59, 72. Analogamente cfr., p. ex., Lévy, 1965: 13; Van Caenegem, 1992: 26.

[17] A própria distinção entre provas racionais e provas irracionais pode ser considerada como um exemplo desse erro: cfr. Jacob, 1996: 52.

[18] Cfr. Olson, 2000: 110. Cfr. também Levy-Bruhl, 1964: 80.

de eventos importantes como as controvérsias judiciárias: o ordálio era visto como a «*liturgie d'un miracle judiciaire*»,[19] que se realizava através de uma *épreuve*, ou seja, através da superação de uma prova, e não da produção probatória na acepção moderna do termo.[20] Além disso, essa convicção era perfeitamente coerente com a cultura da alta Idade Média:[21] isso explica o fato de ter perdurado por muitos séculos na prática judiciária em toda a Europa.

Por outro lado, os ordálios eram também *funcionalmente* racionais. Os historiadores do direito medieval analisaram e discutiram vários aspectos da racionalidade funcional dos ordálios na sociedade e nos sistemas políticos e institucionais da época em que floresceram, sobretudo fazendo referência à sua utilidade como instrumentos de um poder coercitivo.[22] De outro ponto de vista, frisou-se inclusive o caráter sacramental dos ordálios, para explicar sua popularidade em épocas e em lugares caracterizados pela presença e pela difusão de uma profunda fé religiosa.[23]

Provavelmente uma solução clara e simples desse problema não existe. De qualquer maneira, vale a pena destacar um fator muito significativo da racionalidade funcional dos ordálios no contexto do modelo processual de tipo germânico (que era seguido em muitas áreas da Europa). O aspecto mais importante do procedimento consistia no fato de que as partes expunham suas demandas e suas defesas à corte; essa determinava o objeto da controvérsia e decidia quais provas deveriam ser apresentadas por qual parte.[24] Essa sentença, chamada *Beweisurteil* pelos historiadores alemães, punha fim ao trabalho da corte e era definitiva: depois dela o ordálio tinha que ser executado de acordo com os procedimentos, a fim de se decidir qual das partes vencera e qual delas sucumbira. Por conseguinte, o ordálio era sempre decisivo, visto que seu resultado era sempre claro: a parte que se submetia ao ordálio devia «purgar-se» da acusação a ela dirigida pela parte contrária, e as consequências positivas ou negativas da prova eram claras a quem quer que fosse. A corte não tinha, por conseguinte, qualquer necessidade de intervir novamente para emanar uma sentença fundada no êxito do ordálio: a combinação desse com a *Beweisurteil* era suficiente para fornecer às partes e à corte (além de prover

---

[19] Assim, Jacob, 1996: 44.

[20] Cfr., neste sentido, Jacob (1996: 51), o qual traduz *probatio* para *épreuve*, não para *preuve*, frisando justamente que a *probatio* indicava mais uma forma de desafio que a aquisição de elementos de cognição, em um contexto processual que visava mais à composição do conflito processual do que à busca da verdade. Analogamente cfr. Taruffo, M., 1992: 416.

[21] Como frisa H. Levy-Bruhl (1964: 71), a sentença fundada no ordálio interpretava as opiniões gerais do contexto social.

[22] Cfr., em particular, Bartlett, 1986: 36. Para uma crítica dessa orientação e para outras referências, cfr. Olson, 2000: 128, 130.

[23] Cfr. em particular Olson, 2000: 132; Jacob, R., 1996: 43 ss.

[24] Sobre a variabilidade dos critérios dessa decisão cfr. p. ex. Del Giudice, 1900: 310; Salvioli, 1925: 365.

ao público) uma clara solução da controvérsia. Em realidade, a prova não era nem mesmo dirigida à corte, sendo, pelo contrário, dirigida à parte adversa.[25] Como parece evidente desse ponto de vista, os ordálios eram funcionais como meios para resolver as controvérsias de maneira rápida, simples e definitiva. Além disso, asseguravam a aceitação do resultado da controvérsia por parte do ambiente social circundante.

É necessário, todavia, recordar que no curso do procedimento, e antes que fosse pronunciada a *Beweisurteil*, geralmente outros meios de prova eram apresentados à corte: eram inquiridas as testemunhas e apresentados os documentos, e as partes ou seus *conjuratores* podiam prestar juramentos sobre fatos que estivessem à base da controvérsia. Somente quando esses meios de prova não produziam um resultado claro com relação a esses fatos é que a corte emanava a *Beweisurteil*, para pôr fim ao procedimento através do instrumento do ordálio[26] – que, portanto, tinha um papel residual. Quando, ao invés disso, as outras provas permitiam a apuração da verdade dos fatos, a corte formulava uma decisão com base naquilo que as provas haviam demonstrado. Nesses casos, o ordálio não era necessário, ou era substituído por um juramento formal prestado por uma das partes.[27] Mesmo os historiadores inclinados a dar evidência à importância e à difusão dos ordálios na sociedade medieval reconhecem que esses eram praticados somente quando outros meios para apurar a verdade não estavam disponíveis ou não eram suficientes, bem como que vários outros tipos de prova, como documentos e testemunhas, eram usados habitualmente.[28] Esse aspecto da prática judiciária é interessante porque mostra como os ordálios não eram compreendidos como meios de prova em sentido estrito, ou seja, como instrumentos para apurar a verdade sobre os fatos que fundamentavam a controvérsia. Eram, na verdade, compreendidos como uma técnica residual, empregada para decidir as controvérsias em que os meios de prova ordinários não tinham logrado resolver as dúvidas sobre aqueles fatos. Substancialmente, os ordálios eram considerados instrumentos para chegar a uma decisão definitiva nos casos de incerteza, e não uma técnica destinada à descoberta da verdade.[29]

---

[25] Cfr. SALVIOLI, 1925: 250.

[26] Sobre a função residual do ordálio cfr. em particular PATETTA, 1890: 27, 223.

[27] Este aspecto foi evidenciado pelos documentos relativos a sentenças emanadas ao longo do século VIII. Cfr. SINATTI D'AMICO, 1968: 369. Também cfr. SALVIOLI, 1925: 252.

[28] Cfr. em particular BARTLETT, 1986: 26, e também LÉVY, 1965: 17; VAN CAENEGEM, 1992: 26; JACOB, 1996: 52 ss.

[29] Nesse sentido, inclusive para críticas bem argumentadas das teorias segundo as quais os ordálios teriam sido instrumentos para a descoberta da verdade, cfr. OLSON, 2000: 121, 126; JACOB, 1996: 51. Sobre a função do duelo judicial cfr. BARTLETT, 1986: 114. Cfr. também, com referência a um caso famoso decidido em 716, SINATTI D'AMICO, 1968: 149.

2.1 Um exemplo interessante: a evolução das provas no direito longobardo

A complexa evolução da prática dos ordálios e a transição desses meios de decisão a sistemas probatórios mais modernos e «racionais» não pode ser aqui analisada em todos os seus aspectos. Há, todavia, um exemplo dessa evolução que merece consideração particular: trata-se do direito probatório longobardo. Esse exemplo é interessante por pelo menos duas razões. A primeira é que esse ocorre em Pavia, que foi por mais de quatro séculos a capital do Reino Itálico,[30] primeiramente com os reis longobardos e, posteriormente, com os reis francos. Pavia era, por conseguinte, o centro da administração do reino, e no *palatium* do rei tinham sede o tribunal supremo e uma escola de direito muito importante.[31] Nessa escola o direito longobardo e outras legislações romano-barbáricas eram ensinados a pessoas cultas destinadas a tornarem-se juízes ou notários. O direito romano era também bem conhecido e ensinado, em um ambiente cultural de nível bastante elevado em que a língua do direito – usada também pelos juristas longobardos – era um bom latim.[32] A segunda razão de interesse é que a experiência lombarda pertence a um período de evolução precoce (mas muito importante); é representativa da transição do sistema originário dos ordálios ao sistema moderno das provas, que, em épocas sucessivas, verificou-se no resto da Europa. Na realidade, o direito longobardo antecipou em muitos aspectos aquilo que viria a ocorrer alhures muito mais tarde; esse foi elaborado no decorrer de vários séculos e era constituído por um conjunto rico e complexo de normas; essas faziam dele uma legislação de relevante importância no panorama europeu,[33] também devido à influência que o direito romano nela exercera.[34]

Em 22 de novembro de 643, no palácio real de Pavia, o rei Rotari promulgou o edito que leva seu nome. Trata-se de um texto longo e complexo em que são postas em forma escrita, e em latim, todas as normas derivadas das tradições e dos costumes jurídicos do povo longobardo.[35] Inicialmente

---

[30] É útil recordar que os Lombardos invadiram a Itália, sob o reinado de Alboíno, em 569, e ocuparam a maior parte do território italiano, criando um reino assaz potente. Pavia tornou-se a capital do reino em 610. Em 773 o exército franco derrotou os Lombardos, e Pavia foi conquistada em 774. Desde então, o *Regnum Italiae* foi incluído no império franco, mas Pavia continuou sendo a capital do reino até a primeira metade do século XI.

[31] Sobre essa escola e suas funções cfr. Mengozzi, 1924.

[32] Sob influência do direito romano alguns novos institutos jurídicos foram criados na escola de Pavia. Além disso, a inclusão de alguns elementos do direito romano no direito lombardo deveu-se ao fato de que os estudiosos lombardos conheciam o direito romano e aplicavam-no tanto na redação de éditos como na pronúncia de sentenças. Sobre o assunto cfr. Mengozzi, 1924: 35, 158, 183, 276.

[33] Cfr. Radding, 1988: 21.

[34] Cfr. Radding, 1988: 23; Mengozzi, 1924: 288.

[35] Cfr. Azzara, 2002: 116; Radding, 1988: 19.

o direito longobardo era aplicado somente aos Longobardos, enquanto aos locais eram aplicados os resíduos do direito romano;[36] de qualquer modo, os Longobardos misturaram-se rapidamente às populações pré-existentes e, por conseguinte, o direito longobardo passou a ser aplicado a todos os sujeitos, independentemente de sua cidadania.[37]

Quanto ao procedimento, no início os Longobardos seguiam o modelo germânico tradicional: não havia uma clara distinção entre processo civil e processo penal,[38] e o aspecto mais importante constituía-se na obrigação do demandado de «purgar-se» ou «purificar-se» da acusação feita pelo autor. A purificação podia ser feita com um juramento ou com um duelo: *aut per sacramentum aut per camphionem o per pugnam.*[39] O demandado podia jurar sobre sua inocência;[40] se não tivesse coragem para fazê-lo, tinha a alternativa do duelo judicial. O duelo estava também à disposição da parte que houvesse contestado o juramento. O juiz ordenava, em sua *Beweisurteil*, que se procedesse ao duelo, sobretudo com base na escolha do demandado; assim se concluía o processo. O êxito do juramento ou do duelo determinava a solução final da controvérsia. Nesse contexto a prova, o *probatum* não era a demonstração dos fatos, mas sim o êxito final da *purificatio.*[41]

De resto, e não obstante a inexistência de documentos que assim demonstrem de modo adequado, é lícito pensar na hipótese de que, desde o início, os juízes longobardos não se tenham limitado a desempenhar essa função formal: é mais provável que, antes de emanar a *Beweisurteil*, levassem em consideração outras provas, a fim de decidir segundo *veritatem aut iustitiam.*[42] Parece, pois, que também no bojo do procedimento germânico tradicional a praxe longobarda estivesse orientada no sentido de consentir que os juízes levassem em consideração toda fonte de prova, a fim de esclarecer e apurar os fatos do caso: por assim dizer, esses juízes operavam no sentido de descobrir a *veritas* dos fatos, não obstante o procedimento estivesse destinado a terminar com a *Beweisurteil.*

O édito de Rotari teve importância fundamental para a organização do direito longobardo. Entretanto, as reformas mais importantes foram introduzidas na primeira metade do século VIII, com diversas leis emanadas pelo rei

---

36 Sobre o caráter «pessoal» do direito germânico cfr., p. ex., Van Caenegem, 1992: 19.

37 Cfr. Sinatti d'Amico, 1968: 198.

38 *Idem, ibidem*: 57.

39 No édito de Rotari e em outras fontes longobardas, como as leis emanadas por Grimoaldo, há muitos lugares em que era utilizada essa fórmula: cfr. Sinatti d'Amico, 1968: 26, 145; Salvioli, 1925: 252.

40 A forma e a função do juramento são amplamente analisadas por Sinatti d'Amico, 1968: 74. Sobre o juramento que podia ser prestado por outros sujeitos na função de *conjuratores* o *sacramentales* cfr. Sinatti d'Amico, 1968: 92.

41 Cfr. Sinatti d'Amico, 1968: 33.

42 Nesse sentido cfr. Sinatti d'Amico, 1968: 40, 45, 166, 177.

Liutprando, entre 717 e 734. Essas leis mostram como o direito longobardo tradicional adaptara-se às novas condições sociais, culturais e econômicas que vinham emergindo havia algum tempo; essas podem ser consideradas como a primeira documentação da nova cultura que estava maturando no século VIII[43] (pelo menos em algumas áreas da Europa, e, em particular, na Itália[44]). No âmbito da administração da justiça as reformas de Liutprando foram muito importantes sob vários pontos de vista. Por exemplo, ele introduziu uma disciplina precisa sobre a organização dos tribunais (compostos por juízes profissionais) e sobre as funções e os deveres dos juízes no momento da aplicação da lei.[45] Liutprando conservou o modelo formal do procedimento tradicional germânico que fora mantido por Rotari, mas no bojo desse – que era ainda visto como um instrumento eficaz para a administração da justiça – introduziu desenvolvimentos significativos, sobretudo em matéria de provas.

Liutprando é conhecido sobretudo por sua aversão ao duelo como método para a resolução das controvérsias. Todavia, é necessário recordar que já Rotari limitara o recurso ao duelo[46] e que – de outra parte – Liutprando não confiava nesse como meio para fazer justiça; não obstante, não o vetou, mesmo tendo introduzido ulteriores limitações ao seu emprego – provavelmente porque a força da tradição ainda não o permitia.[47] De qualquer modo, no âmbito dos meios de prova tradicionais Liutprando preferia em larga escala o juramento, considerado como o instrumento mais eficaz para descobrir a verdade sobre os fatos da causa.[48] A preferência pelo juramento determinou uma significativa redução dos casos em que o duelo ainda era admitido. Isso não significa, todavia, que Liutprando confiasse de maneira ilimitada no juramento como meio para apurar a verdade. De fato, ele introduziu garantias e sanções contra falsos juramentos e estabeleceu que aquele que não correspondesse à verdade dos fatos perderia seu valor de prova definitiva.[49] Liutprando manteve, pois, o juramento como meio de prova, mas começou a reduzir a confiança nele depositada como uma espécie de juízo divino; inclusive, ao disciplinar o juramento coletivo sustentado por uma das partes (prestado pelos *conjuratores*),[50]

---

43 Cfr. Sinatti d'Amico, 1968: 213.

44 O século VIII, e em geral o período carolíngio, é, por outro lado, o momento do maior florescimento dos ordálios na França, e também em outras zonas do império franco. Nesse sentido cfr. em particular Jacob, 1996: 66, 73 ss., 75.

45 Cfr. Sinatti d'Amico, 1968: 224, 226.

46 Cfr. Sinatti d'Amico, 1968: 121; Del Giudice, 1900: 321.

47 No Cap. 118 da lei emanada em 731 Liutprando de fato escreve: «*Quia incerti sumus de iudicio dei, et multos audiuimus per pugnam sine iustitia causam suam perdere; sed propter consuitutinem gentis nostrae langobardorum legem ipsam vetare non possumus*». Sobre a posição de Liutprando em relação ao duelo cfr. também Bartlett, 1986: 72, 116; Gaudemet, 1965: 105; Salvioli, 1925: 291.

48 Cfr. Sinatti d'Amico, 1968: 241.

49 *Idem, ibidem*: 253.

50 Cfr. Sinatti d'Amico, 1968: 92, 243; Salvioli, 1925: 261; Del Giudice, 1900: 323.

ele mostrou tratar o juramento como uma espécie de confirmação «social» da verdade dos fatos da causa.

Se em certa medida Liutprando parece estar ainda imerso na tradição germânica à base do sistema processual longobardo, por outro lado, abriu o caminho ao emprego de tipos de prova muito mais «modernos», especialmente dos documentos para a demonstração dos diversos tipos de contrato. Na verdade, os documentos escritos (*cartolae* ou *chartulae*) já eram usados nos tempos de Rotari,[51] existindo grandes possibilidades de que fossem utilizados também nos séculos precedentes. É, contudo, com Liutprando que as escrituras tornam-se um meio de prova comum, passando a ser empregadas para demonstrar a estipulação dos contratos mais importantes e para assegurar sua publicidade.[52] Introduziu sanções à falsificação dos documentos, disciplinando, ainda, a apresentação em juízo e o valor probatório das *chartulae.*[53] Quanto à prova testemunhal, é com Liutprando que se abriu caminho à inquirição[54*] das testemunhas em juízo com o escopo de buscar a verdade (*pro certa verutate*).[55]

Portanto, não obstante ainda permanecessem algumas ligações com a tradição germânica, com Liutprando um novo conceito é colocado ao centro da administração da justiça: trata-se da verdade objetiva, da *certa veritas*, que fundamenta muitas normas específicas da legislação de Liutprando e que é considerada o escopo fundamental da produção[56*] das provas. A ideia da verdade objetiva como escopo do procedimento judiciário foi justamente uma das novidades fundamentais de suas reformas.[57] A busca dessa verdade impõe-se na prática dos juízes e das partes, fazendo com que se abandonem os velhos meios ordálicos de prova.[58] Conforme demonstrado pelas atas das

---

[51] Cfr. Sinatti d'Amico, 1968: 129. O Cap. 227 do edito de Rotari atribui valor probatório a um *libellus* escrito: cfr. Sinatti d'Amico, 1968: 261, 270.

[52] *Idem, ibidem*: 273. Sobre o emprego de documentos escritos na prática judiciária do século VIII cfr. Sinatti d'Amico, 1968: 373; Radding, 1988: 252; Wickam, 1986: 105, 113; Bougard, 1995: 222, 225.

[53] Cfr. minuciosa descrição desses aspectos feita por Sinatti d'Amico, 1968: 287, 329. Cfr. também Salvioli, 1925: 287.

[54] [N. do T.] No original o verbo é *interrogare*, que é utilizado no texto tanto para as testemunhas como para as partes. No português, entretanto, preferiu-se utilizar *inquirição* quando com referência a testemunhas e *interrogatório* quando com referência às partes. Tal uso parece-nos mais usual em nosso idioma. A prova oral, que em nosso ordenamento jurídico pode consistir em depoimento pessoal, interrogatório livre e inquirição de testemunhas, está, aliás, disciplinada no Código de Processo Civil brasileiro com essa nomenclatura, cf. pode-se ver da leitura do art. 344.

[55] Cfr. Sinatti d'Amico, 1968: 325. Sobre o emprego de testemunhos juramentados que resulta dos documentos judiciários do século VIII cfr. Sinatti d'Amico, 1968: 376.

[56] [N. do T.] No texto original aparecem os vocábulos *acquisizione* e *assunzione* ligados às provas e ao momento em que elas são levadas a juízo. Preferiu-se traduzir por *produção.*

[57] Cfr. Sinatti d'Amico, 1968: 328, 405.

[58] *Idem, ibidem*: 329.

controvérsias decididas no curso do século VIII, os juízes comportavam-se como ativos e meticulosos indagadores da verdade, levando em conta todas as possíveis fontes de informação, como testemunhas e documentos.[59] A busca da verdade com base nas provas tornara-se, pois, uma das funções fundamentais do juiz, que dispunha dos poderes necessários para desempenhá-la.[60]

Também a estrutura do processo acabou sendo modelada de modo que a verdade pudesse ser apurada. Depois da apresentação oral dos pedidos e argumentações, as partes tinham a possibilidade de apresentar todas as suas provas, orais e escritas, ao juiz. Os documentos tornaram-se rapidamente um tipo de prova muito comum, sobretudo nas controvérsias relativas à propriedade e ao *status* pessoal: a partir do século VIII a redação de documentos era uma prática corrente para qualquer tipo de acordo contratual[61] e, portanto, era uma prática normal também sua utilização em juízo. Quando não se dispunha de documentos, um método probatório de uso frequente era a *inquisitio*, durante a qual várias testemunhas eram inquiridas.[62] Então era pronunciada uma decisão: algumas vezes era uma *Beweisurteil* (que, em geral, impunha a uma das partes o juramento). Não obstante, em muitos casos a decisão era pronunciada sobre o mérito da controvérsia, apurando-se os fatos com base nas provas e, portanto, aplicando-se a essas o direito.[63] De qualquer modo, mesmo quando o processo terminava com o juramento, era considerado uma espécie de confirmação formal da efetiva verdade dos fatos já descoberta pelos juízes com base nos outros meios de prova a eles apresentados; o juramento era considerado inválido se contrastasse com a verdade.[64] Com efeito, juízos divinos, em todas as suas formas, estão ausentes dos documentos judiciários redigidos no Reino Itálico nos séculos VIII e IX.[65] Os mesmos documentos mostram, por outro lado, uma cultura profissional de alto nível por parte dos juízes ou dos notários que os redigiram.[66]

O uso comum dos documentos como prova em juízo, assim como na vida cotidiana, foi confirmado também na França merovíngia a partir do século

---

59 Cfr. SINATTI D'AMICO, 1968: 235, 387.

60 Cfr. BRUYNING, 1984: 125; SALVIOLI, 1925: 320.

61 Cfr. BOUGARD, 1995: 70, 73, 80, 227; RADDING, 1988: 24, 27; SALVIOLI, 1925: 283.

62 Cfr. RADDING, 1988: 28; BOUGARD, 1995: 196; BRUYNING, 1984: 126; SALVIOLI, 1925: 278. JACOB (1996: 56) remonta aos capitulares carolíngios a introdução da *inquisitio*, mas – enquanto isso pode valer para a França – a inquirição das testemunhas já era conhecida e aplicada na Itália longobarda.

63 Cfr. BRUYNING, 1984: 126.

64 Cfr. SINATTI D'AMICO, 1968: 235, 287.

65 Cfr. RADDING, 1988: 29, 38. BOUGARD (1995: 229) escreve que se fala desses somente em documentos falsificados.

66 Cfr. BOUGARD, 1995: 119, 125, 128, 134. Sobre os juízes de Pavia cfr. em particular RADDING, 1988: 44.

VII,[67] e na França carolíngia a partir do século IX.[68] Também as testemunhas eram usualmente inquiridas na forma da *inquisitio*, que foi uma importante criação do direito carolíngio,[69] não obstante fosse amplamente utilizada – como já se viu – também pelos juízes longobardos. Amplo uso dos documentos estava presente, junto com a inquirição das testemunhas, também na Espanha, a partir do século VII.[70]

Parece claro, por conseguinte, que na prática dos processos civis o emprego de meios de prova como as escrituras e as testemunhas inicia muito cedo na história da justiça medieval na Europa. Os ordálios sobreviveram em alguma medida, mas parece apropriado julgar que isso se tenha verificado sobretudo no âmbito do processo penal e nas áreas culturalmente menos evoluídas do continente.

O que se vê nas entrelinhas da legislação longobarda e dos documentos judiciários dos séculos VII, VIII e IX é o emergir lento, fragmentado e diversificado (porém contínuo e constante) de uma nova e diferente cultura. Essa leva a administração da justiça – pelo menos da civil – em uma direção bastante diferente daquela que caracterizava as tradições germânicas. O formalismo dos procedimentos ordálicos dá lugar gradualmente a técnicas cada vez menos formalistas (mas também mais flexíveis e eficazes) de descoberta da verdade dos fatos; os juízes utilizam-se delas regularmente. Liutprando, como já se viu, não ab-roga formalmente as antigas regras. É, entretanto, sensível ao valor que a *certa veritas* desempenha na administração da justiça; orienta as suas reformas (mesmo que gradualmente) no sentido de conseguir uma justiça fundada em uma reconstrução plausível, razoável, dos fatos da causa. Essa nova cultura, como é óbvio, não irrompe abruptamente na cena europeia, mudando drástica e repentinamente os modelos da tradição germânica; condiciona, todavia, a formação dos juízes longobardos e o modo com que eles administram a justiça: pode-se dizer que a busca da verdade assenta-se lentamente, mas de maneira sólida, naquela cultura.

3. DESENVOLVIMENTOS ULTERIORES

O exemplo longobardo demonstra que os séculos definidos como «*das trevas*» pelos humanistas[71] em realidade não foram tão obscuros assim, ou pelo menos não em todos os lugares. De qualquer modo, o fato de que esses séculos não houvessem sido de trevas é há muito consenso entre os historiadores que

---

67 Cfr. Fouracre, 1986: 23, 26, 35.

68 Cfr. Nelson, 1986: 47, 59; Jacob, 1996: 57 ss.

69 Cfr. Nelson, 1986: 60.

70 Cfr. Collins, 1986: 86.

71 Sobre essa manipulação, segundo a qual os séculos que precedem o século XIV e XV foram considerados como desprovidos de qualquer cultura, cfr., p. ex., Vincent, 1995: 10.

conhecem o que ocorreu na Europa do século VIII ao século XII e (no que diz respeito à matéria das provas) até 1215. Naturalmente uma história analítica desse período não pode ser repercorrida, mas vale a pena que se façam algumas observações para indicar pelo menos as linhas fundamentais do quadro em que se inserem a administração da justiça e o direito probatório.

No plano da cultura geral recorda-se que alguns historiadores falam de um «*renascimento carolíngio*», fazendo referência ao movimento que, em diversas áreas da cultura, caracterizou o final do século VIII e o século IX, não somente recuperando alguns aspectos da antiga cultura europeia, mas também introduzindo importantes novidades (por exemplo, na literatura e na organização do ensino).[72] Também no âmbito da cultura jurídica ocorreram, especialmente nos séculos X e XI, diversos desenvolvimentos importantes. Por exemplo, no Reino Itálico eram utilizadas sínteses de regras jurídicas, como a *Concordia Gothana* (a partir do início do século IX)[73] e o *Liber legis Langobardorum* (também chamado de *Liber Papiensis*, uma coleção de códigos longobardos e capitulares francos, bem conhecida e largamente utilizada). Em geral, pois, as normas jurídicas eram citadas com frequência nos documentos judiciários e notariais.[74]

Quanto ao processo e à produção de provas, o período franco do Reino Itálico (que vai de 774 a 880) viu relevantes desdobramentos da evolução que se iniciara em particular com Liutprando. As partes apresentavam oralmente suas argumentações ao tribunal, e, posteriormente, eram interrogadas pelos juízes. Portanto, esses participavam ativamente na produção das provas, lendo os documentos e inquirindo as testemunhas.[75] Se necessário, acordava-se um reexame para consentir às partes de produzir suas provas.[76] Quando era exibido um documento escrito, a sentença normalmente nesse se baseava.[77] Se não se dispusesse de documento escrito algum, as testemunhas eram inquiridas através de uma *inquisitio*, conduzida e registrada em ata pelo tribunal. A ata descrevia minuciosamente o desenvolvimento do processo.[78] Por conseguinte, as provas empregadas ordinariamente eram somente a documental e a testemunhal. Parece ter ocorrido somente em um caso a imposição de um juramento de purgação a um demandado, em uma situação em que não havia nem ordálios nem duelos.[79] Em muitos casos, depois da apresentação das provas,

---

72 Cfr. Colish, 2001: 123; Le Goff, 1995: 8.

73 Cfr. Radding, 1988: 31.

74 Cfr. Bougard, 1995: 293; Radding, 1988: 78.

75 Cfr. Bruyning, 1984: 137, 138, 143; Salvioli, 1925: 318, 320.

76 *Idem, ibidem*: 140; Salvioli, 1925: 321.

77 Cfr. Padoa Schioppa, 1989: 465.

78 *Idem, ibidem*: 465, 467.

79 Cfr. Bruyning, 1984: 143, 144, 145. A situação parece ter sido diferente na França e em outras partes do Império Franco, se é verdade que na época carolíngia viu-se o maior florescimento dos ordálios, em particular do duelo judicial. Nesse sentido cfr. Jacob, 1996: 73 ss.

a parte que não lograra demonstrar que seus pedidos eram fundados admitia que a parte contrária merecera vencer;[80] então, a sentença final fundava-se nas provas produzidas e, frequentemente, em uma confissão. O procedimento era, por conseguinte, bem organizado, ativamente conduzido pelo juiz e focado na apresentação das provas e na busca da verdade relativa aos fatos da causa.

Esses aspectos do «*renascimento carolíngio*» são contemporâneos ao «*florescimento carolíngio dos ordálios*», descrito por Bartlett,[81] e os dois fenômenos parecem estar em franca contradição. Não é o caso de tentar aqui solucionar o problema, mas se pode talvez observar que os ordálios sobreviveram somente em casos limitados e em algumas áreas da Europa: como já se disse, nos documentos italianos da época não é demonstrada a execução de qualquer ordálio.[82]

Esse renascimento não constituiu um momento singular e isolado, visto que a tendência carolíngia foi continuada pelos Otões no século X e que o panorama da cultura europeia era bastante rico e sofisticado também no curso do século XI.[83] Na realidade, esses importantes desenvolvimentos constituíram as premissas para a efetiva grande transformação cultural que é amplamente conhecida como «renascimento cultural do século XII». É, sobretudo nesse século, com efeito, que a cultura fez relevantes progressos em todos os campos, da ciência[84] à teologia, filosofia e lógica, bem como na organização dos estudos nas artes do *trivio* e do *quadrivio.*[85] O desenvolvimento do ensino escolar, verificado nas escolas eclesiásticas (mas também nas universidades que floresceram em toda a Europa nesse período), é especialmente importante para o presente estudo, pois teve uma forte e direta influência na formação profissional e na cultura geral dos juristas. O estudo do direito fazia parte do *trivio,* junto com a retórica e a lógica,[86] tornando-se muito difundido, pois podia abrir caminhos para o ingresso em carreiras públicas e na prática profissional privada.

---

80 Cfr. Bruyning, 1984: 147; Salvioli, 1925: 332.

81 Cfr. Bartlett, 1986: 9; em sentido análogo cfr. Jacob, 1996: 73 ss.

82 Com razão, Jacob (1996: 61) frisa que o florescimento carolíngio dos ordálios disse respeito aos territórios entre os rios Loire e Reno, enquanto no sul do império, na Catalunha, na França meridional e na Itália, a tendência ao emprego de provas «*racionais*» manifestara-se muito antes.

83 Cfr. Colish, 2001: 263, para uma minuciosa reconstrução dos aspectos principais da cultura europeia nesse período.

84 No século XII as ciências fazem importantes progressos, sobretudo com base nas traduções – feitas especialmente na Espanha – de textos árabes ao latim. O resultado foi como se os europeus tivessem feito intercâmbios em países árabes. Cfr. Hall e Boas Hall, 1991: 71.

85 Cfr. uma sintética descrição em Colish, 2001: 285. Um estudo bastante amplo, e ainda muito útil, é o de Haskins, 1972.

86 Cfr., p. ex., Radding, 1988: 89.

O que merece ser aqui frisado é que os estudantes de direito recebiam uma educação de base em que o estudo da retórica e da lógica tinha um papel importante, aliado ao estudo do direito. Na realidade, o jurista que terminava o seu curso estava preparado nas matérias jurídicas e profissionalmente pronto para operar como tal na administração, no ensino, como notário ou como advogado, ou em muitas dessas profissões contemporaneamente. Juízes e notários, portanto, adquiriam uma preparação técnica especializada na interpretação e na aplicação do direito.[87] Todavia, os juristas tinham também uma educação retórica de base, que não implicava somente a arte de argumentar oralmente em audiência, mas também a arte de redigir atos e documentos, compreendida na *ars dictaminis* (uma invenção italiana muito útil aos *dictatores*, ou seja, aos notários públicos).[88] Ainda mais importante, todavia, era o papel que o estudo da lógica tinha na formação de todas as pessoas cultas, inclusive dos juristas.

O estudo da lógica foi, na realidade, um aspecto fundamental da cultura medieval: na famosa definição de Abelardo, talvez o maior professor do século XII, a lógica era *discretio veritatis*, ou seja, a ciência das ciências que permitia distinguir a verdade. A tradição lógica medieval começa, segundo a opinião comum, com Severino Boécio. Ele foi bastante conhecido pelo *De consolatione philosophiae* (que escreveu no cárcere em Pavia pouco antes de ser assassinado), mas foi conhecidíssimo como autor de várias obras de lógica e como tradutor dos mais importantes livros de lógica escritos por Porfírio, Cícero e, em particular, Aristóteles. O *corpus* dessas obras constitui a assim chamada *logica vetus*, que foi estudada por séculos nas escolas medievais.[89] No início do século XII teve início uma importante mudança no estudo da lógica; essa continuou nas décadas sucessivas com as obras de grandes filósofos como Abelardo, Pedro Lombardo e Hugo São Victor. Trata-se da formação da assim chamada *logica modernorum*, que incluiu outras partes das obras de Aristóteles (a chamada *logica nova*) e que continuou na segunda metade do século.[90] Obviamente tais referências, mais do que sintéticas, não pretendem dar uma ideia adequada da infinidade de problemas, discussões, obras e traduções que caracterizaram o estudo da lógica no período em questão; contudo, talvez bastem para sugerir a riqueza da tradição e do desenvolvimento dos

---

[87] Estudos analíticos relativos à administração da justiça no Reino Itálico de Pavia do século VII ao século XI mostram que os juízes estavam bem preparados e em condições de desenvolver argumentações jurídicas, por vezes fundadas em seu conhecimento do direito romano: cfr. Radding, 1988: 29, 31, 44, 78, 84, 88; Bougard, 1995: 145, 146, 147.

[88] Cfr. Colish, 2001: 286.

[89] Cfr. Gardinali, e Salerno (orgs.), 1993: 75; Chadwick, 1993: 85; Obertello, 1993: 111; Fedriga, e Puggioni (orgs.), 1993: 32.

[90] Cfr. Colish, 2001: 439; Haskins, 1972: 288; Gardinali e Salerno (orgs.), 1993: 165, 213; Le Goff, 1995: 20. Com especial referência à lógica de Abelardo, cfr. Fedriga e Puggioni (orgs.), 1993: 75, 99.

estudos de lógica, bem como a importância que tal estudo teve na *Bildung* cultural do homem medieval, em particular do jurista.

Por volta do mesmo período, ou seja, a partir da metade do século XII, ocorre o «*renascimento jurídico*», que se deveu principalmente à redescoberta do *Corpus* justiniano e ao estudo dos textos romanos, que floresceu principalmente em Bolonha. Antes da aludida redescoberta, o direito romano não fora esquecido; encontram-se em documentos dos séculos precedentes referências a esse, e vários aspectos seus eram bem conhecidos já aos juristas longobardos.[91] De qualquer modo, Bolonha foi o primeiro e mais importante centro em que o *Corpus Juris* começou a ser analisado e estudado de maneira sistemática, pioneiramente por Irnerio, entre o fim do século XI e o início do século XII. Nos anos sucessivos, e sobretudo na segunda metade do século XII, isso se torna o fundamento da formação do jurista.[92]

No período ora em consideração não se verificaram importantes transformações somente na cultura, visto que é óbvio que a cultura geral e a cultura jurídica não eram separadas do contexto social a que pertenciam. Em realidade, os séculos XI, XII e XIII viram transformações profundas na sociedade europeia: o comércio desenvolveu-se em todo o continente e em outras áreas do mundo ocidental (como no império bizantino); a economia local desenvolveu-se de uma agricultura de mera subsistência a um cultivo organizado da terra e à manufatura; objetos, livros e outros produtos circulavam; emergiram cidades autônomas (sobretudo na Itália) com suas formas de governo; estudantes e professores viajavam de uma Universidade à outra, e o nível de vida aumentou de modo substancial.[93]

Tais transformações sociais e econômicas produziram vários efeitos no mundo do direito, um dos quais recordaremos a seguir. Transações comerciais de qualquer gênero tinham necessidade de serem postas por escrito para serem conservadas, e provadas se necessário. Portanto, a profissão dos *notários* tornou-se importantíssima, sobretudo a partir do momento em que o *notarius* começou a conservar uma cópia dos documentos que redigia.[94] Sujeitos de todos os gêneros recorriam ao *notarius* para todos os gêneros de transações:[95] venda de bens ou de terras, empréstimos de dinheiro, aluguéis, acordos matrimoniais, testamentos e doações eram redigidos pelo *notarius*. Portanto, a maior parte dos atos que tinham alguma relevância na vida econômica e civil dos cidadãos era documentada: havendo necessidade, tais atos podiam ser provados em juízo mediante a apresentação dos respectivos documentos. As escrituras eram usadas habitualmente, mas eram também inquiridas teste-

---

91 Cfr. Haskins, 1972: 168; Radding, 1988: 84.
92 Cfr. Radding, 1988: 115.
93 Cfr. Grossi, 1997: 127; Vincent, 1995: 81, 93, 100.
94 Cfr., p. ex., Delogu, 1994: 197; Del Giudice, 1900: 291, 293.
95 Cfr. Padoa Schioppa, 1989: 532.

munhas, com uma crescente atenção para sua qualidade e credibilidade.[96] Foi, por conseguinte, a prática cotidiana das relações civis e econômicas que determinou, no âmbito do processo, a mudança a favor do emprego de provas «racionais».

Pode ser que as complexas transformações mencionadas não tenham tido uma consequência causal direta e imediata no emprego dos ordálios. Conforme visto anteriormente, trata-se de fenômenos bastante variados, que têm uma evolução diversa no tempo e nas várias áreas da Europa. Todavia, parece razoável pensar em uma conexão entre o declínio dos ordálios e a transformação da sociedade como um todo (e da praxe judiciária em particular), sobretudo no que diz respeito à justiça civil.[97] Uma controvérsia importante em matéria de propriedade podia ainda ser resolvida com o duelo judicial,[98] mas se pode licitamente pensar que se tratasse de casos excepcionais. É fácil imaginar, de fato, que mercadores e homens de negócios (assim como as pessoas ordinárias envolvidas em transações legais típicas da vida cotidiana) preferissem servir-se de documentos e de testemunhas para demonstrar em juízo suas relações jurídicas. Isso ocorria pelo menos no que diz respeito à Itália e às outras áreas economicamente desenvolvidas da Europa meridional, em que a escritura e o notário público eram particularmente difundidos. Os documentos disponíveis confirmam que no século XII uma nova cultura jurídica consolidara-se, sobretudo no que tange ao controle dos juízes sobre as provas. Além disso, como já se viu, juízes e advogados eram pessoas cultas e profissionalmente preparadas, que conheciam o direito romano e as outras fontes do direito, tendo condições de redigir atos de alta qualidade técnica.[99] Pessoas bem treinadas ao uso de argumentos e sutilezas lógicas,[100] eles acreditavam, como Abelardo, que a lógica fosse *discretio veritatis*, e que a verdade dos fatos pudesse e devesse ser apurada somente com base em provas «humanas», ao invés de divinas. Em um contexto cultural e profissional desse gênero, é bastante difícil imaginar que os ordálios fossem considerados um modo comum e normal para a resolução das controvérsias: mesmo que não houvessem desaparecido completamente, pareciam ser práticas já superadas e abandonadas, resíduos de tempos antigos e bárbaros. Como foi apropriada-

---

96 Cfr. Padoa Schioppa, 1989: 533.

97 Bartlett (1986: 57) considera implausível essa conexão, pois em alguns casos os ordálios ainda eram usados. Todavia, a existência de alguns casos não demonstra a existência de uma prática difusa do recurso aos ordálios como instrumentos normais de resolução das controvérsias civis.

98 Cfr. Bartlett, 1986: 27.

99 Cfr. Padoa Schioppa, 1989: 542, 543, 545.

100 Tratava-se de pessoas que usavam e a lógica como um instrumento intelectual e o faziam com uma propriedade que não vem jamais a ser superada. Nesse sentido, cfr. Hall, A. R., e Boas Hall, M., 1991: 74.

mente dito, «*the enchanted world had vanished and with it the ordeals. The age of proof for fact-finding arrived*».[101]

No tempo do papa Inocêncio III e do IV Concílio Laterano todos os eventos que caracterizaram o renascimento do século XII já se tinham verificado, e a transformação da sociedade europeia, em larga escala, já se realizara (pelo menos em algumas áreas meridionais do continente). As proibições dos ordálios devem, por conseguinte, ser interpretadas nessa perspectiva.

No início do século XIII, todavia, a prática dos ordálios não havia desaparecido ainda, especialmente em algumas regiões da Europa setentrional e central. Nos processos penais, e especialmente nas zonas da Europa que estavam mais diretamente ligadas às tradições germânicas e à ética da cavalaria, o duelo ainda era bastante comum como meio para resolver controvérsias. Ainda no século XIII o famoso canonista Ramon de Peñafort definia a *singularis pugna* como um meio para provar a verdade: *ad probationem veritatis.*[102]

De qualquer modo, a hipótese de que Deus devesse intervir na batalha judiciária para determinar a vitória do campeão que representava a parte que tinha razão fora posta em discussão muitas vezes pelos teólogos: São Tomás, por exemplo, não acreditava que o povo esperasse a intervenção divina nos duelos judiciários.[103] Por outro lado, uma geral postura crítica aos ordálios tem longa história na literatura canônica, partindo de Agobardo e Hincmar de Reims,[104] ganhando especial intensidade a partir do século XI[105] e dando lugar a repetidas condenações canônicas.[106] Sob a crescente influência das culturas laica e jurídica,[107] a confiança na justiça dos resultados dos ordálios e a convicção de que Deus pudesse estar diretamente envolvido nas questões humanas eram cada vez menos comuns.[108] De resto, resultava claro que os ordálios eram teologicamente discutíveis porque desafiavam Deus em matérias nas quais, ao invés disso, deveria ser usada a razão humana.[109]

De certa maneira, portanto, a proibição emanada em 1215 representava somente o momento final de uma longa evolução acelerada pelas mudanças

---

101 Nesse sentido Olson, 2000: 172.

102 Cfr. Lea, 1910: 112.

103 *Idem, ibidem*: 112.

104 A primeira condenação canônica dos ordálios deveu-se ao papa Estevão V, que em uma carta de 886-889 afirmou que os crimes deveriam ser julgados com base em confissões espontâneas ou em testemunhos. Cfr. Bartlett, 1986: 74.

105 Cfr. Bartlett, 1986: 73, 75; Levy-Bruhl, 1964: 82; Gaudemet, 1965: 108.

106 *Idem, ibidem*: 82; Olson, 2000: 166; Boulet-Sautel, 1965: 289; Gaudemet, 1965: 123, 125, 127; Lévy, 1965a: 142.

107 Cfr. Olson, 2000: 165, 167.

108 Cfr. Bartlett, 1986: 75; Olson, 2000: 111; Del Giudice, 1900: 321.

109 Cfr. Bartlett, 1986: 75, 86.

sociais e culturais que se haviam verificado sobretudo no curso dos séculos XI e XII. Tal proibição foi importante para o fim de reduzir de modo substancial o recurso aos ordálios nas zonas em que ainda eram praticados. É, entretanto, razoável julgar que o abandono dos ordálios não tenha ocorrido por esses serem irracionais, mas sim que tenham começado a ser considerados irracionais justamente por terem sido progressivamente abandonados.[110]

De qualquer modo, a tomada de posição da Igreja provavelmente não determinou o fim imediato do duelo na prática judiciária, já que o recurso a ele está documentado em épocas sucessivas e, em algumas áreas da Europa central e setentrional, inclusive até os séculos XV e XVI.[111] Todavia, a proibição era teologicamente bem fundada, tendo influenciado fortemente tanto o direito canônico,[112] como o poder político. Como consequência, vários reis e imperadores proibiram o duelo judicial.[113] Um exemplo interessante é representado por Frederico II, que, em 1251, proibiu o duelo no Reino de Nápoles, dizendo que esse era «*non tamen vera probativo quam quaedam divinatio... quae naturae non consonans, a jure communi deviat, aequitatis rationibus non consentit*». É interessante observar que o imperador não se refere às características canonicamente negativas do duelo, mas faz uma clara distinção entre a *probatio* e a *divinatio*; considera o duelo como uma espécie de jogo de azar, ao invés de um juízo de Deus, que, como tal, não podia produzir resultados justos. Também é importante observar que o duelo não mais corresponde ao direito ordinário (*a jure communi deviat*), o que mostra como na prática judiciária isso não era mais usado. Uma proibição parecida foi emanada na França de Luís IX em 1258.[114]

Havia, por conseguinte, razões teológicas válidas para a proibição dos ordálios, mas em larga escala as diversas proibições eram pouco mais do que confirmações formais de uma prática judiciária que já deixara de lado os juízos de Deus como meios destinados a resolver as controvérsias.[115] Isso é verdade sobretudo na Itália e em outras regiões da Europa meridional, mas também na região de Flandres (onde o desenvolvimento social e econômico fora particularmente profundo e rápido) e sobretudo no âmbito da justiça civil. Como já se disse anteriormente, os mercadores dos séculos XII e XIII muito provavelmente não imaginavam ter que resolver suas controvérsias com os ordálios do fogo, da água, ou do ferro em brasa, e tampouco pensavam em nomear campeões para um duelo judicial. Há muito tempo esses estavam

---

[110] Cfr. Bartlett, 1986: 86.
[111] Cfr. Lea, 1910: 233; Lévy, 1965: 26; Gaudemet, 1965: 130.
[112] Cfr. Gaudemet, 1965: 129.
[113] Cfr. Lea, 1910: 209.
[114] Cfr. Boulet-Sautel, 1965: 298.
[115] É interessante o exemplo da França, onde, já no século XIII, os ordálios desaparecem do *droit coutumier*: cfr. Boulet-Sautel, 1965: 294.

acostumados a solicitar a redação das suas *chartulae* aos notários, ou a trocar cartas que documentassem suas transações comerciais. A mesma coisa acontecia na vida cotidiana das pessoas comuns. Na justiça civil (já que essa era a prática nas regiões evoluídas da Europa) os ordálios, por conseguinte, haviam sido substancialmente substituídos pelo emprego de tipos «*modernos*» de provas, alguns séculos antes da intervenção da Igreja e do poder político.[116]

4. O JÚRI

Algumas instituições equivalentes ao júri provavelmente existiam no direito inglês antigo,[117] mas a sentença era fundada – segundo o modelo germânico tradicional – sobretudo nos ordálios e no juramento de purgação.[118] Foi somente a conquista normanda que determinou mudanças significativas na administração da justiça na Inglaterra: o duelo passou a ser preferido em detrimento dos outros ordálios,[119] a presença dos juízes profissionais foi generalizada e – algo muito importante para o que interessa ao presente estudo – a *inquisitio* foi introduzida como meio principal para a apuração dos fatos.[120] É sabido que a inquirição[121*] em matéria de propriedade foi o método seguido para compor o *Domesday Book* em 1083-1086,[122] mas essa se tornou rapidamente o método mais habitualmente usado para apurar os fatos relevantes nos procedimentos judiciários. A razão prática desse fenômeno é evidente: a inquirição fundava-se na obtenção de respostas dadas por um grupo de sujeitos pertencentes à comunidade particular em que se tinham verificado os fatos (os assim chamados *homines de vicineto*). Supunha-se, na verdade, que esses soubessem o que acontecera e, portanto, estivessem em condições de confirmá-lo diante do juiz, já que a comunidade estava a par dos eventos principais que caracterizavam sua vida econômica e jurídica.

Portanto, as reformas fundamentais introduzidas por Henrique II Plantageneta na segunda metade do século XII foram muito importantes, mas podem ser vistas como uma racionalização de uma prática que já existia, pelo menos, desde os tempos de Guilherme, o Conquistador. Por um lado, a instituição dos juízes itinerantes (os *justices in eyre*, também criados por Henrique II), reforçou o princípio segundo o qual a justiça deveria ser administrada por um grupo restrito e centralizado de profissionais do direito que represen-

---

[116] Cfr. Van Caenegem, 1988: 70.

[117] Cfr. Moore, 1988: 7, 21, 23; Dawson, 1960: 119. Para a opinião contrária, segundo a qual o júri não existia antes da conquista normanda, cfr. Levy, 1999: 4.

[118] Cfr. Moore, 1988: 27; Levy, 1999: 4; Bartlett, 1986: 104; Thayer, [1898]: 9.

[119] Cfr. Moore, 1988: 34; Levy, 1999: 5; Van Caenegem, 1988: 65, 80; Thayer [1898]: 8, 39.

[120] Sobre a origem e a história da *inquisitio* também na Itália, onde teve seu ápice no século IX, cfr. Bougard, 1995: 194, 196, 200.

[121] [N. do T.] Optou-se aqui pela tradução da palavra *inchiesta* por *inquirição*.

[122] Cfr., p. ex., Moore, 1988: 33; Joüon des Longrais, 1965: 196; Thayer [1898]: 47, 51.

tassem o rei;[123] esses juízes, entretanto, viajando periodicamente pelas regiões do reino,[124] não tinham qualquer outra possibilidade de apurar os fatos que estavam à base da controvérsia sobre a qual deveriam decidir. Por outro lado, os ordálios eram considerados irracionais e, portanto, o método mais eficiente para apurar esses fatos era justamente a inquirição.[125] Em diversas etapas, ocorridas em momentos sucessivos, como a *Constitution of Clarendon* (de 1164), a *Grand Assize of Clarendon* (de 1166), a *Assize of Nothampton* (de 1176), até a *Assize of the Forest* (de 1184), o sistema da inquirição é disciplinado com clareza por meio de normas específicas e detalhadas.[126] Tratava-se, na realidade, do sistema fundado no júri: segundo a *Constitution of Clarendon* a inquirição ocorria através de doze homens que juravam dizer qual das partes tinha a propriedade da terra objeto do litígio, e nas *assizes* sucessivas o mesmo sistema foi estendido a muitos outros tipos de controvérsias. Era, assim, a comunidade local que fornecia ao juiz o conhecimento dos fatos por meio de seus membros, que exerciam a função de jurados, de modo que seu veredicto «*representava a comunidade*».[127] Os jurados podiam ou não ter conhecimento direto dos fatos: no segundo caso podiam colher informações antes de se apresentar diante do juiz, ou tirar suas conclusões a partir das informações de que dispunham.[128] Nas palavras de Glanvill, esses deviam conhecer os fatos «*per proprium visum et auditum... vel per verba patrum suorum*»[129] e deviam jurar formular um veredito correspondente à verdade.[130] Em ambos os casos, de qualquer modo, esses desempenhavam substancialmente a função de testemunhas,[131] e o juiz podia inquiri-las com o escopo de verificar seu conhecimento sobre os fatos.[132]

A introdução do júri como *trier of fact* foi uma reforma de fundamental importância na justiça inglesa, tanto no âmbito civil quanto no penal.[133] Uma

---

[123] Sobre a organização e a função dos juízes profissionais nas reformas de Henrique II cfr. Dawson, 1960: 129; Van Caenegem, 1988: 19, 22.

[124] Sobre essa prática cfr. em particular Van Caenegem, 1988: 20.

[125] Cfr. Levy, 1999: 9; Joüon des Longrais, 1965: 199.

[126] Sobre tais reformas cfr. Dawson, 1960: 121; Moore, 1988: 35, 38; Levy, 1999: 11, 14; Joüon des Longrais, 1965: 200, 208; Thayer [1898]: 36, 58, 60.

[127] Cfr. Levy, 1999: 9.

[128] Cfr. Dawson, 1960: 123. Para uma ampla análise dos modos com que os jurados podiam colher informações sobre os fatos cfr. Joüon des Longrais, 1965: 91, 93, 97, 100, o qual frisa que, por exemplo, os júris deveriam incluir pelo menos alguns sujeitos *de vicineto* que tivessem conhecimento direto dos fatos e que informariam os outros jurados. As testemunhas vinham, portanto, a misturar-se com os jurados.

[129] Cfr. Thayer [1898]: 63.

[130] Cfr. Ibbetson, 1996: 93.

[131] Cfr. Mitnick, 1988: 203; Dawson, 1960: 123; Moore, 1988: 37. Cfr. também Shapiro, 2000: 11.

[132] Cfr. Dawson, 1960: 126.

[133] Sobre o *jury of presentment* típico do direito penal cfr. Green, 1985: 6; Joüon des Longrais, 1965: 201.

descrição muito interessante dessa está no *Tractatus de legius et consuetudinibus Regni Angliae*, escrito por Rannulph of Glanvill, que foi *chief justice* no reinado de Henrique II, de 1180 a 1189.[134]

Todavia, a presença do júri não produziu imediatamente uma mudança radical no sistema relativo à apuração dos fatos. Por um lado, na verdade, o júri era somente uma oportunidade oferecida às partes: como escreve Glanvill, em caso de desapropriação o proprietário podia escolher entre o duelo e o recurso ao júri para estabelecer a quem pertencia a terra em questão.[135] Se fosse escolhido o duelo, para seu desenvolvimento aplicavam-se específicas e detalhadas regras procedimentais, e o êxito do duelo era definitivo.[136] Portanto, o duelo ainda podia ser usado para resolver controvérsias, embora esse, diante do júri, fosse preterido na *assize*. O júri era considerado, ainda segundo Glanvill, um «*beneficium clementia principis... indultum*».[137] Na realidade, o sistema do júri era preferível ao duelo, pois era mais equitativo e eficiente, evitava a morte de alguém e também as dúvidas que frequentemente surgiam sobre o êxito final do duelo. Além disso, o veredito era confiável, pois se fundava no juramento de doze jurados que deviam ser *de veritate certi* e que seriam punidos em caso de falso juramento.[138]

É também verdade, por outro lado, que o júri determinou de fato a crise dos ordálios tradicionais e, em alguma medida, também do duelo judiciário; é lícito, entretanto, questionar se o veredito do júri era verdadeiramente um instrumento racional para a decisão sobre fatos. Parece até mesmo que existia alguma similaridade entre o júri e os ordálios[139] – particularmente visível no caso do júri penal,[140] mas que existiu provavelmente também no âmbito civil. Essa similaridade pode ser relacionada a diversos aspectos do *jury trial*. Por exemplo, os jurados deviam jurar solenemente dizer aquilo que conheciam sobre os fatos, o que era um modo de invocar a intervenção de Deus no processo e de tornar semelhante o papel dos jurados àquele dos *conjuratores* nas antigas formas de *compurgatio*.[141] Esse era o fundamento real da confiabilidade dos jurados, visto que – como já se disse anteriormente – esses podiam ter um

---

[134] Cfr. Hall, G. D. G., 1965:

[135] Cfr. Hall, G. D. G., 1965: 23: «*ipsius tenentis erit se uersum patentem difendere per duellum uel ponere se inde in assisam domini regi set petere recognitionem quis eorum maius ius habeat in terra illa*».

[136] Quanto ao procedimento, uma precisa descrição está presente em R. Glanvill (cfr. Hall, G. D. G., 1965: 23). Quanto ao êxito do duelo: «*que in curia domini regis per finem duelli terminata sunt negotia perpetuam hament firmitatem*» (*ibidem*, p. 25).

[137] Cfr. Hall, G. D. G., 1965: 28; Van Caenegem, 1992: 81.

[138] Cfr. a descrição de R. Glanvill in Hall, G. D. G., 1965: 29.

[139] Cfr. em particular Olson, 2000: 174, 177.

[140] Cfr. a análise desenvolvida por Olson, 2000: 177, 178, 181.

[141] Cfr. Thayer [1898]: 25. Sobre o caráter ordálico do juramento cfr., p. ex., Olson, 2000: 119; Lévy, 1965: 18. Cfr. também a interessante análise de Levy-Bruhl, 1964: 85.

conhecimento direto ou indireto dos fatos, mas tal conhecimento não podia ser verificado ou posto em dúvida. Portanto, o veredito era imperscrutável, sendo baseado na consciência dos jurados, que se supunha estarem inspirados pela divindade:[142] havia, pois, pelo menos uma remanescência dos ordálios.[143] Por conseguinte, a Inglaterra substituiu a «*inscrutable vox dei expressed in trial by ordeal with the inscrutable vox populi expressed in jury verdicts*».[144] Nenhuma surpresa há, consequentemente, no fato de que os historiadores tendam a considerar o *jury trial* como um equivalente do processo por ordálio.[145] Como acertadamente escreveu Franco Cordero, os veredictos dos júris conservam a marca irracional das provas ordálicas, e «*o júri é o órgão de uma cognição mística radicada nas vísceras comunitárias*».[146]

Na Inglaterra o ano de 1215 tem uma dupla relevância na história da administração da justiça. Por um lado a proibição dos ordálios emanada pelo IV Concílio Laterano tornou-se efetiva por um *writ* de Henrique II em 1219. Consequentemente, o processo com júri tornou-se o único método para a decisão das questões de fato, ainda que o duelo judicial sobrevivesse por certo tempo nos casos penais e que, nas controvérsias civis, utilizassem-se por vezes documentos escritos.[147] Por outro lado, a *Magna Charta* assinala o segundo evento importante na história do júri como mito (e não como instrumento processual efetivo). Como já se viu, de fato, o júri existira já muito antes de 1215, especialmente nas controvérsias civis, e, portanto, não se pode dizer que a *Charta* tenha sido a origem do processo com júri. Além disso, o conhecido Cap. 29 da *Charta*, que é usualmente celebrado como o momento da fundação da garantia do *jury trial*, de fato não assegurava o processo com júri, mas somente que a acusação e o processo precedessem a condenação, como uma proteção contra os abusos do poder real.[148] Por outro lado, conforme já se recordou, os *peers* de que fala o Cap. 39 não têm nada que ver com os jurados ordinários, tratando-se, na realidade, dos barões do reino que haviam imposto ao rei o reconhecimento de suas prerrogativas.[149] Apesar disso, como bem escreve Dawson, a *Charta* «*projected "judgment by peers" across the sky of history for all the world to see*»;[150] coloca-se, portanto, à origem do mito do

---

[142] Cfr. Green, 1985: 27.
[143] Cfr. Bartlett, 1986: 139.
[144] Cfr. Damaška, 1995: 353; Cfr. também Van Caenegem, 1992: 71.
[145] Cfr. Bartlett, 1986: 137, 139; Plucknett, 1956: 125; Van Caenegem, 1992: 72; Joüon des Longrais, 1965: 206.
[146] Cfr. Cordero, 2006: 808.
[147] Cfr. Moore, 1988: 50, 55; Olson, 2000: 172; Levy, 1999: 16.
[148] Cfr. Levy, 1999: 16.
[149] Cfr. Plucknett, 1956: 24.
[150] Cfr. Dawson, 1960: 289. Segundo a opinião de Blackstone, por exemplo, essa garantiu «*the grand bulwark*» da liberdade de todos os cidadãos ingleses (cfr. L. E. Moore, *op. cit.*, p. 47), se bem que sua aplicação estivesse limitada aos homens livres, e todos os outros sujeitos dela estivessem excluídos.

júri,[151] ainda que tal mito tenha se tornado popular somente a partir do século XVII.[152]

5. CAMINHOS DIVERGENTES

Os eventos que podem ser simbolicamente referidos ao ano de 1215 tiveram um papel fundamental, determinando a evolução sucessiva dos sistemas probatórios e dando lugar a uma diferença entre *common law* e *civil law* – que estaria destinada a durar por muitos séculos e que subsiste ainda hoje. O fim dos ordálios deu-se em torno do mesmo período e por razões análogas na Inglaterra e no Continente, mas gerou consequências diversas nas duas áreas geográficas.

Na Inglaterra, como já visto, o fim dos ordálios teve conexão direta com a consolidação do *jury trial* como método substancialmente único para a resolução das controvérsias.[153] Nos séculos sucessivos, como é sabido, o júri sofreu lentamente uma profunda transformação, mas sua natureza mudou – por assim dizer – internamente, sem que se manifestasse influência alguma em outros métodos de decisão sobre os fatos da causa: essa foi uma «*évolution isolé et en vas clos*».[154] De qualquer modo – não obstante tenha ocorrido em um ritmo muito lento e em um número definido de pequenas passagens – essa transformação foi extremamente importante: ao seu fim os jurados não eram mais «*testemunhas do fato*» que decidiam com base em seu conhecimento direto ou indireto dos fatos, pois haviam se tornado «*juízes do fato*», cuja decisão fundava-se – como ocorre ainda hoje – nas provas apresentadas em juízo e sobretudo nas provas testemunhais. Parece que essa transformação iniciara-se já no começo do século XIII e completara-se substancialmente por volta do fim do século XIV. Por volta da metade do século XV, o júri tornara-se já um grupo de juízes do fato,[155] ainda que ainda no século XVII a função testemunhal do jurado fosse por vezes reconhecida e que se admitisse a possibilidade de o júri fundar sua decisão em provas não apresentadas em juízo.[156] Essa mudança completa e profunda na função desenvolvida pelo júri é o que permite e determina a contínua existência do *jury trial* como momento central da administração da justiça: de certa forma, o papel do júri como *moral agency* e como representante do povo explica como esse pôde sobre-

---

[151] Cfr. PLUCKNETT, 1956: 24.
[152] Cfr. DAWSON, 1960: 262.
[153] Cfr. VAN CAENEGEM, 1992: 62, 64.
[154] Para essa avaliação cfr. JOÜON DES LONGRAIS, 1965: 218.
[155] Sobre essa transformação cfr. LEVY, 1999: 56; MOORE, 1988: 23; GREEN, 1985: 105, 109; SHAPIRO, 2000: 22.
[156] Cfr. MITNICK, 1988: 207, 219. Essa possibilidade era admitida nos processos com júri nas colônias americanas ainda no século XVIII: cfr. BLINKA, 2003: 532, 566, 58.

viver a muitas mudanças sociais ocorridas em um longo período de tempo.[157] Portanto, conforme já se acenou, o júri torna-se o símbolo da liberdade dos ingleses contra o poder, e, mais tarde, nas colônias americanas, o símbolo (o *palladium*) da liberdade dos americanos contra o poder inglês. No século XVIII existiam júris em todas as colônias, considerados garantias fundamentais das liberdades individuais.[158]

Há, todavia, uma característica que acompanha o júri ao longo de toda sua complexa história, confirmada e reforçada quando esse se transforma de instrumento processual em um mito e em um defensor da liberdade. Essa característica é dada inicialmente pela natureza ordálica de um veredito imperscrutável, baseado no conhecimento individual de determinado jurado; é aceito porque de alguma forma presume-se que o júri exprima a *vox populi* e, portanto, pronuncie (por definição) decisões que devam ser consideradas justas.[159] Essa característica não desaparece com o passar dos séculos. Pelo contrário: reforça-se na medida em que o júri passa a assumir uma função política, qual seja, a proteção das liberdades individuais contra um poder opressivo; essa acaba por se tornar ainda mais importante que sua função processual. Substancialmente, há uma espécie de ato de fé no fundamento da aceitação social do sistema do júri, em virtude do qual a justiça do veredito é um axioma indiscutível que é aceito *a priori* como tal. Tudo isso pode ser explicado de vários modos e é compreensível do ponto de vista histórico, social e político.[160] O fenômeno tem, contudo, um aspecto interessante sob o prisma das modalidades com que os fatos são apurados no *trial by jury*. Como já se disse, a apuração dos fatos feita pelo júri é imperscrutável e, portanto, não há qualquer possibilidade de compreender porque e como um fato seja considerado provado ou não provado: a noção de verdade «*segundo a consciência*» do jurado era ampla o bastante para cobrir também erros na interpretação das provas.[161] Por outro lado, em muitos casos os júris assumiram orientações particularmente não rigorosas nos processos penais e conservaram o poder de pronunciar vereditos em contraste com o êxito das provas.[162] Essa tendência é até compreensível, sobretudo em épocas nas quais as sanções penais eram terríveis; todavia, demonstra que os vereditos dos júris inspiravam-se muito mais em razões sociais – e até mesmo humanitárias – do que em uma valoração racional das provas produzidas em juízo. Em boa medida, o fundamento da

---

[157] Cfr. Pole, 2002: 105, 108.

[158] Cfr., p. ex., Blinka, 2003: 529; Moore, 1988: 68, 85, 89, 96; Levy, 1999: 95, 99, 103; Pole, 2002: 126.

[159] Cfr. em particular Shapiro, 2000: 13.

[160] Para vários argumentos a favor das variadas funções desempenhadas pelo júri cfr., p. ex., Abramson, J., 1994: 47, 99; Gobert, 1986: 14, 27, 35, 39, 99, 135.

[161] Cfr. Green, 1985: 27. Sobre o veredito como decisão fundada na *conscience* dos jurados cfr. também Shapiro, 2000: 22.

[162] Cfr. Green, 1985: 26; Mitnick, 1988: 209, 213.

decisão que os jurados formulavam sobre os fatos permanecia desconhecido; supunha-se que os critérios para a valoração das provas fossem aqueles da comunidade que os jurados representavam, mas mesmo esses critérios eram desconhecidos, e os jurados não se sentiam vinculados a formular seu veredito de maneira rigorosa e tendo por base unicamente as provas apresentadas em juízo. Consequentemente, a afirmação usual segundo a qual o júri apuraria a verdade dos fatos é interpretada de um modo bastante peculiar: o júri apurava a verdade porque a verdade era, de qualquer forma, aquilo que o júri estabelecia, independentemente da correspondência ou não do veredito com as provas relativas à realidade dos fatos. Analogamente, a opinião segundo a qual teria sido um instrumento racional para a prova dos fatos[163] pode ser aceita somente no sentido de que esse substituiu os ordálios tradicionais: é bastante dúbia, entretanto, se entendida no sentido de que o veredito pronunciado pelo júri representava o êxito de uma valoração racional das provas. Também a convicção de que um veredito pronunciado por doze pessoas pudesse aproximar-se da descoberta da verdade[164] parece fundado em um pressuposto não demonstrado, ou, pelo menos, em uma concepção um tanto grosseira da apuração da verdade dos fatos.

Na Europa Continental, conforme já visto, na medida em que a prática dos ordálios era substituída e abandonada, meios de prova novos e «*modernos*» entravam no uso comum. Na realidade, esses meios de prova não eram modernos em sentido estrito, visto que derivavam da tradição romana[165] e que provavelmente já eram utilizados na prática judiciária havia muito tempo. Todavia, esses diferiam dos meios de prova tradicionais de origem germânica porque eram concebidos como instrumentos destinados à descoberta da verdade sobre os fatos da causa. Além disso, esses eram concebidos como instrumentos *racionais* orientados a tal descoberta, como ficava claro em expressões como «*probatio est quaedam ratiocinatio*» ou «*ratio faciens fidem*».[166] Essa concepção da prova era fruto de uma nova cultura racionalista que caracterizou, como já também se viu, a formação filosófica e jurídica dos juristas continentais: determinou a transformação das provas tradicionais em provas novas, bem como sua difusão para todas as cortes europeias.

Por um lado, os documentos escritos continuaram a ser usados; por outro, o juramento de purgação desapareceu[167] e a prova testemunhal sofreu uma profunda transformação: os antigos *conjuratores*, que em grupo juravam confirmando a credibilidade das afirmações juradas por uma parte, tornaram-se testemunhas no sentido moderno do termo. Eles deviam ainda prestar o

---

163 Cfr. Van Caenegem, 1992: 63.
164 Sobre essa tese cfr., p. ex., Shapiro, 2000: 23.
165 Cfr. Lévy, 1965a: 148.
166 Cfr. Lévy, 1965: 10, 37.
167 *Idem, ibidem*: 143.

juramento, mas se supunha que dissessem a verdade sobre fatos que conheciam *de visu* (a testemunha *de auditu* era vetada). Portanto, esses não eram mais *testes de credulitate*, mas sim *testes de veritate.*[168] Quanto à inquirição das testemunhas, a *inquisitio* de origem carolíngia estava disponível como um instrumento bastante eficaz para obter o testemunho, tornando-se usual nos séculos XII e XIII. O juiz inquiria a testemunha, que jurava dizer a verdade sobre os fatos sobre os quais tinha conhecimento pessoal e direto. Esse instrumento foi, posteriormente, aperfeiçoado com a *enquête contradictoire*, na qual a testemunha era apresentada ao juiz por ambas as partes.[169]

O aspecto mais importante da nova concepção era que a produção das provas tinha claramente como fim a descoberta da verdade sobre os fatos da causa, e que as provas eram consideradas como meios racionais para atingir esse escopo. O surgimento e a difusão dessa concepção racionalista da relação entre provas e fatos foram corretamente definidos como a vitória do racionalismo sobre o misticismo,[170] sendo, com boa razão, considerados uma etapa fundamental na história do direito probatório continental.[171]

Se ora se pretendesse hipotizar um confronto entre as consequências que o fim dos ordálios produziu na Inglaterra e na Europa Continental, poder-se-ia dizer que se verificou uma profunda divergência entre os dois sistemas quanto aos instrumentos e às técnicas empregadas para chegar à decisão sobre os fatos da causa. Essa divergência pode ser considerada um aspecto relevante da dicotomia entre o direito inglês e o direito romano-canônico continental, que, segundo van Caenegem, começou a manifestar-se nos tempos de Henrique II, ou seja, na segunda metade do século XII.[172] Conforme ocorreu para essa dicotomia mais geral, também a divergência entre o sistema fundado no júri e os sistemas fundados em uma concepção racional da função das provas na descoberta da verdade estava destinada a persistir e a marcar a diferença entre os sistemas probatórios de *common law* e de *civil law*. De um lado, coloca-se a confiança *a priori* na correção e na justiça do veredito imperscrutável, formulado por um grupo de pessoas que falam com a *vox populi.* Nessa perspectiva, a verdade é aquilo que o júri diz, mas essa concepção é circular, fundada na ideia de que descobrir a «*verdade real*» não seja algo particularmente interessante: a audiência não é um «*laboratório da verdade*» ou de uma reconstrução histórica dos fatos.[173] Por outro lado – ou seja, no que diz respeito aos sistemas continentais – a apuração da verdade dos fatos é concebida como um dos escopos principais do processo. A descoberta da verdade é tida como uma

---

[168] Cfr. em particular Lévy, 1965a: 146.
[169] Cfr. Boulet-Sautel, 1965: 303, 309, 315, 319, 321. Cfr. também Dawson, 1960: 47, 51.
[170] Cfr. Boulet-Sautel, 1965: 277.
[171] Cfr., p. ex., Lévy, 1965a: 166.
[172] Cfr. Van Caenegem, 1987: 114.
[173] Cfr., com referência ao *jury trial* colonial do século XVIII, Blinka, 2003: 569, 581.

empreitada racional, na qual um juiz profissional, perito em lógica e filosofia (e não somente em direito), analisa as informações fornecidas a partir de documentos e testemunhas e, com base nisso, elabora uma reconstrução verídica dos fatos.

6. A DECISÃO SOBRE OS FATOS NO *ORDO JUDICIORUM*

A transformação dos sistemas probatórios ocorrida na Europa continental, do século VIII ao século XII, não se verificou, por óbvio, inopinadamente: foi, pelo contrário, fruto de complexas mudanças que assolaram todo o funcionamento da justiça civil nesse período. Seria muito interessante (mas impossível) analisar essas mudanças ao longo de vários séculos, da fase dos sistemas processuais bárbaros à dos sistemas romano-barbáricos, até a formação dos sistemas romano-canônicos.[174] Pode ser interessante, de qualquer maneira, atentar-se para aquilo que nas páginas precedentes considerou-se uma espécie de ponto de chegada, ou seja, o século XIII.

Nesse momento a fusão dos elementos romanos tirados do *Codex* justiniano com a disciplina emanada pela Igreja para o processo canônico[175] estava já substancialmente realizada, e o processo romano-canônico constituía o *ordo judiciorum* fundamental. Trata-se de uma espécie de modelo universal do processo civil que era seguido, mesmo que com variações devidas às influências locais, em todas as partes da Europa e, em particular, na Inglaterra, na Alemanha, na França, na Espanha e na Itália.[176] Há confirmação disso na rica e interessante literatura que se difunde em toda a Europa a partir do final do século XI, até o famoso *Speculum Judiciale*, escrito por Guilherme Durante em 1270.

Essa literatura compreende dezenas de obras (geralmente conhecidas como *ordines judiciarii*),[177] que descrevem o procedimento aplicado em muitas jurisdições de direto civil e de direito canônico e que seguem substancialmente o mesmo modelo.[178] Ao que tudo indica, os *ordines* mais antigos remontam às últimas décadas do século XI, como o *Imperator Iustinianus*, escrito provavelmente em Pavia na segunda metade do século[179] e as obras de

---

174 Para uma sintética descrição cfr. PICARDI, N., 1987: 93. Cfr. Também o clássico BETHMANN-HOLLWEG [1868]; BETHMANN-HOLLWEG [1871].

175 Cfr. NÖRR, 1993: 57, 60; NÖRR, 1993a: 98. Cfr. também CAMPITELLI, 1994: 21; PICARDI, 1987: 93; CAVANNA, 1982: 85.

176 Cfr. em particular NÖRR, 1993b: 42.

177 A expressão indica as obras pertencentes ao mesmo gênero, que, contudo, são individualizadas tendo por base suas primeiras palavras.

178 Sobre os *ordines judiciarii* cfr. em particular STICKLER, 1984: 3; FOWLER-MAGERL, 1984: 11 (com um elenco e a analítica descrição de muitos *ordines*); NÖRR, 1993c: 4.

179 Cfr. FOWLER-MAGERL, 1984: 33.

Ivo, visconde de Chartres, provavelmente redigidas em 1094-1095;[180] todavia, alguns consideram os *Excerpta legum* redigidos por Búlgaro, antes de 1141, como o primeiro *ordo.*[181] Muitos *ordines iudiciarii* foram escritos em várias partes da Europa e eram bem conhecidos, como: o *Olim*, escrito em 1177 em área anglo-normanda;[182] o *Invocato Christi Nomine*, redigido em 1198;[183] os *ordines*, escritos por Giovanni Bassiano em Bologna, em 1180 e 1185;[184] o *Quoniam*, redigido no Norte da França;[185] o *Scientiam omnes*, escrito na Inglaterra por Gualterus em 1234;[186] o *Ordo bambergensis*, escriuto na Alemanha em 1182-1185,[187] e muitos outros. Tudo indica, todavia, que o ápice dos *ordines* tenha se dado na primeira metade do século XIII, com obras muito importantes de Tancredo de Bolonha (*Assiduis postulationibus*, de 1216)[188] e de muitos outros autores.[189]

Alguns desses textos concernem ao processo civil como um todo e descrevem todas as fases e os momentos do procedimento. Por exemplo, o *Tam veteris quam novi*, escrito em Hildesheim em 1160, compreende não menos de 118 títulos que se referem a todos os aspectos do processo.[190] Alguns desses dizem respeito a argumentos mais específicos, como as ações,[191] as impugnações[192] e – em particular – as provas. Há também o *Laudabile advocatorum officium quod,* escrito em 1235 por Iacopo Balduini, que é o primeiro *ordo* que diz respeito especificamente ao papel e às atividades dos advogados.[193]

O quadro do processo civil que emerge dessa literatura tão rica é surpreendente por várias razões. Uma dessas é que – como já se acenou – existe um modelo de procedimento que pode ser adaptado a situações particulares, mas que é *universal* em sua estrutura fundamental. Essa combinação de uma estrutura comum com variações locais é a condição para o emprego do mesmo tipo fundamental de procedimento romano-canônico em todas as partes da Europa. O *ordo iudiciorum* é verdadeiramente um direito processual comum.

---

[180] Cfr. COMEZ, 1984: 59.
[181] Cfr., p. ex., STICKLER, 1984: 7.
[182] Cfr. FOWLER-MAGERL, 1984: 73.
[183] Cfr. FOWLER-MAGERL, 1984: 119 (com um sumário sobre as matérias relativas a todo o procedimento), que o atribui a Pillio da Medicina. STICKLER, 1984: 9, cita, a propósito, também Bencivenga da Siena, enquanto NÖRR, 1993a: 71, o atribui somente a Bencivenga.
[184] Cfr. FOWLER-MAGERL, 1984: 96, 100; NÖRR, 1993c: 68.
[185] Cfr. FOWLER-MAGERL, 1984: 149.
[186] *Idem, ibidem*: 138.
[187] Cfr. STICKLER, 1984: 7.
[188] Cfr. FOWLER-MAGERL, 1984: 129; STICKLER, 1984: 10.
[189] Cfr. STICKLER, 1984: 10, 11.
[190] Cfr. FOWLER-MAGERL, 1984: 45.
[191] *Idem, ibidem*: 160.
[192] *Idem, ibidem*: 240.
[193] *Idem, ibidem*: 147.

Observando-se a literatura que analisa e descreve o *ordo* e que, ao mesmo tempo, oferece um modelo normativo daquilo que deveria ser o procedimento correto e apropriado, depreende-se facilmente que se trata de um modelo complexo e sofisticado, composto por muitas partes e por uma sequência de atos e de atividades; parece também evidente que o procedimento é claramente dividido em fases e momentos que seguem uma ordem bem definida. Após a proposição do *libellus* por parte do autor, a *litis contestatio* é a fase introdutiva, em que o objeto da controvérsia é determinado com base nas demandas e exceções formuladas pelas partes.[194] Essa é a fase do *ordo quaestionum*, em que as partes apresentam seus pedidos, suas argumentações e seus requerimentos. A fase sucessiva é a do *ordo probationum*, em que são produzidas as provas.[195] Os *ordines* que se ocupam especificamente das provas,[196] assim como aqueles que concernem a todo o procedimento, compreendem descrições detalhadas dos diversos meios de prova e fazem particular referência ao número, à qualidade e à credibilidade das testemunhas. É regulada também a inquirição dessas, bem como a forma e a aferição da falsidade dos documentos. Trata-se, na realidade, de um detalhado «*direito das provas*» descrito e proposto como um modelo a ser seguido na prática judiciária.[197]

Em todos os seus aspectos o procedimento é estruturalmente um processo «*de partes*»; pode ser iniciado somente por uma parte que propõe uma demanda (*ne procedat iudex ex officio*) e pode concernir somente aos objetos determinados pelas partes em suas manifestações (*ne eat iudex ultra petita partium*).[198] As partes estão em posição de igualdade frente ao juiz,[199] e a dinâmica da fase probatória do procedimento é fundada em sua participação direta na produção das provas e na troca de argumentações em forma de contraditório.[200]

Nesse contexto geral um problema importante é aquele do *officium judicis*. Esse se colocara a propósito da situação em que os advogados das partes desempenhassem suas defesas de modo inadequado (*si aduocati male dicunt*), visto que em tal caso era necessário estabelecer se o juiz tinha o poder de colmar por iniciativa própria as atividades processuais defeituosas desenvolvidas pelos advogados: mais especificamente, tratava-se de estabelecer se o juiz podia recorrer a seus conhecimentos particulares para formular a decisão. Depois de um período de incerteza, em que foram propostas diversas

194 Para uma descrição analítica, cfr. COMEZ, 1984: 68, 71; MAZZEO, A., 1984: 147. Para acenos sintéticos cfr. por último PICARDI, 2007: 689 (também para ulteriores indicações); VALLERANI, 2005: 19, 58.

195 Cfr. COMEZ, 1984: 80; NÖRR, 1993c: 7.

196 Cfr. o elenco desses *ordines* em FOWLER-MAGERL, 1984: 219.

197 Cfr. COMEZ, 1984: 82.

198 Cfr. em particular NÖRR, K.W., 1993d: 90, 92.

199 Cfr. COMEZ, 1984: 61.

200 *Idem, ibidem*: 81.

soluções,[201] a opinião de Azone prevaleceu, influenciando a orientação de muitos outros autores. Essa opinião era que o juiz poderia decidir *secundum conscentiam* (ou seja, com base em seu conhecimento pessoal) somente sobre questões de direito: ele podia, por conseguinte, *supplere de iure*, ou seja, colmar as argumentações jurídicas das partes. Não tinha, ao contrário, o poder de *supplere de facto*, ou seja, de usar seu conhecimento pessoal sobre os fatos (aquilo que chamaríamos hoje de «*ciência privada*») como fundamento de sua decisão (*quia omnia nota sunt ei ut privato... supplere non potest*).[202] Em outros termos, o juiz devia decidir somente sobre fatos alegados pelas partes em suas manifestações; a esses nada podia acrescentar (*iudex secundum alligata iudicare debet*). Além disso, a sua decisão sobre os fatos alegados devia fundar-se exclusivamente nas provas produzidas ao longo do *ordo probationum*,[203] isto é, somente sobre aquilo que depreendera na função de juiz (*quod notum est ei ut iudici*).[204] Esse é o significado apropriado atribuído ao brocardo *iudex secundum alligata et probata judicare debet, non secundum conscientiam*: conforme demonstrado, inclusive recentemente, de fato, isso não implicava qualquer vínculo restrito do conhecimento do juiz às provas apresentadas pelas partes, nem qualquer proibição de iniciativas probatórias que pudessem ser tomadas de ofício pelo juiz; impunha a ele somente que decidisse segundo aquilo que resultava das provas produzidas em juízo, evitando recorrer à própria ciência privada. Somente uma tardia recepção errônea do brocardo, que inseriu arbitrariamente nesse a referência às partes (ou seja, aos *probata partium* ou *a partibus*) e cassou dele a proibição de decidir *secundum conscientiam*, consentiu a uma parte da doutrina moderna sustentar que remontasse ao direito dos *ordines judiciarii* a regra pela qual caberia às partes o monopólio das iniciativas instrutórias.[205]

Nos limites dos *allegata partium*, perguntava-se sobre se o juiz possuía o poder de colmar por sua iniciativa as provas insuficientes produzidas pelas

---

201 Cfr. NÖRR, 1967: 17.

202 Cfr. a reconstrução analítica da questão desenvolvida NÖRR, 1967: 30, 86.

203 Cfr. NÖRR, 1993d: 25, 41, 90.

204 *Idem, ibidem*: 30.

205 Cfr. em particular PICÓ I JUNOY, 2007; PICÓ I JUNOY, 2007a: 1497 ss. O autor demonstra pontualmente, com base em ampla e acurada documentação, que na formulação original da regra não havia qualquer referência às provas apresentadas pelas partes, e, portanto, não era previsto qualquer vinculação ao juiz de fundar sua decisão somente em tais provas. Picó i Junoy demonstra que a versão errônea do brocardo remonta muito provavelmente à doutrina alemã da segunda metade do século XIX, passando pelos escritos de Chiovenda, o qual muito provavelmente tem derivação em Wach, para posteriormente difundir-se em grande parte para a doutrina italiana sucessiva e também para a contemporânea (cfr. PICÓ I JUNOY, 2007: 53 ss.; PICÓ I JUNOY, 2007a: 1504 ss., 1509 ss.). Essa análise é muito interessante não somente por contribuir com o conhecimento histórico de um aspecto importante do processo, mas também porque mostra que evidentemente existe um equívoco na base dos ordenamentos que pretendem achar no brocardo em questão uma justificativa que remonte historicamente ao princípio pelo qual às partes competiria o monopólio exclusivo do requerimento dos meios de prova.

partes, o que – obviamente – não poderia ter ocorrido se realmente não sustentasse que somente as partes tivessem o poder de apresentar provas. A resposta largamente prevalente era, de qualquer modo, positiva: se se tratava de provas que pareciam necessárias para se chegar à decisão, visto que o juiz tinha o dever de aplicar a lei, ele devia também estar em condições de obter os elementos de conhecimento relativos aos fatos a que devia aplicá-la (*que ad ius spectant*). Portanto, ele tinha o poder de *inquirir*, com o escopo de obter informações sobre os fatos de modo correto (*inquiret... et faciat sibi notum ut iudici*).[206] De fato, essa *inquisitio* consistia em convocar e inquirir testemunhas que não haviam sido chamadas pelas partes.[207] Quanto à valoração das provas, o juiz dispunha de ampla discricionariedade na determinação da credibilidade das testemunhas: *quibus testibus iudex fidem adhibere debeat, ipse consideret, unde hoc relinquitur eius arbitrio.*[208] Essa discricionariedade devia, contudo, ser utilizada racionalmente, visto que o juiz podia depositar confiança somente nas testemunhas que parecessem mais próximas à verdade (*proximiora veritati*).[209]

Vale a pena frisar que a presença desses poderes do juiz não incidia na estrutura fundamental do procedimento, que – conforme já se disse – era essencialmente dispositivo, sendo baseado nas demandas e nas iniciativas das partes.[210] É necessário, por outro lado, considerar que o processo romano-canônico era concebido como um preciso mecanismo lógico, que funcionava de modo eficiente;[211] ainda, como uma atividade racional, da qual as partes e o juiz participavam com o escopo fundamental de apurar a verdade dos fatos com base nas provas, como condição para a pronúncia de uma sentença justa.[212] Como já acontecia na época longobarda, também no processo romano-canônico um fato ser provado significava que tinha sido apurado e reconhecido como correspondente à verdade.[213] Nessa atividade «*coletiva*» o papel das partes consistia em dar início ao processo, determinar o objeto, apresentar provas e desenvolver as próprias argumentações defensivas, enquanto o *officium iudicis* era o de estabelecer a verdade dos fatos e o de aplicar a esses a lei, em uma decisão final justa e correta: os fatos deviam ser reconstruídos através de uma busca racional.[214] Todavia, o juiz não desempenhava uma atividade

---

206 Cfr. Nörr, 1993d: 47, 89.
207 *Idem, ibidem*: 52
208 *Idem, ibidem*: 62.
209 Cfr. Nörr, 1993d: 62. Sobre a valoração da credibilidade das testemunhas cfr. também Comez, 1984: 83.
210 Cfr. principalmente Nörr, K.W., 1993d: 193.
211 Cfr. Cavanna, 1982: 85.
212 Cfr. Comez, 1984: 70.
213 Cfr. Sinatti d'Amico, 1968: 293.
214 Cfr. Comez, 1984: 93.

verdadeiramente inquisitória:[215] a *inquisitio* que ele podia desempenhar constituía o instrumento do qual se podia servir para inquirir as testemunhas que considerava úteis para a apuração da verdade, mas essa ocorria no contexto do contraditório. Portanto, o processo romano-canônico não tinha coisa alguma em comum com os modelos processuais realmente inquisitórios, característicos da *inquisitio* canônica, que não obtiveram aplicação no âmbito da justiça civil.

---

[215] Cfr. COMEZ, 1984: 92.

CAPÍTULO II
NARRATIVAS PROCESSUAIS

1. CREDULIDADE OU INCREDULIDADE

Na primeira de suas *Siete noches* – um comentário fascinante da *Divina Comédia* – Jorge Luis Borges cita Coleridge quando esse diz ser condição preliminar para ler poesia uma «suspensão da incredulidade».[1] Essa perspicaz observação funda-se claramente em duas premissas implícitas (mas evidentes): a) que a incredulidade deveria caracterizar nossa abordagem à experiência cotidiana, como uma posição crítica destinada a impedir-nos de formular ou compartilhar de falsas convicções; b) que não deveríamos ser incrédulos se quiséssemos ser capazes de colher, entender e usufruir de fantasias, metáforas, ambiguidades, imagens, sentimentos, emoções e todas as outras qualidades particulares tidas como típicas da poesia.

A amplitude da afirmação de Coleridge poderia ser facilmente aumentada (ainda que não propriamente generalizada) visto que – de certa forma – todo tipo de experiência estética pode ser compreendida como fundada em um *«estado de credulidade»*. Por exemplo, ver um quadro normalmente pressupõe uma abordagem de credulidade: apreciar um Vermeer não implica uma abordagem cética quanto ao fato de saber se a luz em Delft, na metade do século XVII, era efetivamente conforme o que Vermeer pintou – não obstante o fato de ele ser famoso por sua tentativa de obter uma reprodução fiel da realidade. Mais: para apreciar um quadro de Jackson Pollock, ou uma escultura de David Smith, não se deve perguntar se tais obras representam algo: é muito melhor suspender a incredulidade e aproveitar as formas ali expostas. Abordagem análoga (e inclusive mais profunda) deve ser adotada ao se ouvir

---

[1] Cfr. BORGES, 2005: 16.

música, visto que essa é – como escreveu Schopenhauer[2] – a forma de arte suprema, a «*catarse estética*». Efetivamente, para apreciar Wyton Marsalis, ou Astor Piazzola (sem falar em Chopin ou Brahms), uma condição de espírito de não-incredulidade é bastante oportuna.

Voltando a textos escritos, poder-se-ia dizer que uma suspensão da incredulidade é oportuna também para a leitura de textos em prosa, e não somente para a de poesias.[3] Por exemplo, lendo um romance de ficção científica é mais oportuno não ser incrédulo, pelo menos com a finalidade de colocar-se no contexto da narração pelo tempo necessário para a leitura. Ser sistematicamente incrédulo – ou seja, cético – sobre a invasão da Terra por grandes e malvadas criaturas de outros mundos poderia ser uma abordagem racional, mas não seria o melhor modo para ler G. H. Wells. Generalizando, o mesmo argumento vale para qualquer tipo de romance, dos policiais às grandes obras-primas da literatura de todos os tempos e lugares. De certa forma, pois, a distinção entre uma abordagem de credulidade e uma de incredulidade corresponde à distinção entre fantasia e convicção: quando a imaginação está (ou deveria estar) em jogo, a suspensão da incredulidade é uma condição necessária da experiência humana; quando se trata de convicções e, em particular, de convicções verdadeiras sobre eventos do mundo humano e material, uma abordagem cética e incrédula é provavelmente mais racional, não obstante seja talvez muito menos fascinante.[4]

Se (conforme parece, pelo menos à primeira vista) essa distinção tem algum sentido, pode ser usada como premissa de fundo para considerar o campo (em certa medida mais limitado) das narrativas e, em particular, o campo (ainda mais limitado) das «*narrativas processuais*».

2. NARRATIVAS

Um dos termos mais em voga e mais alargados dos últimos trinta anos é o termo *narratives*; tornou-se uma espécie de ícone da assim chamada visão pós-moderna de muitas coisas (talvez demasiadas), como da literatura, da crítica literária, da filosofia e até da teoria do direito.[5] Em razão de seu emprego extremamente amplo e variável, bem como da diversidade dos campos em que o termo é usado, é impossível (no presente contexto e, provavelmente, em geral) examinar todas as questões que concernem às «*narrativas*». De qualquer modo, visto que o *narrative turn* tornou-se uma espécie de lugar-

---

2 Cfr. SCHOPENHAUER, 1988: 338.

3 Em sua quinta noite, falando da poesia, Borges diz que pensar que a prosa esteja mais próxima da poesia do que da realidade é um erro (BORGES, 2005: 116).

4 Com efeito, a realidade – apesar de misteriosa – é muito mais simples do que sua descrição literária: cfr. BORGES, 2005: 114, 117.

5 Cfr., p. ex., BROOKS e GEWIRTZ, 1996.

comum mesmo nos discursos relativos às provas e ao processo,[6] pelo menos algumas observações esparsas (não sistemáticas e certamente incompletas) podem ser feitas a propósito das narrativas nos contextos processual e probatório. Nessa perspectiva pode-se assumir como certa uma conexão – e talvez uma equivalência – entre os assuntos concernentes às *narratives* e aqueles relativos à assim chamada *story-telling*. Em alguma medida os contextos e implicações culturais dos dois conceitos podem divergir, mas na perspectiva processual pode-se tranquilamente considerar que as «histórias» que são contadas em juízo são – ou pelo menos podem ser tratadas como se fossem – «*narrativas*».[7]

Concentrar a atenção sobre as narrativas processuais significa deixar de lado um grande número de opiniões gerais relativas às narrativas. Por exemplo, os ataques pós-modernos contra as assim chamadas *Grand Narratives* (como a História, o Progresso, a Razão, a Verdade, e assim por diante) não podem ser aqui discutidas como mereceriam;[8] o mesmo vale para o conflito entre «*fundacionistas*» e «*antifundacionistas*».[9] Basta dizer que nesse momento essas discussões parecem bastante banais e superadas: pelo menos a partir da metade do século XIX e início do XX[10] (e especialmente após a II Guerra Mundial) ninguém dotado de um mínimo de cultura acreditava mais nas *Grand Narratives*. Na realidade, muito tempo antes de Bauldrillard,[11] a cultura europeia conhecia Jean Paul Sartre e Albert Camus, sem falar de Nietzsche e dos irracionalistas discutidos na *Zerstörung des Vernunft* de Lukács. Os intelectuais europeus estavam bem cientes do fim das certezas oitocentistas. De qualquer modo, Baudrillard não foi o único exemplo de filósofo pós-moderno que descobriu banalidades anacrônicas de senso comum e as reformulou em um estilo *flamboyant*, como se os forçamentos retóricos e os exageros apocalípticos fossem o sinal de um pensamento novo e profundo.

Por outro lado, mesmo a limitação do campo à área do direito pode não ser suficiente para definir um âmbito temático adequado ao escopo de analisar as narrativas processuais. O movimento de *Law and literature*[12] produziu uma série de análises interessantes sobre assuntos jurídicos, mas também uma quantidade de falácias próprias de *cocktail party* acadêmico. Encontram-se não raramente concepções especialmente vagas e variáveis de *legal narratives;*

---

6 Cfr., em particular, Twining, 2006: 280, 286, 332. Cfr., também, Burns (2005: art. 4, 1), para ulteriores referências. O exemplo mais interessante nessa perspectiva é provavelmente Jackson, 1988.

7 Em sentido análogo cfr. Twining, 2006: 291.

8 Sobre a «morte das *Grand Narratives*» na filosofia pós-moderna, cfr. Litowitz, 1997: 10.

9 A propósito, cfr. Minda, 1995: 161, 164.

10 Cfr. a complexa análise desenvolvida por Burrow, 2000.

11 Para uma ampla análise crítica do pensamento de Baudrillard cfr. Norris, 1990: 164 ss.

12 Para uma sintética descrição desse movimento cfr. Minda, 1995: 149 ss. Na literatura italiana v. recentemente Di Donato, 2008: 63 ss.

nessas, a distinção entre fato e direito é com frequência perdida de vista,[13] e os fatos do processo perdem-se em uma indistinta falácia «*literária*» sobre o direito.[14]

Não se quer dizer com isso que a teoria das narrativas, especialmente no âmbito da psicologia social, não tenha algo significativo a dizer sobre o *story-telling* processual. Exatamente o contrário: como se verá, essa teoria fornece uma série de pontos de partida muito úteis para a análise aprofundada das narrativas processuais.[15] Os *caveats* mencionados servem para frisar que o *distingue frequenter* característico dos juristas medievais é ainda válido: em realidade são necessárias várias distinções para compreender adequadamente o problema das narrativas processuais.

Falando de *story-telling* jurídico e processual, Twining, com razão, coloca repetidamente em evidência o fato de que as *stories* são, ao mesmo tempo, necessárias e perigosas.[16] Histórias e narrativas são necessárias, tanto no contexto do processo como fora dele; isso porque são o instrumento principal através do qual fragmentos de informação esparsos e fragmentários e «*pedaços*» de acontecimentos podem ser combinados e compostos em um complexo de fatos coerente e dotado de sentido. As histórias dão forma à nossa experiência e nos fornecem modelos do mundo;[17] podem ser compreendidas como «*construções interpretativas de eventos*», que dão uma forma possível, um modelo, a um conjunto disforme de dados.[18] Fornecem uma *heurística*, ou seja, um método para descobrir aquilo que verdadeiramente ocorreu.[19] De resto, sua característica principal é que propõem somente *possibilidades*, não importando quão distantes estejam da realidade.[20] Por assim dizer, são o desenho que, de um punhado de pedaços de vidro colorido, faz um mosaico.[21]

Por outro lado, as histórias são perigosas e «*abertas à suspeição*»:[22] abrem caminhos para a imprecisão, para a variabilidade, bem como para

---

13 V., *infra*, item 2.2.

14 Tudo indica que isso não diga respeito somente às relações entre direito e literatura. Sobre o análogo fenômeno existente a propósito das relações entre ciência e literatura cfr. Haack, 2007: 207 ss.

15 Um exemplo bastante interessante dessa análise é Di Donato, 2008: 107 ss., 119 ss., 151 ss., 183 ss.

16 Cfr. Twining, 2006: 283, 336, 445.

17 Cfr. em particular Bruner, 2002: 9, 25.

18 Cfr. Borutti, 2006: 31.

19 Cfr. Burns, 2005.

20 Cfr. Borutti, 2006: 31.

21 Como ver-se-á mais além, de resto, as relações entre as partes e o todo não são muito simples: v., *infra*, item 4.

22 Cfr. Bruner, 2002: 43.

manipulações na reconstrução dos fatos;[23] isso varia de acordo com o ponto de vista, os interesses e os escopos dos sujeitos, que as contam em um certo momento e em um determinado contexto. Isso geralmente é verdadeiro,[24] sendo particularmente verdadeiro no contexto processual. Como se verá mais além, um processo não inclui somente uma narrativa ou um *story-telling*: é, ao invés disso, uma situação complexa, em que várias histórias são construídas e contadas por sujeitos diferentes, de pontos de vista e em modos diferentes.[25] Perigos de erro, de incompletude, de manipulações e de reconstruções incorretas dos fatos são particularmente frequentes e sérios, podendo levar a equívocos dramáticos e a erros substanciais na decisão final da controvérsia.

2.1 Um experimento mental

Existem muitas variedades de narrativas relativas a fatos. O tipo mais comum é o romance, e, em particular, aquele gênero de romances escritos na forma de narrações de histórias. Um inteiro setor da crítica literária, a *narratologia*, ocupa-se dos problemas que dizem respeito à estrutura, às características e às técnicas da narração. Não é, contudo, necessário considerar questões tão sofisticadas.[26] Ao invés disso, vale a pena analisar um exemplo muito simples e ver o que se pode dizer – em uma espécie de experimento mental – sobre as narrativas e seus perfis *epistêmicos*, com o escopo de destacar alguns aspectos que parecem característicos das narrativas processuais.

O exemplo (escolhido entre milhares de outros que poderiam funcionar tão bem quanto[27]) é o conhecido romance policial de John Grisham intitulado *The Broker*. As razões dessa escolha são basicamente estas: a) centenas de milhares ou milhões de pessoas leram o romance; b) a maior parte da história passa-se em Bolonha, cidade que muitos conhecem.

Quando um Leitor Não Informado (LNI), que não sabe coisa alguma sobre Bolonha, lê o romance, encontra descrições de lugares, praças, ruas, restaurantes, igrejas e outros lugares em que se passam os acontecimentos da história. Essas descrições são geralmente detalhadas e realistas, descrevendo muito bem a atmosfera da cidade, dos lugares e do estilo de vida dos bolonheses. Em realidade, Grisham viveu em Bolonha por alguns meses justamente para colher informações e impressões dos lugares que pretendia descrever. Isso dá ao romance um sabor de autenticidade, de coerência e de realismo que pode ser apreciado por si só, e não somente porque acrescenta um forte

---

23 Cfr. Menashe e Shamash, 2005: art. 3, 8.

24 Cfr. Bruner, 2002: 23.

25 V. mais amplamente Di Donato, 2008: 107 ss.

26 Cfr. Twining, 2006: 318 ss.

27 Haack, 2007: 210 ss., sublinha que frequentemente romances e obras teatrais são colocadas em lugares reais e incluem eventos reais; fornece, ainda, alguns exemplos ulteriores.

sentimento de credibilidade às aventuras do *Broker*. Quando um Leitor Informado (LI), que conhece Bolonha bastante bem, lê o romance, sua abordagem torna-se instintivamente diferente; não somente por causa de um sentimento de «*familiaridade*» que um LNI não pode experimentar. O LI pode ser levado a distinguir, nas descrições de Grisham, enunciados que são epistemicamente diversos um do outro.

a) Alguns (aliás: muitos) desses enunciados são *verdadeiros*. Por exemplo, quando Grisham escreve que no centro de Bolonha há duas torres medievais chamadas *Asinelli* e *Garisenda*, escreve um enunciado verdadeiro, visto que na Bolonha que existe no mundo da realidade empírica tais torres de fato existem e têm aqueles nomes. Analogamente, a afirmação de que na *Via Zamboni*, n. 22 existe um prédio em que se encontra a faculdade de direito da Universidade de Bolonha é também verdadeira. Até aqui, nenhum problema. Essas afirmações, como muitas outras, soam verdadeiras para o LI porque refletem a realidade material dos lugares que descrevem. Para o LNI soam verossímeis, o que para ele é suficiente.

b) Quando Grisham escreve que no prédio da faculdade de direito há salas dos professores, faz uma afirmação que soa *verossímil*, pois em muitos casos (ou na maior parte dos casos) as salas dos professores encontram-se nos edifícios principais das faculdades. Por conseguinte, essa afirmação é verossímil porque corresponde àquilo que ocorre «*normalmente*».[28] O problema é que no caso particular o enunciado é verossímil, mas falso, pois as salas dos professores da faculdade jurídica de Bolonha não se encontram naquele edifício. Nada de surpreendente nisso: muitas coisas que parecem verossímeis somente porque correspondem ao *id quod plerumque accidit* em realidade não existem. De qualquer modo, nada disso é relevante para o LNI: para ele a verossimilhança da assertiva relativa às salas dos professores é suficiente para assegurar a coerência da narrativa. A situação do LI é diversa: ele compreende que a coerência da narração é mantida porque a assertiva é verossímil, mas percebe o afastamento da descrição da realidade no âmbito da invenção e da fantasia, visto que ele sabe que a realidade é diversa da descrição feita por Grisham.

c) Quando Grisham escreve que no prédio da faculdade de direito encontra-se também a sala do professor Rudolph Viscovitch, faz uma afirmação que é descritivamente falsa; entretanto, essa não pretende ser verdadeira nem verossímil, não podendo ser tomada como tal. De fato todo leitor (informado ou não informado) já sabe que o professor Rudolph Viscovitch

---

[28] Sobre o conceito epistêmico de verossimilhança e suas relações com o conceito de verdade cfr., principalmente, Niiniluoto, 1987. A ideia da verossimilhança de um enunciado de fato como correspondência desse com aquilo que acontece normalmente é aprofundada em Taruffo, 1992: 158 e ss. Sobre a ambiguidade daquilo que é normal cfr. Haacking, 1990: 161.

não existe e é somente um personagem criado pelo autor: isso resulta claro da descrição do primeiro encontro do *Broker* com o professor em um café, poucas páginas antes. De fato a coerência narrativa da história é assegurada, visto que o professor Viscovitch é descrito como um homem de meia idade e com barba, muito «*normal*», que corresponde a um tipo humano bastante comum que pode muito bem corresponder à imagem de um professor; não como uma criatura verde vinda de Marte.

Do ponto de vista da coerência narrativa, não há qualquer diferença entre as posições do LNI e do LI: ambos podem apreciar a ordem e a conexão dos eventos descritos. Todavia, o LNI percebe *somente* a coerência da narrativa e a uniforme verossimilhança dos eventos, enquanto o LI sabe que algumas partes da narração são verdadeiras (não somente verossímeis), enquanto outras partes são falsas (se bem que verossímeis). Ele pode apreciar o esforço feito por Grisham para inserir sua história em um contexto verossímil, mas não pode deixar de perceber um afastamento contínuo e repetido da realidade à ficção e, posteriormente, de novo da ficção à realidade. Substancialmente: o LNI e o LI leem a mesma narrativa de duas posições epistêmicas diversas. O LNI não sabe o que há de verdadeiro e o que há de falso na história narrada por Grisham, mas não está tampouco interessado em sabê-lo: aquilo que está lendo, afinal, é um romance, e ninguém espera que um romance seja uma descrição verídica de coisa alguma. Também o LI está lendo um romance e não espera que a narrativa seja verdadeira (justamente porque se trata de um romance); todavia, ele sabe o que há de verdadeiro e o que há de falso na narrativa de Grisham.

Deixando agora o *Broker* de lado, imaginemos que o *New York Times* anuncie que «*um certo professor Rudolph Viscovitch foi assassinado em sua sala na faculdade de direito de Bolonha, na Via Zamboni, n. 22, por um estudante enfurecido por ter sido reprovado*»; ainda, que acrescente que essa afirmação constasse na acusação feita pelo Promotor[29] de Bolonha, na declaração de uma testemunha e ainda na sentença que condenava o estudante à pena mais grave (visto que matar professores de direito é o pior dos crimes, mesmo para estudantes reprovados). Tanto o LNI como o LI, ao lerem essa notícia, não poderiam evitar uma forte sensação de confusão e, principalmente, de incredulidade. Eles sabem que, salvo uma improvável homonímia, o professor Rudolph Viscovitch não existia fora do romance de Grisham. Excluindo erros na notícia dada pelo *New York Times*, ambos devem chegar à conclusão de que as narrativas relativas ao assassinato do professor Viscovitch são falsas,

---

[29] [N. do T.] No texto original a expressão assinalada é *Procuratore della Repubblica*. Preferiu-se a tradução por *Promotor*, a fim de que a lógica do texto fosse mantida, sem perda semântica.

ainda que pareçam coerentes, plausíveis e, portanto, confiáveis.[30*] Por conseguinte, ambos deveriam concluir que se verificara um clamoroso erro judiciário, fundado numa falsa acusação, num falso testemunho e numa decisão equivocada.

As razões pelas quais o LNI e o LI reagem diversamente quando leem Grisham e o *New York Times* são muito claras: lendo Grisham suspendem sua incredulidade por estarem cientes de lerem um romance, e ninguém espera que os romances sejam descritivamente verdadeiros. Mesmo quando se sabe, como no caso do LI, que alguns enunciados incluídos no romance são verdadeiros (pois aquilo que dizem corresponde à realidade de lugares efetivamente existentes em Bolonha) isso acrescenta um tom realista à narrativa. Mesmo o LNI, que não pode perceber o mesmo tom realista, pode apreciar de maneira completa a plausibilidade e o «*realismo verossímil*» da história. Entretanto, quando o leitor sabe que não está lendo um romance, mas sim a narração de fatos que dizem respeito a um caso judiciário real, sua abordagem é completamente diferente: ele parte da premissa de que as narrativas desses fatos deveriam ser verdadeiras (não somente verossímeis) e, portanto, não pode deixar de ser incrédulo quando lê uma narrativa processual que sabe ser falsa. O ponto fundamental é que quando não se espera que uma narrativa seja verdadeira (mesmo se pelo menos em parte o é) a circunstância de que essa seja descritivamente falsa (no todo ou em parte) não é relevante: uma história pode ser narrativamente boa quando é coerente, confiável, normal, familiar, verossímil e, portanto, persuasiva. Uma boa narrativa não precisa ser verdadeira.[31] Por outro lado, às vezes se espera que uma narrativa seja verdadeira e, portanto, o leitor continua incrédulo até que se convença de que essa corresponde à realidade material dos fatos. Trata-se de contextos e de narrativas diferentes. Afinal, o LNI e o LI não devem jamais esquecer que o direito não é literatura,[32] bem como que uma boa narrativa para a literatura pode ser ruim para o direito. À base dessa questão está um problema fundamental que concerne ao conceito de verdade: a definição da verdade depende do contexto em que é formulada. Portanto, contextos diferentes podem implicar conceitos diferentes de verdade, e é a diferença dos contextos que determina a diferença nas definições da verdade.[33] É, por conseguinte,

---

30 [N. do T.] No texto original a palavra assinalada seria, no singular, *credibile*. Apesar da tradução imediata para a língua portuguesa ser *crível*, preferiu-se utilizar a palavra *confiável*, uma vez que esta se coaduna melhor com os sentidos e contextos em que a palavra original aparece ao longo do texto.

31 Cfr. Twining: 2006: 283, 293, 337. Sobre a relação entre veracidade/falsidade e qualidade narrativa das histórias v. também *infra,* item 5.

32 Cfr. Gewirtz, 1996: 5.

33 A concepção relativista da verdade é fonte de problemas assaz complexos que não podem ser aqui analisados. Sobre o assunto conferir, recentemente, Marconi, 2007; Goldman, 1999: 42; Lynch, 2004: 21, 69.

com base no contexto que decidimos se um enunciado descreve o mundo em sua realidade empírica – e, portanto, pretende ser verdadeiro – ou se a história visa a criar um mundo imaginário, em que não há qualquer questão sobre a verdade empírica (e pode-se somente pensar em uma verdade «*interna*» nesse universo fictício[34]). O contexto processual é um contexto em que se requer a verdade empírica; um romance é um contexto em que a «*verdade narrativa*» é compreendida somente como algo que concerne ao mundo fictício criado pelo escritor. Grisham, como muitos autores de romances, mescla os contextos, empregando também enunciados que não são empiricamente verdadeiros; isso é, entretanto, somente um artifício literário. Em todo caso, trata-se de um conceito diferente de verdade, ou seja, da verdade «*interna*» à história do romance do *Broker*.

2.2 Narrativas e fatos

O discurso habitual sobre narrativas e *story-telling* aborda todos os aspectos do caso (mesmo quando concerne especificamente a contextos processuais), juntando em um todo indistinto tanto os aspectos jurídicos como os aspectos fáticos da situação em questão.[35] Isso pode depender de várias razões. Uma delas pode ser que os juristas tendem a falar muito mais do direito do que dos fatos. Outra razão pode ser que a prática da narrativa jurídica (e também da narrativa processual) tende a negligenciar diversas distinções, como aquelas entre fato e direito e entre fato e valor.[36] Uma terceira razão pode ser que a distinção fato/direito é um problema tradicional e sem resposta, não somente nos ordenamentos de *common law* (nos quais isso concerne sobretudo à separação de funções entre juiz e júri[37]). A distinção entre fato e direito é, de qualquer modo, incerta e problemática; possui diferentes significados em diferentes contextos, mesmo nos sistemas de *civil law*, onde é usada em particular para definir os limites dos poderes das cortes supremas.[38] Uma quarta (e importante) razão é que definir um «*fato*» pode fazer com que surja uma série de questões filosóficas, de modo que se pode tender a não falar especificamente de «*fatos*». Nenhuma surpresa, por conseguinte, se a teoria corrente do *story-telling* não leva em consideração a distinção entre fato e direito.

Seria necessário levar devidamente em conta todas essas dificuldades quando se fala em narrativas processuais. De qualquer forma, é claro que

---

34 Cfr. PRANDI, 1994: 165.
35 Cfr., p. ex., TWINING, 2006: 290, 296.
36 Cfr. TWINING, 2006: 336.
37 Cfr., p. ex., TILLERS, 1983: 2, n. 2; WEINER, 1966: 1867; WEINER, 1968: 1020. Sobre a regra tradicional «*ad quaestionem facti non respondent judices; ad quaestionem juris non respondent juratores*», cfr. THAYER [1898] (repr. New York 1969): 183.
38 Cfr., p. ex., MARTY, 1929. Cfr. Também os ensaios de Foriers, Ascarelli, Rivero, Buch e Roland, em CENTRE NATIONAL DE RECHERCHES DE LOGIQUE, 1961: 51, 113, 149, 175.

as narrativas processuais ligam-se aos aspectos jurídicos da controvérsia, mas isso não significa ser impossível pensar em narrativas que se referem a *fatos*. Não há dúvidas (ainda citando Willian Twining) de que os fatos devem ser «*levados a sério*».[39] Muitas causas são vencidas ou perdidas «*nos fatos*», dependendo de se o autor conseguiu ou não provar os fatos postos como fundamento de sua demanda; muitos *hard cases* são *hard* porque os fatos são complexos em demasia e difíceis de subsumir em uma clara regra de direito. Além disso, no processo os fatos são o ponto de referência de todo o mecanismo que concerne às provas e à sua produção. Portanto, excluir a possibilidade de se falar especificamente em «*narrações de fatos*» não teria sentido para qualquer pessoa com um mínimo de experiência na prática dos procedimentos judiciários. Pode-se, por conseguinte, presumir racionalmente que os fatos do caso possam ser separados dos aspectos jurídicos da controvérsia, ainda que reste claro que as duas dimensões estão estreitamente conexas. De resto, fato e direito, por serem conexos, devem ser concebidos como diferentes, ou, pelo menos, como diferenciáveis. Em realidade, os fatos do caso *podem* ser determinados como tais, ou seja, separando-os da dimensão jurídica da controvérsia.[40] Obviamente, aqui não se faz referência aos fatos em sua existência material e empírica: as narrativas podem incluir somente «*enunciados de fato*». Um enunciado de fato é qualquer enunciado em que um evento é descrito como ocorrido «*assim e assim*» no mundo real (que, obviamente, é pressuposto como existente e não somente como imaginado ou sonhado).[41] Por ser descritivo de algo que se diz haver ocorrido na realidade, esse enunciado é *apofântico*: pode ser verdadeiro ou falso.[42]

Há, ainda, pelo menos um sentido em que a distinção entre fato e direito é *necessária* e, portanto, também possível. Essa distinção é inevitável quando se trata de estabelecer o que pode e deve ser provado em um processo. O princípio geral comumente aceito é que o direito não pode ser «*provado*» no sentido próprio e específico do termo: *jura novit curia*, e diz respeito ao juiz conhecer o direito que deve aplicar para decidir uma controvérsia. Portanto, somente os fatos (ou seja, os enunciados sobre os fatos) são objetos de prova. Os enunciados relativos aos aspectos jurídicos da controvérsia podem ser objeto de escolha, de interpretação, de argumentação e de justificação, mas não podem ser *provados*. Também os enunciados relativos aos fatos são objetos de escolha, de interpretação, de argumentação e de justificação, mas, sobretudo, *pode-se provar* que esses são verdadeiros ou falsos. A relevância das provas

---

[39] Para essa clara alusão a Dworkin cfr. Twining, 2006: 14, 417. Cfr., também, Di Donato, 2008: 81 ss.

[40] Para uma análise mais aprofundada desse problema cfr. Taruffo, 1992: 67, 71.

[41] Esse pressuposto funda-se em uma série de condições filosóficas, epistêmicas e até mesmo éticas, que não podem ser aqui discutidas. Em linhas gerais cfr. Goldman, 1999: 3, 41, 69. Sobre o retorno a uma concepção «*correspondentista*» da verdade v., *infra*, Cap. III, item 1.

[42] Sobre essa característica dos enunciados fáticos v. também *infra*, item 5.

(ou seja, a condição fundamental para sua admissão no processo) é controlada fazendo referência aos enunciados que concernem aos fatos principais da controvérsia, e não às argumentações jurídicas propostas pelas partes para definir seus aspectos jurídicos. Essa distinção entre fato e direito não necessita de análises ulteriores: os princípios que regulam a admissão e a valoração das provas fornecem uma base suficiente para estabelecer o que é considerado como «*fato*» de uma controvérsia.

Pensando nos fatos tratados em um processo, não há qualquer necessidade de que se mergulhe profundamente em questões filosóficas e epistemológicas.[43] Em realidade, os fatos relevantes à administração da justiça são *tranches de vie*, ou seja, eventos ou conjuntos de eventos que concernem à vida das pessoas. Isso significa que geralmente esses são determinados em uma perspectiva macro: mesmo quando estão envolvidas a microfísica ou a genética, o escopo final continua sendo o de provar um «*fato da vida*»; normalmente esses fatos são definidos de modo bastante específico, referindo-se às situações jurídicas dos sujeitos interessados.

Há, todavia, na definição dos «*fatos da causa*» alguns aspectos que merecem ser levados em consideração. Primeiramente, os fatos são selecionados e definidos com base em sua relevância na controvérsia. As circunstâncias irrelevantes não são levadas em conta, quando se trata de estabelecer quais fatos devem ser provados. O critério para valorar a relevância tem dois aspectos. Um fato é *juridicamente relevante* (no jargão estadunidense: *material*) quando corresponde ao tipo de fato definido pela regra jurídica (escrita ou fundada em precedentes) considerada como possível base jurídica para a decisão. As normas definem fatos-tipo, e os fatos específicos são relevantes (como *fact-tokens)* quando correspondem a esses fatos-tipo.[44] Portanto, os fatos relevantes são definidos com referência à norma cuja aplicação é vislumbrada como critério para a decisão final: esses fatos são os *facts probanda* fundamentais (ou seja, o principal objeto de prova) e representam o conteúdo dos enunciados fáticos mais importantes.[45] Um fato é, pois, *logicamente relevante* se, não sendo principal, pode, todavia, ser usado como uma premissa, como um ponto de partida para inferências que podem levar a conclusões sobre a veracidade ou falsidade de um enunciado relativo a um fato principal.[46]

---

[43] Sobre algumas dessas questões cfr. Taruffo, 1992: 67, 71.

[44] Essa conexão representa um ponto bem conhecido e largamente analisado na teoria do direito, de modo que referências bibliográficas seriam impossíveis, além de supérfluas. Veja-se, de qualquer modo, pelo menos o texto clássico sobre o tema, ou seja, Engisch, 1960: 19, 37, 83. Para ulteriores indicações v. também Taruffo, 1992: 74.

[45] De maneira mais ampla, sobre os problemas que concernem à determinação dos fatos que são objeto da decisão final v., *infra*, Cap.V, item 2.

[46] A relevância lógica é o critério fundamental para decidir se um meio de prova deve ser admitido ou excluído, com base na regra segundo a qual *frustra probatur quod probatum non*

Os fatos podem ser simples (como quando um evento singular envolve uma ou duas pessoas em um momento específico), podem ter diversos graus de complexidade (como quando vários eventos relacionados entre si envolvem muitas pessoas), e podem ser extremamente complexos (como quando uma série de eventos distribui-se no tempo e envolve centenas, milhares, ou milhões de pessoas[47]). Consequentemente, às vezes esses podem ser descritos por um ou poucos enunciados simples, enquanto outras vezes podem ser descritos somente por narrativas longas e complicadas. Todavia, assim como eventos complexos podem estar intimamente ligados e ser analisados como compostos por grupos de circunstâncias específicas, as narrativas complexas são compostas por séries de enunciados específicos. Do ponto de vista da prova, cada enunciado específico deve ser provado. Por exemplo, se o fato é uma sequência causal complexa como «A→B→C→D», deve-se fornecer provas para A, B, C e D, bem como para todas as conexões causais que os conectam.[48] Os fatos podem se referir não somente a eventos que se tenham verificado na realidade material (como os acidentes de trânsito), mas também a atitudes ou condições psicológicas (como a intenção ou o dolo); podem, ainda, ser compostos por fatores materiais e psicológicos. Fatos desse gênero suscitam uma série de problemas, mas devem ser provados: isso significa que os enunciados que os descrevem devem ser demonstrados verdadeiros ou falsos.[49]

2.3 Narradores de histórias

Um aspecto frequentemente subvalorizado no tema das narrativas processuais é que o contexto do processo não compreende somente *uma* narrativa homogênea. Um olhar mais atento ao processo na perspectiva da narrativa mostra que, em realidade, esse é composto por um número variável de histórias contadas por sujeitos diferentes, de modos diferentes e com escopos diferentes.[50] Não se trata somente da diferença entre sujeitos que falam de diferentes pontos de vista[51] e em perspectivas particulares.[52] No processo as histórias são narradas por advogados com um espírito *adversarial,* estando em

relevat. Sobre esse princípio geral cfr., inclusive para ulteriores referências, TARUFFO, 1992: 338; TARUFFO, 1970. V., ainda, *infra*, Cap. IV, item 2.1.

47 Em realidade, a «*complexidade fática*» é um dos fatores principais da *complex litigation*, como nos casos dos *mass torts* e das *class actions.* Cfr. FEDERAL JUDICIAL CENTER, 2004: 242, 341.

48 Para uma análise mais ampla da prova das conexões causais cfr. TARUFFO, 2006: 101.

49 Sobre a prova desses tipos particulares de fatos cfr. TARUFFO, 1992: 121.

50 Para uma observação análoga cfr. JACKSON, 1988: 85. Nesse propósito, v. em particular DI DONATO, 2008: 107 ss.

51 Cfr. TWINING, 2006: 130, 132; GEWIRTZ, 1996: 8.

52 Cfr. BRUNER, 2002: 23.

contraposição entre si:[53] o contexto processual tem a estrutura de uma controvérsia, e os advogados apresentam esquemas alternativos e contraditórios[54] de organização dos fatos. Portanto, supõe-se que o juiz escolha uma das histórias possíveis sobre os fatos da causa. As peculiaridades das histórias narradas no processo requerem algumas observações ulteriores, especialmente do ponto de vista dos principais e típicos *«narradores»* processuais.

a) Os advogados: Concentrando sua atenção nas histórias narradas pelos advogados, Twining frisa que a técnica da defesa eficaz implica a não utilização de argumentações racionais e a inclusão de técnicas para excluir informações relevantes, a fim de depurar os fatos e usufruir de instrumentos de persuasão não racional;[55] tudo isso é feito porque a tarefa essencial do advogado é persuadir o juiz a decidir a favor de seu cliente.[56] Consequentemente, as histórias narradas pelos advogados tendem a incluir manipulações dos fatos, orientadas ao escopo de vencer a causa.[57] Outros autores concordam com essa concepção crítica e cética do modo com que os advogados constroem e apresentam suas narrativas, frisando o fato de que essas são frequentemente enganadoras e desorientadoras:[58] a *story* construída pelo advogado é confeccionada com o intuito de ter o máximo efeito persuasivo sobre a plateia, jogando com preconceitos dessa; contém uma narrativa que é vantajosa para a posição do cliente, não uma versão verdadeira dos fatos.[59] Não é por acaso que no plano epistemológico reconduziu-se a atividade do advogado à *advocacy*, frisando que, portanto, a argumentação visa a demonstrar uma tese, podendo comportar a exclusão de provas relevantes[60] e a sobrevalorização das provas favoráveis à tese que o advogado pretende sustentar. Distingue-se dessa função a *inquiry*, que não interessa ao advogado e tem como fim a descoberta da verdade objetiva.[61] Portanto, vale em particular para as narrativas dos advogados a afirmação de que as *stories* são *«excellent vehicles for cheating»*.[62] Se, como

---

[53] Cfr. Bruner, 2002: 43; Gewirtz, 1996: 7; Burns, 2005: 2.

[54] Cfr. Amsterdam e Bruner, 2002: 173.

[55] Cfr. Twining, 2006: 24.

[56] Cfr. Twining, 2006: 288. Analogamente cfr. Gewirtz, 1996: 5. No mesmo sentido no que diz respeito à finalidade das narrativas dos advogados cfr. Di Donato, 2008: 162, 173.

[57] Cfr. Twining, 2006, 289, 297, 305. Sobre os modos com que o advogado constrói uma narrativa, manipulando as informações que recebe do cliente, cfr. em particular Di Donato, 2008: 119, 151.

[58] Cfr., p. ex., Gewirtz, 1996: 9; Dershowitz, 1996: 99. Sobre o baixo nível de veracidade das narrativas dos advogados cfr., também, Coloma Correa, 2006: 41.

[59] Cfr. Hunter, 2007: 272.

[60] Sobre o fato de que o advogado refira-se somente às provas favoráveis à posição de seu cliente cfr. Di Donato, 2008: 163.

[61] Cfr. Haack, 2008: 564; Haack, 2007: 169, 339. Um outro epistemólogo observa, analogamente, que geralmente os advogados escondem ou camuflam a verdade, ao invés de esclarecê-la: cfr. Goldman, 1999: 296.

[62] Cfr. Twining, 2002: 12.

parece, essas são imagens realistas da prática advocatícia nas narrações dos fatos, surgem algumas questões sobre as quais é oportuno versar.

Uma primeira questão concerne à ética profissional dos advogados e a se – e em que medida – a omissão voluntária, ou a distorção dos fatos relevantes por parte de um advogado, é legítima e justificada pela finalidade de vencer a causa. Poder-se-ia questionar sobre a necessidade da existência de uma «*ética da narrativa*», que impeça o advogado de apresentar uma narrativa que ele julgue falsa.[63] De qualquer modo, a questão sobre se o advogado é ou não obrigado a dizer a verdade quando narra os fatos é muito complicada: o estudo mais recente e influente sobre a ética profissional do advogado somente versa brevemente sobre essa, dizendo que o advogado tem esse dever no processo civil, mas com limitações relevantes.[64] O aludido estudo frisa, de resto, que os princípios da ética profissional algumas vezes contrastam com os princípios comumente aceitos pela moral cívica.[65] Provavelmente isso seja particularmente verdadeiro para o dever de dizer a verdade: a moral civil é talvez a favor de que as pessoas digam a verdade,[66] mas não parece concebível que os advogados tenham um dever geral de dizer a verdade, ou muito menos um dever de dizer «*toda*» a verdade. Ademais, eles podem ser obrigados a não usar provas ou declarações de outras pessoas que saibam ser falsas, mas isso não equivale a dizer que tenham um dever moral de dizer a verdade. Conforme já se destacou de maneira realista, ninguém presume que o autor em um processo pense algo sobre sua demanda, e menos ainda que creia que essa seja verdadeira.[67] Isso é confirmado, por exemplo, na *Rule* 11 das *Federal Rules of Civil Procedures* estadunidenses: essa norma foi emendada com o escopo de reforçar a responsabilidade dos advogados, mas não prevê qualquer dever claro e explícito sobre a veracidade daquilo que o advogado diz. Ele deve somente atestar que, com base em seu conhecimento e informação (e em seu convencimento formado após uma perquirição razoável segundo as circunstâncias), as alegações e as outras afirmações fáticas tenham um suporte probatório (ou que é provável que venham a tê-lo após uma razoável oportunidade de ulteriores perquirições[68]). A finalidade de uma norma desse gênero é claramente de sugerir que as alegações dos fatos devam ser feitas seriamente e segundo a boa-fé; não se requer, entretanto, que sejam verdadeiras.

---

[63] O problema é posto, p. ex., por Gewirtz, 1996: 9.

[64] Cfr. Hazard e Dondi, 2004: 114, 327, n. 2. Não são, todavia, especificadas as limitações que teria o dever de verdade do advogado no processo civil.

[65] Cfr. Hazard e Dondi, 2004: 114.

[66] Sobre o valor moral e social da verdade v., *infra*, Cap. III, item 3.

[67] Cfr. Amsterdam e Bruner, 2002: 174.

[68] Para referências às emendas da Rule 11 e alguns comentários, cfr. *Federal Rules of Civil Procedure. Abridged Edition as Amended to May 13,* 2005: 50.

Em alguns ordenamentos impõe-se aos advogados um *duty of candor*, e tudo indica que esse dever inclua também o dever de fazer afirmações verdadeiras.[69] Um exemplo significativo é oferecido pelo sistema inglês, visto que a *Rule* 22.1 das *Civil Procedure Rules* introduzidas em 1999 requer que o conteúdo fático dos atos do processo seja confirmado por uma «*declaração de verdade*» jurada pela parte e pelo seu defensor, sob pena de condenação por *contempt of court* nas hipóteses em que o juramento for falso.[70] Uma norma de certa forma similar está presente no § 138 n. 1 da *Zivilprozessordnung* alemã, com base na qual as partes têm o dever de dizer a verdade em suas assertivas sobre os fatos da causa.[71]

Na Itália, o art. 14 do código deontológico forense prevê para o advogado um dever de veracidade, afirmando que «*as declarações prestadas em juízo relativas à existência de fatos objetivos, que sejam pressuposto específico para uma medida do magistrado, e das quais o advogado tenha total conhecimento, devem ser verdadeiras*». Como é fácil perceber, trata-se de uma formulação fortemente restritiva, que não inclui os fatos alegados dos quais o advogado *não tem* (como geralmente ocorre) conhecimento *direto*, pela óbvia razão de que ele fica sabendo da existência desses fatos por outras pessoas, em particular, por seu cliente. Além disso, o dever em questão não é sancionado, não encontrando tampouco correspondência no Código de Processo Civil[72] italiano.

De qualquer modo, normas desse gênero não existem em todos os lugares; pelo contrário: diversos ordenamentos não preveem qualquer dever de veracidade para as partes e seus advogados. Por outro lado, geralmente é muito duvidosa a efetividade da aplicação concreta do *duty of candor* do advogado.[73] É, por conseguinte, razoável pensar que em linhas gerais – e com poucas limitações – os advogados não são obrigados a dizer a verdade. Eles têm menos ainda o dever de evitar distorções, manipulações ou lacunas em suas alegações fáticas. Se, por outro lado, existissem verdadeiramente deveres desse gênero, em linha de princípio, a conseqüência seria que toda vez que uma versão de um fato relevante fosse desmentida pelas provas (ou mesmo que fosse considerada indigna de credibilidade pelo juiz) o advogado que a houvesse alegado em juízo deveria sofrer sanções por ter deduzido enunciados fáticos inverídicos. Isso é visivelmente absurdo, pelo menos no estado atual

---

69 Cfr. Hazard e Dondi, 2004: 234.

70 Cfr. Miller, 2000: 630.

71 Cfr. Murray e Stürner, 2004: 159. Cfr., além disso, Scarselli, 1998: 102 ss., também para ulteriores indicações bibliográficas.

72 Não é por acaso que o maior comentarista do código de ética define em termos assaz vagos o conteúdo do dever em questão, e a casuística relativa às hipóteses de violação de tal dever é, mais do que nunca, reduzida e fragmentária: cfr. Danovi, 2001: 216, 224.

73 Cfr. Hazard e Dondi, 2004: 237.

das coisas em todos os ordenamentos, o que confirma que, em realidade, o advogado é livre – com escassas e secundárias limitações – para contar aquilo que julga mais vantajoso para os interesses de seu cliente.

Uma segunda questão pode ser posta nestes termos: se as histórias narradas pelos advogados são parciais,[74*] manipuladas e desorientadoras, fundadas em omissões e instrumentos não racionais de persuasão (e, portanto, não verdadeiras), tudo isso não está de acordo com a ideia tradicional – amplamente aceita nos sistemas de *common law* e bastante popular também nos sistemas de *civil law* – de que o juiz deve formular sua decisão somente fazendo uma escolha entre as duas histórias alternativamente apresentadas pelas partes em um contexto *adversarial.*[75] Se, como parece, ambas as histórias narradas pelas partes forem «*histórias ruins*», com o fim de enganar e desorientar o juiz para que uma parte prevaleça sobre o adversário, a situação em que se encontra o juiz (de, de qualquer modo, ter que escolher uma das duas histórias, ou seja, por assim dizer, a «*menos pior*») não é certamente agradável ou feliz. Desse ponto de vista, a posição do juiz nos processos civis de *civil law* é um pouco menos infeliz, visto que normalmente se admite e se exige que ele formule uma reconstrução autônoma dos fatos da causa quando as narrativas das partes forem ambas indignas de credibilidade.[76]

A terceira questão concerne a algumas modalidades com as quais os advogados narram suas histórias sobre os fatos da causa.

Antes de qualquer coisa, é preciso considerar que essas histórias assumem estrutura diferente, dependendo da disciplina dos atos introdutivos do processo. Os sistemas de *civil law* caracterizam-se por aquilo que na terminologia anglo-americana chamar-se-ia *fact pleading*, ou seja, pela regra segundo a qual a demanda deve conter uma alegação específica, detalhada e possivelmente completa dos fatos da causa.[77] Além disso, com o intuito de fornecer um quadro completo da situação fática que está à base da controvérsia,

---

[74] [N. do T.] No texto original a frase aparece como «(...) *le storie narrate dagli avvocati sono parziali, partigiane, manipolate e fuorvianti*». A palavra *parziale* é definida no dicionário «*lo Zingarelli*» de língua italiana assim: «*que tende a favorecer uma ou mais determinadas pessoas, em detrimento das outras*». Já a palavra *partigiano*, no aludido dicionário, é definida assim: «*que está disposto a favorecer uma parte, que tem falta de objetividade e imparcialidade*». Entende-se, com consultas aos dicionários *Houaiss* e *Aurélio* de língua portuguesa, estarem ambos os sentidos contidos na palavra *parcial* em português, razão pela qual foi utilizada somente essa no lugar das duas existentes no texto original.

[75] Sobre essa afirmação, tradicional na concepção do processo inglês, cfr. JOLOWICZ, 1975: 188. Cfr. também GEWIRTZ, 1996: 6; TWINING, 2006: 295, além disso v., *infra*, Cap. V, item 1.

[76] Sobre a reconstrução dos fatos por parte do juiz v., *infra*, item 2.3, neste Capítulo, e, além, no Cap. V, item 3.

[77] Cfr., por exemplo, além do art. 163 n. 4 do Código de Processo Civil italiano, o § 130 n. 3 da *Zivilprozessordnung* alemã, os arts. 6 e 62 do *Code de Procédure Civile* francês e o art. 399 n. 3 da *Ley de enjuiciamiento civil* espanhola.

bem como com o de fornecer ao juiz o quadro de referência para a admissão das provas relevantes, normalmente são indicadas também as circunstâncias que «*circundam*» os fatos principais (ou seja, os assim chamados fatos secundários logicamente relevantes). Nesses sistemas, por conseguinte, o processo tem início com uma narrativa proposta pelo autor, na qual se presume que os fatos sejam descritos de modo detalhado e completo. Há ainda regras substancialmente similares para o demandado: ele pode contestar no todo ou em parte a narrativa do autor,[78] mas de qualquer maneira deve apresentar a sua narrativa dos fatos relevantes, que pode ser uma versão negativa da narrativa do autor, ou uma versão dos fatos completamente diversa. De qualquer modo, mesmo a narrativa do demandado deve ser fundada em uma alegação detalhada e completa dos fatos.

A situação é diferente no aspecto processual, mas equivalente substancialmente, quando se tem um sistema fundado nos assim chamados *notice pleading*, como ocorre com as *Federal Rules of Civil Procedure* estadunidenses. Nesse sistema a formulação inicial da demanda não inclui necessariamente uma narração completa dos fatos da causa. Esses podem ser descobertos, um passo por vez, através da *discovery*: portanto, somente na conclusão da fase *pre-trial* é que ambas as partes estarão em condições de traçar um quadro completo da situação fática em que se funda a controvérsia.[79] Disso resulta que a construção e a redação das narrativas das partes são mais longas, fragmentadas e complexas do que aquelas que aparecem normalmente nos sistemas de *civil law*. Todavia, mesmo nos sistemas fundados no *notice pleading,* chega o momento em que as partes devem apresentar histórias que compreendam os fatos da causa.

Além das diferenças ora referidas, essas histórias apresentam algumas características que merecem atenção.

Antes de qualquer coisa, possuem uma *pretensão de veracidade*. Não são falatórios entre os advogados e o juiz: quando um advogado alega fatos, implicitamente ou explicitamente afirma que tais fatos são verdadeiros.[80] Na realidade, não teria sentido, para um advogado, alegar um fato que fundamenta sua demanda e, concomitantemente, dizer ou sugerir que o enunciado que concerne àquele fato é falso. Se ligo para minha esposa e digo a ela que meu voo de Nova Iorque está com cinco horas de atraso, mas ao mesmo tempo digo que aquilo que estou dizendo é falso, ela pode se perguntar sobre quantos gins-tônicas eu bebi. Brincadeiras à parte, pode-se recordar que um dos prin-

---

[78] Sobre o tema v., *infra,* Cap. III, item 5.1.

[79] Sobre esse famoso aspecto do sistema processual americano cfr. p. ex. James, Hazard e Leubsdorf, 1992: 145 ss.; Friedenthal, Kane e Miller, 1985: 252 ss.

[80] Sobre a natureza da alegação v. mais amplamente, *infra*, Cap. III, item 5.

cípios fundamentais da correção da conversação implica a convicção de dizer o verdadeiro.[81]

Portanto, a pretensão de veracidade é típica da narrativa dos advogados (como de muitas outras narrativas), independentemente do fato de que em realidade sejam verdadeiras ou falsas. Entretanto, visto que uma pretensão de veracidade não é equivalente à veracidade de um enunciado, a história que o advogado narra em relação a um fato da causa não é outra coisa senão uma história *hipotética* sobre aquele fato. Essa hipótese é apresentada «*como verdadeira*», mas isso nada mais é do que uma hipótese: a veracidade ou falsidade será estabelecida posteriormente, no curso do processo e na decisão final. Nos termos da teoria dos atos linguísticos essas histórias pertencem à categoria dos *atos ilocutórios*, caracterizados por uma função *assertiva ilocutória*. Com efeito são constituídas por *assertivas*, ou seja, por enunciados que pretendem afirmar proposições verdadeiras que descrevem fatos com uma *word-to-world direction or fit.*[82]

No caso das histórias provenientes das partes, há ainda dois aspectos da função que essas desempenham. Um deles está ligado à circunstância de que o intuito do advogado é vencer a causa; portanto, a história por ele narrada é construída para persuadir o juiz de que seu cliente merece vencer.[83] Nessa perspectiva a narrativa do advogado tem também outra função ilocutória de caráter *diretivo*, visto que tem o fim de justificar um pedido que pode ser acolhido ou não.[84] O outro aspecto – não levado em consideração pela teoria do *story-telling*, mas relevante do ponto de vista jurídico – está ligado ao ônus da prova. Na realidade, o advogado não conta sua versão hipotética dos fatos com o escopo de informar o juiz e as outras partes. Quando apresenta sua narrativa, o advogado assume para si o ônus da prova referente aos fatos que relata. A não ser que no caso particular operem presunções legais – e salvo se o juiz distribuir diversamente entre as partes o ônus probatório – o princípio fundamental é que *onus probandi incumbit ei qui dicit*. Quem afirma que um fato é verdadeiro tem o ônus de demonstrar a veracidade de sua afirmação. Essa regra vale, em geral, em muitas áreas da experiência: no âmbito do processo significa que satisfazer o ônus da prova assumido alegando os fatos é uma condição para vencer a causa.[85]

No curso do processo podem-se verificar mudanças nas narrativas fáticas das partes, nos limites admitidos pelas diversas disciplinas processuais e em

---

81 Cfr. Grice, 1989: 27.

82 Sobre o conceito de função *ilocutória* dos atos linguísticos cfr. Searle, 1998: 137, 140, 148; Searle, 1980: 23, 29, 65.

83 Cfr. Amsterdam e Bruner, 2002: 174; Di Donato, 2008: 173.

84 Sobre o conceito de função *ilocutória diretiva* cfr. Searle, 1998: 148.

85 O tema do ônus da prova não pode ser discutido adequadamente nessa sede. Em linhas gerais, cfr. Gaskins, 1992, e v. mais amplamente, *infra*, Cap. V, item 5.

função do andamento da causa.[86] Exaurida a produção de provas, e antes da decisão, normalmente os advogados apresentam a versão final de suas narrativas relativas aos fatos. Essa versão pode ser no todo ou em parte diferente da versão inicial, ou pode coincidir com essa, dependendo do que ocorreu no curso do procedimento e, em particular, em função dos resultados produzidos pelas provas. Todavia, a versão final apresenta substancialmente as mesmas características da versão inicial. Essa, de fato, é *parcial*, já que, de qualquer modo, tem a finalidade de sustentar as razões da parte que o advogado representa. Além disso, tem também *pretensão de veracidade*. Tal pretensão pode ser em alguma medida reforçada, se o advogado tiver condições de extrair das provas elementos que confirmem a veracidade da sua versão dos fatos e, portanto, possa afirmar ter atendido ao ônus probatório que assumira inicialmente; pode, por outro lado, ser enfraquecida, caso o êxito das provas não tenha sido favorável. De qualquer modo, as versões finais dos fatos que ambos os advogados propõem têm ainda natureza hipotética, visto que não compete a eles estabelecer definitivamente se tais hipóteses são verdadeiras ou falsas. O que eles fazem, na realidade, é propor ao juiz hipóteses de decisão, indicando quais são – do seu ponto de vista – os elementos que o juiz deveria levar em consideração com o fim de estabelecer qual narrativa apresenta-se como verdadeira.

b) *As testemunhas*. De certo modo, a testemunha é o típico narrador. Supõe-se que ela tenha conhecimento sobre alguns fatos da causa e se espera que ela «*narre*» os fatos que conhece. A testemunha pode desempenhar sua tarefa de narrador de diversos modos: às vezes se pede que conte o que sabe em um discurso contínuo e outras vezes, mais frequentemente, ela é inquirida. Tal inquirição, que pode ser feita pelo juiz, pelos advogados das partes ou por ambos (de acordo com o sistema probatório) dá-se através de uma série de perguntas específicas. Nesse caso, a narrativa da testemunha emerge das respostas que fornece, não havendo um texto espontâneo e contínuo: a história é fragmentada, e geralmente a testemunha fornece peças diferentes e separadas de um mosaico[87] que devem, pois, ser combinadas em um desenho que as compreenda. Frequentemente o fato é descrito na pergunta feita, e a testemunha limita-se a responder «*sim*» ou «*não*». Essa espécie de diálogo, ainda, pode ter estruturas diversas: na maior parte dos sistemas processuais de *civil law* quem inquire é o juiz, que, via regra, dirige à testemunha perguntas relativas a fatos previamente indicados pelas partes. Nos sistemas que adotam o método da *direct* e *cross-examination* quem inquire são os advogados; a inquirição pode ser articulada em duas ou mais fases, nas quais eles formulam suas perguntas na ordem que julgam mais eficaz para a finalidade de obter o

---

[86] Para uma análise estrutural mais aprofundada sobre essas variações cfr. Taruffo, 2002: 235.

[87] Cfr. Gewirtz, 1996: 7; Burns, 2005: 2.

testemunho. Não obstante essa forma essencialmente dialogada e interativa de inquirição, ou a variedade dos modos em que essa pode se desenvolver, pode-se dizer que a testemunha narra uma história e que, de qualquer modo, uma história pode ser reconstruída com base nas atas da inquirição.

As histórias contadas pelas testemunhas têm dois aspectos que merecem ser frisados. Essas têm uma *forte pretensão de veracidade*, muito mais forte do que a pretensão que (conforme visto) é típica da narrativa dos advogados. Ao passo que o advogado não tem um dever de dizer a verdade, a testemunha tem: ela jura dizer a verdade, e o falso testemunho é punido pela lei penal. Isso não significa, obviamente, que as testemunhas não mintam jamais, mas implica que se tenha ao menos uma presunção *prima facie* a favor da veracidade daquilo que a testemunha relata. Há, todavia, um aspecto que pode ser considerado problemático, pelo menos em alguns sistemas processuais. Nos ordenamentos de *civil law* as testemunhas são frequentemente indicadas pelas partes; algumas vezes o juiz tem o poder de determinar de ofício a inquirição de testemunhas.[88] Em ambos os casos, de qualquer modo, espera-se que a testemunha seja imparcial, visto que sua função é de relatar *ao juiz* uma história confiável sobre os fatos que conhece. A testemunha não é *party-centered* ou *party-oriented*, e a história que ela conta é considerada uma «*verdadeira*» narração dos fatos. Também no sistema estadunidense as testemunhas são indicadas pelas partes (já que as cortes fazem raramente uso do poder a elas conferido pela *Rule* 614 (a) das *Federal Rules of Evidence*); nesse sistema, entretanto, elas são substancialmente *party-centered*, já que são escolhidas e previamente instruídas e treinadas pela «*sua*» parte. Supõe-se que digam a verdade (e elas juram nesse sentido), mas espera-se também que digam uma verdade que sustente a posição processual da «*sua*» parte. Caso contrário, tornam-se testemunhas «*adversas*», sendo interrogadas como tais; mesmo nesse caso, todavia, não se espera que sejam neutras e imparciais, visto que são, de qualquer modo, *party-oriented*, de modo favorável ou desfavorável. Pode, por conseguinte, existir uma forte tensão entre o dever de dizer a verdade e a inclinação da testemunha a contar a história mais favorável à parte que a chamou a depor.

Por outro lado, geralmente a inquirição da testemunha inclui perguntas que têm o fim específico de verificar sua credibilidade. Isso acontece nos sistemas de *civil law*, nos quais o juiz (e em certa medida também as partes) pode dirigir à testemunha perguntas relativas à sua credibilidade pessoal e à confiabilidade da sua reconstrução e narração dos fatos. Isso ocorre também – provavelmente de maneira mais eficaz – nos sistemas de *common law*, nos quais a *cross-examination* tem tipicamente o fim de atacar (e possivelmente destruir) a credibilidade da testemunha e a confiabilidade das respostas por

---

88 Cfr. TARUFFO, 2007: 53, inclusive para ulteriores referências.

ela dadas no curso da *direct-examination*. Desse modo pode-se entender bem o significado do famoso *dictum* de Wigmore, segundo o qual a *cross-examination «is beyond any doubt the greatest legal engine ever invented for the discovery of the truth»*.[89] Naturalmente aqui se faz referência àquele que pode ser considerado o funcionamento fisiológico da *cross-examination*. Um problema completamente diferente surge quando os advogados abusam desse instrumento, com o fim de esconder ou distorcer a verdade; visam a destruir a testemunha, independentemente do fato de ela ter dito ou não a verdade.[90] Ao que tudo indica, todavia, os abusos são bastante frequentes, a ponto de alguns ordenamentos de *common law* terem introduzido normas que visam a proteger as testemunhas das agressões dos advogados no curso da *cross-examination*.[91] Não por acaso diz-se que em muitos casos a vitória de quem conduziu a *«contra-inquirição»* é a vitória de um *«trained curial assassin ambushing an easy target»*.[92]

O ponto essencial é, de qualquer modo, este: a inquirição de uma testemunha é – ou deveria ser – conduzida justamente com o escopo de buscar a verdade daquilo que a testemunha conhece sobre os fatos da causa. Não se espera que ela conte uma história qualquer para entreter a corte, os advogados, ou o público. Espera-se – e ela é obrigada a isso – que ela narre uma história verdadeira. Também essa narrativa pertence à categoria dos atos *ilocutórios assertivos*, sendo constituída por assertivas relativas à descrição dos fatos e tendo a função de fornecer ao juiz informações verídicas e confiáveis.

c) *O juiz*. O juiz que decide sobre os fatos é o último, definitivo e, portanto, mais importante narrador no âmbito do processo. Ao final do procedimento, ele se vê diante de diferentes histórias narradas pelas testemunhas e pelos advogados: geralmente essas histórias são em larga escala divergentes ou contrastantes. A função principal do juiz é estabelecer qual das diversas narrativas dos fatos é relativamente *«melhor»*; para tanto, ele pode escolher uma entre as histórias já narradas, ou construir uma original – se autorizado a fazê-lo e se insatisfeito com as histórias narradas pelas partes.[93] A narrativa apresentada pelo juiz em sua decisão final tem pelo menos três características relevantes: 1) é também um ato *ilocutório assertivo*, sendo constituída por uma série de enunciados que descrevem fatos; 2) é *neutra* e *não de parte* (e *não competitiva*): o juiz não tem qualquer escopo a atingir, salvo aquele de

---

[89] Cfr. Wigmore, 1974: vol. 5, 32.

[90] Cfr., p. ex., Freedman, 1966: 1474, em que se diz que o bom advogado deve usar a *cross-examination* para destruir a testemunha adversa, especialmente quando sabe que ela disse a verdade. Cfr., também, Ehrlich, 1970: 18; Appleman, 1965: 6.

[91] Cfr. Hunter, 2007: 262 ss.

[92] Nesse sentido Hunter, 2007: 271.

[93] Sobre a característica da narrativa do juiz v. Di Donato, 2008: 183 ss. Sobre a estrutura dessa narrativa v., *infra*, Cap. V, item 3.

pronunciar uma decisão justa e precisa. Ele não tem qualquer interesse pessoal a realizar, nem sujeitos que deva particularmente proteger ou tutelar. Sua posição típica é, nos termos de Norbert Elias, de *destaque*: sua narrativa dos fatos é e deveria ser «*destacada*» da competição das partes sobre os fatos da causa.[94] A função dessa narrativa é somente afirmar que alguns fatos resultam confirmados de modo objetivo. 3) Finalmente, mas não menos importante, essa narrativa é *verdadeira*, não somente no sentido de ter uma pretensão de veracidade, mas também porque o juiz afirma ser essa verdadeira com base na confirmação resultante das provas produzidas e valoradas. No contexto do processo um enunciado fático é considerado verdadeiro quando confirmado pelas provas: «*verdadeiro*» equivale a «*provado*».[95] Portanto, a narrativa do juiz é definitivamente verdadeira, pois vai no sentido demonstrado pelas provas.

É oportuno, todavia, fazer uma distinção entre a decisão sobre os fatos feita por um júri daquela feita por um juiz (ou por um colegiado de juízes), como ocorre via de regra nos sistemas de *civil law* e no processo civil na Inglaterra.[96] Muitas argumentações sobre o *story-telling* foram feitos com referência ao júri, mas – paradoxalmente – os júris, na verdade, não narram história alguma: o veredito jamais é acompanhado de uma motivação ou de qualquer texto oral ou escrito que explique ou até mesmo justifique a decisão tomada sobre os fatos da causa. Consequentemente, na melhor das hipóteses, pode-se tentar adivinhar quais narrativas dos fatos os jurados construíram em suas mentes e discutiram no sigilo da *jury room*; entretanto, concretamente não se pode descobrir coisa alguma sobre essas histórias. Em realidade, trabalha-se com a imaginação, ou um pouco mais. Essa imaginação pode encontrar algum apoio direto ou indireto, mas ninguém pode ler ou escutar as narrativas dos membros do júri; jamais se sabe diretamente como um determinado jurado (ou o júri como um todo) elaborou uma ou mais narrativas dos fatos da causa. Portanto, jamais é possível estabelecer se o júri escolheu uma das narrativas apresentadas pelas partes, ou se elaborou uma reconstrução autônoma e original de tais fatos.

A situação é completamente diferente para o juiz de *civil law*. Ele tem o dever, frequentemente reforçado por normas constitucionais, de redigir uma motivação, na qual a decisão das questões de direito deve ser justificada com argumentações jurídicas adequadas; a decisão sobre os fatos deve fundar-se

---

[94] Para uma análise mais aprofundada da posição de destaque do juiz, em contraposição ao envolvimento dos advogados no âmbito das provas, cfr. Taruffo, 1993: 267 ss.

[95] Cfr. em linhas gerais Ferrer Beltrán, 2002: 61; Coloma Correa, 2006: 33; Taruffo, 2007: 35, 50, 143.

[96] Sobre essa distinção e sobre algumas de suas consequências, v. mais amplamente *infra*, Cap. IV, 6.

logicamente nas provas produzidas em juízo.[97] Existe, portanto, uma narrativa dos fatos, do modo como foram apurados pelo juiz. Essa narrativa pode corresponder no todo ou em parte à narrativa apresentada por uma das partes, na medida em que essa parte tenha conseguido provar os «*seus*» fatos.[98] Todavia, quando o juiz entende que nenhuma das narrativas propostas pelas partes foi confirmada por provas adequadas, constrói uma história diferente, fundada numa reconstrução autônoma dos fatos da causa; justificá-la-á com base nas provas que levou em consideração. Se as provas produzidas não atingem o *standard*[99*] que a lei requer para uma apuração «*positiva*» dos fatos, o juiz redige uma narrativa «*negativa*», dizendo que os fatos relevantes não foram apurados e que – portanto – os enunciados relativos a tais fatos não podem ser considerados verdadeiros.[100] De qualquer modo, nesses sistemas há, na verdade, uma narrativa dos fatos que é enunciada pelo juiz. Essa narrativa pode ser analisada, criticada e confrontada com as outras histórias contadas no curso do processo.

3. CONSTRUINDO NARRATIVAS

Uma narrativa dos fatos jamais pode ser (especialmente em um processo) algo já pronto e acabado que cai do céu na mesa de um advogado ou de um juiz. Pelo contrário: as narrativas são *construídas* por seus autores, frequentemente através de atividades criativas, complexas e sofisticadas. Essa construção não é uma descrição passiva, abstrata ou neutra dos fatos: como já dito, as narrativas *constroem os fatos* que são contados.[101] De certa maneira, portanto, a construção de uma narrativa por parte de seu autor é também a construção dos fatos que o autor conta.[102] Em outros termos: o autor constrói a *sua versão* dos fatos. Construindo a sua narrativa, o autor «*dá forma à realidade*».[103] Por essas razões, pode ser interessante considerar pelo menos alguns dos aspectos mais importantes da construção das narrativas, derivando alguns conceitos gerais da teoria da narração, mas tentando concentrar a atenção nas narrativas processuais. Nessa perspectiva podem-se distinguir alguns «*tipos de construção*», não obstante esses se combinem e se interliguem na formulação de qualquer narração fática.

---

97 Sobre o assunto v. *infra*, Cap. V, item 6.

98 Sobre a tendência do juiz de decidir escolhendo uma das narrativas fornecidas pelas partes cfr., de resto, Di Donato, 2008: 202.

99 [N. do T.] A palavra assinalada foi colocada em itálico, visto que, conforme confirmado pelos dicionários Aurélio e Houaiss de língua portuguesa, a acepção utilizada («*a level of quality or attainment*», do dicionário Oxford de língua inglesa) não existe no idioma vernáculo.

100 Sobre os *standards* de prova v. mais amplamente *infra*, Cap. V, item 4.

101 Cfr. Amsterdam e Bruner, 2002: 111.

102 A propósito, cfr. em particular Di Donato, 2008: 107 ss., 159 ss., 196 ss.

103 Cfr. Amsterdam e Bruner, 2002: 135.

a) Construção de categorias: Como evidenciam Amsterdam e Bruner, as categorias estão por todas as partes, sendo inevitáveis no emprego do pensamento;[104] isso porque são o instrumento principal que usamos para interpretar e organizar a realidade, conferindo significados e colocando eventos em um contexto específico;[105] portanto, construindo narrativas. As categorias são numerosas: mudam no tempo e espaço e jamais têm forma e conteúdo estáveis;[106] além disso, cada um tem as suas categorias, que integram sua cultura individual.[107] Visto que a construção das narrativas funda-se na atividade de *categorização*, a óbvia consequência é que se constroem narrativas diferentes quando se usam categorias diferentes (ou quando uma categoria é usada em versões ou com significados diferentes). Não é o caso de se desenvolver aqui uma análise aprofundada do emprego das categorias;[108] alguns exemplos podem ser suficientes para mostrar como as narrativas podem variar quando são empregadas categorias diversas.

Mesmo que se faça referência à ideia mais comum de *tempo* - sem entrar nas complicações filosóficas que dizem respeito ao conceito de tempo, ou em conceitos ainda mais complicados (como o de tempo-espaço) – resta claro que categorizações temporais diferentes implicam diferenças relevantes na construção das narrativas. Uma coisa é dizer, por exemplo, que o fato F2 ocorreu um segundo ou cinco minutos depois do fato F1; outra, completamente diferente, é dizer que F2 ocorreu seis meses, um ano ou dez anos depois de F1. Tratar-se-ia de narrativas completamente diferentes da ocorrência dos dois fatos. Analogamente, uma coisa é dizer que F1 e F2 ocorreram no mesmo *lugar*, e outra, completamente diversa, é dizer que F2 ocorreu a um metro, um quilômetro ou dez mil quilômetros de F1. A variação das distâncias leva a que se narrem histórias completamente diferentes.

Outro exemplo interessante, que se verifica frequentemente no contexto processual, concerne à *causalidade*. O conceito de causa é um dos de uso mais frequente (no direito[109] e em todos os outros campos de experiência), sendo há muitos séculos objeto de discussões filosóficas e científicas (que naturalmente não podem ser aqui repercutidas). Na perspectiva da construção de narrativas é provavelmente mais interessante considerar a causalidade como um modelo mental,[110] ou como um «*modelo cognitivo idealizado*»,[111] ou seja, como um esquema psicológico utilizado comumente com o fim de dar forma à conexão

---

[104] Cfr. Amsterdam e Bruner, 2002: 19.

[105] *Idem, ibidem:* 28.

[106] *Idem, ibidem:* 37.

[107] *Idem, ibidem:* 27.

[108] Para essa análise cfr., sobretudo, Amsterdam e Bruner, 2002: 19, além dos exemplos amplamente analisados *ivi,* p. 55.

[109] Cfr., p. ex., o clássico estudo de Hart e Honoré, 1959, e, em particular, Stella, 1990.

[110] Cfr. Johnson e Laird, 1999: 67.

[111] Cfr. Winter, 2001: 88, 93, 105.

entre eventos. Todavia, se dizemos que o comportamento de A provocou dano físico a B, estamos falando de uma causalidade direta e específica, visto que descrevemos dois acontecimentos particulares e individuais e afirmamos que um desses é a causa efetiva, concreta e imediata do outro.[112] Se, ao invés disso, dizemos que o fato F1 pode fazer com que aumente em certa medida a probabilidade de acontecimentos do tipo F2 em uma dada população, estamos falando da assim chamada causalidade geral, que é um conceito de causalidade completamente diferente e que – na melhor das hipóteses – pode ser expresso somente em termos de probabilidade de ocorrência de F2 em presença de F1.[113] Essas são narrativas completamente diferentes: a primeira funda-se corretamente na categoria de causa (entendida como uma conexão direta entre dois eventos), ao passo que a segunda deveria ser mais corretamente expressa em termos de probabilidade estatística. Formular a primeira narrativa em termos de probabilidade seria errado e desorientador, visto que sugeriria a impressão de uma forte conexão entre fatos específicos que em realidade não existe. Formular a primeira narrativa em termos de probabilidade seria também desorientador, visto que sugeriria a existência de somente uma conexão provável entre os dois eventos, ao invés de uma causação direta. Se, além disso, eventos do tipo F1 e do tipo F2 verificam-se em uma dada população, mas não se descobre qualquer ligação particular entre esses, isso significa que sua mera conexão não pode ser propriamente descrita nem em termos de probabilidade nem – muito menos – em termos de causalidade:[114] descrições feitas assim distorceriam o significado dos dados fornecidos pela ciência, sendo, portanto, falsas.

Se se combinam todas as possíveis variações de conexões temporais, espaciais, causais e não causais, o que disso resulta claramente é a existência de um grande número de narrativas possíveis, relativas à ocorrência conjunta de F1 e F2. Muitas dessas narrativas podem ser mais coerentes e plausíveis do que outras; algumas podem ser verdadeiras e algumas podem ser falsas. De qualquer modo, empregos diversos das categorias não podem produzir outra coisa senão narrativas diferentes.

b) *Construção linguística, semântica e lógica.* Naturalmente a qualidade de uma narrativa funda-se no emprego correto da linguagem em que essa é formulada: uma história mal contada, cheia de erros de gramática e de sintaxe, pode ser até mesmo impossível de se entender. Igualmente óbvio é o requisito da correção semântica: há regras elementares (que não requerem ulteriores

---

112 Sobre o conceito de causalidade específica ou individual cfr. Taruffo, 2007: 107; Stella, 2003: 339; Green, Freedman e Gordis, 2000: 381.

113 Sobre o conceito de causalidade geral cfr. Taruffo, *ibidem*; Stella, *op. ult. cit.*: 291; Green, Freedman e Gordis, 2000: 374, 383.

114 Sobre o conceito de mera conexão cfr. Kaye e Freedman, 2000: 91, 94; Rubinfeld, 2000: 183, 185; Green, Freedman e Gordis, 2000: 336.

análises) que impõem, por exemplo, que as palavras sejam utilizadas em seu significado apropriado e que sejam evitadas modificações do significado do termo durante a narrativa. A mesma coisa pode ser dita a propósito das regras de coerência lógica, como aquelas que pregam que devem ser evitadas contradições, lacunas na argumentação e na descrição de eventos conexos, bem como o emprego de inferências não justificadas. Se pensarmos em um texto de literatura experimental podemos admitir que algumas dessas regras, ou todas, sejam colocadas à parte; essas, entretanto, devem ser seguidas em um texto que pretende ser uma narrativa descritiva de um fato ou de um conjunto de fatos.

Há, todavia, um aspecto da construção linguística e semântica que requer algumas observações ulteriores. Twining frisa que as narrativas geralmente descuidam da distinção entre fato e valor.[115] Essa, entretanto, é uma das questões mais importantes que concernem à construção das narrativas processuais: segundo a Grande Distinção, devida a Hume, os enunciados que descrevem fatos devem ser rigorosamente diferentes dos juízos de valor; um não pode ser derivado do outro.[116] Essa distinção é inevitável (e não somente por razões de caráter filosófico), não obstante sua difícil aplicação prática – seja porque o direito frequentemente define os fatos em termos valorativos,[117] seja porque frequentemente as pessoas não entendem a diferença entre fato e valor. Todavia, seria preciso ter sempre presente que os enunciados descritivos são *apofânticos* (ou seja, verdadeiros ou falsos) e, portanto, pode-se provar sua veracidade ou falsidade. Os enunciados que exprimem juízos de valor são *não apofânticos*: podem ser compartilhados e justificados, ou criticados e rejeitados, mas não se pode provar sua veracidade ou falsidade. Em termos jurídicos e processuais isso significa que somente os enunciados que descrevem fatos (ou seja, somente as partes fáticas de uma narrativa) podem ser objeto de prova, ao passo que os enunciados valorativos (ou seja, os aspectos valorativos de uma narrativa) não podem ser objeto de prova. Por exemplo: uma coisa é dizer que a velocidade de um veículo era «*excessiva*», e outra coisa é dizer que essa «*superava o limite de 50 quilômetros por hora*». Esse segundo enunciado é «*fático*», podendo ser objetivamente verificado por um medidor de velocidade; o primeiro, por sua vez, exprime uma valoração puramente subjetiva, que pode também ser compartilhada por diversas pessoas, mas não pode ser objetivamente verificada. O segundo enunciado é objeto de prova, ao passo que o primeiro é objeto de valoração.[118] Na medida em que uma narrativa pretende ser verdadeira (merece ser tomada como verdadeira ou deve ser

---

[115] Cfr. Twining, 2006: 312, 335.

[116] Na ampla literatura existente sobre o tema cfr. em particular Celano, 1994.

[117] Sobre esse problema v. mais amplamente Taruffo, 1992: 105; 1985: 45. Cfr. também Wroblewski, 1983: 108.

[118] Uma velocidade de 30 quilômetros por hora pode ser considerada por alguém excessiva em circunstâncias particulares, ainda que o limite seja de 50 quilômetros.

considerada verdadeira porque confirmada por provas suficientes) a diferença entre enunciados descritivos e enunciados valorativos está claramente pressuposta. Essa diferença é importante no contexto processual de muitos pontos de vista. Por exemplo: geralmente a testemunha ordinária (que não é especialista) não pode exprimir as suas valorações pessoais sobre os fatos que está narrando. Em termos mais genéricos, a relevância das provas é estabelecida com base na possibilidade de que essas forneçam informações relativas à veracidade ou à falsidade de um enunciado, o que implica que as provas devam ter relação com fatos, não com valorações. Consequentemente, narrar um acontecimento em termos valorativos, ao invés de fazê-lo em termos descritivos, significa narrar um acontecimento diferente, que não pode constituir objeto de prova.

c) *Construção social ou institucional.* Mesmo não sendo necessário concordar em toda sua amplitude com o ataque de Ian Hacking à «*construção social*» de qualquer coisa,[119] é necessário reconhecer que em inúmeras situações, tanto na vida cotidiana como no âmbito do processo, deparamo-nos com fatos materiais. Um acidente de trânsito, um ferimento ou a morte de uma pessoa são acontecimentos materiais «*brutos*», antes de serem o fundamento jurídico de uma demanda de ressarcimento de danos, e antes de serem «*construídos*» de qualquer outro modo.[120] Ocorre com frequência, todavia, que os fatos da experiência cotidiana (e em particular os fatos de que se trata em um processo) sejam *institucionais*, ou *socialmente construídos*, não obstante frequentemente fundados em acontecimentos «*brutos*» que se colocam logicamente antes da sua qualificação institucional.[121] No conhecido exemplo de Searle, o pedaço de papel verde é uma nota de 100 dólares não em função da sua realidade empírica, mas em função das convenções sociais, jurídicas, institucionais e organizativas em virtude das quais é «*tido como*» uma nota de 100 dólares.[122] Considerações análogas podem ser feitas a propósito de muitos fatos relevantes em um processo: por exemplo, se pensamos na transferência dos assim chamados derivativos financeiros, ou nas transações estipuladas via internet, estaremos pensando em fatos que podem ter relevância jurídica – e, portanto, devem ser apurados em juízo – mas que têm uma base empírica muito reduzida (partindo do pressuposto de que tenham uma). Nessas situações, descrever e narrar um fato requer necessariamente que sejam determinadas também as dimensões sociais e institucionais desse, mesmo se isso significar ir muito além da sua realidade empírica.

---

[119] Cfr. Hacking, 1999.

[120] Para uma discussão crítica das teorias que afirmam que os fatos não são outra coisa senão construções sociais, cfr. Hacking, 1999: 23, 80.

[121] Para uma visão geral sobre a distinção entre fatos «*brutos*» e fatos «*institucionais*» cfr. Searle, 1996: 36; MacCormick e Weinberger, 1986. Para uma teoria geral dos fatos institucionais cfr. Searle, 1996: 130. Sobre a prioridade lógica dos fatos «*brutos*» cfr. Searle, 1996: 67, 138.

[122] Cfr. Searle, 1996: 38, 41, 47, 93.

d) *Construções culturais*. Em um sentido muito genérico, a construção de uma narrativa é em si mesma *cultural*: categorias, linguagem e construções sociais são parte da cultura de cada narrador. Há, todavia, um sentido mais específico, no qual a construção de uma narrativa é cultural: qualquer narrativa funda-se em uma cultura e é construída através de uma cultura (compreendida como conhecimento do mundo). Portanto, a coerência de uma narrativa pode ser definida em termos de sua correspondência aos modelos narrativos existentes no *stock of knowledge* que constitui o conteúdo daquela cultura.[123] Como frisa Twining, as narrativas fazem continuamente referência ao *stock of knowledge* que representa o pano de fundo cultural de cada narrador.[124] De certo modo esse *stock of knowledge* pode ser compreendido como equivalente ao senso comum ou à cultura média,[125] ou àquela que Umberto Eco definiu como a Enciclopédia Média, aludindo a todos os conteúdos que pertencem a uma determinada cultura.[126] Trata-se, de qualquer modo, de um «*conjunto de coisas*» extremamente vago, indeterminado, variável e incerto. É evidentemente impossível defini-lo, sobretudo por causa da vagueza e variabilidade dos seus conteúdos; todavia, alguns aspectos dos «*conhecimentos*» contidos no *stock* merecem algumas observações ulteriores.

Antes de qualquer coisa, é necessário frisar que no meio desse conjunto desordenado de «*conhecimentos*» há muitas coisas que são de fato conhecimentos em sentido próprio. Segundo Twining trata-se de um conjunto de «*ill-filled agglomerations of belief*» que consistem tipicamente em uma «*complex soup of more or less well-grounded information, sophisticated models, anecdotal memories, impressions, stories, myths, proverbs, wishes, stereotypes, speculations and prejudices*».[127] Esse não é composto por proposições particulares, empiricamente verificadas e bem articuladas.[128] Essa *soup* inclui alguns ingredientes que requerem consideração mais aprofundada. Primeiramente: os *preconceitos*. O senso comum é cheio de preconceitos sexuais, raciais, religiosos, étnicos e até mesmo profissionais, que – segundo Schauer – são convicções não justificadas sobre as pessoas; fundam-se, geralmente, em generalizações estatísticas, carentes de fundamento.[129] Esses podem incidir acentuadamente na construção das narrativas, sendo especialmente perigosos sobretudo porque podem ser eficazes no sentido de tornar as narrativas particularmente coerentes e confiáveis para aqueles que compartilham dos mesmos preconceitos. Desse modo, os fatos podem ser substancialmente distorcidos

[123] Para essa definição cfr. Jackson, 1998: 59.
[124] Cfr. Twining, 2006: 310, 335, 443.
[125] Sobre essas noções v. mais amplamente Taruffo, 2002a: 121.
[126] Cfr. Eco, 2007: 77.
[127] Cfr. Twining, 2006: 338.
[128] *Idem, ibidem.*
[129] Cfr. Schauer, 2003: 15.

e manipulados, mas a narrativa pode parecer muito persuasiva a um público igualmente *biased.*[130]

A *soup* é composta também por «*tramas*» (*scripts*). Essas incorporam as expectativas e as práticas consideradas normais em uma determinada cultura; exprimem os modos normais com que as pessoas se comportam (e com que se espera que se comportem) na vida cotidiana ordinária.[131] Muitos aspectos do conhecimento de base de uma cultura são organizados em tramas, que frequentemente estão escondidas no interior da narrativa e estão implícitas, ao invés de explícitas.[132] Por conseguinte, as tramas exprimem a ideia de «*normalidade*» existente em determinada cultura: são usadas para organizar os fatos segundo esquemas normais de eventos ou de comportamentos. Trata-se também aqui de instrumentos que podem ser muito eficazes para manipular os fatos: esses não são narrados do modo como efetivamente ocorreram, mas são «*reconduzidos à normalidade*», porque desse modo podem parecer mais familiares a um público que compartilha da mesma concepção daquilo que é normal e daquilo que é anormal. Isso não implica somente que os acontecimentos sejam organizados em uma sequência predefinida; são também interpretados segundo um modelo predeterminado e – visto que a referência à normalidade é mais prescritiva do que descritiva[133] – têm também o efeito de induzir a uma espécie de juízo moral: aquilo que é apresentado como normal é bom, ao passo que aquilo que é apresentado como anormal é ruim. Não se trata, portanto, de um meio para informar um destinatário sobre a verdade de algo: trata-se de um instrumento para condicionar as razões do destinatário.[134]

Outros ingredientes importantes da *soup* são os *estereótipos* e os *perfis.*[135] Segundo Schauer, esses concernem sobretudo a pessoas, como «*a mulher fiel*», «*o marido infiel*», «*o policial corrupto*», «*o motorista negro*»,[136] «*o estuprador negro*», «*o contrabandista de drogas sul-americano*»,[137] «*o terrorista islâmico*»,[138] e assim por diante. Estereótipos e perfis são normalmente fundados em generalizações grosseiras, e, portanto, têm uma quantidade de defeitos. Às vezes as generalizações que estão à base dos estereótipos e perfis são justificadas e, portanto, podem ser úteis – pelo menos em alguma medida

---

130 Cfr. MENASHE e SHAMASH, 2005: 11.
131 Cfr. AMSTERDAM e BRUNER, 2002: 121; MENASHE e SHAMASH, 2005: 13.
132 Cfr. AMSTERDAM e BRUNER, *ibidem.*
133 Cfr. em particular HACKING, 2002: 160 ss., 163.
134 Cfr. DI DONATO, 2008: 174, que frisa acertadamente a natureza retórica desse instrumento.
135 Esses dois ingredientes podem ser considerados um conjunto, pois constituem dois aspectos do mesmo fenômeno: na realidade, a atividade chamada *profiling* pode produzir tanto perfis como estereótipos. Sobre esses temas cfr. em particular SCHAUER, 2003: 138, 155.
136 Cfr. SCHAUER, 2003: 191.
137 Cfr. *Idem, ibidem*: 167.
138 Cfr. *Idem, ibidem*: 181.

– para orientar decisões e valorações.[139] Esses estereótipos ou perfis poderiam ser, então, corretamente usados para construir narrativas. Em muitos casos, entretanto – e talvez na maior parte desses (em particular naqueles que têm a ver com a raça, o gênero e as tendências sexuais) – os estereótipos são tipicamente fundados em generalizações estatísticas incorretas:[140] não correspondem, portanto, a qualquer realidade concreta. De fato esses não têm como finalidade fornecer um retrato preciso de uma pessoa específica; são, ao invés disso, usados como um meio para reconduzir pessoas ou comportamentos específicos a «*tipos*» bem conhecidos, ou seja, como instrumentos que reduzem a especificidade das pessoas e dos comportamentos com a finalidade de simplificar a compreensão e a descrição da realidade. Utilizar estereótipos, com efeito, equivale a usar uma espécie de leito de Procusto, ou seja, esticar as pernas das pessoas de pequena estatura e cortar as das pessoas altas, com o fim de fazer com que elas correspondam a uma estatura preestabelecida.[141] Quando isso acontece, aquele que conta os fatos cai na *falácia narrativa*, visto que distorce os fatos para colocá-los à força em uma estrutura narrativa culturalmente familiar.[142] Nenhuma surpresa, então, se o termo «*estereótipo*» tem uma conotação negativa.[143] Por conseguinte, na medida em que uma narrativa é fundada em estereótipos, provavelmente não pode ser considerada como uma descrição fiel de acontecimentos reais: tende, pelo contrário, a tornar-se uma espécie de idealização de personagens típicos que se comportam em modos típicos, como na *commedia dell'arte*.[144*]

Talvez os ingredientes mais importantes e problemáticos da *soup* sejam as generalizações de senso comum, ou de *background*. Essas são necessárias em cada passo da argumentação sobre as provas e os fatos, visto que em muitos casos constituem a premissa das inferências que ligam informações e fatos. Como diz David Schum, essas são a «*cola*» que mantém unida a argumentação inferencial.[145] O problema é que o *status* epistêmico dessas generalizações é geralmente vago e indeterminado: em realidade, essas podem ser racionais ou irracionais, boas ou ruins, dependendo de terem ou não um suporte cognoscitivo adequado.[146] Em alguns raros casos essas são vulgarizações de leis científicas ou de generalizações válidas produzidas pela ciência. Nesses casos – imaginando que a tradução da ciência ao senso comum não tenha alterado ou distorcido o conhecimento científico original – essas são gerais[147] e podem

---

[139] Cfr. Schauer, 2003: 76.
[140] Cfr. *Idem, ibidem*: 22, 138, 144, 151.
[141] Cfr. *Idem, ibidem*: 199.
[142] Cfr. Menashe e Shamash, 2005: 17, 19, 20, 27.
[143] Cfr. Schauer, 2003: 17.
[144] [N. do T.] Sendo a expressão intraduzível para o português, colocou-se esta em itálico.
[145] Cfr. Schum, 1994: 82, 109.
[146] Sobre essas distinções cfr. por exemplo Schauer, 2003: 7, 132.
[147] Cfr. *Idem, ibidem*: 7.

ter um grau elevado de confiabilidade. O caso normal, todavia, é aquele de generalizações que não têm, na realidade, caráter geral.[148] Essas generalizações podem ter uma base estatística válida, e, nesse caso, podem ter um grau considerável de confiabilidade. Na maior parte dos casos, entretanto, não têm um fundamento estatístico confiável, sendo fundadas somente no senso comum. Em outros termos, são generalizações *espúrias,*[149] já que fundadas nas corretamente definidas como «*fireside inductions*» – a fim de frisar que essas não têm fundamento empírico algum, nascendo de «*conversas fiadas*».[150] Isso significa que essas não são justificadas, que seu significado é vago, que sua generalidade é duvidosa e que podem ser contrariadas por outras generalizações de senso comum ou por diversos casos particulares.[151]

Em algumas áreas da cultura jurídica europeia existe há tempos a tendência a conceituar a noção de generalizações de senso comum, com o escopo de lhes atribuir um *status* epistêmico menos vago, referindo-se à «*experiência*» em que essas deveriam se fundar. O conceito fundamental em questão é o de «*máxima de experiência*», originalmente formulado por Friedrich Stein no âmbito de uma concepção silogística do juízo de fato.[152] Esse conceito difundiu-se em algumas áreas da cultura processualística, como na Itália, na Alemanha e, em alguma medida, na Espanha. Parece, entretanto, mais desorientador do que útil: tende, de fato, a dar a impressão de que as máximas exprimam generalizações universais (ou pelo menos fundadas no *id quod plerumque accidit*), podendo, portanto, embasar inferências capazes de produzir conclusões dedutivamente certas (ou pelo menos próximas à certeza). Essa impressão é, entretanto, falaciosa, pois em muitos casos as noções formuladas nas máximas de experiência não exprimem qualquer generalização fundada em alguma base cognoscitiva; ao invés disso, exprimem nada mais do que lugares-comuns, preconceitos e estereótipos, consolidados em alguma medida no senso comum (que não correspondem, contudo, a qualquer conhecimento efetivo de algo).[153] O conceito de máxima de experiência nasce da confusão entre generalidade e generalização, tendendo a atribuir um caráter de generalidade – e, às vezes, de universalidade – a meras generalizações, que na maior parte dos casos são carentes de fundamento.

Por fim, outro ingrediente importante e frequentemente usado é constituído pelas *quantificações estatísticas* ou *probabilísticas* não justificadas e não verificadas. Quando os dados estatísticos são usados corretamente e as possi-

---

148 Cfr. SCHAUER, 2003: 9.

149 Sobre esse conceito cfr. SCHAUER, 2003: 11.

150 Cfr. MCEWAN, 2007: 194.

151 Cfr. TWINING, 2006: 335.

152 Cfr. STEIN, F. [1893]: 16 ss.

153 Sobre o conceito de máxima de experiência v. mais amplamente (e para ulteriores referências) TARUFFO, 2002a: 140; TARUFFO, 2008: 189.

bilidades (bayesianas ou não bayesianas) são calculadas de modo apropriado, não surgem problemas particulares, e os fatos podem ser apurados através de inferências válidas.[154] As dificuldades surgem quando – talvez na tentativa de parecer «*científico*» – alguém se exprime em termos de frequência e de probabilidade, atribuindo valores numéricos e percentuais a qualquer coisa, em uma série de situações em que, em realidade, não se dispõe de quantificações numéricas ou frequências estatísticas confiáveis. Sabe-se bem (sobretudo depois da fundamental análise de Nisbett e Ross[155]) que os seres humanos são normalmente incapazes de quantificar corretamente sua experiência: probabilidades erradas e frequências estatísticas inventadas estão entre as fontes mais importantes e frequentes de falácias heurísticas no discurso comum. O mesmo erro verifica-se quando uma máxima de experiência é formulada em termos estatísticos ou probabilísticos[156] (talvez em formas vagas, do tipo «*a maior parte das pessoas faz assim*»), sem que haja fundamento algum para uma quantificação similar.

Por conseguinte, as generalizações de senso comum são necessárias, mas perigosas.[157] Todavia, essas podem ser mais ou menos perigosas, ou não ser nada perigosas, dependendo do tipo de narrativa e do modo com que são usadas. É possível que em um romance histórico faça-se referência à experiência, executada por sujeitos que vivem em outra época, do Sol que gira ao redor da Terra, mas seria muito estranho que tal referência constasse em uma narrativa processual atual. Os indícios de bruxaria podem ser descritos em um romance medieval, mas seria muito inusitado falar desses em uma narrativa processual moderna – o adjetivo «*moderna*» é necessário, pois, por muitos séculos, e nos Estados Unidos até o ano de 1693, como no processo das bruxas de Salem, as narrativas processuais eram cheias de bruxas, ou seja, de personagens criados pela cultura da época.[158]

Em substância, o *stock of knowledge* que constitui a base inevitável para a construção cultural das narrativas apresenta diversos aspectos que sugerem extremo cuidado e cautela na sua construção e valoração. Naturalmente essa cautela é necessária quando levam-se em consideração as narrativas processuais, partindo do princípio de que essas deveriam ser orientadas à descrição de acontecimentos reais; obviamente não é necessária cautela alguma quando se fala de narrativas literárias.

---

[154] O emprego de provas estatísticas e de inferências probabilísticas constitui tema complexo que não pode ser aqui discutido. Cfr. por todos Frosini, 2002.

[155] Cfr. Nisbett e Ross, 1989: 91, 123.

[156] Cfr. p. ex. Koch e Rüssmann, 1982: 285, 308, 332.

[157] Cfr. Twining, 2006: 334. A inevitabilidade do recurso a generalizações em qualquer tipo de decisão, e em particular nas decisões judiciais, é a tese fundamental de Schauer, 2003.

[158] Cfr., p. ex., os casos minuciosamente analisados por Hoffer (1997) e por Merlo (2006).

O primeiro desses aspectos deriva do fato de que – conforme já dito – muitos dos conhecimentos incluídos no *stock* não são de fato conhecimentos, a não ser que mitos, preconceitos e generalizações infundadas sejam assim considerados. A utilização de qualquer coisa tirada do senso comum para a construção de narrativas pode ser vantajosa para construir um romance plausível, mas não é um método confiável para construir narrativas processuais. A credibilidade dessas narrativas depende de que essas se fundem em conhecimentos válidos. Naturalmente um relativista poderia dizer que um conhecimento é válido somente dentro de um contexto cultural específico, mas em resposta poder-se-ia dizer que o problema, então, está em escolher o contexto social apropriado. Se escolhermos um contexto cultural em que a bruxaria existe, poderemos nos encontrar facilmente fora da cultura ocidental moderna; isso criaria alguns problemas se voltássemos a queimar bruxas com base em decisões judiciais.

Outro aspecto relevante é que o *stock* está bem longe de ser um conjunto claro, ordenado e coerente de conhecimentos. É justamente o contrário: na *soup* existe um número infinito de coisas que se contradizem reciprocamente. Provérbios, mitos e outros jamais formam uma composição coerente: no imenso estoque do conhecimento comum cada um pode achar aquilo que quiser. Isso significa que do mesmo *stock* podem-se obter muitos materiais diferentes, que servem para construir um número indeterminado de histórias diferentes e mesmo contraditórias sobre os mesmos fatos. Muito da indeterminação do *stock* deriva do fato de que esse muda com o tempo, frequentemente, de modo substancial e, às vezes, muito rapidamente. Provavelmente poucas pessoas compartilham hoje em dia daquela, que era a convicção geral, de que a Terra é plana[159] ou da existência e dos hábitos das bruxas. Felizmente o estereótipo do Italiano que come somente massa e pizza enquanto toca bandolim está desaparecendo, assim como aquele do Chinês pequeno de estatura que vende gravatas na rua. Mesmo estereótipos que tiveram grande influência, como «*Bush, o Grande Condutor*», estão desaparecendo rapidamente do panorama político. Por outro lado, novos ingredientes da *soup* emergiram e se difundiram em escala global: basta pensar na internet, na cozinha chinesa e, mais recentemente, no *sushi*, nos celulares, na oximórica *new age*, na moda étnica, e assim por diante.[160]

Ulterior aspecto interessante é que se se pensasse, mesmo que somente por um momento, na existência de um só *stock* de conhecimentos, isso seria uma abstração. Desde sempre existem diferentes contextos culturais, e cada cultura teve e ainda tem o seu próprio *stock* de conhecimentos. É realmente verdade que na «*sociedade horizontal*» de que fala Friedman existem forças muito

---

[159] Sobre a variabilidade histórica da Enciclopédia Média que inclui os conteúdos de uma cultura cfr., p. ex., Eco (2007: 78), que faz referência a esse exemplo.

[160] Em termos gerais sobre esses fenômenos, cfr. Friedman, 1999.

potentes que criam estratos de uma cultura globalizada bastante uniforme, mas é também verdade que muitas sociedades atuais são multiétnicas e multiculturais. Diversas culturas existem no mesmo lugar e ao mesmo tempo; cada uma dessas tem os seus valores, as suas regras, os seus estereótipos, os seus mitos e as suas formas de conhecimento. Em cidades como Londres ou Nova Iorque, como em muitas cidades europeias, nenhum sociólogo sério seria capaz de apontar e descrever um específico *stock* de conhecimentos, nem poderia identificar uma só cultura. Em realidade, para imaginar a imensa riqueza e variedade daquilo que uma sociedade moderna conhece, seria necessário, talvez, pensar em um *stock* composto por vários *stocks* de conhecimentos.[161]

Há, enfim, outro aspecto que merece ser frisado, sobre os riscos que o emprego descuidado do *stock of knowledge* comporta. Esse deriva do fato de que nele existem esquemas narrativos, como estereótipos, *scripts*, máximas de experiência, e assim por diante, que são «*hegemônicos*»; isso por serem produzidos e impostos, no âmbito do senso comum e da opinião pública, dos grupos de poder cultural, econômico, político ou religioso – que, para que conste, são hegemônicos em um determinado contexto social.[162] Os esquemas narrativos hegemônicos têm o efeito de impor como «*normais*» as situações, os comportamentos e os critérios de valoração configurados como positivos e dignos de aprovação por grupos sociais que compartilham deles e os impõem, valorando, pois, negativamente todas as situações ou comportamentos que não correspondam a esses esquemas. Deriva disso que uma aplicação acrítica desses pode determinar uma falácia narrativa consistente em adotar critérios e modalidades de reconstrução e de interpretação dos fatos que implicam manipulações até mesmo substanciais da realidade: o êxito dessa manipulação pode consistir ou em excluir a consideração de fatos relevantes (pois esses não correspondem aos esquemas hegemônicos), ou em levar em consideração fatos inexistentes (mas impostos pela referência a esses esquemas) – ou mesmo em uma mistura de ambas as coisas. Parece, por conseguinte, evidente que a incidência dos esquemas hegemônicos traduz-se em uma distorção também relevante dos fatos narrados.

---

[161] Para considerações análogas cfr. Twining, 2006: 444. Umberto Eco, referindo-se em parte a Putnam, imagina uma espécie de Enciclopédia Máxima em que várias Enciclopédias Especializadas cumprem órbitas de amplitude diferente ao redor de um núcleo central constituído por uma Enciclopédia Média. Nessa, entretanto, ao centro do núcleo, deveremos também «*imaginar o farfalhar de Enciclopédias Individuais que representam de maneira mutável e imprevisível o conhecimento enciclopédico de cada indivíduo*» (cfr. Eco, 2007: 77). A imagem é sugestiva, mas talvez simples em demasia, já que se deveria incluir a existência não de uma Enciclopédia Média, mas de várias Enciclopédias Médias, cada uma pertencente a uma cultura diferente.

[162] Sobre esse aspecto do problema cfr. em particular Menashe e Shamash, 2007: art. 3, 1.

4. AS PARTES E O TODO

A conexão necessária entre as partes (palavras, frases, parágrafos) e o todo de um texto é assunto clássico no âmbito da hermenêutica. A passagem dialética contínua das partes ao texto inteiro, e do texto inteiro às suas partes (o assim chamado círculo hermenêutico), é a dinâmica fundamental de toda interpretação, como já esclarecera Schleiermacher, e como posteriormente analisou Gadamer no clássico *Wahrnheit um Methode.*[163] Os princípios gerais da hermenêutica podem ser obviamente aplicados também na interpretação das narrativas jurídicas e, em particular, das narrativas processuais. Portanto, o significado das partes singulares de uma história pode ser determinado somente com referência à totalidade do texto, e o significado geral da história pode ser interpretado somente com referência a todas as suas partes. Usando ainda a metáfora do mosaico, pode-se dizer que o significado de cada peça de vidro é determinado por sua posição no desenho final, mas o significado do mosaico em sua totalidade é determinado pelas cores e pela posição de cada peça.

Com algumas adaptações secundárias, o que é dito sobre a interpretação de um texto pode ser dito também sobre sua redação. Um escritor sabe que o significado de cada parte daquilo que escreve depende do conjunto do texto, e que o significado geral do texto é determinado pelas suas partes.[164] Essas observações um tanto banais podem dizer respeito também às narrativas processuais: o sujeito que constrói uma narrativa dos fatos da causa está compondo as diversas partes do acontecimento, em um texto em que cada parte (enunciado relativo aos acontecimentos, ações e circunstâncias específicas) assume um significado; esse é determinado também pelo contexto da narrativa em seu todo, que, por sua vez, é uma combinação ordenada e coerente de enunciados particulares. Conforme anteriormente dito, constrói-se uma narrativa justamente para atribuir significado a um conjunto fragmentário de pedaços de discurso.

O tema da «*história completa*» está na base da concepção holística das narrativas processuais; proposta, em contraste com os ordenamentos analíticos ou atomistas em matéria de provas, sobretudo no âmbito da psicologia social, refere-se especificamente ao modo com que se supõe que os júris formulem suas decisões sobre fatos. As pesquisas empíricas realizadas em particular

---

[163] Cfr. GADAMER, 1972: 188, 194, 296.

[164] De qualquer modo, a vontade do autor, e sua interpretação do texto, não é relevante para o significado do texto, que é determinado somente pela interpretação. O autor não é um intérprete privilegiado, e sua interpretação não é vinculante. A propósito cfr., por todos, GADAMER, 1972: 196.

por Bennet e Feldman[165] e por Pennington e Hastie[166] parecem confirmar a conclusão de que os júris não se empenham em análises detalhadas dos fatos e das provas que lhes competem, mas usam tipicamente «*histórias*», com o escopo de organizar os elementos de prova apresentados na audiência.[167] Portanto, os jurados chegam às suas conclusões sobre os fatos valorando a plausibilidade de «*histórias completas*» relativas aos próprios fatos,[168] sem desenvolver qualquer raciocínio analítico sobre circunstâncias específicas ou sobre elementos singulares de prova. Em outras palavras, os júris norte-americanos estabelecem a «*verdade*» dos fatos[169] essencialmente construindo e confrontando narrativas, ao invés de fazê-lo valorando criticamente as informações oferecidas pelas provas,. Há, ainda, quem diga que não só isso ocorre, como – aliás – é um método positivo e recomendável para a formulação das decisões sobre fatos.[170]

O valor descritivo da teoria holística não está aqui em discussão e pode ser reconhecido:[171] ao fim e ao cabo, pode muito bem acontecer de os jurados comportarem-se justamente do modo que a teoria fala. Isso não significa, todavia, que essa teoria mereça ser tomada como um modelo prescritivo para a formulação das decisões sobre os fatos, e muito menos que possa ser considerada uma teoria geral da decisão judicial.[172]

Por um lado, conforme já dito, as narrativas são meios necessários e inevitáveis para compor fatos fragmentados singulares e elementos de prova singulares em um contexto ordenado e plausível. Em síntese: as histórias são necessárias para interpretar as informações disponíveis e para reconstruir a realidade à qual se referem. Se a teoria holística for compreendida nesse sentido «*fraco*», é aceitável, mas não acrescenta coisa alguma de relevante às concepções correntes da decisão judicial: que o juiz do fato deva compor fatos e provas em um todo possivelmente coerente de enunciados que se referem aos fatos da causa é óbvio.[173] Todavia, os defensores da teoria holística propõem-na como modelo em um sentido muito mais «*forte*», segundo o qual a decisão sobre os fatos deve ser concebida e formulada somente como uma escolha entre narrativas concorrentes consideradas como «*totalidades*», ou seja, evitando qualquer consideração atomista ou analítica dos fatos e qualquer valoração

---

[165] Cfr. Bennett e Feldman, 1981. Cfr. também Jackson Bernard, 1988a: 61.

[166] Cfr. Pennington e Hastie, 1991: 519; Pennington, 1993; Hastie, Penrod e Pennington, 1983.

[167] Cfr. Twining, 2006: 368; Pardo, 2000: 399.

[168] Cfr. Twining, 2006: 334; Menashe e Shamash, 2005: 5.

[169] Cfr. Twining, 2006: 336.

[170] Cfr. Hareira, 1986: 79.

[171] Para uma apreciação crítica cfr., de qualquer modo, Jackson, 1988: 65, 71.

[172] Para críticas articuladas a propósito cfr., em particular, Damaška, 1990: 91; Taruffo, 1992: 281.

[173] De maneira mais ampla a propósito cfr. Taruffo, *op. ult. cit.*: 282.

dos elementos de prova singulares.[174] Nessa versão a teoria holística é, sem dúvida, discutível, sobretudo quando frisa que as narrativas são insuscetíveis de verificação no que tange à realidade das situações que descrevem,[175] pois os júris decidem com base em sua plausibilidade, não em sua veracidade. Uma abordagem crítica resulta ainda justificada se se considerar que uma narrativa pode incluir fatos inventados ou carentes de fundamento,[176] sobretudo quando se lê que a função das histórias consiste em *colmar as lacunas* deixadas por provas incompletas ou insuficientes sobre os fatos relevantes.[177] Algo similar é afirmado também por Neil MacCormick, quando diz que a coerência da narrativa é útil para estabelecer a verdade, ou a probabilidade, de um fato do qual não se tem demonstração probatória direta.[178]

É claro que, nessa perspectiva, as provas empíricas e a análise lógica têm um papel secundário no controle sobre a completude e a coerência da narrativa,[179] sendo o valor das provas difícil de determinar.[180] Os perigos do *story-telling* no âmbito do processo incluem ainda outros aspectos negativos, como, por exemplo, a referência a preconceitos e estereótipos escondidos e o emprego de linguagem indevidamente emotiva e analogias impróprias.[181] Vale a pena, todavia, frisar aqui os fatores que podem levar à construção de narrativas que têm pouco ou nada a ver com a verdade dos fatos da causa. Essas narrativas podem se fundar em fatos irrelevantes,[182] ou em fatos inventados pelo narrador (sem qualquer fundamento racional ou probatório); podem ser usadas, ainda, para afirmar a existência de fatos que não foram provados justamente porque a falta de provas determinou uma lacuna na sequência de eventos narrada. Colmar as lacunas com o escopo de construir uma narrativa «*completa*» significa, em realidade, que fatos que não são verdadeiros (pois não há qualquer prova que demonstre sua existência) são apresentados como se verdadeiros fossem, simplesmente porque inserem-se coerentemente no acontecimento narrado. Em síntese: se «*falta*» (por não ter sido provado) um fato que seria necessário para o desenvolvimento organizado do acontecimento, esse é simplesmente obtido no *stock of knowledge* de que o narrador dispõe e inserido na posição apropriada no interior do mosaico. Consequentemente, o mosaico do acontecimento parece coerente e completo, independentemente

---

174 Sobre essa versão da teoria em exame, e para ulteriores referências, cfr. TARUFFO, *op. ult. cit.*: 283.

175 Nesse sentido cfr. BENNETT e FELDMAN, 1981: 33; e em sentido crítico cfr. TWINING, 2006: 308.

176 Cfr. TWINING, 2006: 336.

177 *Idem, ibidem:* 308, 336.

178 Ver MACCORMICK, 1984: 48. Cfr. também JACKSON, 1988: 18.

179 Cfr. ainda TWINING, 2006: 308.

180 Cfr. MENASHE e SHAMASH, 2005: 26.

181 Cfr. TWINING, 2006: 336, e, analogamente, MENASHE e SHAMASH, 2005: 5.

182 Cfr. TWINING, *ibidem.*

de quantas «*peças*» falsas tenham sido inseridas. Tudo isso significa, substancialmente, que não se pode esperar que essas narrativas em alguma medida respeitem a verdade dos fatos. A circunstância de serem holisticamente coerentes não acrescenta coisa alguma à sua falta de veracidade.

O problema sobre se esse é um argumento favorável ou contrário ao sistema do júri não pode ser discutido nessa sede. Todavia, é lícito duvidar da existência real de boas razões para sustentar ou preferir um sistema em que alguns sujeitos, no papel de juízes do fato, constroem narrativas que *a priori* não refletem a realidade dos fatos da causa. A teoria holística tem o mérito de jogar um pouco de luz nesses aspectos da narrativa, mas levanta o problema sobre se a plausibilidade geral de uma narrativa deve ser o único elemento que pode ou deve determinar a sua aceitação no âmbito da decisão.

5. NARRATIVAS BOAS E NARRATIVAS VERDADEIRAS

Como Susan Haack frisou recentemente, o mesmo fato pode ser objeto de muitas descrições verdadeiras,[183] mas anteriormente Borges já constatara que «*tan compleja es la realidad, tan fragmentaria y tan simplificada la historia, que um observador omnisciente podría redactar un numero indefinido, y casi infinito, de biografias de un hombre*».[184] Pode-se acrescentar, então, que do mesmo fato podem-se também fazer muitas – e talvez mais numerosas – descrições falsas, assim como sobre o mesmo personagem podem-se escrever muitas – e mais numerosas – biografias fantasiosas. Em certo sentido, isso constitui uma importante confirmação do fato de que o mesmo conjunto de acontecimentos pode ser descrito em uma grande variedade de modos, verdadeiros e falsos. A observação de Haack é feita em termos epistemológicos gerais, e a de Borges coloca-se em um contexto literário; entretanto, ambas podem valer inclusive no contexto mais específico do processo: conforme visto mais acima, no processo há diversos narradores, podendo-se supor que todos narram histórias diferentes sobre o mesmo fato, o mesmo conjunto de fatos ou o mesmo sujeito. Entretanto, essa observação implica também que, quando há descrições diferentes do mesmo fato ou conjunto de fatos – não importando quantas sejam essas descrições – haja sempre razão para se questionar sobre quais descrições são verdadeiras (naturalmente partindo do pressuposto de que algumas possam sê-lo). Se isso vale no plano epistemológico geral, não há razões para julgar que não valha no contexto do processo, em que, todavia – conforme já acenado – é necessário utilizar um conceito particular de verdade: um enunciado que descreve um fato pode ser considerado verdadeiro se racionalmente confirmado pelas provas produzidas no processo.[185]

---

[183] Cfr. Haack, 1998: 157.
[184] Cfr. Borges, 1998: 201.
[185] Cfr. Ferrer Beltrán, 2002: 61.

Por outro lado, entretanto, a teoria do *story-telling* geral e processual não fala de narrativas verdadeiras, mas somente de narrativas *boas*.[186] Em geral, a ideia de uma narrativa «*boa*» é obscura e ambígua, visto que uma narrativa pode ser boa em função de escopos diferentes.[187] De qualquer modo, é bastante fácil estabelecer quais são os requisitos de uma boa narrativa processual: ela deve ser plausível, coerente com o *stock of knowledge* típico da plateia a que se destina (e, portanto, «*familiar*» para essa), narrativamente coerente[188] – e, pois, *persuasiva*.[189] Todavia, uma objeção decisiva a essa teoria – assim como a qualquer teoria da verdade fundada na coerência do texto – é que narrativas coerentes e persuasivas podem ser completamente falsas.[190] Para dar-se conta disso, basta pensar em um testemunho, que pode ser narrativamente coerente, mas falso, ou em uma sentença, que pode ser justificada de modo coerente, sem corresponder às provas e, portanto, à realidade dos fatos: trata-se de claros exemplos da distinção fundamental entre a coerência (ou a persuasão) das narrativas e sua veracidade.

Portanto, deparamo-nos com duas distinções que concernem às narrativas dos fatos da causa: entre narrativas verdadeiras e falsas, e entre narrativas boas e ruins. Essas distinções não se equivalem; podem, pelo contrário, estar cruzadas, obtendo um conjunto de quatro situações diferentes. Ao levar essas situações em consideração podemos partir (para não complicar excessivamente a argumentação) do pressuposto de que uma narrativa é verdadeira quando todos os enunciados relativos aos fatos são verdadeiros, ao passo que é falsa quando pelo menos um dos enunciados que a compõem não resulta provado (e, portanto, não corresponde à realidade dos acontecimentos descritos). Portanto, «*falso*» significa totalmente ou parcialmente falso.

a) Primeira situação: uma narrativa pode ser *boa* e *falsa*. O romance de Grisham, assim como milhares de outros romances, é um exemplo desse gênero de narrativa: é narrativamente bom, mas – pertencendo ao mundo da imaginação e da invenção – nem mesmo pretende ser verdadeiro. Por definição, um romance – sobretudo se considerado holisticamente – é descriti-

---

[186] Em uma perspectiva diferente, cfr. BURNS (2005: 2), segundo o qual no processo é possível obter uma verdade que se coloque *para além* das narrativas.

[187] Cfr. TWINING, 2006: 340, n. 37.

[188] O conceito de coerência, seja no sentido de *consistency* seja no sentido de *coherence* (que não são exatamente equivalentes, mas são frequentemente usados como se fossem), foi amplamente discutido no âmbito da teoria da argumentação jurídica. Cfr. sobretudo MACCORMICK, 1984; LENOBLE, 1990: 138; NERHOT, 1990: 204. Para ampla análise do tema cfr. PINO, 1998: 84.

[189] Esses termos são uma síntese aproximativa das qualificações que em geral são usadas para definir as características de uma narrativa processual eficaz. Cfr. em particular TWINING, 2006: 283, 288, 308, 445.

[190] Cfr. em particular PECZENIK, 1989: 161.

vamente falso, mesmo se (como no caso do *Broker*) inclui alguns ou muitos enunciados verdadeiros.

b) *Segunda situação*: uma narrativa pode ser *ruim* e *falsa*. Esse é, infelizmente, o caso de muitos romances mal escritos: pretendem narrar um acontecimento, mas lhes faltam alguns requisitos das boas narrativas. De qualquer modo, trata-se de romances que não pretendem ser verdadeiros, mesmo podendo incluir enunciados verídicos.

c) *Terceira situação*: uma narrativa pode ser *boa* e *verdadeira*. É o caso, por exemplo, de reconstruções históricas escritas de modo coerente, plausível e persuasivo, e também descritivamente verdadeiras, visto que representam fielmente o evento ou o conjunto de eventos a que se referem. Esse pode ser também o caso de uma narrativa processual, se narrativamente bem construída e, ao mesmo tempo, fundada, de modo apropriado, nas provas disponíveis, correspondendo, assim, à realidade dos fatos da causa.

d) *Quarta situação*: Uma narrativa pode ser *ruim* e *verdadeira*.[191] Esse é o caso de uma reconstrução histórica mal escrita, por exemplo, porque não fornece uma descrição completa de um conjunto ou de uma concatenação de eventos, ou porque fala de circunstâncias incoerentes ou fragmentadas, mas que é descritivamente verdadeira porque reflete a realidade dos fatos de que se ocupa, na medida em que os enunciados relativos resultam confirmados pelas fontes de prova adequadamente verificadas. Esse pode ser também o caso de uma narrativa processual, que pode não ter os requisitos de uma boa narrativa (por exemplo, porque as provas disponíveis não fornecem um fundamento suficiente para uma reconstrução completa e coerente da concatenação dos fatos relevantes), enquanto somente algumas circunstâncias específicas são confirmadas pelas provas. Essa narrativa ruim pode ser, todavia, verdadeira, na medida em que se funda nos elementos de prova que concernem aos fatos em questão.

A relevância e a função desses quatro tipos de narrativas são obviamente diferentes, de acordo com o tipo de contexto em que são construídas e usadas. Por exemplo, as narrativas do tipo «*a*» e «*b*» são relevantes no contexto de um concurso literário: se o escopo é vencer o prêmio de melhor romance policial do ano, a falsidade da narrativa não é significativa, e a qualidade narrativa do romance é o único critério decisivo de valoração. Nesse contexto uma narrativa do tipo «*c*» pode ser relevante, mas somente porque é narrativamente bem escrita, não porque verdadeira. Em um concurso literário a veracidade da narrativa não tem qualquer importância; pode até mesmo ser contraproducente, se a demonstração da veracidade da história requer, por exemplo, referências excessivas às provas que confirmam que a narrativa é verdadeira. No mesmo

---

191 Em perspectiva diferente cfr. Coloma Correa, 2006: 33, segundo o qual narrativas boas são aquelas que se fundam nas provas e, portanto, são verdadeiras.

concurso, naturalmente, as narrativas do tipo «*d*» seriam descartadas imediatamente: um acontecimento mal contado é sem dúvida uma narrativa ruim, que não pode vencer prêmio algum simplesmente pelo fato de ser verdadeira.

A perspectiva é diferente se trata-se de valorar a qualidade de uma reconstrução histórica, porque nesse caso a veracidade da narrativa torna-se um dos *standards* principais de valoração. Portanto, narrativas do tipo «*c*» seriam certamente as mais apreciadas, mas as narrativas do tipo «*d*» também poderiam ser levadas em consideração (ainda que não sejam boas do ponto de vista literário), na medida em que são verdadeiras.

Se observa-se o contexto do processo, parece claro que as narrativas do tipo «*a*» são importantes, sobretudo para os advogados. Conforme visto anteriormente, o advogado não tem qualquer dever de buscar a verdade, e a história que ele narra tem somente o fim de fazê-lo vencer a causa. Portanto, uma história narrativamente boa pode ser útil (mesmo se descritivamente falsa), se seu objetivo final for aquele de persuadir um juiz «*holístico*» supostamente não interessado em apurar a verdade dos fatos, como no caso dos júris norte-americanos. Mesmo para um juiz desse tipo, narrativas do tipo «*a*» são significativas, pela mesma razão: para o jurado é necessário que uma narrativa seja boa para que seja persuasiva e, portanto, para que seja aceita como uma reconstrução apropriada dos fatos da causa. Não importa se essa é ou não efetivamente verdadeira com base nas provas: uma narrativa boa e falsa pode muito bem ser objeto de um veredito holístico.

Se, por outro lado, pensa-se em um juiz do fato interessado em formular uma decisão precisa sobre os fatos da causa e em fundar sua apuração em uma valoração racional das provas produzidas no processo, então o tipo ideal de narrativa é evidentemente o tipo «*c*». Uma narrativa que corresponde descritivamente à realidade dos fatos (assim como essa emerge das provas) e que é, também, coerente, plausível e completa, é a melhor narrativa que pode ser construída por um juiz. Nessa situação, o que se deve pensar sobre histórias do tipo «*d*»? À primeira vista, dir-se-ia que para o advogado não são interessantes: a narrativa pode até ser verdadeira, mas se for narrativamente infeliz não servirá ao escopo de vencer a causa. Se, ao invés disso, considerar-se o ponto de vista do juiz, uma narrativa desse gênero requer algumas observações ulteriores.

Imaginemos que os fatos relevantes que embasam a demanda sejam descritos por enunciados como estes:

1) No tempo T e no lugar L o sujeito A teve o comportamento X;

2) O comportamento X envolveu o sujeito B;

3) O sujeito B sofreu danos «*assim e assim*».

Se as provas produzidas em juízo demonstram que os enunciados 1, 2 e 3 são verdadeiros, esses podem ser combinados em uma narrativa coerente, plausível e possivelmente completa pela sequência dos fatos que se verificaram. Temos, portanto, uma narrativa do tipo «*c*»: boa e verdadeira. Entretanto, se as provas não fornecem uma demonstração suficiente – por exemplo – do enunciado 2, surge, então, um problema. Que gênero de história pode ser narrada nesse caso? Um defensor da concepção holística diria que o juiz do fato pode colmar a lacuna provocada pela falta de provas do enunciado 2 fazendo referência a alguns conhecimentos de senso comum – segundo os quais, em situações similares, «*normalmente*» se verifica uma conexão causal entre fatos do tipo descrito no enunciado 1 e os fatos descritos no enunciado 3. Portanto, esse juiz poderia construir a partir do acontecimento em questão uma narrativa boa, plausível, coerente e completa. Essa narrativa seria, entretanto, do tipo «*b*» descrito acima: seria falsa no que diz respeito ao enunciado 2, visto que na realidade ninguém sabe se, verdadeiramente, o comportamento de A envolveu B, causando-lhe danos; portanto, um enunciado afirmativo não pode ser tomado como verdadeiro com base nas provas disponíveis. Uma situação ainda mais clara verificar-se-ia se resultasse provado que o comportamento X *não* atingiu o sujeito B. Nesse caso o jurado holístico poderia narrar a mesma história, simplesmente não levando em consideração as provas que contrastam com uma boa, completa e «*normal*» narração dos fatos.

Um defensor da orientação analítica ou atomista diria, pelo contrário, que se o enunciado 2 não foi provado falta uma parte importante do acontecimento hipotético, visto que não é plausível apontar um nexo causal entre os enunciados 1 e 3. Consequentemente um juiz analítico do fato não poderia construir uma narrativa coerente e completa do acontecimento: poderia somente dizer que, com base nas provas disponíveis, resulta verdadeiro que A teve o comportamento X e que B sofreu danos, mas não há qualquer correlação causal entre os dois fatos. Do ponto de vista narrativo, essa não seria uma história boa: fragmentada, incoerente e incompleta. Todavia, essa história seria verdadeira, porque reflete precisamente aquilo que resulta das provas: tratar-se-ia, por conseguinte, de uma narrativa do tipo «*d*» acima descrito. A diferença óbvia entre as duas narrativas que podem ser construídas na mesma situação é que o jurado holístico construiria uma narrativa do tipo «*b*» e, portanto, concluiria que A é responsável pelos danos sofridos por B; o juiz analítico, por sua vez, concluiria, com base em uma narrativa do tipo «*d*», que A não é responsável por esses danos.

Essa sintética análise de uma das situações que podem ocorrer em um processo mostra que as boas narrativas podem ser falsas, bem como as narrativas verdadeiras podem ser ruins. Não é simples estabelecer se na prática – e em todos os sistemas processuais – as boas narrativas eliminam as narrativas verdadeiras do mesmo modo que a moeda ruim elimina a boa, como sustenta

Twining.[192] Provavelmente existe uma preferência pelas narrativas boas, ainda quando falsas, em detrimento das verdadeiras, especialmente quando estas não são narrativamente boas. Todavia, podem existir variações nessa preferência, dependendo do tipo de juiz do fato (jurado ou juiz profissional), bem como do tipo de contexto processual em que a narrativa é criada. Um jornalista pode preferir uma boa narrativa sem se preocupar em demasia com sua veracidade, ao passo que um juiz pode preferir uma narrativa verdadeira, mesmo se narrativamente infeliz. De qualquer modo, o problema é a qual tipo de narrativa deve-se dar preferência como fundamento de uma decisão judicial. Se compartilhar-se da premissa de que existe uma diferença entre um processo e um prêmio literário, estar-se-á inclinado a crer que somente narrativas verdadeiras podem fornecer reconstruções precisas dos fatos. Narrativas boas que incluem enunciados falsos e fatos carentes de fundamento levam provavelmente a decisões viciadas, errôneas e não confiáveis. Essa é a razão principal pela qual a afirmação de que «*narrative thought, altough necessary, is inherently flawed*»[193] é muito radical, mas pode ser substancialmente compartilhada, pelo menos se referir-se às orientações narrativas mais extremas concernentes ao problema da formulação da decisão sobre os fatos.

---

[192] Cfr. Twining, 2006: 336.

[193] Cfr. Menashe e Shamash, 2005: 14.

CAPÍTULO III
NOTAS SOBRE A VERDADE NO PROCESSO

1. O RETORNO DA VERDADE

Nos anos daquela que foi apropriadamente definida como «*embriaguez pós-moderna*»[1] e *deconstructionist vortex*,[2] o conceito de verdade, junto com muitos outros (como os de razão, história e conhecimento), foi colocado à parte, considerado instrumento superado e não confiável. Foi dito, por exemplo, por Lyotard, que a condição pós-moderna fundava-se na rejeição das *Grand Narratives*, entre as quais incluía-se a Verdade (com letra maiúscula).[3] A tese segundo a qual a verdade deveria ter sido banida do discurso filosófico (e, portanto, de todos os discursos) foi sustentada de maneira incisiva por Richard Rorty, segundo o qual falar de verdade seria um *nonsense*; essa seria nada mais do que aquilo sobre o que um grupo de amigos que racionalmente dialoga está de acordo. A ideia de verdade (como muitas outras ideias) foi desconstruída até tornar-se inútil para qualquer uso: no pós-modernismo acabou por ser dominante uma abordagem cínica à verdade, assim como à objetividade e ao conhecimento.[4] Susan Haack – uma das vozes mais importantes da epistemologia contemporânea – define como *New Cynics* o variado grupo que inclui sociólogos radicais, feministas, multiculturalistas, teóricos radicais da literatura, semiólogos e outros, que previram a crise dos grandes conceitos tradicionais; em particular, negaram que qualquer *concern of truth* tivesse sentido, criando uma *almost orthodoxy* que representou a moda cultural das

---

1 Para essa expressão cfr. CUSUMANO, 2007: 220.

2 Cfr. WILLIAMS, 2002: 3.

3 Cfr. LYOTARD, 1981, 6. Sobre o pensamento de Lyotard cfr. p. ex. LITOWITZ, 1997: 10, 13, 110; NORRIS, 1990: 7, 24; NORRIS, 2005: 86. Sobre a grande crise das *Grand Narratives* cfr. também FELDMAN, 2000: 29.

4 Cfr. LYNCH, 2004: XIV.

últimas décadas.[5] Afirmou-se também a tendência de sustentar-se a existência de verdades múltiplas (dependendo dos pontos de vista e dos grupos sociais a que os sujeitos pertençam),[6] além de pensar-se que, se um número suficiente de pessoas aceita uma narrativa, essa constitui a verdade.[7]

Tratou-se, de resto, de um dos muitos aspectos de uma fase cultural bastante complexa (e também muito curiosa) que aqui não pode ser analisada como mereceria. Vale a pena, todavia, referir – naturalmente sem qualquer pretensão de completude – pelo menos alguns dos paradoxos que a caracterizam e que, de vários modos, têm relação com a «*questão*» da verdade.

Afirmou-se, por exemplo, que a ciência e os conhecimentos científicos deveriam ser colocados à parte para serem substituídos pela sociologia da ciência, como se as conotações sociais do cientista fossem o único critério para valorar a validade de suas descobertas.[8] Sob outro prisma, os «*construtivistas*» radicais reduziram os resultados das pesquisas científicas à condição de meras construções mentais dos cientistas, negando com isso que tais resultados pudessem ter qualquer conexão com os fenômenos empíricos aos quais se referiam.[9] Além disso, revisitações simplistas da teoria khuniana da revolução científica[10] acabaram por favorecer um ceticismo e um relativismo radicais;[11] em função desses, se os paradigmas da ciência podem mudar, então cada paradigma equivale a outro, e nenhum deles pode ter particular pretensão de verdade. O paradoxo ínsito nessas abordagens é evidente: cada um tem a sua verdade pessoal,[12] de modo que ninguém comete erros[13] e qualquer construção do mundo é verdadeira para aqueles que nela creem. Houve, portanto, um tempo (talvez ainda não terminado) em que era verdadeiro que os negros eram fisiologicamente inferiores aos brancos,[14] e houve um tempo (talvez não totalmente terminado, ou não para todos) em que era verdadeiro que a Terra era plana e que o Sol girava em torno dela. Do mesmo modo, poder-se-ia dizer que, visto que a teoria astronômica do Cardeal Bellarmino era sustentada por um forte consenso – ou seja, pelas autoridades da Igreja – essa era verdadeira, pelo menos tanto quanto a de Galileu (se não mais); assim permaneceu a

---

5 Cfr. Haack, 2007: 20.

6 A propósito, cfr. Feldman, 2000: 39.

7 Cfr. Feldman, 2000: 159, com referência à teoria norte-americana do direito.

8 Cfr Williams, 2002: 3. Para uma ampla crítica demolidora dessa orientação cfr. Haack, 2007: 180, que fala em *cynical sociology of science*.

9 No âmbito das orientações construtivistas cfr. p. ex. Arbib e Hesse, 1992; Watzlawick, 1988. Sobre as várias tendências construtivistas cfr. em particular as análises críticas de Hacking, 1999: especialmente 44, 59, 63, 128, e de Goldman, 1999: 10, 20, 251.

10 Para uma análise crítica do pensamento de Kuhn sobre o tema, cfr. Haack, 2007: 42.

11 Cfr. Lynch, 2004: 35. Para um recente exame das orientações relativistas cfr., além disso, Marconi, 2007: especialmente 49, 57, 64.

12 Cfr. Lynch, 2004: 35.

13 *Idem, ibidem:* 38.

14 *Idem, ibidem:* 43.

situação até o recente arrependimento da Igreja sobre o caso de Galileu.[15] De resto, a ideia da relatividade cultural da verdade parece ainda hoje bastante difundida, se for possível dizer que «uma sentença proferida nos nossos dias com base em provas rigorosamente científicas, no que diz respeito à apuração dos fatos, não é por si só mais justa do que a decisão pronunciada, em outros contextos culturais e sociais, com base no ordálio do fogo» e que «os fatos apurados diante do êxito do ordálio, nas sociedades que o praticavam, eram indiscutivelmente verdadeiros».[16]

Os paradoxos verificaram-se em muitas áreas da filosofia,[17] não atacando somente a ciência,[18] tendo-se referido em modo particular ao problema da verdade. A dificuldade dos matemáticos em estabelecer se seus cálculos eram «*verdadeiros*» (isto é, se existiam ou não os «*entes*» matemáticos descritos por seus cálculos),[19] junto com os outros fatores já abordados, induziu a que muitos voltassem a pregar uma concepção radicalmente «*contextualizada*» da verdade, segundo a qual a verdade de um enunciado poderia ser estabelecida em função da *coerência* desse com os outros enunciados que constituem o contexto no qual esse se insere.[20] Desse modo, alguns significados da ideia de verdade podiam ser salvos, mas tornava-se definitiva a separação entre o conhecimento e o mundo. Seja qual fosse o sentido da concepção coerentista da verdade no âmbito da matemática e das teorias científicas, de fato, essa acabava por tornar sem sentido a hipótese relativa à própria existência do mundo externo, propondo um *revival* da orientação do pensamento cético que remonta pelo menos ao diabo enganador de Descartes.[21] Era assim negada qualquer possibilidade de se configurar um conhecimento de algum modo verdadeiro de qualquer acontecimento externo ao sujeito: o *linguistic turn* teve o efeito de extinguir todas as conexões entre a linguagem e o mundo, bem como de mover todo o problema da verdade *para dentro* da dimensão linguística da experiência e do conhecimento. Afirmando que o conhecimento, a realidade

---

15 A propósito cfr. Marconi, 2007: 15.

16 Cfr. Cavallone, 2008: 950, 973.

17 Um paradoxo interessante, dentre os muitos, disse respeito ao sucesso do pensamento de Martin Heidegger na cultura filosófica italiana. Foi, de fato, a cultura progressista que impôs Heidegger como modelo, não somente esquecendo a explícita adesão do filósofo ao regime nazista, mas, sobretudo, não considerando as implicações substancialmente nazistas da sua filosofia (sobre os quais cfr. Faye, 2006: 439 ss.; Faye, 2005). Não por acaso Gianni Vattimo, que foi um dos maiores entusiastas da difusão da moda heideggeriana, foi inserido nos «*Heideggerian apostles of unreason*» (cfr. Norris, 1990: 164).

18 Recentes exposições dos problemas relativos à verdade das teorias científicas encontram-se em Castellani, 2005: 13; Massimi, 2005: 35; Agazzi, 2007: 97; Marsonet, 2007: 145.

19 Cfr. Williams, 2002: 137; Marconi, 2007: 4.

20 Sobre as teorias coerentistas da verdade cfr. por exemplo Lynch, 2004: 54, 90, 246; Amoretti, M.C. e Marsonet, M., 2007: XV; Nannini, 2007: 55; Goldman, 1999: 45. Para uma articulada crítica do coerentismo cfr. p. ex. Haack, 1995: 52.

21 Cfr. a propósito Lynch, 2004: 21 ss.

e a verdade são exclusivamente produtos da linguagem, acabava-se, de fato, por negar a existência de qualquer realidade independente da linguagem que pudesse determinar a veracidade ou a falsidade de cada pensamento.[22]

Aos batalhões tradicionais de céticos radicais, de irracionalistas e de idealistas solipsistas, somaram-se os novos céticos, os novos cínicos, os construtivistas, os relativistas, os entusiastas do *linguistic turn,* os sociólogos da ciência, os críticos do método científico e muitos outros pensadores. Tais pensadores eram fascinados pela ideia de que a coisa mais importante e necessária seria separar-se completamente toda e qualquer forma de conhecimento (científico e não científico) de qualquer conexão com a realidade (hipotética) do mundo externo; ainda que se pudesse falar de verdade algumas vezes (não sempre), a condição para tanto seria que se excluísse qualquer referência a tal mundo e que se reconduzisse a verdade à coerência do discurso ou ao consenso daqueles que discorrem.[23]

Cresceu, por conseguinte, de maneira desmedida o número daqueles que Bernard Williams chama timidamente de *deniers* da verdade,[24] e que Alvin Goldman define adequadamente como «*purveyors of anti-truth hostility*»; frisa esse último que eles se tornaram uma legião, referindo-se também à abordagem deles ao termo *veriphobia;*[25] conforme visto, Susan Haack chama-os de *New Cynics.*

Com o passar do tempo, todavia, os efeitos da embriaguez começaram a atenuar-se – mesmo que em algumas áreas da cultura filosófica e da cultura geral esses ainda não tenham se exaurido de todo. Naturalmente o fim da embriaguez não implica simplesmente o retorno ao *status quo antea* do pensamento filosófico e metodológico. O pós-modernismo não foi uma doença do pensamento, do qual se possa sair recuperando a saúde de antes: foi uma longa fase que determinou a crise irreversível de muitas ideias «*ingênuas*» que não merecem ser recuperadas. Se é verdade que não era necessário o estilo vazio e *flamboyant* de Baudillard para entender a complexidade da sociedade moderna, da televisão e da realidade virtual,[26] é também verdade que a proble-

---

22 A referência está na conhecida tese de Jacques Derrida, seguida por muitos outros filósofos pós-modernos, segundo a qual o texto é tudo, e nada existe fora dele. Para uma análise crítica sobre o assunto cfr. GOLDMAN, 1999: 17 ss.

23 Vale à pena ler a alegre paródia de BARBERY, 2007: 52 do filósofo de cunho idealista e husserliano que não consegue estabelecer se o seu gato realmente existe (é transparente a referência ao problema do *cat on the mat,* que ocupou as discussões de vários filósofos em anos recentes) e, ao fim, conclui que não importa se o gato existe ou não, já que existe somente a *assimilação* do gato.

24 Cfr. WILLIAMS, 2002: 5.

25 Cfr. GOLDMAN, 1999: 7, 9. Sobre o assunto cfr. também VASSALLO, 2007: 1; MARCONI, 2007: 89.

26 É opinião que pode ser compartilhada a de NORRIS, 1990: 164, de que «*we would do well to forget Baudrillard*». De fato, o pensamento do filósofo francês constitui «an *extreme opposi-*

matização da linguagem e de suas complicadas relações com a realidade, a importância atribuída à dimensão contextual dos fenômenos e uma racional relativização dos conceitos (com o desaparecimento das Grandes Ideias – com letras maiúsculas) são aquisições significativas (mesmo que nem todas possam ser atribuídas, em realidade, ao pensamento pós-moderno).

A passagem do pós-modernismo a uma fase que se poderia talvez definir como pós-pós-moderna implica notáveis mudanças de perspectiva no que concerne ao problema da verdade.

Fundadas ou não (mas com tudo indicando que sim) as acusações de desonestidade intelectual que Susan Haack dirigiu a filósofos como Stich e Rorty,[27] resta o fato de que a orientação representada por esse último (para quem a verdade é somente aquilo sobre o que se está de acordo – e, de qualquer modo, não vale a pena falar dela) foi objeto de críticas destrutivas por parte de filósofos e epistemólogos. Assim, por exemplo, Goldman escreve que o pensamento de Rorty é «*strikingly abortive*» e fundado em um «*palpable error*», bem como em sua ignorância sobre teorias mais sérias;[28] Williams diz que Rorty fornece «*striking examples*» daquilo que define como «*running to empty*».[29] O principal ponto de ataque dessas críticas foi justamente a desvalorização radical da ideia de verdade e da possibilidade de que se deem descrições verídicas sobre acontecimentos que se verificam no mundo externo.[30] Não por acaso Goldman afirma que, justamente negando a realidade do mundo externo, «*postmodernists seem to be old-fashioned idealists or solipsists*»,[31] frisando também que as concepções construtivistas equivalem, em realidade, a uma «*half-baked metaphysics*».[32] De seu lado, Susan Haack desenvolve com ironia contundente uma série de argumentos críticos contra a tese dos *New Cynics*, colocando em relevo a inconsistência teórica de muitas de suas afirmações.[33]

---

tional stance toward every last truth-claim, every form or vestige of enlightened critical thought» (NORRIS, 1990: 165). Isso foi objeto de críticas devastadoras como aquela desenvolvida por C. Norris no volume citado (p. 164), o qual conclui afirmando que «*any politics which goes along with the current postmodernist drift will end up by effectively endorsing and promoting the work of ideological mystification*» (*ivi*, p. 191).

27 Cfr. HAACK, 1998: 7, 14, 18, 23. Para ampla crítica ao *vulgar pragmatism* de Richard Rorty, definido também como um *unedifying prospect*, cfr. também HAACK, 1995: 182. V., além disso, HAACK, 2008: 32.

28 Cfr. GOLDMAN, 1999: 11.

29 Cfr. WILLIAMS, 2002: 59.

30 Cfr. em particular S. Haack, que dirige críticas duríssimas a Rorty no plano epistemológico (HAACK, 1998: 18, 48) e afirma, por exemplo, que «*Rorty's radical claims about truth, representation, etc., are radically false*»; ainda, que, no desastre geral provocado pelo pensamento de Rorty, «*Rortyesque dilettantism, leaving room only for "conversation", fake reasoning, can do justice neither to science nor to literature*» (*ivi*, p. 65). Para críticas ao pensamento de Rorty cfr. também LYNCH, 2004: 93; DELL'UTRI, 2007: 38.

31 Cfr. GOLDMAN, 1999: 19.

32 GOLDMAN, 1999: 17.

33 Cfr. HAACK, 2007: 20, 99, 115, 180, 217.

Naturalmente ninguém fala de verdades ou de certezas absolutas, que são «*o privilégio do fanático*»,[34] e que, de fato, entram em conflito somente em algumas metafísicas e em algumas religiões integralistas. Além disso, ninguém pensa em correspondências automáticas entre pensamento e mundo, ou entre linguagem e mundo, que seriam típicas de um realismo ingênuo insustentável, ou de um fisicalismo radical já há muito superado. Delineiam-se, ao invés disso, formas de realismo crítico – ou, como chama Susan Haack, de *innocent realism*[35] – que, mesmo com modalidades diversas, convergem sobre alguns pontos de grande relevo.[36] O primeiro ponto – aparentemente banal (mas, na realidade, bastante intrincado sob o prisma ontológico) – é que há sentido julgar que o mundo externo existe.[37] Como observa Searle, por outro lado, o *external realism* não é uma teoria da qual se pode ou não compartilhar: é, ao invés disso, um pressuposto necessário para a própria possibilidade de se ter opiniões ou teorias sobre a realidade.[38] Desse modo, colocam-se à parte todas as orientações de tipo cético, subjetivista e irracionalista, bem como a abordagem de todos aqueles que ainda creem no diabo enganador de Descartes e julgam não poder sair do clássico dilema do «*sonho ou estou acordado*»,[39] ou que têm sonhos como aquele de Chuang Tzu.[40]

Um segundo ponto consiste em configurar uma ideia *alética* da verdade, segundo a qual todo enunciado relativo a acontecimentos do mundo real é verdadeiro ou falso em função da existência desses acontecimentos no mundo real. Substancialmente, é a realidade que determina a veracidade ou a falsidade das narrativas que a descrevem.[41] Sob esse prisma não é importante que tal veracidade ou falsidade seja determinada no contexto dos conhecimentos de que se dispõe em um momento ou em um determinado ambiente social.[42] O ponto essencial é que cada enunciado fático é verdadeiro ou falso em si, em função da existência ou inexistência do evento que descreve. Isso implica a adoção, mesmo que de forma não «*ingênua*» e criticamente madura, de

---

[34] Cfr. Lynch, 2004: 34.

[35] Cfr. Haack, 1998: 156; Haack, 2007: VI, 124.

[36] A propósito do realismo crítico cfr., por exemplo, Norris, 2005: 42, 58, 67, 166; Goldman, 1999: 48.

[37] Cfr. em particular Marconi, 2007: 3.

[38] Cfr. Searle, J. R., 1998: 32.

[39] A propósito, vale recordar o argumento de Williams, 2002: 131, que parece mais ou menos assim: se quando estou sonhando não sei se estou sonhando, quando estou acordado não posso dizer se estou acordado; analogamente, visto que se estou morto não posso dizer que estou morto, não posso nem ao menos dizer que estou vivo.

[40] Chuang Tzu sonhou ser uma borboleta; quando acordou, não sabia se era um homem que sonhara ser uma borboleta ou uma borboleta que sonhara ser um homem. Para uma análise do sonho de Chuang Tzu cfr. Borges, 1998: 281.

[41] Cfr. Marconi, 2007: 3, 57; Lynch, 2004: 4; Searle, 1998:, 5, 12; Goldman, 1999: 60; Goldman, 1986: 17; Norris, 2005: 6, 56, 61; Haack, 2004: 4; Haack, 2007: 25, 140; Haack: 2008, 30; Parrini, 2005: 63; Dell'Utri, 2007: 29; Gonzáles Lagier, 2005: 97.

[42] Cfr. Lynch, 2004: 6; Marconi, 2007: 4.

uma concepção *correspondentista* da verdade, segundo a qual – justamente – a realidade externa existe e constitui a medida, o critério de referência que determina a veracidade ou falsidade dos enunciados que dela se ocupam.[43]

Um aspecto ulterior concerne à possibilidade de que dessa verdade «*objetiva*» se possa ter um conhecimento confiável. Isso vale sobretudo para aquelas que Williams define como *plain truths*, ou seja, como verdades que parecem evidentes na vida cotidiana (inclusive na dos próprios pós-modernistas),[44] mas vale também no plano filosófico geral, no sentido de que a verdade é cognoscível e como tal representa um valor em si.

Não por acaso, nos últimos anos filósofos como Williams e Lynch (e como Pio Marconi na Itália) e epistemólogos como Haack, Goldman e Norris, dedicaram artigos e livros importantes à verdade e à racionalidade dos métodos para obtê-la. Justamente, pois, na primeira página de seu livro, Williams fala da «*demand for truthfulness*», da «*devotion to truthfulness*» e do «*desire for truthfulness*» como abordagens que atualmente são «*prominent in modern thought and culture*»,[45] dedicando Lynch seu livro à demonstração de «*why truth matters*».[46] De resto, não faltam na literatura filosófica e epistemológica recentes análises convincentes que explicam as modalidades de um conhecimento confiável da realidade, colmatando o *gap* que caracterizaria a relação entre mente, linguagem e realidade externa.[47]

É oportuno, todavia, frisar que a opção realista a que se fez alusão não representa uma condição necessária para que se possa voltar a falar sensatamente de verdade, saindo-se da espiral solipsista típica do ceticismo pré e pós-moderno. De fato, mesmo sem compartilhar de teses ontologicamente realistas, é possível imaginar que exista uma verdade racionalmente cognoscível e demonstrável. Trata-se da concepção *epistêmica* da verdade, surgida com Dewey, mas reproposta recentemente por Michael Dummett; segundo essa, a verdade de um enunciado corresponde à sua *warranted assertibility*, ou seja, à existência de justificativas válidas para julgar-se verdadeiro um

---

[43] Sobre a recuperação de concepções correspondentistas da verdade cfr. as argumentações de Norris, 2005: 8, 61; Goldman, 1986: 42, 59, 66. Sobre a necessária adoção de uma concepção correspondentista no âmbito do processo v., por último, Ferrer Beltrán, 2007: 19.

[44] Cfr. Williams, 2002: 9, 45; Marconii, 2007: 141. Mesmo os pós-modernistas, na verdade, interessam-se em estabelecer a verdade sobre o horário de partida de seu avião, sobre as traições dos respectivos cônjuges, sobre a data do Concílio de Viena, sobre a velocidade da luz e sobre muitas outras circunstâncias – banais ou não – do contexto *real* em que vivem.

[45] Cfr. Williams, 2002: 1.

[46] Esse é de fato o subtítulo da versão original do volume de Michael Lynch, que não aparece na tradução italiana da obra.

[47] Cfr., p. ex., Searle, 1998: 12, 39, 67, 135; Searle, 2004: 107, 132, 193; Haack, 1995: 73, 95, 118.

enunciado.[48] O conceito de verdade como justificativa foi amplamente discutido, sobretudo sob o prisma das implicações antirrealistas de algumas de suas versões.[49] Todavia, à parte os aspectos que concernem à dimensão ontológica e epistemológica do problema (sobre os quais não se pode aprofundar a análise nesta sede),[50] é oportuno reconhecer que também a discussão sobre a concepção epistêmica da verdade tem a função de colocá-la no centro das atenções; mesmo porque deve-se recordar que em pelo menos uma das suas possíveis versões o conceito de justificativa pressupõe a verdade do enunciado que se procura justificar.[51]

Tudo isso demonstra uma coisa bastante óbvia, que, todavia, vale a pena frisar. Resta claro, de fato, que não obstante dificuldades teóricas e variedades de orientações, a verdade – concordando com Lynch – é objetiva, é boa, é um objeto digno de perquirições e digna de ser cultivada por si mesma.[52] Todavia, uma vez terminada há tempos a época das Verdades com «*v*» maiúsculo, é necessário reconhecer que em alguns aspectos a ideia de verdade não pode ser outra coisa senão algo culturalmente relativo, em pelo menos dois sentidos. Por um lado, houve (e podem ainda existir) culturas em que o conceito de verdade não existia ou não tinha papel algum. Em culturas assim, inúmeros problemas (inclusive aqueles atinentes às decisões de controvérsias judiciárias) resolviam-se, por exemplo, interpretando-se o voo dos pássaros,[53] recorrendo-se à intervenção divina imaginada nos ordálios,[54] ou envenenando-se um pinto para observar o seu comportamento.[55] Por outro lado, é possível que no âmbito de contextos culturais diferentes (e também em contextos cognoscitivos diferentes) utilizem-se conceitos diferentes de verdade, ou métodos diferentes para determiná-la: a verdade ou a sua descoberta seriam, por conseguinte, *theory-laden*[56] e *context-laden*.[57]

De resto, essa dupla relatividade ou contextualidade da ideia de verdade não resolve o problema, em realidade reabrindo-o, em termos mais maduros e

---

48 Sobre essa concepção da verdade cfr. em particular GOLDMAN, 1986: 44; NORRIS, 2005: 25, 107, 124.

49 Cfr. os trechos de A. Goldman e C. Norris citados na nota precedente, e, além disso, LYNCH, 2004: 87, 89, 105; MARCONI, 2007: 8.

50 Para críticas de orientação «*realista*» à concepção da verdade como justificativa cfr., p. ex., NORRIS, 2005: 25, 61, 101, 107; GOLDMAN, 1986: 44.

51 Cfr. MARCONI, 2007: 13, 19. Sobre a concepção da verdade de um enunciado em função dos elementos de prova que o justificam ver, por último, FERRER BELTRÁN, 2007: 20.

52 Cfr. LYNCH, 2004: 18.

53 Cfr. WILLIAMS, 2002: 131.

54 Sobre o assunto cfr. Cap. I, item 2.

55 Essa referência é à prática dos Azande analisada por CHASE, 2005: 15.

56 Sobre a *theory-ladenness* das observações científicas cfr. em sentido crítico GOLDMAN, 1986: 238.

57 Sobre a influência do contexto cfr. em particular LYNCH, 2004: 50; MINOW e SPELMAN, 1990: 1597.

articulados do que no passado. Por um lado, de fato, a existência de culturas que não incluem qualquer conceito de verdade (ou que não incluem um conceito de verdade adotado a partir de outras culturas), certamente não exclui a existência de culturas que incluem uma versão aceitável desse conceito, atribuindo-lhe um valor relevante. É verdade, em outros termos, que quem interpretava o voo dos pássaros, ou celebrava os ordálios, ou envenenava os pintos,[58] julgava talvez que pudesse, com essas práticas, descobrir a verdade,[59] de modo que não se pode dizer que a ideia de verdade inexistisse totalmente nesses contextos culturais. Todavia, o mínimo que se pode dizer é que se tratava de ideias de verdade um tanto peculiares e que, de qualquer modo, aqueles métodos para a descoberta da verdade podem ser considerados inadequados se colocados em um contexto histórico-cultural diferente. Adequadamente Williams distingue os métodos de busca *truth-acquiring* dos que não o são;[60] talvez não seja por acaso que ninguém mais interprete o voo dos pássaros para prever o êxito das batalhas, e que o fim dos ordálios tenha sido substancialmente determinado também por se ter percebido sua ineficiência no que concerne ao escopo de se descobrir a verdade.[61] Sobre o envenenamento dos pintos, pode ser exoticamente interessante ocupar-se do ritual com que os Azande estabeleciam (ou estabelecem) a inocência ou a culpabilidade dos adúlteros, esperando-se, entretanto, que ninguém proponha a adoção de tal método em causas de divórcio na Itália ou nos Estados Unidos. Pode ser que os arúspices antigos e os juízes medievais – assim como o Cardeal Bellarmino, os Azande e muitos outros que cultivavam convicções que na perspectiva de outra cultura (ou da cultura atual) pudessem parecer curiosas – tivessem boas razões para pensar que daquele modo conseguiriam chegar a conclusões verídicas. Vale, todavia, a observação de que o fato de as justificativas serem «*filhas do tempo*», não implica que assim seja a verdade.[62] A consequência é que a opinião do Cardeal Bellarmino era, de qualquer modo, falsa, independentemente das justificativas que ele, em sua cultura, podia encontrar para dizer que as teses de Galileu não podiam ser aceitas. Tal opinião, conforme já acenado, seguia sendo, de qualquer modo, falsa, independentemente do consenso que poderia existir sobre ela: vale, de fato, a regra fundamental de que «nenhuma maioria, nem mesmo

---

[58] CHASE, 2005: 149, n. 2, refere que entre os Azande essa prática era ainda documentada em 1982, mas não se sabe se ainda é usada, nem com que difusão.

[59] Ao que tudo indica, os Azande estão convencidos de que o envenenamento do pinto constitua um bom método para descobrir-se a verdade: cfr. CHASE, 2005: 149, n. 2. Talvez não seja relevante, sendo excessivamente racional, a observação de que se o pinto fosse verdadeiramente envenenado, necessariamente morreria, de modo que a culpabilidade do adúltero seria estabelecida *a priori* no momento em que o sacerdote preparasse o veneno. Analogamente, quando o pinto não morresse poder-se-ia pensar que o sacerdote não o teria envenenado verdadeiramente, predeterminando, assim, um êxito favorável à inocência do pretenso adúltero.

[60] Cfr. em particular WILLIAMS, 2002: 127.

[61] A esse propósito cfr. *supra*, Cap. I, item 2.

[62] MARCONI, 2007: 15, 151.

a unanimidade dos consensos ou dos dissensos, pode tornar verdadeiro aquilo que é falso, ou tornar falso aquilo que é verdadeiro».[63]

Por outro lado, pode-se observar que não parece justificável qualquer relativismo substancialmente niilista sobre o conceito de verdade,[64] sendo a verdade de um enunciado – conforme já dito – determinada pela realidade dos acontecimentos que aquele enunciado descreve. Se assim não fosse – e, isso é, caso se aceitassem teses relativistas – chegar-se-ia à conclusão paradoxal de que existiriam infinitos conceitos de verdade, todos substancialmente equivalentes; portanto, cada um poderia escolher o seu. Em uma situação desse gênero, cada um poderia sustentar estar com a verdade a propósito de qualquer coisa. Isso leva a dizer-se que o que deve ser ligado ao contexto não é a verdade considerada em si, mas sim as metodologias e as técnicas empregadas para tentar determiná-la. Isso consente, ainda, que se coloque em um plano diferente a questão do contexto, seja no sentido de reconhecer que em contextos diferentes adotam-se métodos diferentes (com a consequência de que, muito provavelmente, serão diferentes também os êxitos levados a cabo por tais métodos), seja no sentido – já mencionado – de que há métodos adequados para a descoberta da verdade e métodos inadequados para esse fim.

Resta evidente que não se pode afrontar aqui o insolúvel problema consistente em definir o que é a verdade.[65] É, todavia, possível assumir como válido (concordando com a doutrina filosófica e epistemológica largamente prevalente) o clássico critério proposto por Tarski, segundo o qual o enunciado «*a neve é branca*» é verdadeiro se, e somente se, a neve é branca.[66]

2. ALGUMAS DISTINÇÕES

Antes de começar o discurso sobre a função que a verdade desempenha no âmbito do processo, parece oportuno esclarecer sinteticamente alguns problemas terminológicos (em realidade de caráter conceitual), que surgem sobretudo do modo em que, na linguagem comum (e mesmo na linguagem processualista corrente), fala-se da verdade. Não se trata, evidentemente, de propor uma definição geral da verdade (que – conforme dito há pouco – é indefinível), mas sim de evidenciar alguns mal-entendidos que frequentemente viciam ou tornam complicado o discurso concernente à verdade no processo. Com esse fim podem ser recordadas algumas distinções frequentes

---

[63] Cfr. FERRAJOLI, 2007a: 215.

[64] Nesse sentido cfr. em particular LYNCH, 2004: 50; MARCONI, 2007: 57, 81, 113. Para uma recente análise crítica ao ceticismo filosófico e epistemológico cfr. também STEIN, 2005: 56.

[65] É sabido que a verdade é indefinível: cfr. WILLIAMS, 2002: 63; AMORETTI e MARSONET, 2007: XVIII; DELL'UTRI, 2007: 42.

[66] Sobre o critério de Tarski a literatura é amplíssima. Cfr., por exemplo, WILLIAMS, 2002: 63; GOLDMAN, 1986: 65; MARCONI, 2007: 6; PARRINI, 2005: 64; NANNINI, 2007: 59.

na linguagem comum (porém, inúteis ou carentes de fundamento, sendo, portanto, deixadas de lado), e outras talvez menos frequentes (porém, úteis para conferir um mínimo de clareza aos argumentos com os quais os juristas tratam da verdade).

2.1 Distinções inúteis

De algumas distinções inúteis podemos nos liberar rapidamente. A principal dessas é a que contrapõe verdades absolutas e verdades relativas. Sendo evidente que a Verdade com letra maiúscula (ou seja, a verdade absoluta) não pertence ao mundo das coisas humanas, é também evidente que essa não pertence ao mundo da justiça e do processo.[67] Essa constatação pode desiludir o absolutista, fazendo-o cair no ceticismo,[68] mas parece dificilmente contestável. De resto, dizer que nas coisas humanas (e, portanto, também no processo) se lide somente com verdades relativas (com letra minúscula), não significa de fato desvalorizar a função da verdade, nem mesmo adotar uma concepção subjetivista ou relativista dessa. A esse respeito, remetendo-se ao que foi observado anteriormente,[69] aqui somente cumpre, de qualquer modo, rechaçar que a verdade seja *objetiva*. Essa pode ser considerada relativa não no sentido de depender das opções individuais dos sujeitos que delas se ocupam (visto que, desse modo, cair-se-ia em um relativismo radical inaceitável), mas sim no sentido de que *o conhecimento* da verdade relaciona-se com o contexto em que surge, com o método com que se desenvolve sua busca e com a quantidade e a qualidade de informações de que se dispõe (e sob as quais tais conhecimentos fundam-se). Em outros termos: a verdade de um enunciado é univocamente determinada pela realidade do evento que esse representa e, portanto, é «*absoluta*» (no sentido de que não admite graus).[70] O enunciado é verdadeiro ou não: não pode ser «*mais ou menos*» verdadeiro. O que pode variar, dependendo das circunstâncias, é o grau de confirmação[71] que pode ser atribuído a esse enunciado, com base nos conhecimentos disponíveis: portanto, pode-se dizer que, em contextos determinados e de acordo com as circunstâncias, pode existir uma maior ou menor aproximação à verdade.[72]

Por conseguinte, é o conhecimento da verdade que se qualifica como relativo, já que fundado nas razões pelas quais é provável que um convencimento seja verdadeiro. Isto é, esse guarda relação com os argumentos que

---

[67] É contra essa pretensa Verdade que G. Zagrebelsky reivindica o valor essencial da ética da dúvida: cfr. Zagrebelsky, 2008: VII.

[68] Sobre o absolutista, ou o perfeccionista, desiludido cfr. Taruffo, 1992: 10, 153; Ferrer Beltrán, 2007, 27.

[69] V. *supra*, item 1.

[70] Cfr. Agazzi, 2007: 104; Dell'Utri, 2007: 33.

[71] Sobre o assunto v. mais amplamente *infra*, Cap. V, item 3.1.

[72] Cfr. Goldman, 1986: 147.

justificam o convencimento sobre a verdade de um enunciado.[73] O conhecimento da verdade é relativo, mas também objetivo, visto que a justificativa do convencimento verdadeiro não se funda nas preferências ou nas idiossincrasias dos sujeitos particulares, mas sim na capacidade deles de se exprimirem em proposições representativas do mundo como ele é.[74] Naturalmente, os argumentos utilizados para justificar um convencimento podem ser válidos ou inválidos, mas podemos falar somente nas justificativas fundadas no primeiro tipo: se um convencimento é injustificado é muito pouco provável que possa chegar à verdade, já que são os convencimentos justificados que podem levar à descoberta dessa.[75]

No contexto do processo é apropriado falar-se em verdade relativa e objetiva. A verdade da apuração dos fatos é relativa – no sentido de que é relativo o conhecimento sobre essa; isso porque essa funda-se em provas que justificam o convencimento do juiz, representando a base cognoscitiva na qual o convencimento de que um determinado enunciado corresponda à realidade dos fatos da causa encontra justificativa.[76] A mesma verdade é objetiva, já que não é fruto das preferências subjetivas e individuais do juiz, fundando-se em razões objetivas que justificam seu convencimento e derivando dos dados cognoscitivos resultantes das provas.[77]

Outra distinção carente de fundamento que se pode rapidamente deixar de lado (não obstante se trate de um consenso bastante difundido) é aquela que se põe entre verdade *formal* ou *processual*, que se estabelece no contexto do processo, e verdade *real*, que seria apurada somente fora do processo. Há até mesmo quem diga que no processo se obtém somente uma «*fixação formal*» dos fatos da causa, que não teria qualquer relação com a verdade.[78] A justificativa dessa distinção parece consistir na circunstância de que no processo existem normas que concernem às provas (condicionando, portanto, de várias maneiras a apuração dos fatos) e regras (como aquelas sobre a coisa julgada) que põem fim à busca da verdade. Pelo contrário, fora do processo a busca da verdade «*verdadeira*» poderia desenvolver-se de forma livre e ilimitada.[79]

---

[73] Cfr. Lynch, 2004: 62, 97; Marconi, 2007: 8. Analogamente, mas em termos mais analíticos, v. *infra*, Cap. 5, item 3.1 e 3.2.

[74] Cfr. Lynch, 2004: 99.

[75] Sobre as relações entre conhecimento, verdade e justificativa cfr. em particular Vassallo, 2007: 3; Marconi, 2007: 8, 11; Lynch, 2004: 29, 89, 97, 105, 240.

[76] Cfr. por todos Ferrer Beltrán, 2007: 20.

[77] Sobre a estrutura do raciocínio do juiz, bem como sobre sua justificativa, v. *infra*, Cap. 5, itens 3 e 6.

[78] Sobre o assunto cfr. em particular Carnelutti, 1992: 29, 56, 61. De resto, a distinção entre verdade formal e verdade real já tinha sido posta em dúvida pela doutrina menos recente: cfr., p. ex., Furno, 1940: 18.

[79] Para uma resenha crítica dessas opiniões cfr. Ferrer Beltrán, 2002: 41, 63. Cfr. também Taruffo, 1992: 4, 24.

Esse modo de argumentar é, entretanto, falacioso. Por um lado, pode-se dizer que, em linhas gerais, não existem diferentes espécies de verdade, que dependeriam de se estar no interior ou no exterior do processo: como foi dito várias vezes, a verdade dos enunciados sobre fatos da causa é determinada pela realidade desses fatos, e isso acontece seja no processo, seja fora dele. Portanto, a distinção entre verdade «*processual*» e verdade «*real*» carece de fundamento.[80] Se, pois, pensarmos que fora do processo são apuradas verdades absolutas que no processo não são cognoscíveis, valerá, a propósito, o que foi dito há pouco. Quanto às regras que concernem à admissão, à produção – e, por vezes, até mesmo à valoração das provas – pode-se observar que essas podem limitar ou condicionar de modos diferentes a busca da verdade;[81] isso não implica, entretanto, que essas determinem a descoberta de uma verdade *diferente* daquela que se poderia descobrir fora do processo.[82] Pode-se somente dizer que essas produzem um *deficit* na apuração da verdade que se dá no processo, já que, por exemplo, obstam a produção de provas relevantes à apuração dos fatos cujo conhecimento é importante para a decisão.[83] Esse *deficit* não implica que haja uma verdade *processual*: implica somente que, em um processo em que vigem normas limitadoras da possibilidade de servir-se de todas as provas relevantes, apura-se somente uma verdade limitada e incompleta, ou – nos casos mais graves – não se apura verdade alguma. O problema, então, não concerne à verdade, mas aos limites em que a disciplina do processo consente que essa seja apurada.

Quanto às regras que preveem o vínculo derivado da formação da coisa julgada, não se pode dizer que excluam a apuração da verdade ou imponham a existência de uma verdade ontologicamente diferente daquela que se pode apurar fora do processo.[84] Por um lado, na verdade, nada impede que a coisa julgada forme-se sob uma decisão que tenha apurado a verdade dos fatos, o que – aliás – é justamente o que deveria ocorrer na normalidade dos casos. Se a verdade for descoberta, é claro que a coisa julgada não imporá qualquer limite à sua busca. Por outro lado, vale lembrar que o vínculo derivado da coisa julgada não diz respeito aos fatos: como é sabido, a «*declaração*» de que fala o art. 2.909[85] definindo o objeto da coisa julgada não diz respeito à reconstrução dos fatos da causa, mas sim à decisão sobre a existência da situação

[80] Cfr. em particular FERRER BELTRÁN, 2007: 71 e ss.

[81] Sobre o assunto v. mais amplamente *infra*, Cap. IV, item 2.2.

[82] Cfr. FERRER BELTRÁN, *op. ult. cit.*: 45.

[83] Sobre o assunto v. mais amplamente *infra*, Cap. IV, item 2.2.

[84] Nesse sentido, cfr. FERRER BELTRÁN, *op. ult. cit.*: 64.

[85] [N. do T.] A norma mencionada encontra-se no Código Civil italiano. Nesta frase, ainda, a palavra «*accertamento*», que vinha sendo traduzida ao longo do texto como «*apuração*», foi traduzida por «*declaração*», visto que nesse contexto refere-se ao efeito declaratório da sentença. Exemplo disso ocorre com as sentenças «*di mero accertamento*», traduzidas habitualmente em português por «*declaratórias*».

jurídica deduzida em juízo.[86] Por conseguinte, a formação da coisa julgada não impede que se volte a discutir os mesmos fatos em outra sede, nem que sobre os mesmos fatos haja uma decisão diferente.[87] Não faltam, além disso, em todos os ordenamentos, regras que permitem reduzir-se a zero o vínculo da coisa julgada quando surge a necessidade de adequar-se a apuração dos fatos à realidade, como na hipótese de revogações extraordinárias previstas no art. 395 números 2 e 3 do Código de Processo Civil italiano. Enfim, visto que é possível admitir que sobre todos os fatos acerca dos quais houve uma decisão transitada em julgado (ou acerca de alguns desses) possa-se voltar indefinidamente a decidir,[88] pode-se colocar o problema de tornar ainda mais flexível a vinculação derivada da coisa julgada; amplia-se, assim, a possibilidade de reabrir a apuração dos fatos nas hipóteses (que vêm sendo frequentes – como no caso do DNA) em que emergem técnicas de análise científica inexistentes no momento em que os fatos foram apurados, que, entretanto, consentiriam (por seu grau de confiabilidade) verificar se aquela apuração fora verídica ou não.[89]

2.2 Verdade e certeza

Uma distinção muito útil (mesmo se não recorrente no discurso comum) é aquela traçada entre *verdade* e *certeza*. Ocorre frequentemente que se diga que «*se está certo sobre a verdade*» de uma afirmação, ou que uma afirmação é verdadeira porque alguém está certo disso; discursos desse gênero, entretanto, fundam-se em um equívoco bastante evidente. A verdade, conforme já repisado diversas vezes, é objetiva e determinada pela realidade dos fatos de que se fala. A certeza, de seu turno, é um *status* subjetivo, dizendo respeito à psicologia daquele que fala e correspondendo a um grau elevado (muito elevado, quando se fala em «*certezas absolutas*») de intensidade do convencimento do sujeito em questão.[90] Entre as duas noções não há qualquer correspondência ou implicação. Por um lado, uma afirmação é verdadeira independentemente da certeza do convencimento de alguém: a Terra tinha forma quase esférica mesmo quando ninguém estava certo disso (aliás, mesmo quando muitos estavam certos de que fosse plana). Por outro lado, um sujeito pode estar certo de uma afirmação verdadeira; a verdade dessa, todavia, não deriva da certeza subjetiva daquele indivíduo, mas sim da correspondência daquela afirmação com a realidade de que se fala. Sobretudo, porém, pode-se

---

86 Sobre o assunto v. por todos, inclusive para numerosas referências, Volpino, 2007: 121, 205, 287 ss. Em sentido análogo cfr. Ferrer Beltrán, *op. ult. cit.*: 65.

87 Cfr. Ferrer Beltrán, *op. ult. cit.*: 66.

88 *Idem, ibidem:* 64.

89 Surge, a propósito, a exigência de «*relativizar*» a coisa julgada de modo a consentir uma nova apuração: cfr. Arruda Alvim Wambier e Garcia Medina, 2003: 188.

90 Sobre a ideia de certeza como convicção subjetiva, cfr., inclusive para ulteriores referências, Cuello Iriarte, 2007: 86.

estar certo – talvez absolutamente certo – de afirmações falsas: para seguir usando o mesmo exemplo, o Cardeal Bellarmino estava absolutamente certo de que o Sol girava ao redor da Terra, mas a intensidade de seu convencimento não tornava verdadeira a teoria de que estava convencido.

Por conseguinte, visto que a certeza corresponde ao grau de persuasão que um sujeito tem a respeito da veracidade de um enunciado, poder-se-ão fazer distinções de acordo com o grau de certeza, que pode ser diferente dependendo do caso e da *justificativa* utilizada para sustentar-se a própria certeza. Inicialmente, pode-se estar mais ou menos certo do que se pensa sobre alguma coisa: pode-se até mesmo pensar em uma escala contínua de graus de certeza, que vai da incerteza (=falta de certeza) total até a certeza absoluta (=falta de incerteza). Nessa escala colocam-se infinitos graus de certeza do convencimento que um sujeito pode ter a respeito do conteúdo de um enunciado.[91] É particularmente relevante a perspectiva das razões que um sujeito pode aduzir sempre que alguém lhe pedir para justificar a certeza que ele tem a respeito de algo. Se alguém afirma estar certo de X porque X foi dito por uma quiromante que goza de sua confiança, ou porque crê na infalível eficácia heurística da leitura de borras de café, será provavelmente justificado todo e qualquer ceticismo sobre o fundamento das suas certezas. Se, por outro lado, um cientista diz estar certo da confiabilidade de um experimento por ter criado um procedimento epistemologicamente correto, ou se um historiador diz estar certo de que Napoleão morreu em 5 de maio de 1821 não por ter lido a ode homônima de Manzoni, mas por dispor de documentos que assim demonstram, poder-se-á concordar sobre a existência de justificativas válidas para que se tenham tais certezas. Em todo caso, pode-se observar que a credibilidade da certeza de um sujeito sobre o conteúdo de uma afirmação depende da seriedade das justificativas que ele está em condições de dar. Se as justificativas são do tipo «*estou certo disso porque estou profundamente convencido*» (ou seja, não justificativas), trata-se, então, de argumentos que têm a mesma força demonstrativa de leituras de borras de café.

Não valeria a pena insistir na importância desses aspectos, ao fim e ao cabo bastante banais, se não se encontrassem frequentemente nos discursos dos juristas opiniões em que verdade e certeza confundem-se – e até mesmo em que a certeza toma o lugar da verdade.[92] Quando se afirma, por exemplo, que a condenação de um acusado justifica-se quando o juiz tem *certeza absoluta* de sua culpabilidade,[93] ou quando se diz – como ocorre comumente – que o juiz deve obter a *certeza moral* sobre a existência dos fatos da causa, comete-se um erro duplo: de um lado deixa-se de lado a ideia da verdade, excluindo-se a necessidade de que a decisão funde-se em uma apuração verdadeira dos

---

[91] Sobre o assunto v. mais amplamente *infra*, Cap. IV, item 4.

[92] A propósito v. em particular a crítica de Ferrer Beltrán, 2002: 90.

[93] Cfr., p. ex., Pagliaro, 2005: 1042. Outros exemplos em Ferrer Beltrán, 2002: 90.

fatos; por outro lado, fortalece-se a ideia de que o que deve fundar a decisão do juiz é o grau de persuasão subjetiva que ele deve obter. A eventualidade de que tal persuasão seja errônea não é nem ao menos levada em consideração, como se por definição um grau adequado de certeza subjetiva equivalesse à verdade ou pudesse tomar seu lugar. É evidente que o recurso a adjetivos como «*absoluta*» ou «*moral*» não evita o erro em questão: ademais, o uso desses adjetivos indica que se espera que o juiz obtenha um grau elevado de certeza, ou mesmo que ele deva estar «*moralmente*» certo daquilo que pensa (seguindo, obviamente, incerto o que é uma certeza «*moral*»).

Não se trata, contudo, somente de impropriedades linguísticas, sobre as quais não valeria a pena debruçar-se mais longamente. O problema é muito mais sério, derivando do fato de que teorias difundidas sobre como o juiz deveria embasar seu juízo sobre os fatos ancoram-se em noções genéricas de certeza, de qualquer modo embebidas de subjetivismo. É, sobretudo, o caso da orientação segundo a qual o juiz deveria valorar as provas (e, por conseguinte, formular o próprio convencimento sobre os fatos) retirando certezas da sua *intime conviction*, ou seja, de uma espécie de persuasão interior, imperscrutável e impassível de racionalização (e, portanto, não analisável ou controlável), sobre os fatos da causa que se trata de apurar. Um *quid* inefável situado em algum lugar das profundezas interiores das emoções do juiz, que deveria, contudo, produzir certezas morais (possivelmente absolutas) sobre as quais a decisão se fundaria.[94] Não há quem não veja que desse modo configura-se a decisão sobre os fatos como uma espécie de intuição, de ordem emocional, de execução integralmente subjetiva, para não dizer solipsista. Naturalmente, dizer que essa certeza deve ser «*profunda*», «*elevada*» ou «*absoluta*» não significa acrescentar coisa alguma a tudo isso: na melhor das hipóteses, trata-se de recomendações dirigidas ao juiz, no sentido de que ele não deve ser apressado ou superficial na formação das próprias certezas, devendo, ao contrário, dedicar-se a uma séria e profunda introspecção, escavando nas camadas mais recônditas de seu ser. O mínimo a pedir é que o juiz evite decidir de modo superficial; todavia, a exigência de que a introspecção seja séria não diz coisa alguma sobre a possibilidade de que essa produza um convencimento verídico sobre os fatos da causa. A intensidade e a profundidade do convencimento não garantem de fato a verdade daquilo que é seu objeto. Muitas pessoas estão intensamente convictas sobre muitas coisas sobre si mesmas, sobre os outros, sobre a idade do mundo, sobre a existência do diabo e dos lugares extraterrenos, mas é claro que a força de sua persuasão não faz com que se torne verdadeiro aquilo em que elas creem. A intensidade de uma convicção errada não muda, na verdade, o erro. As mesmas considerações valem em geral, mas particularmente para o juiz e seus convencimentos sobre fatos: ele

---

[94] Sobre as concepções irracionalistas do convencimento do juiz v. mais amplamente TARUFFO, 1992: 370; FERRER BELTRÁN, *op. ult. cit.*: 95. V., além disso, *infra*, Cap. IV, item 4.

pode estar profundamente convencido, *in interiore homine,* da existência ou inexistência de um fato, mas esse seu convencimento, por mais profundo que seja, não o conduz à verdade. É certo, por outro lado, que utilizando somente sua convicção interior ele terminaria por formular uma decisão completamente arbitrária.[95]

2.3 Verdade e verossimilhança

Uma distinção útil de recordar-se, mesmo porque frequentemente desconsiderada, é aquela que se pode traçar entre um enunciado *verdadeiro* e um enunciado *verossímil.* O conceito de verossimilhança foi objeto de sofisticadas análises lógicas,[96] mas nesta sede pode ser suficiente utilizar convencionalmente uma definição bastante simples, segundo a qual se considera verossímil aquilo que corresponde à normalidade de certo tipo de comportamentos ou de acontecimentos.[97] Substancialmente, é verossímil aquilo que corresponde ao *id quod plerumque accidit*: se um determinado evento verifica-se geralmente de certo modo em um determinado dia da semana, é verossímil que o mesmo evento verifique-se no futuro, ou que se tenha verificado no passado naquele dia da semana. Se normalmente ocorre que eu receba os estudantes nas manhãs de quarta-feira às 10 horas, é verossímil que eu tenha assim procedido também na quarta-feira passada e que assim proceda também na próxima quarta-feira, no mesmo horário.

Essa definição da verossimilhança tem várias implicações; duas delas serão aqui recordadas. A primeira delas é que para se julgar verossímil um enunciado relativo a um evento é necessário dispor de um conhecimento preliminar sobre a normalidade de sua ocorrência, ou seja, do *id quod plerumque accidit* relativo a ele. Se não se sabe se Tício tem o hábito de receber os estudantes nas quartas-feiras às 10 da manhã (ou se de fato ele não tem esse hábito), não é possível configurar como verossímil a eventualidade de que ele estivesse em sua sala na Universidade na quarta-feira passada naquela hora, nem a previsão de que ele se encontre lá nessa hora na próxima quarta-feira. Substancialmente, somente se se tiver à disposição o conhecimento do curso «*normal*» de certo tipo de evento é possível considerar verossímil o enunciado relativo à ocorrência de uma manifestação daquele evento. Para citar um exemplo clássico, somente se tenho algum conhecimento empírico acerca da cor normal dos cisnes posso julgar verossímil que o cisne visto por terceiros (ou que verei amanhã) é branco. Se, por outro lado, o evento em questão

---

95 Em sentido análogo, com referência às concepções segundo as quais o juiz deveria retirar certezas subjetivas do contato imediato com as provas e, em particular, com as testemunhas, cfr. Andrés Ibáñez, 2008: 207.

96 Cfr. Niiniluoto, 1987.

97 Mais amplamente sobre essa definição, bem como para ulteriores referências, cfr. Taruffo, 1992: 159.

é único e irrepetível, não se podem fazer sobre esse ilações ou previsões: o Cisne Negro é – de fato – algo que não parece verossímil com base nos conhecimentos normais relativos aos cisnes.[98] Se, pois, ninguém sabe de um *id quod plerumque accidit* ao qual o evento em questão possa ser reconduzido, não se pode dizer se o enunciado que a ele concerne é ou não verossímil. Isso não impede, todavia, de apurar-se se esse é verdadeiro ou falso.

A segunda implicação relevante é – portanto – que não há qualquer coincidência ou correspondência entre verossimilhança e verdade. Um fato considerado verossímil no sentido há pouco indicado pode muito bem, por qualquer razão, não ter ocorrido: isso significa que o enunciado que concerne àquele fato pode parecer verossímil, mas é falso, já que a realidade daquilo que ocorreu não corresponde àquilo que o enunciado narra. De fato, podem existir várias razões para que Tício não estivesse em sua sala na Universidade às 10 da manhã da quarta-feira passada. Pode ser que ele estivesse ali, e nesse caso o enunciado seria verossímil e também verdadeiro; pode ser, entretanto, que ele não estivesse ali, e nesse caso o enunciado continuaria sendo verossímil, mas seria também falso. Por outro lado, pode ocorrer que seja verdadeiro um enunciado que parece inverossímil por não corresponder a qualquer critério de normalidade. Pode ser verdadeiro um enunciado segundo o qual na quarta-feira passada Tício estava a bordo de uma canoa em um afluente do Rio Amazonas, mesmo que isso não corresponda a qualquer *id quod plerumque accidit* relativo aos seus hábitos ou àquilo que geralmente ocorre naquele rio. Do mesmo modo, pode ser verdadeiro o enunciado que fala da aparição do Cisne Negro, não obstante isso não corresponda à normalidade da cor dos cisnes. Substancialmente, a verossimilhança e a inverossimilhança de um enunciado são irrelevantes do ponto de vista da veracidade ou da falsidade desse. Isso implica que, em toda e qualquer circunstância em que é necessário estabelecer se um enunciado é de fato verdadeiro ou falso, deve-se, de qualquer modo, fundar nas provas, e não em um juízo de verossimilhança: somente as provas podem demonstrar se aquilo que parece verossímil é também verdadeiro, ou se é falso, bem como se aquilo que parece inverossímil é também falso, ou se é verdadeiro.

2.4 Notas sobre verdade e probabilidade

O conceito de verossimilhança é frequentemente confundido, tanto no discurso corrente como no jurídico, com o de probabilidade: isto é, tende-se a pensar que se um enunciado é verossímil, então, é também provável; ou seja, tende-se a pensar que esse é *provavelmente verdadeiro*. Nesse uso linguístico estão contidos alguns equívocos, que derivam tanto da confusão (a que fizemos referência recentemente) entre verdade e verossimilhança,

---

[98] Sobre o Cisne Negro e suas numerosas implicações Taleb, 2007.

quanto daquela – que reina soberanamente entre aqueles que não se ocupam diretamente do tema – sobre o conceito de probabilidade e sobre suas relações com o conceito de verdade.[99]

Não é certamente esse o lugar para esclarecer-se o conceito de probabilidade, que, em realidade, inclui uma família de conceitos um tanto diversos,[100] constituindo um dos setores mais complicados da lógica e da estatística. Visto que, todavia, fala-se de probabilidade frequentemente também no contexto do processo e da apuração dos fatos, será útil frisar sinteticamente alguns aspectos relevantes do problema.

Por um lado, pode-se fazer uma distinção entre verossimilhança e probabilidade, já que (conforme visto há pouco) o juízo de verossimilhança não fornece qualquer elemento de cognição sobre a veracidade ou falsidade de um enunciado, enquanto a probabilidade diz respeito à existência de razões válidas para sustentar-se que um enunciado é verdadeiro ou falso. Por assim dizer, a probabilidade fornece informações sobre a veracidade ou falsidade de um enunciado, ao passo que a verossimilhança diz respeito somente à eventual «*normalidade*» daquilo que o enunciado descreve. Ambos os conceitos referem-se a critérios de qualificação diferentes e não coincidentes.

Por outro lado, é necessário ter presente a distinção (muito mais óbvia) entre verdade e probabilidade. Conforme dito mais de uma vez, a verdade de um enunciado é determinada pela realidade do evento ao qual esse se refere. De outra feita, pode-se dizer que um enunciado é provável no momento em que se dispõe de informações com base nas quais se considera adequado afirmar que aquele enunciado é verdadeiro. Substancialmente, a probabilidade é uma função da justificativa que se atribui a um enunciado, com base nos elementos cognoscitivos disponíveis. No âmbito do processo, em que as informações disponíveis são oferecidas pelas provas, pode ocorrer que essas forneçam um determinado grau de confirmação ao enunciado que concerne a um fato relevante para a decisão.[101] Poder-se-á, então, dizer que esse enunciado é «*provavelmente verdadeiro*», com a condição de que se queira dizer com essa expressão que as provas produzidas no processo fornecem razões suficientes para que se considere confirmada a hipótese de que aquele enunciado seja verdadeiro. Pode, por conseguinte, ocorrer de um enunciado que parece *prima facie* verossímil (segundo o que se falou há pouco) resultar, em realidade, «*improvável*», pelo fato das provas não fornecerem qualquer confirmação desse; pode ocorrer, ao contrário, de um enunciado que parece

---

[99] Para uma crítica dos usos de termos como «*provável*», «*probabilidade*», e similares, na linguagem comum, é ainda atual TOULMIN, 2007: 41.

[100] Para uma clara e sintética resenha cfr. FERRER BELTRÁN, 2007: 93. Cfr. também TARUFFO, 1992: 166, 199. Sobre a probabilidade lógica como modelo de decisão racional v., ainda, Cap. V, itens 3.1 e 4.

[101] Ver mais amplamente *infra*, Cap. V, item 3.1.

prima facie inverossímil resultar, posteriormente, provavelmente verdadeiro, pelo fato das provas fornecerem razões suficientes para que se considerasse justificada a hipótese de sua veracidade.

Substancialmente, por conseguinte, os conceitos de verdade, verossimilhança e probabilidade não são equivalentes entre si e tampouco são passíveis de conversão entre si. Eles dizem respeito a qualificações diferentes que podem ser dadas sobre um mesmo enunciado: às vezes essas podem estar desejavelmente presentes no mesmo enunciado (como ocorre quando esse é verdadeiro, verossímil e provável por ter sido confirmado pelas provas), mas pode também ocorrer que isso não se verifique. Em outros termos, pode ocorrer que um enunciado seja verdadeiro, mas não seja verossímil; pode, da mesma forma, ocorrer que um enunciado seja verdadeiro, mas não seja provável, na medida em que não se dispõe de elementos de prova suficientes para que se considere confirmado e, portanto, «*provavelmente verdadeiro*». Em outros termos, dizer que um enunciado fático foi provado (ou seja, que é provavelmente verdadeiro), não equivale a dizer que esse é verdadeiro, visto que não resta, de qualquer modo, excluída a eventualidade (talvez improvável) de que esse seja falso; ao contrário, dizer que um enunciado carece de confirmação probatória (e, portanto, provavelmente inverídico) não exclui a eventualidade de que, na realidade, seja verdadeiro.[102] Em ambas as situações é irrelevante o fato de o enunciado ser verossímil ou não.

Por outro lado, reconhecer que no contexto do processo possa-se falar em probabilidade não significa serem apropriados todos os numerosos argumentos que remetem à ideia de probabilidade na apuração judicial dos fatos. Sem que se entre aqui no mérito desse problema bastante complexo (que requereria uma análise específica), vale a pena, todavia, precisar que há várias razões pelas quais a concepção difundida em algumas áreas culturais não é confiável: segundo essa, o raciocínio probatório deveria ser desenvolvido de acordo com o cálculo fundado no teorema de Bayes, ou seja, o cálculo quantitativo do aumento de probabilidade devido à inserção de dados novos em um determinado contexto. Na maioria avassaladora dos casos, de fato, os cálculos da probabilidade quantitativa não são aplicáveis ao processo.[103] Há sentido falar sobre probabilidade no que concerne ao raciocínio probatório, desde que se refira ao conceito de probabilidade *lógica*, ou seja, do grau de confirmação que as provas têm condições de fornecer aos enunciados fáticos postos à base da decisão.[104]

---

[102] Para um adequado aprofundamento dessas distinções cfr. Ferrer Beltrán, 2002: 28.

[103] Para o desenvolvimento das razões a que se faz referência nesse texto cfr. Taruffo, 1992: 166. Em sentido análogo v., por último, Ferrer Beltrán, 2007: 98.

[104] Sobre esse conceito de probabilidade cfr., inclusive para ulteriores referências, Taruffo, *op. ult. cit.*: 166. Ferrer Beltrán, 2002: 98.

3. O VALOR SOCIAL DA VERDADE

Se os problemas aqui mencionados dissessem respeito somente à ciência e às suas verdades, talvez não fosse o caso de discuti-los nesta sede. Poderia, de fato, parecer impróprio – mesmo que não raro isso ocorra – relacionar aos eventos «*macro*» da vida cotidiana (como aqueles sobre os quais geralmente se discute em um processo) teorias e conceitos da física das partículas subatômicas; igualmente impróprio poderia parecer a referência (a propósito de acontecimentos singulares e ordinários) à teoria das revoluções científicas de Kuhn. Analogamente, uma concepção coerentista da verdade talvez possa ser válida no âmbito da matemática, mas é por muitos rejeitada no plano filosófico geral,[105] podendo produzir resultados paradoxais se utilizada indiscriminadamente para qualquer tipo de narrativa. Por exemplo, seria impossível através dela distinguir um testemunho dado em juízo, ou uma reconstrução histórica, de um romance ou de uma peça de teatro. De fato, também um romance ou uma tragédia podem ser contextualmente (ou narrativamente) coerentes, já que nessa perspectiva teria sentido que se perguntasse se seria verdade que David Copperfield era homossexual (o que resulta talvez coerente com o contexto), e também perguntar-se quantos filhos teria Lady Macbeth (não obstante isso não seja passível de decisão com base no contexto).

O aspecto mais relevante do *revival* que andou se manifestando há algum tempo não reside, com efeito, somente no fato dos epistemólogos terem voltado a se posicionar no sentido do realismo crítico,[106] tendendo, pois, a julgar que a ciência possa obter conhecimentos verdadeiros sobre o mundo (e não somente sobre as construções mentais e os condicionamentos políticos e sociais dos cientistas). No que diz respeito àquilo que interessa em maior escala ao presente estudo, esse aspecto consiste na descoberta (ou talvez na redescoberta) daquele que se poderia definir como *valor social da verdade*.[107] Esse valor apresenta pelo menos dois aspectos que merecem consideração.

O primeiro tem o caráter essencialmente *ético*, podendo ter diferentes manifestações. Por um lado, o pensamento integra o sistema de regras indicadas geralmente com o termo «*moral*». Historicamente houve sistemas morais cujo cerne era o dever de dizer a verdade e a correspondente proibição de dizer o falso, presente em São Tomás, Kant e muitos outros teóricos da moral. A verdade é que, com o fim de aplicar na prática esses sistemas, foi necessária

---

[105] Cfr. por exemplo GOLDMAN, op. cit: 44. Uma posição intermediária entre *foundationalism* e *coherentism* é o *foundherentism*, sustentado por Susan Haack (da qual cfr. sobretudo HAACK, 1995). Essa orientação é muito interessante, mas não pode ser aqui discutida como mereceria: basta assinalar-se que essa parte de uma articulada crítica às concepções coerentistas (*ivi*, p. 52), além de uma revisão crítica das doutrinas fundacionalistas (*ivi*, p. 34), recuperando, todavia, uma concepção substancialmente realista do conhecimento (v. *ivi*, p. 73).

[106] De um «*striking revival in the fortunes of causal realism*» fala, p. ex., NORRIS, 2005: 10.

[107] Nessa perspectiva cfr. em particular LYNCH, 2004: 57.

a invenção de vários *escamotage* que atenuassem seu rigor e consentissem de não dizer a verdade ainda que sem dizer o falso.[108]

É também verdade que um dever absoluto de dizer a verdade poderia produzir resultados danosos,[109] já que parece necessária a configuração de derrogações, exceções e limitações na aplicação concreta desse dever.[110] Todavia, mesmo as atenuações práticas de tal dever não são outra coisa senão a confirmação de sua existência,[111] ou seja, a necessidade de que qualquer sistema ético inclua o dever de verdade entre os seus valores fundamentais. Seria, por outro lado, inconcebível (e, igualmente, inaceitável) um sistema «*moral*» que não distinguisse a verdade da mentira, ou mesmo que legitimasse expressamente a falsidade, fazendo, assim, da mentira e do engano as regras fundamentais de comportamento para aqueles que adotassem essa peculiar espécie de moral.

Por outro lado, o tema do valor social da verdade contou com contribuições recentes que prescindem em larga escala da metaética e da teoria dos sistemas morais (ainda que sem esquecê-la), colocando a verdade no centro da dinâmica da vida social. Para Bernard Williams, por exemplo, as «*virtudes da verdade*», representadas pela precisão e pela sinceridade, são essenciais na difusão de informações que representa o fundamento da dinâmica social, mesmo nas suas formas mais simples.[112] Assim, a sinceridade de quem exprime convicções que julga verdadeiras torna-se uma condição essencial da vida social; mesmo que na realidade a mentira seja frequente (e por vezes possa parecer inevitável ou justificada), a sinceridade – como aspecto «*virtuoso*» da verdade – constitui, de qualquer modo, um valor fundamental.[113] Também a precisão, compreendida como adesão à realidade, é uma qualidade necessária do convencimento verdadeiro comunicado no contexto do agir social.[114] Um convencimento é verdadeiro quando resultado de um procedimento idôneo à descoberta da verdade (ou seja, de um método *truth-acquiring*),[115] ou, igualmente, quando justificado por razões suficientes para julgar de maneira fundada que esse seja verdadeiro.[116] Por outro lado, a intenção de buscar a verdade é um fator importante na formação do convencimento,[117] bem como na distinção

---

[108] Cfr. a propósito a interessante análise contida em WILLIAMS, 2002: 101.

[109] Cfr., p. ex., LYNCH, 2004: 57.

[110] Sobre os limites do dever moral de dizer a verdade cfr. WILLIAMS, 2002: 105; LYNCH, 2004: 59.

[111] Cfr. LYNCH, *ibidem.*

[112] Cfr. WILLIAMS, 2002: 57, 84, 123. Sobre o pensamento de Williams a respeito das implicações políticas da verdade cfr. em particular LUKES, 2005: 159; CARTER, 2005: 177.

[113] Para amplas argumentações a propósito cfr. WILLIAMS, 2002: 84.

[114] Cfr. WILLIAMS, 2002: 123.

[115] *Idem, ibidem:* 127.

[116] *Idem, ibidem:* 123, 129.

[117] *Idem, ibidem:* 133.

entre o convencimento em sentido próprio e a ficção.[118] Por conseguinte, um comportamento social fundado em uma falsa comunicação de convencimentos não sinceros (e errôneos, pois não fundados em uma busca precisa da verdade) seria inaceitável justamente por carecer da «*virtude da verdade*».

Em uma perspectiva parcialmente diferente, Michael Lynch desenvolve um discurso substancialmente divergente daquele de Williams. Tampouco Lynch põe o problema da verdade no plano das ideias abstratas, preferindo colocá-lo no contexto da vida social, com o escopo de demonstrar que nesse contexto *truth matters*:[119] substancialmente, a verdade é aquilo que faz com que valha a pena crer em uma assertiva, seja essa compreendida como um valor instrumental, seja essa compreendida como um valor em si.[120] Mesmo se for verdade que em alguns casos o conhecimento da verdade, ou mesmo a própria busca da verdade, possa ser perigoso ou danoso,[121] persiste o fato de que, em linha de princípio, o que justifica o convencimento é o fato de que esse seja fundado em razões suficientes para fazê-lo parecer provavelmente verdadeiro.

O valor determinante da verdade como condição para o bom funcionamento das relações sociais encontra uma clara confirmação também em uma perspectiva diferente de análise. Formulando o princípio de cooperação que governa a conversação, Paul Grice refere-se especificamente à qualidade da conversação que se regula com base em tal princípio; formula a «*supermáxima*» segundo a qual quem participa da conversação deveria tentar contribuir com essa de algum modo verdadeiro. Essa regra geral articula-se em duas regras mais específicas, segundo as quais: a) não é necessário afirmar aquilo que se sabe ser falso; b) não é necessário fazer afirmações carentes de provas adequadas.[122] Também nessa perspectiva, por conseguinte, um momento fundamental da dinâmica social serve de base para seu próprio bom funcionamento, sob condição constituída pela verdade daquilo que se diz. A honestidade da argumentação, na verdade, requer, acima de tudo, que a verdade dos fatos seja respeitada.[123]

O segundo aspecto da verdade como valor social tem caráter eminentemente *político*, consistindo na conexão entre verdade e democracia. Essa conexão não é nova: já Eduardo Couture, em uma de suas *Meditaciones sobre la libertad*, utilizara um discurso de Roosevelt para frisar como a verdade é um atributo necessário da relação entre o Estado democrático e os seus

---

[118] Cfr. Williams, 2002: 135.
[119] Cfr. Lynch, 2004: 10.
[120] *Idem, ibidem:* 11.
[121] *Idem, ibidem:* 57.
[122] Cfr. Grice, 1989: 27.
[123] Cfr. Zagrebelsky, 2008: 125.

cidadãos.[124] De resto, como bem sabiam o doutor Goebbels, Stalin e muitos outros antes e depois deles, o uso sistemático da mentira e da enganação foi historicamente um traço característico dos regimes totalitários.[125] Há, todavia, fatos recentes que trouxeram de volta ao centro das atenções a relação entre política e verdade. Os exemplos não faltam, mas é suficiente que se faça referência à mentira contada por George W. Bush ao povo americano (e ao mundo todo) a respeito da existência de armas de destruição em massa nas mãos de Saddam Hussein, com o escopo de mistificar a realidade das razões que levavam à guerra contra o Iraque. Tornou-se evidente que aquelas armas – posteriormente ironicamente definidas como *weapons of mass distraction* – não existiam, e que Bush tentara legitimar com uma colossal mentira uma ação brutal de *Realpolitik.*[126] Não pode ser considerado casual, então, o fato de que nesses últimos anos se tenha dado nova ênfase ao nexo direto existente entre a verdade nas relações entre Estado e cidadãos e o caráter democrático do sistema político.

Assim, por exemplo, frisou-se que a verdade é uma condição necessária para a confiança que o cidadão deveria ter no Estado; confiança essa que deve fundar-se no princípio de que o Estado não deve enganar os cidadãos.[127] Além disso, a verdade é uma condição necessária para o exercício das liberdades que devem ser reconhecidas aos cidadãos: o falseamento ou a supressão das informações é um limite grave ao possível exercício da liberdade.[128] Parece, pois, particularmente forte o argumento *anti-tyranny* segundo o qual as ações ilegítimas e equivocadas levadas a cabo por quem exerce o poder devem poder ser descobertas; isso implica, entretanto, que informações verdadeiras sejam disponibilizadas para as vítimas em potencial do tirano, de modo que elas possam controlar as modalidades com que o poder é exercido.[129] Resta, por conseguinte, evidente que a preocupação com a verdade é um componente essencial da democracia:[130] para um Estado democrático é sempre errado mentir aos cidadãos. Esses, de resto, não terão condições de formar opiniões corretas ou executar seu direito à crítica se imersos em um sistema fundado na

---

[124] Cfr. Couture, 2002: 14, n. 1.2.24.

[125] Como diz Zagrebelsky, *ibidem*: «*São regimes corruptores das consciências "até a medula" aqueles que tratam os fatos como opiniões e instauram um "niilismo da realidade", colocando no mesmo plano realidade e mentira*».

[126] Não é o caso de que esse exemplo sirva de ponto de partida para as diversas discussões filosóficas sobre a natureza e sobre a função da verdade: cfr., p. ex., Norris, 2005: 18, que desenvolve uma elegante e irônica análise sobre a teoria da verdade enunciada por Donald Rumsfeld; Lynch, 2004: XIII. No que diz respeito à Itália, cfr. em particular Travaglio, 2006: 115, que esclarece como mesmo políticos e jornalistas italianos se associaram a Bush na mentira.

[127] Sobre esse tema cfr. em particular Williams, 2002: 211; Williams, 2005: 158.

[128] Cfr. Williams, 2002: 211; Williams, 2005: 158.

[129] Cfr. *Idem,* 2002: 207; *Idem,* 2005: 156; Lynch, 2004: 252.

[130] Cfr. Lynch, 2004: 227.

mentira e na supressão da verdade.[131] É claro, por outro lado, que um sistema fundado na verdade é democrático na medida em que garante aos cidadãos a liberdade de fazer escolhas não manipuladas sobre aquilo que os próprios cidadãos preferem, a respeito de todos os aspectos da vida individual e social. Consequência disso é que a própria existência dos direitos fundamentais, que é essencial em um sistema democrático, encontra fundamento em uma concepção objetiva da verdade: se os valores da democracia são levados no coração, necessário faz-se que se leve no coração a verdade.[132]

Diante de argumentos como esses, a reação do cético parece óbvia: a política não é feita de almas puras que se preocupam com a verdade; o exercício do poder funda-se sistematicamente na mentira e na manipulação; manter a verdade escondida é frequentemente indispensável, e assim por diante. Nem o príncipe de Maquiavel nem o Leviatã de Hobbes, ao fim e ao cabo, podem ser considerados incansáveis defensores da verdade. Considerações desse tipo contêm, naturalmente, muito de verdade. Todavia, pode-se observar que essas se referem à política, e mais precisamente às nem sempre confessáveis práticas da *Realpolitik*, mas não têm relação alguma com as regras que deveriam ser seguidas em um sistema autenticamente democrático. Verdade é que mesmo os sistemas democráticos devem calcular a relação custo-benefício das necessidades da política; é, portanto, inevitável que a verdade sofra limitações e derrogações. Isso implica, de resto, que se trate somente de *exceções* ao princípio de verdade. Além disso, essas exceções – que jamais deveriam se tornar a regra – devem encontrar adequadas justificativas na exigência de realizar finalidades que às vezes possam prevalecer sobre a aplicação de tal princípio. Em outros termos: em um sistema verdadeiramente democrático o princípio da verdade pode sofrer limitações, mas a decisão correspondente não pode ser arbitrária, devendo, ainda, ser sempre sujeita a controle e não podendo fundar-se na mentira ou em manipulações da opinião pública. Como frisou Williams, há casos em que as necessidades da política podem justificar o segredo, mas a mentira não pode jamais ser justificada.[133] Não obstante o fato de ser «*instrumento ordinário da vida pública*», a mentira intencional deveria ser tratada como crime contra a democracia.[134]

Não se pode, todavia, esconder que mesmo sistemas políticos que amam definir-se como democráticos (e que são frequentemente indicados como modelos de democracia) não raro tomam atitudes de sistemática desinformação e de manipulação da opinião pública, como ensinam os casos – mas os exemplos poderiam ser numerosíssimos – de Bush e da guerra no Iraque. Todavia, o fato de que isso aconteça não demonstra de modo algum que a

---

[131] Cfr. LYNCH, 2004: 232.
[132] LYNCH, *ibidem*.
[133] Cfr. WILLIAMS, 2002: 159.
[134] Cfr. ZAGREBELSKY, 2008: 125.

democracia seja indiferente à verdade nas relações entre o poder político e os cidadãos; demonstra somente que frequentemente os sistemas que amam definir-se como democráticos são muito menos democráticos do que pensam. O grau de adesão concreta ao princípio da verdade parece, com efeito, um índice eficaz do grau de democracia efetivamente existente em um regime político. Se, nessa perspectiva, pensar-se na multiplicidade de casos em que na Itália, em anos recentes, os fatos relevantes foram escondidos e manipulados (e, portanto, a verdade foi escondida),[135] vêm à tona sérias dúvidas acerca da natureza democrática do sistema político italiano. De resto, se quem detém o poder pretende impor a todos «*verdades*» estabelecidas *a priori*, de modo dogmático e autoritário, o que se verifica é exatamente o contrário da democracia: não é certamente a verdade que é antidemocrática, mas sim a pretensão de impor a todos a «*verdade*» de alguém. É essa pretensa «*verdade*», que via de regra não é verdadeira de fato, que tem uma efetiva «*força antidemocrática*».[136]

4. VERDADE E JUSTIÇA

As considerações precedentes, bem como as análises filosóficas nas quais essas se inspiram, delineiam um quadro de uma situação sociopolítica na qual a verdade constitui um valor basilar de referência a um *standard* ao qual – mesmo que com inevitáveis exceções e limitações, que deveriam, entretanto, ser reduzidas ao mínimo – deveriam se conformar tanto com o Estado quanto com os cidadãos particulares. Pode ser que nisso haja certa dose de otimismo e de *wishful thinking*, mas à parte o fato de que o ceticismo jamais chega muito longe, não se trata de uma visão abstratamente idealizada: no fundo poder-se-ia desejar que se vivesse em um contexto sociopolítico inspirado o máximo possível em valores de veracidade, sinceridade e correção, ao invés de um contexto orwelliano em que os Bush de plantão, e os *opinion makers* que lhe servem, governam com a mentira, o falseamento e a manipulação das consciências.

No contexto ético-político que assim se delineia, há sentido em colocar-se o problema sobre a existência do valor da verdade (e eventualmente sobre qual seja ele) no âmbito da administração da justiça. *Prima facie* caberia dizer que tal valor existe e é relevante. Por um lado, a administração da justiça constitui um setor importantíssimo da vida social e da atividade do Estado; desse modo, nessa dever-se-iam encontrar os próprios valores de verdade que constituem (conforme visto recentemente) os critérios constitutivos do correto funcionamento do sistema sócio-político. Seria, por assim dizer, um tanto paradoxal imaginar um sistema democrático, inspirado no valor da verdade,

---

[135] Cfr. os numerosos exemplos documentados e explicados em Travaglio, 2006.

[136] Cfr. Zagrebelsky, 2008: 164.

no qual, entretanto, a administração da justiça não se inspirasse em tal valor, ou mesmo que se fundasse sistematicamente no erro, na mentira e na distorção da verdade. Por outro lado, o binômio «*verdade e justiça*» aparece com frequência na linguagem comum e – poder-se-ia dizer – no inconsciente coletivo, onde os dois termos guardam estreita conexão. Por exemplo, pensa-se que as testemunhas devem dizer a verdade, que os direitos existem se e quando verdadeiros os fatos sobre os quais se fundam,[137] que alguém é culpado somente quando for verdade que cometeu um delito, e assim por diante. Não por acaso um famoso epistemólogo publicou há pouco um livro importante, fundado na premissa de que o processo penal deva ser orientado a minimizar os erros em juízo e, por conseguinte, a maximizar a possibilidade de que a decisão funde-se em uma apuração verdadeira dos fatos.[138] Por outro lado, uma igualmente famosa epistemóloga escreve, recordando a «*marvelous metaphor*» de Bentham que fala da «*Injustice, and her handmaid Falsehood*», que «*factual truth is an essential element of substantive justice*».[139] Enganar-se-ia, porém, quem parasse nessas banais – não obstante renomadas – considerações, pensando ser a verdade um óbvio e fundamental valor de referência também na administração da justiça, bem como para aqueles que dela se ocupam no plano científico. O fato é que mesmo entre os juristas (e em particular entre aqueles que estudam o processo civil e o processo penal) abundam os *deniers* e os *veriphobics.*[140]

As razões pelas quais frequentemente juristas negam que a verdade tenha um papel a desempenhar na administração da justiça são muito diversas. Às vezes trata-se simplesmente do genérico e grosseiro ceticismo do *hard-nose practioner* de que fala Twining,[141] que não acredita na justiça nem (muito menos) na verdade. Em grande escala essa figura corresponde, no âmbito jurídico, ao «*americano com o maxilar quadrado*» de que fala Lynch,[142] que também manifesta o ceticismo daqueles que resolvem os problemas e não se preocupam com besteiras intelectuais como a verdade. Em outras vezes, entra em cena o absolutista (ou perfeccionista) desiludido, que acredita na verdade absoluta, mas – não a encontrando, nem mesmo no processo – cai no extremo oposto, pensando que jamais se possa obter qualquer verdade.[143] Além de abordagens como essas, que na realidade pertencem mais à psicologia individual do que às concepções da justiça (e que, portanto, mesmo que bastante difundidas, não servem para análises aprofundadas), há orientações substancialmente *veriphobic* que têm (ou pretendem ter) um fundamento mais sólido e, portanto, virtualmente passível de generalização. Tal fundamento

---

137 Cfr., p. ex., Lynch, 2004: 237.
138 Cfr. Laudan, 2006.
139 Cfr. Haack, 2007a: 14; Haack, 2008a: 1053; Haack, 2008b: 564.
140 V. *supra*, ns. 17 e 18.
141 Cfr. Twining, 2006: 103.
142 Op. cit., XV.
143 Sobre essa figura, cfr. Taruffo, 1992: 9, 153.

tem, às vezes, caráter teórico; em outras vezes, entretanto, funda-se somente em peculiares ideologias da justiça. Seja como for, vale a pena desenvolver, a propósito, alguns aprofundamentos ulteriores, com o escopo de verificar se a verdade é um valor também para a administração da justiça, ou se essa é uma espécie de «*terra de ninguém*», ou de desvalor, mesmo no contexto do estado democrático.

4.1 Rabelais, Luhmann e outros

No conhecido episódio do *Tiers Livre,* Rabelais narra um dos encontros de Pantagruel com a justiça francesa:[144] o juiz Bridoye deve justificar-se por uma sentença que parece ser discutível e pede desculpas dizendo que, por causa da idade, pode ter errado na leitura do número dos dados que usava para decidir as causas, podendo ter trocado um quatro por um cinco. À pergunta de Trinquamelle, Bridoye responde que se comportava como todos os outros juízes, ou seja, jogando os dados, visto que «*le sort est fort bon, honeste, utile et necessaire à la vuidange des procés et dissentions*».[145] A uma outra pergunta sobre o seu modo de proceder Bridoye responde dizendo passar muito tempo a folhear cartas e documentos, recorrendo ao dado somente «*Ayant bien veu, reveu, releu, paperassé et feuilleté les complainctes, adjournements, comparitions, commissions, informations, avant procedez, productions, allegations, interdictz, contredictz, requestes, enquestes, repliques, dupliques, tripliques, escriptures, reproches, griefz, salvations, recollements, confrontations, aclarations, libelles, apostoles, lettres royaulx, compulsoires, declinatoires, anticipatoires, evocations, envoyz, renvoyz, conclusions, fins de non proceder, apoinctements, reliefz, confessions, exploictz, et aultres telles dragées et espisseries d'une part et d'aultre, comme doit faire le bon juge*».[146] Somente depois de ter feito tudo isso Bridoye põe-se diante das petições das partes, lança os dados e decide a favor daquele que obtiver a pontuação maior.[147] Ao espectador curioso que lhe pergunta porque é que ele estudava tão a fundo as causas se, posteriormente, decidia jogando os dados, Bridoye responde indicando três razões; a primeira delas é: «*pour la forme, en omission de laquelle ce qu'on a faict n'estre valable*», e acrescenta que «*souvent en procedures judiciaires les formalitez destruisen les materialitez et substances*».[148] A segunda razão é que mudando de lugar os sacos que contêm os documentos e as manifestações das partes ele se dedica a um «*jeuz*

---

144 Para uma análise mais ampla e brilhante desse episódio cfr. Cavallone, 2008a: 433, em que se fala também do outro conhecido episódio, no qual Pantagruel decide em linguagem incompreensível uma dificílima e, em igual medida, incompreensível (nos termos em que as partes apresentam-na) controvérsia.

145 Cfr. Rabelais [1552]: Cap. XXXIV, 10, 30.

146 *Idem, ibidem*: 40, 45.

147 *Idem, ibidem*: 50, 72.

148 *Idem, ibidem*: Cap. XL, 9.

d'exercice honeste et recreatif»;[149] a terceira razão, por sua vez, é que, como de resto fazem todos os juízes, ele «*sursoye, delaye et differe le jugement, affin que le procés bien ventilé, grabelé et debatu, vieine par succession de temps à sa maturité, et les sort par après advenent soit plus doulcettement porté des parties condemnées*».[150] Rabelais era médico, mas evidentemente conhecia bem a justiça de seu tempo, e a ironia com que escreve não esconde uma mensagem muito clara que Bridoye envia a todos os juízes: a decisão é casual, mas o que importa é que aquilo que a precede pareça ter surgido de um exame analítico, detalhado e longo, visto que desse modo a decisão poderá parecer aceitável aos olhos do público e ser acatada mais facilmente por quem for derrotado. Em outros termos: se o observador está convencido de que o juiz *procede*, então aceitará a decisão.

Em certo sentido, Rabelais pode ser considerado um predecessor de Luhmann,[151] especificamente do Luhmann de *Legitimation durch Verfahren*. Em sua obra jovem, de fato, o sociólogo de Bielefeld explica como seria o procedimento (de qualquer gênero e, portanto, também o do judiciário) que determinaria a legitimação dos resultados que produz. Também nesse caso é posto em evidência o procedimento considerado em si mesmo, como instrumento que favorece a aceitação social da decisão que o conclui, ao passo que a decisão, considerada em si mesma, segue nas sombras. Essa, por conseguinte, não se legitima em razão de seu conteúdo ou de sua qualidade (que seguem sendo irrelevantes), mas sim em razão do fato de que as modalidades procedimentais com que é obtida (especialmente se houver participação dos sujeitos interessados) são objeto de aceitação por parte desses sujeitos, bem como por parte do ambiente social circundante.[152]

Rabelais e Luhmann são exemplos de uma abordagem bastante difundida. Em um contexto cultural completamente diferente, isso caracteriza, de fato, também as teorias chamadas de *procedural justice*. Por um lado, essa abordagem está presente no pensamento de John Rawls, que tanto influenciou a teoria do direito anglo-americana, mas também em uma escala muito mais ampla. Para Rawls a *pure procedural justice*, que é substancialmente aquela da loteria corretamente gerida,[153] é completamente indiferente a respeito de seu resultado: mesmo que a loteria tenha se desenvolvido corretamente, não importa quem vence. Não por acaso, quando se introduzem no discurso algumas considerações sobre os êxitos (como pode acontecer no caso dos

[149] Cfr. Rabelais [1552]: Cap. XL, 25.
[150] *Idem, ibidem*: 56.
[151] Em sentido análogo, Cavallone, *op. ult. cit.*: 437.
[152] Cfr. Luhmann, 1995: 75, 103, 110, 129. O autor esclarece que a legitimação não implica necessariamente um consenso real dos interessados: cfr. *Idem, ibidem*: 115.
[153] Cfr. Rawls, 1971: 83.

procedimentos judiciários que são «*framed to search for and to establish the truth*»),[154] a *procedural justice* não é mais *pure*, tornando-se *imperfect*.

Por outro lado, a expressão *procedural justice* designa um conjunto de pesquisas, desenvolvidas sobretudo no campo da psicologia social, e em particular nos Estados Unidos, a partir dos anos 70, que tinham como fim verificar empiricamente que tipo de procedimento era considerado mais «*justo*» e, portanto, mais facilmente aceito. Os diferentes experimentos feitos com tal propósito, cujos êxitos foram expostos em ensaios recolhidos em vários volumes,[155] produziram resultados não desprovidos de interesse, mas criticáveis de vários pontos de vista. Assim, por exemplo, pode-se observar que os modelos simplificados de procedimento usados nos experimentos estavam tão longe da realidade que suscitavam dúvidas legítimas a respeito da possibilidade de considerarem-se seus resultados aplicáveis a procedimentos judiciários reais.[156] Além disso: em um contexto cultural dominado – em todas as áreas do direito – por uma ideologia individualista e competitiva (que Robert Kagan definiu como o *American way of law*),[157] não causa qualquer surpresa o fato de que tenha surgido uma clara preferência por um modelo de procedimento semelhante ao *adversarial system* típico da justiça estadunidense, mesmo porque esse concorrera com modelos fortemente simplificados (e não realistas) de procedimentos «*inquisitórios*» que não existem em ordenamento algum. Em vários aspectos, por conseguinte, os resultados das pesquisas sobre a *procedural justice* são – tratando-se de um contexto anglo-americano – uma invenção da roda,[158] visto que ou são assimilados *a priori,* ou se resolvem na confirmação de ideias e de preferências bastante óbvias, pelo menos no que diz respeito ao sistema de referência. Qualquer pessoa, em realidade, preferiria envolver-se em um processo em que pudesse se defender em uma posição de paridade em relação ao seu adversário, do que em uma inquisição conduzida por Bernardo Gui: para chegar-se a essa conclusão, entretanto, não seriam, talvez, necessárias décadas de complicadas pesquisas empíricas. De seu turno, as aludidas pesquisas não verificaram se os interessados teriam preferido vencer ao final de um procedimento «*injusto*» ou perder ao final de um procedimento «*justo*».

O que, de resto, importa nessa sede não é tanto a escassa confiabilidade do método seguido nessas pesquisas, ou a obviedade de muitos dos resultados

---

[154] Cfr. Rawls, *op. cit.*: 85.

[155] Cfr. em particular Tyler, 2005; Röhl e Machura, 1997; Thibaut e Walker, 1981. Para ampla apresentação das referidas pesquisas cfr. Lind e Tyler, 1988.

[156] Nesse sentido, ver mais amplamente Taruffo, 1981: VIII, XI.

[157] Cfr. Kagan, 2001: especialmente 3 e 229.

[158] [N. do T.] A expressão original é *scoperta dell'ombrello* (descoberta do guarda-chuva); designa algo que se limita a dizer o que já foi anteriormente dito, com pretensão de originalidade. Preferiu-se a tradução por expressão semanticamente equivalente.

a que chegaram, mas sim a premissa – implícita e jamais posta em discussão – de que partiram. Tal premissa é de que a natureza, o conteúdo e a qualidade das decisões produzidas nos diferentes procedimentos são substancialmente irrelevantes (e, portanto, indiferentes), mesmo do ponto de vista dos sujeitos diretamente envolvidos no procedimento, além de – naturalmente – para o contexto social circundante. Sendo a individuação das valorações desses sujeitos sobre a *justice* do processo em si considerado o escopo – assim como o estabelecimento sobre se esses estão inclinados ou não a aceitar determinado modelo de procedimento[159] – o perfil da decisão que o conclui permanece fora do horizonte da busca. Há, em realidade, um pressuposto implícito (mas claro) na orientação em questão: justamente que a *procedural justice* seja, na realidade, tudo (e nada mais do que aquilo) que é necessário para que se tenha uma boa administração da justiça, não sendo necessário (e, de qualquer forma, tampouco interessante), pois, preocupar-se com a qualidade das decisões. Em outros termos: é interpretada como justa, *a priori* e por definição – resultando, portanto, aceita em maior escala – a decisão que deriva de um procedimento qualificável como justo, com base em critérios procedimentais de valoração. Consequência automática é que, se a justiça da decisão está implícita na *justice* do procedimento, sua eventual veracidade em termos de correspondência com a realidade dos fatos da controvérsia é totalmente irrelevante. Não por acaso, as pesquisas sobre a *procedural justice* que levaram em consideração os fatos da causa examinaram alguns aspectos do comportamento dos advogados na busca e na apresentação dos fatos ao juiz, com referência sobretudo à propensão das partes a se servirem das provas, sem, contudo, afrontar o problema de saber se as provas assim produzidas serviriam ou não para a apuração da verdade dos fatos.[160] Trata-se evidentemente de um raciocínio circular que nada demonstra, mas esse – como será visto – parece bastante difundido mesmo fora da doutrina estadunidense da *procedural justice*. À parte o interesse relativamente escasso de pesquisas como essa a que se fez referência, resta evidente que nada impede que se estude o procedimento – judiciário ou de outra natureza – prescindindo dos resultados e das conclusões a que esse chega. Resta claro, entretanto, que essas são de interesse quase nulo para quem leva em consideração a qualidade

---

[159] Por exemplo, Tyler afirma que não é aceitável a opinião corrente segundo a qual a aceitação de uma decisão depende de seu conteúdo; ainda, afirma que a aceitação do resultado do processo depende também das características desse; as partes, por conseguinte, estariam mais inclinadas a aceitar uma decisão, independentemente de seu conteúdo, se pensassem ser essa fruto de uma *fair procedure* (cfr. Tyler, 2005: (1), XII).

[160] Cfr. Thibaut e Walker, *op. cit.*: 41 e ss., em que se fala de apuração da verdade, dando-se por certo, entretanto, somente que essa seja descoberta no âmbito de um procedimento *adversary*, ou seja, assumindo-se uma premissa muito discutível (sobre a qual v. Cap. IV, item 5). Além disso, não por acaso, em todo o volume de Lind e Tyler já citado (no qual se desenvolve amplo exame sobre as pesquisas em questão) em momento algum fala-se de provas, de fatos ou de verdade.

e o conteúdo de tais resultados ou conclusões, sob o prisma de sua justiça «*substancial*».

Existem analogias interessantes entre as perspectivas da *procedural justice* e as outras orientações de análises sociológica e antropológica do processo, que merecem ser lembradas no presente contexto.

Por um lado, refere-se às análises que evidenciaram o caráter *teatral* do processo: a audiência vista como uma representação que tem pronunciado caráter de teatralidade, presente na cenografia (a sala de audiências com seus espaços e sua mobília peculiar),[161] na vestimenta dos personagens (togas e, às vezes, perucas – como na Inglaterra)[162] e nos estereótipos (o juiz, o advogado, a testemunha) de seus comportamentos.[163] A função da dimensão teatral do processo é bastante clara: trata-se de comunicar simbolicamente ao ambiente social que constitui o público, além de às partes, uma mensagem que consiste em uma representação da justiça «*feita*» na cena judiciária. O público «*vê*», interpretando os símbolos, a justiça, já que *it is important that justice be seen to be done*: portanto, a representação teatral é eficaz no sentido de tornar seguro o ambiente social em que a justiça é administrada. Naturalmente, essa função social varia de acordo com a teatralidade do procedimento, que nem sempre existe e nem sempre é a mesma: é maior nos Estados Unidos do que na Europa, bem maior no processo penal do que no civil,[164] maior nas cortes superiores do que nas inferiores, e assim por diante. Não é esse, entretanto, o aspecto que aqui interessa em maior escala. O ponto mais relevante é que a justiça que desse modo é feita e comunicada ao público é uma justiça simbólica, que não tem qualquer relação com o conteúdo da controvérsia ou com a decisão do caso singular. Os atos do procedimento não comparecem ao teatro judiciário, no qual nem mesmo a decisão é levada em consideração: no máximo, a representação conclui-se com a pronúncia em audiência do dispositivo da sentença. Então, pode-se dizer que a justiça é feita se e na medida em que o teatro funciona e atinge seus escopos, não porque seja justa a decisão que põe fim à representação. Não por acaso, uma recente análise do ritual judiciário dedica escassa atenção à decisão final da controvérsia: de um lado, leva-se

---

[161] Sobre o assunto cfr. em particular Garapon, 2007: 8, 139.

[162] Também sobre o valor ritualístico da vestimenta judiciária cfr. Garapon, *op. cit.*: 55.

[163] Também a esse propósito cfr. Garapon, *op. cit.*: 79, 101.

[164] Não por acaso, as análises desenvolvidas sobre o ritual judiciário, como a de Garapon apenas citada, concernem essencialmente ao processo penal. O mesmo autor (*op. cit.*: 1, n. 1) afirma que o tema do ritualismo do processo vale também para o processo civil, não obstante seu caráter não público, mas aí nasce a suspeita de que ele confunda o rito com o procedimento, ou de que reduza o procedimento ao rito. Obviamente o procedimento, como sequência de atos, desenvolve-se também no processo civil, mas isso não elimina o fato de que aqui alguns aspectos ritualísticos (desde a sala de audiência até a vestimenta dos juízes e dos advogados) sejam muito menos importantes.

em conta somente o procedimento com que é tomada a decisão colegiada,[165] enquanto, por outro, alude-se à natureza da decisão com fórmulas evocativas, mas substancialmente vagas e vazias, como aquelas segundo as quais na decisão do juiz «o justo surgirá de um duplo movimento de indignação e de institucionalização, de separações e de reintegrações, de ética da convicção e de ética da responsabilidade, de crítica de profeta e de soberania do rei».[166] Nessa configuração o problema do conteúdo da decisão fica completamente de fora, reduzindo-se o «*bem julgar*» à conciliação «*entre realismo antropológico e exigências democráticas*» e a uma arte em que «o rito é, para o juiz, um instrumento de crescimento através do qual ele se emancipa de si mesmo».[167]

Se a perspectiva ritualística evita levar em consideração a decisão e seus conteúdos, com maior razão é para essa totalmente irrelevante a eventualidade de que seja ou não apurada a verdade dos fatos.[168] Frisa-se, aliás, que para «*bem julgar*» o juiz deveria afastar-se da realidade e se isolar em um «*mundo paralelo e fictício*» que somente lhe consentiria decidir de modo imparcial.[169] No que diz respeito aos fatos (e nas hipóteses em que esses são considerados de algum modo relevantes), o que ocorre e basta é que não falte na representação do teatro judiciário a parte do espetáculo cuja função é fazer pensar que o processo também se ocupa dos fatos: basta considerar a evidente função simbólica de técnicas probatórias como a *cross-examination*, na qual se realiza a representação dos campeões que duelam (poder-se-ia dizer: na pele das testemunhas) para o triunfo da justiça;[170] ainda, pode-se pensar no papel simbólico desempenhado pelo júri, cuja presença mostra como é «*o povo*» quem administra a justiça. No *trial by jury* não se trata, de resto, de apurar a verdade, mas sim de colocar em prática uma cena de teatro em função da qual o público possa pensar que a verdade seja buscada.[171] Trata-se, de qualquer modo, de uma verdade teatral, como aquela sobre a culpabilidade de Lady Macbeth.

---

[165] Cfr. GARAPON, *op. cit.*: 267.

[166] *Idem, ibidem*: 265.

[167] *Idem, ibidem*: 265, 267.

[168] No único parágrafo do volume em cujo título aparece o termo «*verdade*», GARAPON (*op. cit.*: 147) fala, na realidade, da imagem cinematográfica do advogado e do juiz franceses e do advogado americano, após dizer em poucas linhas uma banalidade de duvidoso fundamento, qual seja, que o processo inquisitório visa à verdade, mas que isso não acontece no acusatório. O autor refuta essa ideia (*idem, ibidem*: 161) dizendo que o sistema inquisitório (francês) mantém o «*monopólio público da verdade*» (sem explicar, de resto, o que isso significa), enquanto o liberalismo (talvez: norte-americano) prefere «*um tipo de procedimento que "coletiviza" os métodos de produção da verdade com o escopo... de fazer neles penetrar eficazmente as relações de força. O caráter genérico de todas essas assertivas, desacompanhadas de documentação ou de uma análise qualquer do conceito da verdade, mostra como o problema é irrelevante na dimensão ritualística*».

[169] Cfr. GARAPON, *op. cit.*: 273.

[170] Sobre a *cross-examination* v. mais amplamente *infra*, Cap. IV, item 3.

[171] Sobre o tema v. também *supra*, Cap. I, item 4 e *infra*, Cap. IV, item 6.2.

Conforme se vê, a concepção do processo como representação teatral parece bastante difundida, não sendo possível negar que essa põe em relevo alguns aspectos interessantes do processo como fenômeno social. É lícito, todavia, duvidar de que, mesmo quando os aspectos teatrais são mais evidentes (como no processo penal), a descrição desses seja exauriente em relação à análise do conteúdo e da função do processo.[172] Não é possível, tampouco, que se reduza o processo civil à representação teatral, sobretudo quando não há júri e as audiências desenvolvem-se sem público e sem particulares floreios ou cerimônias.

Orientação substancialmente análoga surge, de resto, também nas análises das características ritualísticas do processo conduzidas com instrumentos da sociologia[173] e da antropologia cultural. Nessa segunda perspectiva, um ótimo exemplo é o recente volume de Oscar Chase, no qual se estudam os modos em que a cultura de uma sociedade influencia a organização e o funcionamento do processo, sendo, por sua vez, influenciada.[174] Também nesse caso, o processo é compreendido essencialmente como um rito que tem como fim a determinação da resolução de uma controvérsia. O rito desempenha uma função eminentemente simbólica, incorporando uma série de elementos próprios da cultura e da sociedade em que se insere: isso vale tanto para os procedimentos adotados nas tribos africanas (nas quais se reflete sua cultura tradicional),[175] quanto para as modalidades características do processo norte-americano (nas quais se refletem sob forma ritual os valores fundamentais da sociedade estadunidense).[176] Naturalmente, verifica-se também o efeito contrário, já que o rito processual influencia, por sua vez, a cultura geral do contexto social de referência, tornando-se um componente dela.[177] A análise de Chase é muito eficaz no sentido de mostrar – particularmente a propósito do processo norte-americano – a natureza e a função ritualística do procedimento, bem como a dupla conexão que o rito processual guarda com a cultura social circundante. Desse modo, de fato, encontram explicação aspectos e institutos processuais que, não fosse assim, seriam dificilmente compreensíveis.

Todavia, justamente no momento em que se concentra a atenção exclusivamente nos aspectos culturais do rito processual, acaba-se por não levar em consideração a dimensão funcional do procedimento; portanto, acaba-se também por descuidar-se do problema do modo de funcionamento desse como instrumento cuja finalidade é resolver controvérsias. Em outros termos: a análise cultural dos aspectos ritualísticos do processo fornece explicações

---

172 Em sentido crítico cfr., p. ex., Gerber, 1987: 20.
173 Na literatura cfr. por último Ghezzi, 2006: 106; Bilotta, 2008: 81.
174 Cfr. Chase, 2005.
175 *Idem, ibidem*: 15.
176 *Idem, ibidem*: 47.
177 *Idem, ibidem*: 125.

úteis sobre as razões pelas quais o processo é «*desse ou daquele modo*» naquela sociedade, mas tende a não dizer coisa alguma (ou a dizer pouco) sobre como aquele processo funciona. É certo que, se o rito é capaz de satisfazer as exigências da cultura social em que se insere, realiza a função consistente em fazer com que a sociedade julgue que as controvérsias sejam resolvidas de modo adequado e que, portanto, a «*justiça seja feita*». Mais uma vez, trata-se de uma mensagem simbólica que o rito processual envia ao ambiente social de referência: encontrando no rito processual os próprios valores e os próprios mitos, a sociedade tende a julgar que aquele processo desenvolva bem sua própria função e que, portanto, seu êxito seja positivo por si só, devendo ser assim considerado. Outra vez, entretanto, trata-se de uma perspectiva que deixa de fora do próprio horizonte o problema de *como* uma controvérsia singular é resolvida, ou seja, o problema da natureza, do conteúdo e da qualidade da decisão que constitui o resultado final do processo.[178] Com efeito, conforme já escrevera Luhmann e já sabia Rabelais no século XVI, a aceitação social de um processo – e, portanto, de seus resultados – prescinde do conteúdo específico da decisão que o conclui, dependendo essencialmente das modalidades ritualísticas do procedimento. A isso o antropólogo cultural acrescenta a consideração da correspondência entre essas modalidades ritualísticas e a cultura de referência. Na verdade, se o que se leva em consideração é a aceitação – ou a legitimação social – do procedimento e, caso julgue-se que isso é suficiente para determinar a aceitação ou a legitimação das decisões que esse produz, fecha-se o círculo.

O círculo não se fecha, porém, caso entenda-se que a aceitação social do procedimento e a qualidade das decisões que esse produz são coisas diferentes, e, portanto, não necessariamente coincidentes. Pode muito bem acontecer, de fato, que um determinado ambiente social aceite decisões erradas ou injustas em função do caráter ritualístico do procedimento que as produz, mas isso não elimina o fato de que aquelas decisões são erradas ou injustas sob o prisma de seu conteúdo específico e de sua qualidade.

Poder-se-ia, de resto, argumentar que, sempre que uma cultura social incluísse a justiça das decisões entre os próprios valores, provavelmente se inclinaria a preferir procedimentos que parecessem ter o fim de obter decisões justas e que fossem funcionalmente aparelhados para esse escopo. Isso não eliminaria a dimensão ritualística do procedimento: muito provavelmente se trataria, entretanto, de um rito diferente, que seria valorado também com base na sua capacidade de produzir decisões bem fundadas, e não somente em sua capacidade de enviar mensagens culturalmente confortantes.

---

[178] Chase, *op. cit.*: 71 frisa, de fato – referindo-se às análises psicológicas relativas à *procedural justice* – que as pessoas tendem a valorar a correção do procedimento independentemente do êxito do caso particular: «*Satisfaction with a process is enchanced if it is perceived as far, regardless of whether the individual won or lost*».

À base das orientações aqui recordadas, podem-se citar, não obstante suas relevantes diferenças, alguns fatores comuns. Um desses parece ser representado pela incapacidade (ou pela falta de vontade) de enfrentar-se o problema da determinação de conceitos de justiça que possam ser empregados como critérios de valoração aplicáveis em decisões judiciais consideradas em si mesmas; ou seja, sob o prisma de seu fundamento jurídico e fático, e, portanto, do ponto de vista da aceitação ou da aceitabilidade de seu conteúdo. Não é absurdo pensar que se tenha tomado o caminho da justiça «*procedimental*» justamente em função da falta de conceitos de justiça «*substancial*» aceitáveis ou dignos de consenso geral. Todos sabem que a história dos conceitos de justiça remonta, pelo menos, a Aristóteles, bem como que houve inúmeras definições desses conceitos, de modo que, quem quisesse se dedicar agora à tarefa de propor conceitos «*substanciais*» de justiça encontrar-se-ia em grandes apuros. Tudo isso não elimina, entretanto, que o recurso à noção de justiça procedimental (como se essa fosse a única noção racional de justiça) funde-se justamente na renúncia (consciente ou inconsciente) à elaboração *também* de conceitos de justiça substancial. Daí a ideia de que se possa falar em justiça somente como se essa fosse uma espécie de equivalente funcional da legitimação ou da aceitação social determinada pelo procedimento e por ritos mais ou menos teatrais, deixando-se fora do foco da atenção a questão da justiça ou da injustiça da decisão singular com base nos fatos e nas dimensões jurídicas das controvérsias singulares.

Outro fator comum às orientações aqui consideradas consiste na adesão (que pode ser mais ou menos explícita, dependendo dos casos) à concepção do processo segundo a qual esse seria orientado *exclusivamente* à resolução das controvérsias. Tal concepção, perspicazmente analisada por Mirjan Damaška,[179] implica que se leve em consideração somente um aspecto da função do processo, ou seja, sua capacidade de fazer com que o conflito entre as partes chegue ao fim. É claro que isso interessa à sociedade como um todo, visto que essa tira vantagem da função de pacificação social que a resolução das controvérsias pode desempenhar. É claro, também, que, quanto mais o caráter ritualístico do processo favorecer ou determinar a aceitação da solução dada à controvérsia, mais eficaz será o desempenho dessa função. De resto, não se pode esquecer o fato de que entre a solução das controvérsias e a justiça das decisões judiciais não há qualquer correspondência necessária: uma controvérsia pode ser eficazmente resolvida – no sentido de conseguir realmente pôr fim ao conflito entre as partes – por uma decisão radicalmente injusta, enquanto uma decisão substancialmente justa pode não pôr fim ao conflito entre as partes. Se o que conta, contudo, é somente a solução *de facto* da controvérsia, então a eventualidade de que a decisão seja injusta torna-se totalmente irrelevante.

---

[179] Cfr. Damaška, 1991: 173; Damaška, 2003: 160.

Aquilo que se disse em termos gerais a propósito da justiça substancial das decisões judiciais (frisando-se a desatenção a esse problema) pode ser repetido *a fortiori* a propósito da apuração da verdade dos fatos. A busca da verdade nada tem a ver com a função ritualística do processo, podendo ser até mesmo contraproducente do ponto de vista da função de resolução das controvérsias. Da mesma forma que um conflito pode ser superado por uma decisão injusta, esse pode ser resolvido por uma apuração equivocada dos fatos. Como ocorre com a justiça substancial da decisão, também a sua veracidade resulta totalmente irrelevante.

4.2 Verdade e ideologias do processo

O valor da verdade no contexto da administração da justiça é frequentemente negado por razões *ideológicas*, que dizem respeito ao modo com que são concebidas a natureza e a função do processo.

O exemplo mais relevante nesse sentido é certamente constituído pela concepção *adversarial* do processo (civil e penal) até hoje dominante nos Estados Unidos e deixada de lado na Inglaterra pelas *Rules of Civil Procedure* (que entraram em vigor em 1999).[180] Conforme adequadamente demonstrado por Robert Kagan, o *adversarial legalism* não é somente um fenômeno que diz respeito ao processo: trata-se, pelo contrário, de uma ideologia que serve de inspiração para quase todas as áreas do direito norte-americano.[181] Essa se funda na ideia de que o melhor modo para se resolver qualquer problema jurídico consista em abrir livre espaço para a competição entre advogados que representam indivíduos (que, por sua vez, perseguem seus interesses particulares),[182] com a convicção de que dessa forma se obtenha o arranjo ideal dos interesses em conflito. O valor de fundo sobre o qual se radica essa ideologia é – evidentemente – um tipo de individualismo competitivo e aquisitivo; segundo esse, seria a luta do particular para a apropriação e a defesa de seus bens (em contraste com outros indivíduos que também perseguem seus interesses egoístas) que determinaria todos os aspectos da dinâmica social, econômica e jurídica.[183] Essa ideologia está ainda profundamente radicada na cultura social estadunidense, da qual, aliás, representa o aspecto mais comum e mais característico. Não é de se estranhar, então, que essa se encontre quase

---

[180] Sobre essa radical mudança do sistema inglês cfr. em particular Zuckerman, 2004: 26, 34; Jolowicz, 1996: 198.

[181] Cfr. Kagan, *op. cit.*: 61, 99, 126, 159, 181, 207.

[182] Sobre a *lawyer-dominated litigation* como aspecto fundamental do *adversarial legalism* cfr. Kagan, *op. cit.*: 3, 11, 22, 35. Sobre o papel dos advogados no sistema *adversarial* v. *ibidem:* 55. Não por acaso, na cultura jurídica estadunidense criou-se um conjunto de regras de *legal ethics* que exaltam os valores do modelo *adversarial*: v. *ibidem.*

[183] Cfr. em particular Kagan, *op. cit.*: 14.

que em qualquer lugar, e particularmente no contexto da administração da justiça.[184]

No que diz respeito ao processo, a ideia fundamental, ao centro do *adversary system,* é de que o melhor modo – e, aliás, o único modo – para se resolver controvérsias seja confiar no confronto entre os sujeitos envolvidos no conflito. Trata-se da concepção que Roscoe Pound definira, a seu tempo, como *sporting theory of justice*: como em uma competição esportiva, de fato, é o confronto entre os competidores que determina o êxito da partida, estabelecendo quem é o vencedor. Além disso, como em uma competição esportiva, o papel do juiz não pode ser outro senão o de um *passive umpire*: sua tarefa é garantir o regular desenvolvimento da partida («*apitando as faltas*» e «*sancionando as violações às regras do jogo*»); entretanto, ele não pode interferir no comportamento dos competidores, e, sobretudo, não pode influir de maneira alguma sobre o resultado final.[185] O juiz, em outras palavras, deve limitar-se a registrar o êxito da partida: não faz parte da sua função decidir quem venceu, tampouco quem mereceu vencer ou quem deveria por justiça vencer, com base em critérios diferentes e independentes dos que governaram o confronto. Em uma competição esportiva não vence quem é justo que vença ou quem tem razão: vence – e, ao fim e ao cabo, é justo que vença – quem prevaleceu sobre o adversário. Em um processo estruturado como uma competição esportiva não vence quem tem razão; tem razão quem vence. Em uma perspectiva somente em parte diferente, de resto, observou-se que no processo *adversary* «*the ethic of the market is simply transferred to the courtroom*».[186]

Naturalmente, a ideologia *adversary* é criticável a partir de muitos pontos de vista. O processo *adversary* é pouco eficiente, caro, complexo e imprevisível.[187] Além disso, favorece as partes que podem se permitir ter a defesa mais eficaz,[188] visto que se funda na igualdade formal das partes, sem assegurar, todavia, a igualdade substancial, sem tutelar as partes fracas (fadadas à sucumbência na maior parte dos casos), sem assegurar adequada representação dos interesses em jogo;[189] e – como frisou Owen Fiss – funda-se em um *individualistic bias*, ou seja, em uma concepção grosseira e empobrecida da vida social.[190] Não obstante esses limites (ou talvez justamente porque

---

[184] Trata-se de uma ideologia que reflete no plano jurídico os valores fundamentais da ideologia liberal clássica. A propósito, v. mais amplamente Taruffo, 1979: 259, 291, 296.

[185] Para uma análise do papel do juiz no processo *adversary* cfr. em particular Damaška, 2003: 130, 140; Taruffo, *op. ult. cit.*: 19, 123.

[186] Cfr. Fiss, 2003: 16.

[187] Cfr. Kagan, *op. cit.*: 4, 100, 108.

[188] *Idem, ibidem*: 93, 121.

[189] Para uma análise crítica desses aspectos negativos do *adversary system* cfr. Taruffo, *op. ult. cit.*: 51, 195, 269, 277.

[190] Trata-se de um «*sociologically impoverished universe*» em que o mundo é composto exclusivamente de indivíduos. Cfr. Fiss, 2003a: 51.

esses representam suas características fundamentais), o *adversary system* continua a funcionar como instrumento decisivo de legitimação do sistema de administração da justiça e – portanto – do sistema político.[191]

Não é essa, todavia, a sede para desenvolver-se uma análise crítica aprofundada sobre o modelo processual *adversary*. Interessam, pelo contrário, suas implicações referentes ao problema da verdade. Como já acenado, a controvérsia é decidida com base no êxito do livre confronto das partes e, se o confronto desenvolver-se regularmente, esse êxito será considerado justo por definição, sendo aceito como tal. A decisão, por conseguinte, nada mais é do que uma espécie de registro do resultado da competição. Isso faz com que o conteúdo daquilo que é decidido e a qualidade da decisão não tenham qualquer relevância autônoma; interessa somente o fato de que a controvérsia tenha sido resolvida através do confronto entre as partes.

Disso deriva a absoluta irrelevância da veracidade ou falsidade da apuração dos fatos em que a decisão se funda. Se há uma coisa que não interessa de modo algum ao processo *adversary* é justamente a verdade.[192] Aliás: os intérpretes mais rigorosos da concepção *adversarial* do processo frisam que a verdade dos fatos não é um objetivo do processo, *não devendo* ser buscada. Essa, de fato, pode requerer tempo, custos e atividades processuais; além disso, pode aprofundar (ao invés de amenizar) o conflito entre as partes, tornando, pois, mais difícil a solução da controvérsia. Por conseguinte, a busca da verdade é contraproducente do ponto de vista da eficiência do procedimento como instrumento utilizado para uma rápida resolução da controvérsia. Substancialmente, a verdade não só não é um valor, como é evidentemente um *desvalor*.[193]

Uma variação da concepção *adversarial* do processo orienta-se em uma direção parcialmente diferente e – admitindo que no processo a busca da verdade valha a pena – afirma que o processo *adversary* é considerado justamente como método eficaz para a apuração da verdade dos fatos.[194] Segundo a tradição que remonta pelo menos a Wigmore, a *cross-examination* (que é o método mais competitivo para a inquirição das testemunhas e representa

---

[191] V. mais amplamente Taruffo, *op. ult. cit.*: 239, 299.

[192] Provavelmente não é por acaso que, no momento em que na Inglaterra o sistema processual *adversarial* é colocado à parte com as *Rules* de 1999, aponte-se a busca da verdade como um dos escopos fundamentais do processo civil: cfr. Zuckerman, *op. cit.*: 6.

[193] A propósito, cfr. em particular Landsman, 1984: 3, 36.

[194] Cfr. em particular Fuller, 1978: 382. Essa tese foi recentemente reproposta (ainda que com muitas cautelas) por Susan Haack, segundo a qual o sistema *adversary* não é certamente o melhor método para a descoberta da verdade, mas poderia ser aceito como o método menos pior, pelo menos no contexto do processo norte-americano: cfr. Haack, 2004: 49. Em sentido substancialmente análogo v. também Damaška, *op. ult. cit.*: 150. Em sentido oposto, e para uma crítica ao sistema *adversary* justamente em função de sua incapacidade de assegurar a apuração da verdade, cfr. em particular Frankel, 1975: 1031, 1038.

uma espécie de símbolo do *adversary system*) seria justamente a técnica mais eficaz para a descoberta da verdade.[195]

Quem sustenta essa tese geralmente a justifica dizendo que em um processo *adversary* as partes têm interesse em obter e em apresentar todas as provas, o que favoreceria a descoberta da verdade.[196] Por outro lado, está solidamente enraizado na tradição inglesa o entendimento segundo o qual «*The Trial judge's role is to determine where the truth lies between the competing versions of the parties*».[197]

É adequado, todavia, duvidar de que o confronto entre as partes (e o confronto entre as respectivas versões dos fatos) seja realmente um método eficiente – ou mesmo o mais eficiente – para a descoberta da verdade.[198] A dúvida já fora manifestada por Charles Sander Peirce (filósofo importantíssimo, mas pouco conhecido pelos juristas americanos), que escreveu que: «*Alguns imaginam que o confronto entre os preconceitos opostos seja útil para a conquista da verdade: que, em resumo, o caminho da investigação seja o debate entre as partes e as paixões que tem seu modelo teórico em nosso* atroz [grifos nossos] *procedimento legal: mas a Lógica destrói essa pretensão...*».[199] Por um lado, de fato, não há sentido imaginar *a priori* que uma das duas versões propostas pelas partes corresponda à verdade: ambas poderiam ser falsas, de modo que se adotar somente uma delas por uma parte ter prevalecido sobre a outra na competição processual significaria somente aceitar como verdadeira uma versão inverídica dos fatos. Nada assegura, de resto, que corresponda à verdade a versão dos fatos proposta pela parte que prevaleceu na competição:[200] essa versão poderia ser falsa, e poderia ser verdadeira a versão fornecida pela parte sucumbente. Em geral, de resto, o confronto individual entre os que sustentam versões diferentes de um fato não parece um bom método para estabelecer-se a verdade: o litígio entre dois cientistas ou entre dois historiadores pode ser um modo interessante para estabelecer quem dos dois é mais hábil dialeticamente, mas não parece uma técnica idônea para assegurar a apuração da verdade científica ou histórica. Em muitos contextos uma busca neutra e imparcial pode surgir como um método preferível em larga escala: como corretamente afirmado por Mirjan Damaška, qualquer atividade racional de apuração dos fatos aspira à neutralidade: espera-se que

---

[195] Sobre o tema v. mais amplamente *infra*, Cap. IV, item 3.

[196] Cfr. p. ex. Walping, 2003: 175. Sobre o tema v. também Damaška, *op. ult. cit.*: 143.

[197] Cfr. p. ex. Jolowicz, 1975: 188; analogamente cfr. Denning, 1955: 34.

[198] Em sentido análogo cfr. Jolowicz, 2003: 281.

[199] Cfr. Peirce, 2003: 470, par. 2.635. A crítica de Peirce, que conhecia bem o sistema processual *adversarial*, atinge no cerne a teoria de que se fala nesse texto.

[200] Essa parte, de fato, pode ter produzido uma quantidade de provas suficiente para prevalecer sobre o adversário: cfr. Bayles, 1990: 166.

seus protagonistas, mais do que defensores que zelam por um interesse de parte, sejam atores desinteressados.[201]

Além disso, historicamente demonstrou-se que o processo *adversary* jamais foi capaz de funcionar como método para a busca da verdade. Esse ofereceu sempre às partes numerosas oportunidades para ocultarem, distorcerem e manipularem a verdade dos fatos.[202] Elas podem decidir apresentar somente as provas que são favoráveis a seus interesses, bem como excluir as provas que são a esses contrárias; cada parte, de resto, tende a fazer com que apareça somente uma parte dos fatos, não tendo qualquer interesse em uma obtenção neutra das informações que servem à apuração dos fatos.[203] A oportunidade que ambas as partes têm de comportar-se desse modo não garante de fato que, ao final do confronto, chegue-se verdadeiramente a uma reconstrução confiável dos fatos da causa.[204]

Partindo dessas considerações chega-se a uma conclusão unívoca. O processo *adversary* é estruturalmente inidôneo (e, inclusive, fortemente contraindicado) para a busca da verdade,[205] fundando-se em uma ideologia da justiça segundo a qual à verdade não se atribui qualquer valor positivo[206]. Naturalmente – e aqui encontra confirmação a tese de Chase recordada anteriormente – isso acontece porque a concepção *adversarial* do processo tem conexão intrínseca com a cultura social ainda hoje dominante nos Estados Unidos, sendo, aliás, uma expressão particularmente relevante dela.[207] Nessa cultura, o individualismo competitivo e aquisitivo continua a ser o valor fundamental; não causa, portanto, qualquer surpresa o fato de que também a administração da justiça utilize-se de métodos coerentes com esse valor, construindo ritos que consintam simbolicamente sua atuação.[208] De resto,

---

[201] Cfr. Damaška, *op. ult. cit.*: 147.

[202] Cfr. Langbein, 2003: 332 e ss.

[203] Cfr. Damaška, *op. ult. cit.*: 145 e ss.

[204] Cfr. Langbein, *op. cit.*: 338.

[205] Nesse sentido v. mais amplamente Damaška, *op. ult. cit.*: 146; Taruffo, *op. ult. cit.*: 3 e ss., 282 e ss.; Bayles, *ibidem*.

[206] A conclusão a que se chega no texto não é contrariada pela existência de um vasto repertório de instrumentos de *discovery* (analiticamente disciplinado pelas *Rules* 26-37 das *Federal Rules of Civil Procedure*), que caracteriza sobretudo o processo estadunidense. Necessário, em verdade, ter-se presente o fato de esses instrumentos terem o fim de fazer com que *as partes* (não o juiz) possam ter conhecimento das provas de que dispõem as partes contrárias; não necessariamente, entretanto, todas essas provas serão efetivamente produzidas no *trial* (até porque podem também ser objeto da *discovery* provas inadmissíveis). Portanto, a *discovery* tem como fim a maximização das oportunidades de defesa das partes, mas não a maximização da eventualidade de que a decisão final funde-se em uma apuração da verdade dos fatos. Sobre a natureza e a função da *discovery* a literatura é vasta, não podendo ser aqui recordada de modo adequado. Sobre o tema cfr., todavia, Dondi, 1985: 135, 189.

[207] Chase, *op. cit.*: 54, 68, 133.

[208] Não por acaso um epistemólogo observa que a pretensa capacidade do *adversary system* de conduzir à verdade é um mito gerado pela cultura americana, já que tal sistema é, em realidade,

ao mesmo tempo em que parece evidente que o procedimento *adversarial* estadunidense nada tem a ver com a descoberta e a apuração da verdade, é necessário ter presente o fato de que em 1975 o legislador federal seguiu uma orientação completamente diferente. De fato, a *Rule* 102 das *Federal Rules of Evidence* (que enuncia o princípio geral segundo o qual dever-se-ia interpretar como um todo o conjunto de normas federais sobre provas) diz que o escopo fundamental deve ser «*that the truth may be ascertained and proceedings justly determined*». Em consonância com essa perspectiva, foram introduzidos significativos poderes de iniciativa instrutória do juiz, evidentemente orientados a fazer com que se pudesse estabelecer a verdade dos fatos independentemente da iniciativa probatória das partes. Todavia, a prevalência da ideologia *adversarial* fez com que a *Rule* 102 fosse somente citada de passagem nos manuais de *law of evidence*;[209] ainda, determinou o substancial esvaziamento, na prática, dos poderes instrutórios do juiz.[210]

A concepção *adversarial* da justiça é somente uma das diversas manifestações de uma ideologia do processo que parece bastante difundida mesmo fora do contexto norte-americano. Essa ideologia funda-se no princípio segundo o qual deveria acontecer tudo que as partes quisessem, e nada mais ou nada diferente disso. Como se costuma dizer, o processo é uma *Sache der Parteien* e – mais adequadamente – uma coisa *privada* das partes. É sabido que essa concepção do processo foi por muito tempo dominante na cultura jurídica europeia do século XIX.[211] Na Itália, essa encontrou sua expressão talvez mais lúcida e consciente na justamente famosa *Relazione* de Giuseppe Pisanelli ao projeto de código processual de 1865, em que se diz que o valor prioritário do processo civil (diante do qual toda e qualquer outra exigência ou finalidade perde a relevância) é a realização da plena liberdade e da autonomia das partes na condução do processo e no desenvolvimento de suas defesas.[212]

Não é o caso de discutir-se nesta sede de maneira aprofundada tal ideologia do processo: essa representa a base fundamental sobre a qual se formulou o princípio dispositivo, de forma que é adequado que se remeta à riquíssima e não unívoca literatura que há tempos o discute, a fim de rastrear-se o âmbito de difusão dessa ideologia.[213] São, por outro lado, postas em evidência algumas implicações dessa que dizem respeito especificamente ao problema da verdade e de sua função no âmbito do processo.

---

uma ameaça para a busca da verdade: cfr. Goldman, *op. cit.*: 282, 288.

[209] Cfr., p. ex., Graham, 2003: 4.

[210] Sobre o tema cfr. Damaška, *op. ult. cit.*: 113. V., ainda, *infra*, Cap. IV, item 5.2.

[211] Cfr. Damaška, *op. ult. cit.*: 162, 173.

[212] Sobre o tema cfr. Taruffo, 1980: 108, 114; Taruffo, 2005: 83 e ss.

[213] Sobre o tema v. por todos, inclusive para referências bibliográficas analíticas, a rica reconstrução feita por Fabiani, 2008: 107, 131, 142, 228.

Se o escopo fundamental a realizar-se no processo consiste em fazer com que as partes exercitem seu poder monopolista de governar o procedimento como queiram, então resta claro que a busca da verdade não se insere como uma das finalidades do processo. Conforme dito anteriormente a propósito do *adversary system*, de fato, as partes podem ter interesse em ocultar ou em manipular a verdade dos fatos. Esse interesse pode surgir para ambas as partes, de forma que cada uma delas pode procurar distorcer a verdade em vantagem própria; entretanto, isso está sempre presente em pelo menos uma delas: aquela que se sabe destinada a sucumbir na eventualidade de ser a verdade dos fatos realmente descoberta. De resto, como também já acenado, ambas as versões dos fatos fornecidas pelas partes podem ser falsas, de modo que escolher uma dessas como fundamento da decisão não corrobora com o fim de se descobrir a verdade. Nada garante, de resto, que a versão dos fatos proposta pela parte que ao fim resulta vitoriosa corresponda à realidade. Conforme ocorrido no âmbito da doutrina norte-americana, também na doutrina italiana não faltou quem defendesse que a posição das partes «*e aquela responsabilidade, que deriva da exclusiva disposição do próprio material [i.e.: o material probatório], sejam suficientes para fazer com que se levem ao processo todos os fatos cuja verdade é possível conhecer*».[214] Trata-se, de resto, mais de uma espécie de ato de fé do que do fruto de uma demonstração; em sentido contrário, valem as considerações recentemente feitas a propósito da incapacidade do processo *adversarial* de assegurar a descoberta da verdade. Além disso, no pensamento dos muitos autores que se ocuparam do princípio dispositivo, configurando-o como a regra fundamental do processo civil italiano, a referência à apuração da verdade dos fatos ou inexiste absolutamente ou é feita de passagem: em todo caso, essa jamais é colocada ao centro do problema que concerne à função do processo civil.[215] Nenhuma surpresa, por conseguinte, com o fato de emergir dessa literatura um substancial e radical desinteresse pelo tema da verdade dos fatos.

Pelo que foi falado há pouco, resta evidente que, tanto para a ideologia *adversarial* quanto para a concepção do processo inspirada no princípio dispositivo (em qualquer uma de suas diversas versões),[216] a verdade dos fatos é totalmente irrelevante. Aliás: a verdade surge como um escopo que as partes

---

[214] Nesse sentido Benvenuti, 1953: 207, que, entretanto, reconhece (p. 224) que o «*método dispositivo*» nunca foi aplicado de modo rigoroso e, ainda, que esse não fornece garantias suficientes para que no processo se obtenha tudo o que é necessário para a apuração a verdade. Sobre o articulado pensamento de Benvenuti v. por último a ampla reconstrução de Fabiani, *op. cit.*: 162.

[215] O recente volume de E. Fabiani nos dispensa, felizmente, do ônus de aqui fornecer uma grande quantidade de referências específicas. Remete-se a esse; em particular v. Fabiani, 2008: 107, 195, 228, 301.

[216] Sobre as diferentes versões do princípio dispositivo é ainda útil a referência a Fabiani, *op. cit.*, loc. cit.

não pretendem perseguir, estando, portanto, qualquer atividade que tenha esse fim destinada a parecer um inútil desperdício de tempo e de recursos.

4.3 Verdade e legalidade da decisão

A frequência com que são encontradas orientações que – como aquelas recordadas anteriormente – consideram irrelevante a qualidade da decisão que conclui o processo (e que, portanto, negam todo e qualquer valor à apuração da verdade) não demonstra certamente que tais orientações estejam corretas, tampouco que sejam as únicas legítimas ou possíveis. Tal frequência demonstra somente quão fácil é perder de vista a função instrumental do processo, ou seja, o fato de que esse não é utilizado somente com o escopo de celebrar um rito social, nem com o fim de oferecer às partes um ambiente para dar vida a seus espíritos competitivos. Nada impede que se concentre a atenção nos aspectos especificamente procedimentais do processo, mas é oportuno que não se esqueça de que o processo é o meio, não o fim.

Desse ponto de vista o problema volta a ser o das finalidades conferidas ao processo, bem como o das funções que esse deveria desempenhar. Como já mencionado, se se parte da premissa de que tal função consiste simplesmente na *dispute resolution*, o processo será concebido, certamente, como um instrumento, mas para a realização do escopo consistente em somente pôr fim à controvérsia. Desse modo, a eficácia é o cerne do processo como instrumento de possível pacificação social, mas não se considera relevante a qualidade da decisão que resolve a controvérsia. O escopo pode ser atingido, de fato, também através de decisões injustas ou fundadas em reconstruções equivocadas dos fatos, desde que as partes, por alguma razão, aceitem a decisão e, consequentemente, renunciem a prosseguir com o conflito. Nessa perspectiva, não têm relevância as razões pelas quais isso acontece: é possível que uma parte injustamente derrotada renuncie a impugnar a sentença por não dispor dos recursos necessários para fazê-lo, mas isso não elimina o fato de que a controvérsia, de qualquer modo, tenha sido encerrada.

A perspectiva muda completamente se não se admitir que *qualquer* solução da controvérsia seja boa desde que eficaz no sentido anteriormente indicado, julgando-se que a decisão que resolve a controvérsia deva ser formulada *em conformidade ao direito*. Não se trata de um dogma absoluto (como demonstra o fato de que muitos não o aceitam), mas sim de uma premissa difícil de ser esquecida nos modernos sistemas democráticos e constitucionais. Basta que se recorde, por um lado, que o artigo 24, primeiro *comma*[217*] da Constituição italiana configura o direito de agir em juízo não

---

[217] [N. do T.] A palavra *comma* foi mantida no original, pois não tem exatamente a mesma significação do *inciso* da língua portuguesa. Conforme vê-se da leitura do artigo citado, e de acordo com o dicionário *Zingarelli* de língua italiana, *comma* é «*cada uma das partes de que*

em si, como faculdade abstrata, mas sim como algo cujo fim é a obtenção da tutela jurisdicional dos próprios direitos subjetivos e interesses legítimos.[218] A ação em juízo não tem, por conseguinte, o fim genérico de solucionar uma controvérsia, mas sim de apurar a existência de uma situação juridicamente qualificada. Como adequadamente afirma Luigi Ferrajoli em obra recente, nos sistemas inspirados no princípio de legalidade estrita a jurisdição desenvolve uma fundamental função de garantia, que se insere organicamente no contexto de uma articulada teoria da democracia.[219]

Por outro lado, essa função de garantia desenvolve- se essencialmente através da apuração da posição jurídica que constitui o objeto sobre o qual a jurisdição é exercida e que compreende tanto a dimensão jurídica da controvérsia (ou seja, o direito cuja existência é discutida), quanto a fática (ou seja, a determinação das circunstâncias concretas que fundam a existência do direito).[220] Em outras palavras, nos sistemas governados pelo princípio da legalidade a jurisdição tem como fim a apuração e a atuação do direito: isso permite que a decisão judiciária seja fundada em uma correta aplicação da lei às circunstâncias do caso concreto. Essa afirmativa parece bastante óbvia (e é recorrente na doutrina processualista), a ponto de não parecerem necessárias referências bibliográficas. Nem sempre, todavia, restam claras as consequências que daí derivam. Em linhas gerais, pensar que a decisão seja formulada em conformidade ao direito significa introduzir um requisito de qualidade da decisão, que, portanto, passa a ser objeto de valoração também em si mesma, e não somente como êxito de um procedimento potencialmente idôneo a pôr fim à controvérsia. Isso equivale a admitir-se a possibilidade de que se trace uma distinção entre decisões «*boas*» e decisões «*ruins*». Todas as decisões podem resolver *de facto* a controvérsia, mas somente as decisões «*boas*», corretamente formuladas em conformidade ao direito, serão aceitáveis; as «*ruins*», por sua vez, por não serem juridicamente fundadas, não são aceitáveis, independentemente do procedimento de que derivam, e mesmo que encerrem o conflito entre as partes.

Não é o caso de que aqui sejam discutidas as condições necessárias para que uma decisão seja formulada em conformidade ao direito: a rica literatura existente sobre o tema da interpretação e da aplicação do direito nos socorre nesse sentido, eximindo-nos de ulteriores aprofundamentos do problema. O que importa frisar é que uma condição necessária para que haja correção jurídica na decisão é que essa se funde em uma apuração verdadeira dos fatos da

---

é composto um artigo de lei». Já em nossa língua, inciso é (conforme o dicionário *Houaiss*) a «*subdivisão de um artigo de lei*».

[218] Na ampla literatura sobre o tema é ainda fundamental que se remeta a Comoglio, 1970: 97, 161, 287.

[219] Cfr. Ferrajoli, 2007: 880 e ss. e Ferrajoli, 2007a: 213.

[220] Cfr. Ferrajoli, 2007a: 203, 212.

causa. Por um lado, de fato, é evidente que um sujeito só é verdadeiramente titular de um direito se forem verdadeiros os fatos de que depende em concreto a existência daquele direito.[221] Uma sentença que afirma a existência de um direito de um sujeito deve, pois, estabelecer de modo verdadeiro se ocorreram todas as condições de fato – além das de direito – necessárias para que se possa dizer que aquele sujeito é verdadeiramente titular daquele direito.[222] Por outro lado, é necessário ter-se em mente a estrutura substancialmente condicional das normas aplicadas. Com algumas simplificações pode-se dizer que, em linha de princípio, toda e qualquer norma prevê que as consequências jurídicas nela indicadas produzam-se se, no caso concreto, ocorrer um fato correspondente ao «*tipo*» de fato previsto na própria norma. Se F, então CJ: se um fato do tipo F verificou-se, então a norma é aplicada, produzindo no caso particular as consequências jurídicas previstas.[223]

Tudo isso é bastante óbvio no plano da teoria das normas e da análise dos suportes fáticos, de modo que não é necessário que se desenvolva ulteriormente o discurso, remetendo-se mais uma vez o leitor à rica literatura sobre o tema. O ponto importante, entretanto, é que se não se verificar o pressuposto de fato de que depende a aplicação da norma, essa não pode ser aplicada no caso concreto. Se, todavia, a norma for aplicada na ausência desse pressuposto, a decisão em questão será viciada e juridicamente equivocada. Isso equivale a dizer que a apuração da verdade dos fatos correspondentes ao assim chamado suporte fático abstrato regulado pela norma é uma *condição necessária* para a correta aplicação da norma no caso concreto: a veracidade da apuração dos fatos é um requisito essencial da legalidade da decisão.[224]

Por conseguinte, não só a verdade dos fatos não é irrelevante, como também (e ao contrário disso) condiciona e determina a correção jurídica da solução da controvérsia. Como comumente dito: nenhuma norma é aplicada de maneira correta a fatos errados: como lembrou Bentham, a falsidade é a serva da injustiça.[225]

4.4 Verdade e justo processo

Um argumento em muitos aspectos convergente com aquele acima exposto pode ser obtido a partir da noção de «*justo processo*». Essa noção não é nova, mas conheceu um *revival* por ocasião da recente reforma do art. 111 da Constituição italiana. Deu lugar rapidamente a ampla literatura que não pode

---

[221] Cfr. Lynch, *op. cit.*: 237.

[222] Como frisa Goldman, *op. cit.*: 296, entre *accuracy* e *substantive justice* da decisão não há qualquer contradição: essas são, aliás, a mesma coisa.

[223] Sobre o tema cfr., inclusive para referências, Taruffo, 1992: 45 e ss.

[224] Mais amplamente sobre o assunto cfr. Taruffo, 2002b: 225. Taruffo, 1992: 42.

[225] Cfr. Haack, 2007a: 14.

ser aqui discutida de modo exauriente.[226] Frisa-se, todavia, o surgimento de pelo menos duas noções diferentes de «*justo processo*». Segundo a primeira delas, tem-se um processo justo quando são postas em prática todas as garantias processuais fundamentais, e em particular aquelas que concernem às partes. Essa noção pode ser certamente aceita, mas a propósito pode-se observar que de tal modo os critérios do justo processo coincidem substancialmente com as garantias fundamentais do processo, que já há muito tempo tinham sido definidas pela doutrina e pela jurisprudência constitucional. Tratar-se-ia, então, de uma sintética repetição de princípios já conhecidos e em larga escala já postos em prática. De resto, essa concepção resulta análoga àquelas, por nós recordadas há pouco, nomeadas *procedural justice*. Também essa, de fato, tem a característica de não levar em consideração a natureza e a qualidade da decisão que encerra o procedimento. O processo, por conseguinte, é justo se e desde que seja correto o procedimento em que se articula; o que diz respeito à decisão é, sob esse prisma, irrelevante.

Na segunda interpretação da expressão «*justo processo*», o processo é justo se arquitetado de modo que, além de assegurar que se ponham em prática as garantias, faça com que nele se obtenham decisões justas.[227] Para defender essa interpretação pode-se argumentar que dificilmente se poderia considerar justo um processo sistematicamente orientado a produzir decisões injustas, ou para o qual fosse irrelevante que a decisão fosse injusta. Para prevenir tal eventualidade não é suficiente que o processo articule-se em um procedimento correto sob o prima das garantias. Não vale, em verdade, o argumento meramente retórico e conceitualmente circular segundo o qual seriam justas por definição as decisões derivadas desse procedimento. É verdadeiro, na realidade, o contrário. Mesmo um processo em que as garantias fundamentais são postas em prática pode produzir uma decisão injusta, como ocorre – por exemplo – se for violada ou mal aplicada a norma substancial que regula a situação que é objeto do processo.

Esse ponto tem grande importância. Não é possível provocar-se um colapso à razão e reduzir a justiça da decisão à correção do procedimento de que essa deriva. Se assim fosse, encontrar-nos-íamos mais uma vez diante de uma concepção meramente *procedural* da justiça, para a qual não teria qualquer valor a qualidade da decisão final. O conceito de «*decisão justa*» (conforme já se mencionou a propósito da aplicação do princípio da legalidade à decisão judicial) implica, pelo contrário, que a decisão seja tomada em consideração a si mesma, distinguindo-a do procedimento do qual representa o resultado e a valorando segundo um critério autônomo, independente daquele empregado para a valoração da justiça do procedimento. Em outros termos,

---

[226] Cfr. por último Chiarloni, 2008 e os ensaios recolhidos nos volumes Guarneri e Zannotti, 2006.

[227] Em sentido análogo cfr. Chiarloni, 2008: 145.

a justiça da decisão não deriva exclusivamente da correção do procedimento e nessa não se exaure, dependendo, porém, da subsistência de condições específicas.[228] Essas condições podem ser divididas em três: a) que a decisão seja, com efeito, o resultado de um processo justo, visto que dificilmente se poderia aceitar como justa uma decisão produzida em um processo em que tenham sido violadas garantias fundamentais; b) que tenha sido corretamente interpretada e aplicada a norma utilizada como critério de decisão, visto que não se pode considerar justa uma decisão que – conforme visto há pouco – não tenha sido tomada em conformidade ao direito, em homenagem ao princípio da legalidade; c) que essa se funde em uma apuração verdadeira dos fatos da causa, visto que – como também se disse – nenhuma decisão é justa se se fundar em fatos equivocados.

Essas condições são *todas necessárias conjuntamente*, sendo evidente que a falta mesmo que de uma delas impossibilitaria a qualificação da sentença como justa. Nenhuma dessas condições, entretanto, é suficiente, se individualmente considerada, para determinar a justiça da decisão.[229]

No que diz respeito ao que interessa para o presente estudo, dessas concepções da justiça da sentença derivam pelo menos duas implicações. A primeira é que a condição representada pela «*justiça do processo*» é necessária, mas insuficiente para, sozinha, determinar a justiça da decisão. A principal razão disso consiste no fato de que, mesmo que as partes tenham tido a oportunidade de articular e desenvolver todas as suas defesas – e que, portanto, tenham sido postas em prática as garantias fundamentais e, em particular, o princípio do contraditório – isso não implica de maneira alguma que o processo tenha conseguido estabelecer a verdade dos fatos. É perfeitamente possível, de fato, que as defesas das partes, por qualquer razão, não tenham sido adequadas à perseguição desse escopo.[230] Além disso, como já se observou anteriormente,[231] as partes podem não ter qualquer interesse na descoberta da verdade; os advogados utilizam-se geralmente de sua habilidade profissional para que isso aconteça e, em geral, não se pode dizer que o confronto entre as partes conduza à verdade.

A segunda implicação é que a apuração da verdade dos fatos é necessária, mesmo se insuficiente, sozinha, para determinar a justiça das decisões.[232] Tal apuração não é suficiente porque a decisão poderia se fundar em uma reconstrução verdadeira dos fatos tendo as garantias processuais, ou a norma referida pelo juiz, sido violadas. A verdade dos fatos, ao contrário, é necessária seja em si mesma (visto que, efetivamente, uma decisão tomada com base em uma

---

[228] Mais amplamente sobre esses temas cfr. Taruffo, 2002b: 219.

[229] Cfr. Taruffo, *op. ult. cit.*: 224.

[230] Cfr. mais amplamente Taruffo, 2006a: 477. V., ainda, *infra*, Cap. IV, item 5.

[231] V. *supra*, item 4.2.

[232] Analogamente cfr. Chiarloni, *op. ult. cit.*: 147.

versão falsa dos fatos não pode ser considerada justa), seja porque – como já se disse – uma apuração verdadeira dos fatos constitui premissa necessária para a aplicação correta da lei que regula o caso.

Visto que parece, por conseguinte, demonstrado que a apuração da verdade dos fatos no processo é *possível*,[233] bem como que tal apuração é *necessária*, disso deriva que o processo é justo se sistematicamente orientado a fazer com que se estabeleça a verdade dos fatos relevantes para a decisão; é, por outro lado, injusto na medida em que for estruturado de modo a obstaculizar ou limitar a descoberta da verdade, já que nesse caso o que se obstaculiza ou se limita é a justiça da decisão com que o processo se conclui.[234]

4.5 Verdade e imparcialidade

Que o juiz deva ser imparcial é uma afirmação da qual, muito provavelmente, jamais se duvidou: a imparcialidade é, desde sempre, um princípio fundamental de qualquer sistema de administração da justiça, sendo, não por acaso, enunciado em inúmeros documentos, como, por exemplo, no art. 6 n. 1 da Convenção Europeia dos Direitos do Homem. Há, por conseguinte, sabor de obviedade na introdução da referência à imparcialidade do juiz no art. 111 da Constituição italiana (realizada com a reforma de 1999),[235] mesmo que essa novidade não tenha sido totalmente irrelevante, tendo servido de pretexto para uma literatura que se ocupou sobretudo da hipótese de parcialidade derivada do fato do próprio juiz já se ter ocupado da mesma controvérsia.[236] Ninguém pode racionalmente pensar, de resto, que os juízes italianos tenham começado a ter que ser imparciais somente em 1999, e que, antes da reforma do art. 111, tivessem a faculdade de não o ser. Há, todavia, alguns aspectos do problema da imparcialidade do juiz que não são totalmente banais.

Antes de qualquer coisa, não se pode esquecer que o conceito geral de imparcialidade oferece inúmeros perfis de complexidade e de variabilidade semântica, tratando-se de um conceito presente não só no âmbito do processo e do direito, mas também no da ética e da política.[237] No contexto da imparcialidade «*processual*» há, ainda, outro aspecto, comumente esquecido, mas interessante para o âmbito do discurso que desenvolvemos nessas páginas. Esse surge quando se instaura uma conexão direta entre imparcialidade e

---

[233] A propósito, v. mais amplamente Taruffo, 1992: 50.

[234] Para uma análise das normas que têm o efeito de limitar ou de eliminar a apuração da verdade v. *infra*, Cap. IV, itens 2.2.2, 3 e 4.

[235] Nesse sentido, cfr. por último Chiarloni, 2008: 140.

[236] O problema, de resto, já fora objeto de elaboração doutrinária e jurisprudencial também anteriormente: para referências cfr. Carpi e Taruffo, 2006: 158. Na doutrina sucessiva à reforma do art. 111 cfr. em particular Proto Pisani, 2000: 246; Scarselli, 2000: 87; Chiarloni, op. e *loc. ult. cit.*

[237] Sobre o assunto v. a ampla análise de Trujillo, 2003.

verdade, frisando que há uma concepção epistemológica da imparcialidade; em função dessa, a imparcialidade constitui não só uma condição preliminar para a obtenção da verdade, como também uma «*parte integrante e penetrante dessa*».[238] A imparcialidade pode, por conseguinte, ser um «*critério de verdade interno ao procedimento de elaboração do juízo*»: em outros termos, a imparcialidade é uma condição necessária, não obstante obviamente insuficiente, da verdade.[239] Posta essa relação no plano geral, e visto que o juiz dá vida a um procedimento de elaboração do juízo (particularmente com o fim de formular uma decisão sobre os fatos da causa), resta evidente que o conceito de imparcialidade do juiz não se exaure de fato – ao contrário do que comumente se crê – nas condições que a lei prevê para assegurar que o juiz não seja parcial, disciplinando as hipóteses de abstenção e recusa. É claro que o juiz não deve se enquadrar em qualquer dessas hipóteses, mas isso é somente um dos aspectos do problema. A imparcialidade do juiz, de fato, resulta também orientada a um escopo determinado, qual seja, o da busca da verdade: um juiz parcial não pode chegar a esse resultado porque se deixa condicionar, no processo e na formulação da decisão final, por fatores estranhos à apuração da verdade, como o interesse pessoal na causa, os próprios pré-julgamentos[240] ou relações de diferentes gêneros que tenha com as partes da causa.

Por conseguinte, o juiz é verdadeiramente imparcial quando busca de modo objetivo a verdade dos fatos, fazendo dela o verdadeiro e exclusivo fundamento racional da decisão. Sob esse prisma, aliás, a busca da verdade torna-se um atributo essencial da imparcialidade do juiz. Como diz o art. 10 do Código Modelo Iberoamericano de Ética Judicial, «*El juez imparcial es aquel que persigue con objectividad y con fundamento en la prueba la verdad de los hechos*». Disso acarreta que o juiz não deve se limitar a ocupar uma posição de terceiro e de equidistância em relação às partes, e tampouco de indiferença em relação ao objeto da controvérsia: ele deve também orientar o próprio comportamento com o fim da apuração da verdade dos fatos com base nas provas.

Nessa perspectiva, a previsão constitucional que se refere à imparcialidade do juiz (no mesmo contexto em que se fala de justo processo) adquire significado muito menos óbvio do que pode parecer *prima facie*. Se, como se disse há pouco, o processo justo é estruturalmente e funcionalmente orientado à obtenção de decisões justas – e se a apuração da verdade dos fatos é

---

[238] No plano da epistemologia geral a relação entre imparcialidade e verdade é frisada por HAACK (2007: 171), segundo a qual «*the closer you come to the ideal of impartiality, the greater your evidential reach, the fairer your judgment of the worth of evidence, and the better-conducted your inquiry*».

[239] Cfr. TRUJILLO, 2003: 14, de onde foram tiradas as citações textuais.

[240] Refere-se aqui ao *confirmation bias* que pode derivar do fato de que o juiz já tenha anteriormente se ocupado das mesmas questões, conforme já mencionado anteriormente no texto.

uma condição necessária da justiça da decisão – então a imparcialidade do juiz qualifica-se também como condição para a obtenção de um juízo verdadeiro sobre os fatos, e, portanto, como um atributo necessário da correção do processo. Mais precisamente: representa a apuração dos fatos com base nas provas, feita de maneira imparcial, condição necessária da justiça da decisão.

Nesse ponto poder-se-ia perguntar se não há contradição entre esse fim, atribuído à imparcialidade do juiz, e a tese bastante difundida segundo a qual o juiz poderia ser imparcial somente quando não dispusesse de poderes instrutórios autônomos ou quando, conferindo-lhe a lei esses poderes, se abstivesse ainda assim de exercitá-los.[241] Ou seja, poder-se-ia duvidar de que a imparcialidade compreendida como busca objetiva da verdade fosse compatível com a imparcialidade compreendida como passividade do juiz frente ao monopólio das partes em relação às iniciativas instrutórias.

O problema, entretanto, é mais aparente do que real. Por um lado, poder-se-ia dizer que a imparcialidade como busca da verdade não implica necessariamente o exercício de poderes instrutórios por parte do juiz, sendo possível referir-se à valoração objetiva e equilibrada das provas fornecidas pelas partes: essa ideia de imparcialidade seria, por conseguinte, compatível com a imagem de um juiz passivo. Essa resposta, entretanto, seria satisfatória somente se se partisse da premissa de que as partes, com suas iniciativas instrutórias, orientam o processo no sentido da descoberta da verdade. Todavia, como se mencionou anteriormente,[242] essa premissa é desprovida de fundamento: às vezes acontece de as partes efetivamente produzirem todas as provas disponíveis, não dando ocasião ao juiz de utilizar os poderes instrutórios e fazendo com que esse fique, corretamente, passivo. Pode acontecer, todavia, das partes não orientarem suas atividades no sentido de uma apuração verdadeira dos fatos, visto que é evidente que elas perseguem a vitória, e não a descoberta da verdade. Então, a passividade do juiz terminaria por desenvolver um papel contraepistêmico, na medida em que o juiz passivo deixa que o processo seja dominado por sujeitos que na maior parte dos casos são indiferentes – se não hostis – em relação à descoberta da verdade. Por conseguinte, a atribuição ao juiz de poderes instrutórios adequados, bem como seu efetivo exercício, aparecem como atributos relevantes do justo processo, já que são instrumentos necessários – não obstante acessórios – para a busca da verdade.[243]

---

[241] Trata-se de um lugar-comum bastante difundido na doutrina italiana. Cfr., p. ex., Liebman, 1962: 12; Montesano, 1978: 189; Fazzalari, 1972: 193. No que diz respeito à análoga abordagem da cultura jurídica norte-americana cfr. Damaška, 2003: 178. Sobre o assunto v. também *infra*, Cap. IV, item 5.

[242] V. *supra*, item 4.2.

[243] Sobre a função epistêmica dos poderes instrutórios do juiz v. *infra*, Cap. IV, item 5.

Por outro lado, conforme demonstrado alhures,[244] não é verdade que o juiz que exerce poderes instrutórios perde com isso sua imparcialidade. Isso aconteceria se ele exercesse seus poderes *de modo parcial*, ou seja, com o intuito de favorecer uma ou outra parte; isso não acontece, entretanto, quando ele os exercita *de modo imparcial*, ou seja, com o escopo «*objetivo*» de obter conhecimentos relevantes e úteis para a apuração da verdade. Naturalmente, se as provas obtidas de ofício pelo juiz tiverem êxito positivo, incidirão na decisão final no sentido de direcionar a decisão sobre os fatos para um sentido ou para outro; portanto, no sentido de determinar a vitória de uma parte ou de outra, sem que isso signifique que o juiz tenha sido parcial por ter determinado a produção daquelas provas. Por assim dizer, é a verdade dos fatos que determina o êxito da controvérsia, não o juiz.

Por conseguinte, para ser imparcial não se espera que o juiz seja passivo e *neutro* no âmbito do processo: ser imparcial não significa não se posicionar (ou seja, permanecer neutro). Ao contrário: «*a imparcialidade refere-se a uma posição ativa no juízo*» e «*dá estrutura ao juízo*»,[245] pressupondo, portanto, um papel ativo daquele que – inclusive – deve ser imparcial. É, por conseguinte, possível configurar-se uma postura ativa do juiz, que se traduza em uma busca objetiva e imparcial da verdade dos fatos.

5. VERDADE NEGOCIADA?[246]

Com base no que foi traçado até agora, pode-se abordar o problema da possibilidade de configuração de acordos entre as partes que tenham como objeto a verdade dos fatos da causa. O problema nasce essencialmente em razão de se afirmar – no ordenamento italiano e em muitos outros[247] – a tendência a se fazer com que os fatos que devem ser apurados em juízo sejam determinados em função do comportamento das partes, ou seja, mediante a combinação entre a *alegação* dos fatos feita por uma parte e a *contestação* desses feita pela outra parte. Se, portanto, um fato alegado não é (tempestivamente) contestado, é considerado *incontroverso*, o que significa aproximadamente – pelo menos de acordo com a opinião prevalente na jurisprudência

---

[244] V. *infra*, *idem*, *ibidem*.

[245] Sobre a diferença entre imparcialidade e neutralidade cfr. Trujillo, 2003: 50.

[246] Uma versão desse item foi publicada no número especial da *Riv. Trim. Dir. Proc. Civ.*, Taruffo, 2008a.

[247] Cfr., p. ex., o §138 da *Zivilprozessordnung* alemã, o art. 405 n. 2 da *Ley de enjuiciamiento civil* espanhola. Cfr. Também as *Rules* 8(b) e 8(d) das *Federal Rules of Civil Procedure* estadunidenses. Essas normas são substancialmente equivalentes aos arts. 167 *comma* 1 e 416 *comma* 3 do Código de Processo Civil italiano, já que preveem o ônus do demandado de contestar tempestivamente os fatos alegados pelo autor; na ausência disso, tais fatos são considerados admitidos. Para uma perspectiva comparatista sobre o tema cfr. Damaška, 2003: 155, 168.

– dizer que esse não será objeto de prova e nem mesmo de decisão.[248] À base desse fenômeno estão principalmente fatores de duas ordens: um de caráter funcional e um de caráter ideológico.

O primeiro é determinado por considerações que podem em alguma medida ser aceitas, podendo ser definidas como de *economia processual*. Tende-se, em outros termos, a fazer com que o objeto da eventual atividade instrutória seja reduzido e simplificado o máximo possível no início do processo: um fato não contestado é excluído pelo *thema pobandum*, o que implica uma redução e uma simplificação do trabalho do juiz – bem como do procedimento – no que concerne à admissão e à produção de provas.[249] Se, aliás, nenhum dos fatos alegados fosse contestado, ter-se-iam muitas vantagens, visto que não haveria necessidade de provar-se coisa alguma, e a decisão poderia limitar-se às questões de direito da controvérsia. Não por acaso a jurisprudência não hesitou em criar e em aplicar reiteradamente a categoria do «*fato incontroverso*», ou seja, o fato a propósito do qual o juiz nada tem a fazer, e sobre o qual não corre risco algum de decidir de modo equivocado.

As exigências ligadas à economia processual são encaradas com seriedade, sobretudo em sistemas caracterizados pela ineficiência da justiça civil como o italiano; entretanto, é lícito que se questione sobre se essas devem ser consideradas absolutamente prioritárias e invasivas a ponto de anularem e reduzirem a nada qualquer outra exigência processual. Aqueles que pensam no funcionamento do processo somente em termos de eficiência na resolução de controvérsias, de fato, poderiam cair na tentação de – em uma época *new age* – ressuscitar os ordálios medievais, que, com efeito, eram muito rápidos e eficazes; ou, poder-se-ia recorrer ao lançamento de dados praticado pelo juiz Bridoye, ou à *random justice* de que falou recentemente um filósofo inglês.[250] Talvez, entretanto, a eficiência do procedimento e a economia das atividades processuais devessem ser transformadas em algo compatível com a atuação de outros valores inerentes ao processo e à administração da justiça que não são menos importantes, não podendo, por conseguinte, ser sacrificados *a priori*, como é o caso da justiça das decisões judiciais.

Por outro lado, partindo-se da premissa enunciada acima, segundo a qual a apuração da verdade dos fatos configura-se como uma condição necessária de justiça da decisão, tem-se que qualquer derrogação ou limitação que se

---

[248] Na Itália a alegação e a contestação/não-contestação dos fatos foram objeto de amplos desenvolvimentos jurisprudenciais e de extensas e minuciosas análises doutrinárias. Sobre o tema cfr. em particular Buoncristiani, 2001; Comoglio, 1987: 274; Comoglio, 2004: 73; Carratta, 1995; Ciaccia Cavallari, 1992; Ciaccia Cavallari, 1993; Del Core, 2004: 112; Proto Pisani, 2003: 606.

[249] Argumentos desse gênero são encontrados de maneira esparsa na literatura sobre o tema, citada na nota anterior.

[250] Cfr. Duxbury, 1999.

faça a tal apuração determina inevitavelmente – mesmo quando isso acontece por razões dignas de consideração – um *deficit* na descoberta da verdade e, portanto, um *deficit* correspondente na legalidade e na justiça da decisão. Na verdade, se supusermos que A, B, C e D sejam os fatos alegados, mas que C e D sejam considerados incontroversos por não terem sido contestados – sendo, portanto, apurados com provas somente os fatos A e B – a consequência é que se acabará com um contentamento com uma verdade *incompleta*: nada será determinado, de fato, sobre a veracidade ou sobre a falsidade dos enunciados relativos aos fatos C e D.

O fator de caráter ideológico, que está evidentemente radicado na concepção negocial da verdade processual, deriva da conhecida e já recordada concepção do processo civil segundo a qual esse seria somente uma «*coisa privada das partes*», com a consequência de que no processo deveria ocorrer tudo aquilo que as partes quisessem e nada mais ou de diferente em relação a isso.[251] Essa ideologia é largamente difundida, tendo inúmeras implicações que não podem ser aqui abordadas nem mesmo sumariamente; essas, por outro lado, são há muito tempo discutidas em ampla e variada literatura.[252] Evidencia-se, entretanto, aquilo que essa comporta no que diz respeito à determinação dos fatos que devem ser provados.

Trata-se, substancialmente, de uma concepção negocial segundo a qual caberia exclusivamente às partes, através da alegação e da contestação ou da não-contestação dos fatos, o poder de estabelecer o que deve ou não ser provado,[253] bem como o poder de determinar o que deve ou não ser tido como verdadeiro para fins decisórios.

A ideia de que as partes possam estipular um acordo sobre os fatos que fazem parte do *thema probandum,* bem como sobre a verdade dos fatos não contestados, tem algumas consequências acolhidas pela jurisprudência dominante: por exemplo, pode-se citar aquela segundo a qual o juiz não poderia admitir provas produzidas pelas partes nem determinar de ofício a produção de provas sobre o fato não contestado, ou aquela segundo a qual ele deveria ter por verdadeiro o fato sem fazer sobre este qualquer valoração.[254] Em alguns casos trata-se de consequências paradoxais, como, por exemplo, aquela que se verifica quando se chega a dizer que o juiz não deve levar em

---

[251] A propósito, v. *supra*, item 4.2.

[252] Cfr. Taruffo, 2006a: 452; Buoncristiani, *op. cit.*: 16, inclusive para referências ulteriores. Sobre o tema v. também *supra*, cap. 4.2.

[253] Sobre o problema da determinação do *thema probandum* estar contida ou não no conteúdo do princípio dispositivo há variações nas opiniões da doutrina. Sobre o tema cfr., inclusive para referências analíticas, Fabiani, 2008: 124, 132, 141, 147, 158, 179, 232, 242.

[254] Cfr. em particular os casos jurisprudenciais comentados por Cea, 2002: 2030 e Fabiani, 2003: 1335. Sobre a jurisprudência em questão v., ainda, o resumo de Del Core, *op. cit.*: 125; para ulteriores referências cfr. Carpi e Taruffo, 2006: 553, 1192.

consideração prova alguma, nem mesmo, portanto, provas que demonstrem a falsidade do fato «*incontroverso*»; nem mesmo quando tal falsidade for realmente demonstrada por uma prova vinculante (resultando essa, por exemplo, de um ato público). Em outros casos trata-se de consequências pouco claras, como aquela segundo a qual as partes poderiam determinar negocialmente a verdade de um fato somente quando a controvérsia dissesse respeito a direitos disponíveis, ao passo que um negócio assim seria excluído quando se tratasse de direitos indisponíveis, com a consequência de que somente nessa segunda hipótese o juiz deveria apurar a verdade dos fatos.[255] Desse modo, introduz-se uma bifurcação dificilmente justificável: em função dela o processo estaria ou não orientado a apurar a verdade dos fatos dependendo da controvérsia dizer respeito a direitos indisponíveis (caso em que a verdade deverá ser apurada), ou a direitos disponíveis (caso em que a verdade dos fatos poderá ser apurada somente se as partes acordarem nesse sentido, ou seja, somente no caso de o demandado exprimir a vontade «*negocial*» de não concordar com o autor sobre a «*verdade*» dos fatos alegados por esse último).

A concepção negocial da determinação dos fatos é discutível por diversas razões,[256] mas o ponto mais importante é que essa parece fundada em um equívoco que concerne à natureza e à função da alegação dos fatos e de sua contestação ou não contestação. Por outro lado, muitos duvidam com razão de que se possa falar, no processo civil italiano, de um «*princípio da alegação*» ou de um «*ônus da alegação*».[257] Resta, pois, oportuno esclarecer o que se entende quando se fala da natureza e dos efeitos desses comportamentos das partes.

Acima de tudo, precisa-se que a alegação de um fato consiste na formulação de um enunciado descritivo daquele fato, feita por uma parte em um de seus atos. Esse enunciado é caracterizado por uma pretensão de veracidade, visto que a parte que alega o fato o indica como verdadeiro. Isso corresponde às condições de conversação de Grice, segundo o qual seria incorreto afirmar um fato e contextualmente negar sua veracidade.[258] Todavia, isso não implica que aquele fato seja verdadeiro: o enunciado que o descreve pode ser verdadeiro ou falso, mas o *status* epistêmico do enunciado objeto de alegação continua sendo de incerteza. Essa alegação poderá ser resolvida somente pelo juiz na decisão final, com base no êxito das provas.

Em segundo lugar, cabe dizer que a alegação de um fato não tem por si só qualquer efeito dispositivo ou normativo: somente no momento em que a parte o reconduz a um suporte fático legal, atribuindo a esse uma qualifi-

---

[255] Cfr. a jurisprudência citada na nota anterior e Buoncristiani, *op. cit.*: 19 e ss.

[256] Para diversas críticas a essa concepção cfr. em particular De Angelis, 2005: 317; Ciaccia Cavallari, 1993: 6; Carratta, *op. cit.*: 264.

[257] Sobre o tema cfr. por último, inclusive para ulteriores referências, Fabiani, 2008: 242.

[258] Cfr. Grice, *op. cit.*: 27 e ss.

cação jurídica, o fato alegado torna-se «*constitutivo*» de uma situação jurídica, integrando, por exemplo, a *causa petendi* da demanda.[259] Um fato alegado sem que a ele se dê qualquer qualificação jurídica não tem qualquer eficácia constitutiva, como ocorre quando são alegados fatos secundários, que justamente por essa sua natureza não «*constituem*» qualquer situação jurídica.[260] Isso equivale a dizer que se o fato alegado é levado em consideração em sua formulação própria, ou seja, em um momento logicamente (e talvez discursiva e cronologicamente) diferente daquele em que é reconduzido a um suporte fático legal, isso não tem qualquer efeito jurídico: simplesmente, a enunciação desse fato representa a formulação da premissa de um efeito jurídico que se poderá retirar (ou não) desse, na eventualidade de que tal enunciado tenha sua veracidade confirmada pelas provas. Essa consideração induz a que se exclua a aceitabilidade de uma opinião muito difundida, segundo a qual a alegação dos fatos estaria intimamente ligada ao princípio dispositivo; tratar-se-ia, aliás, de um instrumento com o fim de atuá-lo, visto que as partes – alegando os fatos – determinariam justamente com isso o objeto de suas demandas, vinculando, portanto, o juiz a decidir somente sobre aquilo que fora alegado.[261] Essa tese funda-se na confusão de dois fenômenos, cuja distinção seria útil que se mantivesse:[262] de um lado a alegação em sentido próprio, que consiste *somente* na formulação de enunciados sobre a existência de determinados fatos (ao fazer a alegação afirmo que «*o fato F verificou-se assim e assim no momento T e no lugar L*»), e de outro suas qualificações jurídicas no contexto da formulação da demanda (formulando a demanda, qualifico «*o fato F como ilícito, de acordo com o art. 2.043 do Código Civil e, portanto, requeiro...*»). O princípio dispositivo relaciona-se certamente com a formulação da demanda, ou seja, com os efeitos jurídicos que se pretende retirar dos fatos alegados, mas não se relaciona com a pura e simples formulação de enunciados que descrevem esses fatos.[263]

Na realidade, a alegação não é outra coisa senão um ato linguístico através do qual uma parte aduz que um fato verificou-se de certo modo. Trata-se, por conseguinte, na terminologia de Searle, de uma assertiva com função meramente ilocutória, já que o autor *afirma* algo.[264] Sob o prisma epistêmico, o

---

[259] Diz-se corretamente, na verdade, que a alegação do fato está funcionalmente relacionada à individualização da *causa petendi* (cfr., p. ex., COMOGLIO, 1987: 274), o que pressupõe que por si só a alegação do fato não tenha eficácia de determinar diretamente o fundamento da demanda.

[260] Em particular sobre a alegação dos fatos secundários cfr. BUONCRISTIANI, *op. cit.*: 105.

[261] Sobre essa opinião cfr., inclusive para ulteriores referências, FABIANI, *op. ult. cit.*: 147, 230, 242; BUONCRISTIANI, *op. cit.*: 11, 31; COMOGLIO, *op. ult. cit.*: 277; COMOGLIO, 2004: 73, 75.

[262] Em sentido diferente cfr. BUONCRISTIANI, *op. cit.*: 42, que não faz essa distinção e julga, aliás, ser a alegação dos fatos uma declaração de vontade que equivale à propositura da demanda.

[263] No sentido de que a alegação dos fatos – e, assim, a contestação desses – nada tem a ver com o princípio dispositivo, cfr. em particular CARRATTA, *op. cit.*: 248 e ss.

[264] A propósito, cfr., em particular, SEARLE, 1998: 140, 148; SEARLE, 1980: 23, 29, 65.

que é afirmado é um enunciado hipotético: pode ser verdadeiro ou falso em si, mas, no momento em que é expresso, – e até que não seja formulada a decisão final – esse não é nem verdadeiro nem falso.

5.1 Contestação e não contestação dos fatos alegados

Tendo esclarecido um aspecto relevante do ato em que ocorre a alegação dos fatos, devem-se agora evidenciar alguns aspectos do comportamento que pode ser definido como recíproco sobre as alegações, que pode consistir seja na contestação dos fatos alegados, seja na não contestação desses. A contestação pode ser definida como a negação explícita da veracidade de um enunciado objeto de alegação.

Vale a pena frisar que nessa definição fala-se da contestação como negação *explícita* da verdade dos fatos alegados. Por um lado, isso significa que ocorre uma expressa tomada de posição do demandado sobre o fato alegado pelo autor, tanto que normas como os arts. 167 e 416, *comma* 3 do Código de Processo Civil italiano requerem – mesmo que com formulações textuais diferentes, sendo a segunda mais rigorosa do que a primeira[265] – que a contestação seja *específica*. Parece óbvio que uma contestação que deve ser específica não pode estar implícita. Ainda, a negação explícita da veracidade do fato alegado pode ser colocada no mesmo patamar da declaração de desconhecimento daquele fato,[266] visto que também nesse caso trata-se de uma declaração explícita que deixa no campo da incerteza a existência daquele fato. É dúbio, por outro lado, que se possa falar de contestação *implícita*, como aquela que derivaria da alegação, por parte do demandado, de um fato incompatível com aquele alegado pelo autor, ou de fato diferente daquele, ou ainda da produção de uma prova contrária à sua existência.[267] Trata-se, na verdade, de comportamentos que por si só não implicam tomadas de posição *precisas* sobre os fatos alegados, dos quais não se pode deduzir com certeza a negação específica dos enunciados que descrevem esses fatos.

A contestação consiste, por sua vez, em um ato linguístico cujo autor afirma que o enunciado alegado pela outra parte não é verdadeiro. O objeto desse ato linguístico, ou seja, o enunciado que afirma algo a propósito de um fato, não muda: trata-se do mesmo enunciado que foi objeto de alegação e que concerne a um fato principal ou secundário da causa. Muda, por outro lado, a função ilocutória do novo ato linguístico, visto que seu escopo é o de afirmar que aquele enunciado é falso.

---

[265] Sobre as duas normas cfr., inclusive para ulteriores referências de doutrina e jurisprudência, Carpi e Taruffo, 2006: 513, 1191 e, ainda, Carratta, *op. cit.*: 284.

[266] Cfr. a propósito Frus, 1991: 72, 76.

[267] Para algumas orientações jurisprudenciais nesse sentido cfr. Carpi e Taruffo, 2006: 1193.

Portanto, a não contestação pode ser definida como a ausência de negação explícita a respeito da veracidade de um enunciado objeto de alegação. Essa não consiste em um ato linguístico em sentido próprio, mas sim em um mero comportamento omissivo: a parte que não contesta o enunciado alegado, de fato, nada diz. A propósito, é útil precisar que o silêncio da parte que poderia contestar o fato alegado é suficiente a determinar sua não contestação. Contrariamente ao que se sustenta frequentemente,[268] não parece que o silêncio sobre o fato alegado possa equivaler à não contestação somente quando a parte contestar outros fatos alegados, visto que há não contestação também quando o demandado não contesta qualquer fato alegado pelo autor. Nem mesmo se pode afirmar que se tenha uma não contestação *tácita* quando o demandado desenvolve defesas incompatíveis com a negação do fato em questão.[269] A não contestação, na verdade, é sempre tácita, consistindo em um comportamento omissivo, ou seja – conforme dito – na ausência de negação explícita da verdade do enunciado objeto de alegação. Se o demandado silencia a respeito de um fato alegado, isso significa que não o contesta: o que diz ou não diz sobre outros fatos alegados não importa para a contestação ou não contestação *daquele* fato. Por outro lado, se o demandado admitisse explicitamente a veracidade de um enunciado objeto de alegação, não se teria uma não contestação, mas se verificaria um fenômeno diferente, qual seja, o da *admissão* do fato alegado;[270] tal fenômeno equivale, em realidade, a uma alegação do mesmo fato também por parte do demandado.[271] Consequentemente, é de se sustentar que o enunciado objeto de admissão explícita, ou seja, de uma nova alegação, tenha o mesmo *status* daquele originariamente alegado pela outra parte, consistindo, por conseguinte, em uma hipótese incerta a respeito do fato de que se trata.

Levando-se em conta o que foi dito anteriormente[272] – ou seja, que um enunciado é verdadeiro ou é falso dependendo da correspondência ou não de seu conteúdo aos acontecimentos do mundo real – podem-se, agora, identificar algumas consequências, apontando quais podem ser os efeitos da contestação ou da não contestação de um enunciado fático objeto de alegação.

Em primeiro lugar, se o enunciado alegado é falso, a não contestação não faz com que ele se torne verdadeiro; em segundo lugar, se o enunciado alegado é verdadeiro, a não contestação não faz com que ele se torne verdadeiro, porque já o é; em terceiro lugar, se o enunciado alegado é verdadeiro,

---

268 Cfr., p. ex., Del Core, *op. cit.*: 119; Cea, *op. cit.*: 2018; Fabiani, *op. cit.*: 1343; Ciaccia Cavallari, 1993: 43, e a jurisprudência citada por esses autores.

269 Nesse sentido cfr. Comoglio, 2004: 85; Del Core, *op. cit.*, *loc. ult. cit.*; Carratta, *op. cit.*: 200.

270 Sobre o tema cfr. em particular Carratta, *op. cit.*: 125, 490; Ciaccia Cavallari, 1993: 52.

271 Cfr. Carratta, *op. cit.*: 126.

272 V. *supra*, item 1.

a contestação não faz com que ele se torne falso; e, por fim, se o enunciado é falso, a contestação não faz com que ele se torne falso, pois já o é. Resta claro, por conseguinte, que no que diz respeito à veracidade ou à falsidade do enunciado objeto de alegação, tanto sua contestação, quanto sua não contestação são *absolutamente irrelevantes*. Conforme dito, a hipótese objeto de alegação é verdadeira ou falsa em si (ou seja, em relação aos acontecimentos do mundo real), mas *no processo* é incerta, seguindo incerta – ou seja, possivelmente verdadeira ou falsa – independentemente de como se comporta a parte que a contesta ou não. *No processo*, de fato, a incerteza poderá ser resolvida somente em sede de decisão final, e com base no êxito das provas.

Em geral, de qualquer forma, exclui-se o fato de que o acordo entre dois ou mais sujeitos esteja em condição de mudar o *status* epistêmico de um enunciado, mormente determinando sua veracidade. Não faltam, em realidade, na filosofia e na epistemologia recentes, orientações segundo as quais a verdade de qualquer assertiva dependeria exclusivamente do *consenso* a que se chega sobre essa em um determinado contexto. Segundo essas orientações, por conseguinte, não seria a realidade que determinaria a veracidade ou a falsidade dos enunciados que a descrevem, mas sim a convergência de opiniões a respeito da veracidade ou da falsidade desses enunciados.[273] Todavia, filósofos e epistemólogos de cunho «*realista*» (como aquele que aqui se segue) vêm refutando decididamente toda e qualquer concepção consensualista da verdade: por exemplo, Alvin Goldman escreve que «*A consensus theory of truth seems wrong from the start*» e que «*The conviction that convergence concides with truth is the faith of optimists, not part of a proper definition of truth*».[274] Em realidade, como também visto anteriormente,[275] se se aderisse a uma concepção consensualista da verdade, seria necessário admitir que houve uma época em que *era verdadeiro* que a Terra era plana, com a consequência de que somente a mudança do acordo entre os sujeitos interessados teria determinado a falsidade dessa teoria e, portanto, a transformação da Terra em um corpo celeste de forma quase esférica.

Voltando à alegação e à contestação ou não contestação dos fatos, pode-se observar que com base na definição indicada anteriormente, segundo a qual se trata de atividades ligadas à sua natureza própria de atos linguísticos, parece inútil e supérfluo imaginar que as partes estipulem, através de atividades como essa, um acordo negocial que tenha por objeto a veracidade dos fatos alegados. Seria oportuno, de fato, imaginar que a alegação do autor consista em uma espécie de proposta ou de oferta contratual, como se alegando um fato ele

---

[273] Sobre as diferentes concepções consensualistas da verdade cfr., p. ex., Goldman, *op. cit.*: 69; Lynch, *op. cit.*: 35.

[274] Cfr. Goldman, *op. cit.*: 12. Em sentido decididamente crítico cfr. também Lynch, *op. cit.*: 46.

[275] V. *supra*, parágrafo 1.

dissesse ao demandado: «*proponho-te um acordo sobre a veracidade do fato que alego*». Por outro lado, a contestação equivaleria a uma espécie de recusa a tal oferta ou proposta, ao passo que a não contestação seria uma espécie de aceitação tácita.[276] Nessa perspectiva a jurisprudência italiana[277] chegou a dizer que «*o fato não contestado não tem necessidade de prova,* pois as partes dispuseram dele, vinculando o juiz a levá-lo em conta sem qualquer necessidade de se convencer de sua existência» (grifos nossos). Parece, todavia, evidente, com base nas considerações feitas anteriormente, que essa opinião se funda em um equívoco grosseiro, não levando em consideração a real natureza e os efeitos da atividade de alegação e de contestação ou não contestação dos fatos. Em particular, parece extravagante a ideia de que as partes «*disponham*» do fato alegado, como se se pudesse «*dispor*» sobre a verdade dos fatos, com um negócio tão eficaz que pudesse vincular o juiz a considerar verdadeiro aquele fato sem nem mesmo «*convencer-se de sua existência*». Trata-se, como é fácil constatar, de uma construção imaginária que nada tem a ver com a realidade daquilo que as partes fazem quando alegam, contestam ou não contestam um enunciado de fato. Tal construção encontra explicação na ideologia do processo como «*coisa privada das partes*» de que se falou anteriormente, não se justificando, entretanto, no contexto do processo e não respondendo a qualquer exigência particular. Merece, portanto, cair sob a navalha de Ockham, para quem, como sabido, *entia non sunt multiplicanda praeter necessitatem.*

5.2 Efeitos da não contestação

Com base nas considerações precedentes, a questão formulada no título deste item é resolvida em sentido negativo: visto que a verdade dos enunciados sobre os fatos da causa existe ou não existe em função de como ocorreram os acontecimentos correspondentes no mundo real, não sendo objeto de negociação ou de acordo entre as partes, então a não contestação não torna verdadeiro aquilo que é falso, e tampouco torna verdadeiro aquilo que já é verdadeiro por si só.

De resto, a orientação recordada anteriormente, que visa a retirar da não contestação dos fatos algumas vantagens práticas em termos de simplificação e de eficiência do processo, não se torna por isso ilegítima: pelo contrário, trata-se de uma finalidade que em alguma medida deve ser considerada positivamente. Vale a pena, inclusive, especificar-se como funciona um mecanismo como esse, também com o fim de estabelecer-se se e em quais condições esse é aceitável.

---

276 No sentido de que a não contestação *não* é uma atividade de natureza negocial cfr. em particular Carratta, *op. cit.*: 264.

277 Cfr. em particular o *leading case* da Cass. S. U., em Cea, 2002. No mesmo sentido cfr. também a jurisprudência sucessiva, sobre a qual v. referências em Carpi e Taruffo, *op. cit.*: 1193.

A propósito, frisa-se sobretudo que a teoria do fato «*incontroverso*» funda-se em uma espécie de *als ob* que lembra o pensamento de Vaihinger: com efeito, não se sabe se o enunciado de um fato «*incontroverso*», alegado e não contestado, é verdadeiro ou falso. Todavia, admite-se – ou se pretende admitir – que o juiz comporte-se *como se* o enunciado fosse verdadeiro, ou seja, *como se* o fato imaginado e afirmado em sede de alegação tivesse realmente se verificado no mundo dos acontecimentos reais. Como já se disse, de fato, a não contestação não determina a veracidade do enunciado alegado: o *status* desse enunciado continua epistemicamente incerto, visto que a não contestação não acrescenta qualquer informação que faça com que a afirmação de sua veracidade possa parecer justificada.

Por outro lado, não é possível fazerem-se inferências desse gênero a partir do puro e simples comportamento omissivo da parte que não contesta: se a sabedoria popular diz que «*quem cala consente*», não diz, entretanto, que o silêncio demonstra a veracidade daquilo sobre o que se cala. Em realidade, as razões pelas quais a parte não contesta um fato alegado podem ser muito diversas, mas nenhuma dessas parece ter o condão de determinar a veracidade do enunciado que descreve o fato. Pelo contrário: o demandado poderia evitar contestar um enunciado relativo a um fato que sabe não ser verdadeiro justamente com o escopo de ocultar a verdade, colaborando com o autor na violação da lei. Não se pode nem mesmo excluir, por outro lado, a possibilidade de que o demandado não conteste um enunciado de fato que na verdade é falso, pois crê equivocadamente que esse seja verdadeiro. Parece, portanto, evidente que da ausência de contestação não se possam retirar elementos de convencimento (e nem mesmo «*argumentos de prova*»)[278] a propósito da veracidade do enunciado em questão, tampouco a propósito da vontade da parte que não contesta de fechar um acordo sobre essa veracidade.

Em uma situação desse gênero, afirmar que o enunciado de fato não contestado deva ser tomado como verdadeiro para fins da decisão implica um elevado risco de erro. Fundar a decisão em um enunciado de fato formulado em um momento do processo em que não se sabe coisa alguma sobre a veracidade ou falsidade desse (enquanto não tiverem sido ainda obtidos elementos de prova a propósito) implica o risco de que se assuma como verdadeiro um enunciado que, ao invés disso, é falso. Esse risco é quantificável exatamente em 50%, visto que há uma possibilidade em duas de que a decisão fundada naquele enunciado esteja equivocada. Essa proporção aponta em termos de risco a medida do *deficit* de justiça que se verifica no momento em que se decide uma controvérsia com base em um enunciado de cuja veracidade ou

---

278 Parece, por conseguinte, carente de fundamento a orientação difundida na jurisprudência italiana, segundo a qual a não contestação seria um comportamento idôneo a fornecer ao juiz argumentos de prova sobre a verdade do fato não contestado (cfr., inclusive para ulteriores referências, Carratta, *op. cit.*: 175, 204; Ciaccia Cavallari, 1993: 39; Fabiani, *op. cit.*: 1347).

falsidade não se sabe coisa alguma: o risco é de que uma decisão em duas seja injusta porque se funda em um enunciado falso.

Põe-se, então, o problema de estabelecer-se se a vantagem prática obtida com a exclusão do fato não contestado do *thema probandum*, em termos de simplificação do processo, compensa a perda em termos da justiça da decisão que deriva do fato de assumir-se como verdadeiro um enunciado que tem 50% de chance de ser falso.

A propósito, uma solução que atentasse exclusivamente para a justiça da decisão imporia a exclusão de toda e qualquer relevância processual à não contestação das alegações de fato, bem como a necessidade de que todos os enunciados relativos fossem demonstrados como verdadeiros ou falsos com base nas provas, nada diferindo do que acontece com os enunciados de fato contestados. Essa solução poderia, de resto, ser criticada, argumentando-se que essa desconhece as exigências de economia processual e acaba com qualquer possível simplificação da apuração dos fatos. Esse argumento não é de todo irrelevante e induz, pois, que nos questionemos sobre a possibilidade de que exista uma solução racional, que pelo menos reduza em alguma medida os piores riscos de erro na decisão, mesmo que permitindo algumas significativas simplificações do procedimento.

Essa solução pode ser encontrada quando se reflete sobre a circunstância de que, quando uma parte alega um fato imaginando a veracidade do enunciado relativo, na realidade assume para si o ônus de demonstrar em juízo, com provas, que aquele enunciado é verdadeiro por ter efetivamente se verificado o fato no mundo real. Em outros termos, o efeito principal da alegação consiste na assunção do ônus da prova relativamente ao fato alegado: *onus probandi incumbit ei qui dicit*, diz o brocardo; portanto, aquele que alega um enunciado de fato assume para si o ônus de demonstrar sua veracidade.[279] Paralelamente, a contestação da veracidade daquele enunciado tem o efeito – por assim dizer – de *consolidar* para a parte que alegou o fato o ônus de demonstrar que esse realmente se verificou: a contestação *confirma* (atenção: não cria) o *status* epistêmico de incerteza do enunciado objeto de alegação, podendo ser resolvida tal incerteza – conforme já dito – somente com a apuração probatória do fato em questão.

É nesse contexto, então, que se pode encontrar uma solução razoável para o problema prático formulado anteriormente. Isto é, pode-se admitir que a ausência de contestação de um fato opere no sentido de atenuar ou eliminar, para a parte que o alegou, o ônus de demonstrar sua existência, já que o demandado, com seu comportamento, não desafiou o autor a fornecer

---

[279] Não se trata, em realidade, somente de uma regra de técnica processual, mas sim de um princípio fundamental que encontra aplicação em todo e qualquer campo do conhecimento: cfr. Gaskins, 1992: 2.

tais demonstrações. Pode-se, por conseguinte, admitir que, em virtude da não contestação, verifique-se uma espécie de *relevatio ab onere probandi* em favor daquele que alegou o fato que se tornou «*incontroverso*»: visto que sobre aquele fato não se estabelece a dialética contraditória das partes, pode-se simplificar o procedimento no sentido de julgar-se desnecessária a prova do fato não contestado.[280]

Observe-se, todavia, que isso não acarreta consequência alguma quanto à veracidade ou não veracidade do enunciado relativo àquele fato: o *status* desse permanece incerto, mas admite-se que essa incerteza se torne irrelevante em sede de decisão, em função da circunstância de que *entre as partes* essa não tenha sido objeto de controvérsia, pela parte demandada não ter colocado a parte que fez as alegações na condição de dever demonstrar que suas assertivas eram fundadas. É claro, de resto, que de tal modo não se elimina o risco de erro de que se falou acima: se se retira o ônus de provar a veracidade do fato alegado (e, portanto, esse fato permanece não demonstrado), o enunciado relativo permanece incerto, permanecendo, portanto, a possibilidade de que uma das duas decisões possíveis seja fundada em um enunciado faticamente falso. Trata-se, então, de estabelecer se uma consequência desse gênero justifica-se com base na inércia da parte que teria podido contestar o fato e não o fez. Em sentido positivo poder-se-ia dizer, talvez, que é a própria parte que assume – com seu comportamento – o risco de sucumbir, devido a uma decisão fundada em um enunciado falso.[281] Por outro lado, visto que a lei italiana admite, no art. 2.698 do Código Civil, que as partes pactuem uma modificação ou uma inversão dos respectivos ônus probatórios, pode-se também admitir que com seu comportamento uma parte provoque uma *relevatio ab onere probandi*, com vantagem para a outra parte.[282]

Isso não implica, entretanto, que se dê lugar a todas as consequências que a jurisprudência italiana habitualmente retira da ausência de contestação sobre um fato alegado, que maximizam a gravidade e a frequência do perigo do erro consistente em fundar-se uma decisão sobre a verdade não demonstrada de um enunciado de fato. Trata-se, portanto, de prever a possibilidade de que se chegue, de qualquer modo, a apurar diretamente a veracidade ou

---

[280] Em sentido análogo cfr. CARRATTA, *op. cit.*: 282, que frisa justamente que uma coisa é provocar uma *relevatio ab onere probandi* com vantagem para a parte contrária, e outra é vincular o juiz a ter por verdadeiro o fato não contestado.

[281] O demandado é livre para escolher a estratégia defensiva que prefere (assim CARRATTA, *op. cit.*: 275) e, portanto, é também livre para assumir o risco de que se fala no texto.

[282] É útil recordar, de resto, que a norma admite os pactos relativos aos ônus probatórios somente se a causa verter sobre direitos disponíveis. Pode-se, por conseguinte, admitir que a *relevatio* opere, em caso de ausência de contestação, somente nessa hipótese, bem como que o ônus originário da prova que incumbe ao autor não seja eliminado se a causa verter sobre direitos indisponíveis. Deve restar claro, todavia, que assim não se aceita de modo algum a teoria negocial da não contestação.

a falsidade do enunciado alegado – e não contestado – todas as vezes que isso resultar possível e oportuno. Assim, é necessário, por um lado, que se consinta que as partes contestem as alegações da parte contrária a qualquer momento do processo,[283] fazendo recair o ônus da prova sobre a parte que alegou fatos, sem sofrer, a propósito, qualquer preclusão. Nesse caso, de resto, é necessário, de qualquer modo, que se preserve o direito da parte contrária (que alegou o fato posteriormente contestado), no sentido de requerer e de fazer com que se produzam as provas de que dispõe sobre aquele fato. Por outro lado, não se pode excluir a utilização de meios de prova admissíveis e relevantes sobre a veracidade ou a falsidade do fato não contestado, se, de qualquer modo, as partes tiverem produzido tais provas, ou se o juiz tiver determinado sua produção. Em todo caso, pois, o fato não contestado deve ser efetivamente objeto de decisão, no sentido de que o juiz pode sempre retirar elementos de convencimento sobre a veracidade ou falsidade desse a partir de qualquer fonte de informação que lhe seja franqueada no curso do processo. Além disso, o juiz poderá desconhecer sua existência, por exemplo, quando a veracidade daquele fato lhe parecer inverossímil, ou resultar estar em contraste com outros fatos provados. Em substância, o fato não contestado poderá ser considerado verdadeiro (e, portanto, colocado à base da decisão) somente quando o juiz tiver amadurecido o convencimento da veracidade do enunciado que o descreve.[284]

Tudo isso equivale a dizer que a não contestação da alegação de um fato não tem, por si só, qualquer efeito vinculante, nem para as partes nem para o juiz: não se trata de um negócio estipulado entre as partes, mas sim de uma situação em que não se elimina o valor da verdade como condição de justiça da decisão; resulta, de qualquer modo, oportuno minimizar a eventualidade de que uma decisão seja tomada sem uma apuração efetiva da verdade dos fatos relevantes.

---

[283] Vai em sentido contrário a jurisprudência italiana mais recente, que – ao contrário do que acontecia no passado – exclui a possibilidade de contestações «*tardias*»: cfr. indicações em Carpi e Taruffo, *op. cit.*: 1192. A doutrina, pelo contrário, orienta-se, a propósito do art. 167 do Código de Processo Civil italiano, no sentido de uma interpretação relativamente mais elástica, já que admite que a contestação possa ocorrer mesmo depois da primeira defesa do demandado, pelo menos até a audiência de *trattazione* prevista no art. 183 (v. referências, *ibidem*: 153). Depois da recente reforma dessa norma, pode-se facilmente admitir que a contestação possa ocorrer mesmo nos memoriais protocolados fora da audiência, nos termos concedidos ao juiz pelo *comma* 5 da aludida norma.

[284] Em sentido análogo cfr. em particular Carratta, *op. cit.*: 266.

CAPÍTULO IV
A DIMENSÃO EPISTÊMICA DO PROCESSO

1. EPISTEMOLOGIA E IDEOLOGIA

Aceitar a tese de que existem razões válidas para que se julgue que no processo é *possível* apurar a verdade dos fatos à base da controvérsia – e que, aliás, é *necessário* direcionar o processo no sentido da descoberta da verdade[1] – gera diversas consequências. Uma dessas é que se pode perguntar se (e eventualmente em que medida) o processo pode ser interpretado como um instrumento epistemologicamente válido e racional, ou seja, se esse é um instrumento ou um método eficaz para a descoberta e a determinação da verdade dos fatos em que se funda a decisão. Parece sensato, de fato, debater sobre uma *função epistêmica* do processo, considerando-o um conjunto estruturado de atividades com o fim de obter elementos de conhecimento verídicos sobre os fatos relevantes para a solução da controvérsia. Nesse sentido o processo poderia ser inserido entre os procedimentos *truth-acquiring* de que fala Williams,[2] ou ser considerado (seguindo Goldman) um procedimento *veritistic*.[3] De várias partes vem a solicitação para que se dê atenção à dimensão epistemológica do direito (e do processo em particular). Por um lado, renomados epistemólogos como Larry Laudan, Alvin Goldman e Susan Haack ocupam-se dessa dimensão aprofundando os temas da verdade e do erro nas decisões judiciais.[4] Por outro lado, no âmbito jurídico, houve iniciativas importantes no mesmo sentido, como a coleção de volumes de *Epistemologia giudiziaria*, coordenada

---

1 Para a demonstração dessa tese v. *supra*, Cap. III, item 4.

2 Cfr. Williams, 2002: 127.

3 Cfr. Goldman, 1999: 272.

4 Cfr. Em particular o recente volume de Laudan, 2006; goldman, *op. cit.*: 279; Haack, 2004: 43; Haack, 2008a: 1071; Haack, 2007a: 14.

por Giulio Ubertis.[5] Além disso, um dos maiores estudiosos ingleses da *law of evidence* frisa claramente que a epistemologia representa uma das dimensões fundamentais para uma reconsideração atualizada do problema das provas;[6] também na literatura norte-americana há claras indicações nesse sentido.[7] Surge, por conseguinte, uma perspectiva metodológica muito interessante, que concentra a análise no que se pode definir como a dimensão epistêmica do processo, ou seja, como um «*modelo epistemológico*» do conhecimento dos fatos com base nas provas.[8] Em geral, de resto, os métodos são objeto de valoração epistêmica com o fim de que se estabeleça se são válidos ou não para a descoberta da verdade:[9] também o processo, se compreendido como método para a apuração da verdade dos fatos, pode, por conseguinte, ser objeto de valoração epistêmica.

Há, todavia, algumas dificuldades que serão preliminarmente levadas em consideração.

Por um lado, é oportuno considerar que a descoberta da verdade é um fim essencial do processo e uma condição necessária para a justiça da decisão,[10] mas não é o único fim que o processo persegue.[11] Consequentemente, a função epistêmica que o processo pode desempenhar é muito importante, mas não é a única. O processo, na verdade, é também um «*lugar*» em que normas são aplicadas, valores são postos em prática, garantias são asseguradas, direitos são reconhecidos, interesses são tutelados, escolhas econômicas são feitas, problemas sociais são enfrentados, recursos são alocados, o destino das pessoas é determinado, a liberdade dos indivíduos é tutelada, a autoridade do Estado é manifestada... e controvérsias são resolvidas através de decisões pretensamente justas. Dependendo da adoção de perspectivas que privilegiem uma ou outra dessas funções, caracterizam-se ideologias diferentes do processo. O mesmo ocorre com a adoção de metodologias analíticas particulares: quem compartilha da tese culturalmente imperialista segundo a qual a análise econômica dos fenômenos jurídicos é o único método sensato – vendo o processo como um conjunto de atividades direcionadas somente a finalidades econômicas e a critérios destinados à maximização do lucro individual –tenderá a julgar que no processo não acontece outra coisa senão escolhas orientadas por razões econômicas, com base em um uma ideologia que sustenta que o processo

---

5 Nessa coleção v. por último Amoretti e Marsonet (orgs.), 2007.

6 Cfr. Roberts, 2007: 42

7 Cfr. em particular Allen e Leiter, 2001: 1492.

8 A propósito, cfr., em particular, Gascón Abellán, 1999: 550.

9 Cfr. Goldman, 1986: 21.

10 V. *supra*, Cap. III, item 4 e Taruffo, 2002b: 219.

11 Cfr. Damaška, 2003: 175, que retira a consequência de que métodos epistemicamente ideais podem não ser adequados no contexto do processo.

nada mais é – justamente – do que um lugar em que escolhas dominadas pelo interesse individual são feitas.[12]

Essas escolhas ideológicas condicionam não só as abordagens dos estudiosos, mas também a estrutura do processo e seu funcionamento: escolhas ideológicas influenciam as orientações dos legisladores que se ocupam do processo, e que introduzem normas diferentes dependendo da ideologia adotada nas circunstâncias; ainda, as orientações da doutrina e da jurisprudência, que dão interpretações e aplicações diferentes às normas processuais de acordo com a ideologia do processo em que se inspiram. Entre essas duas ideologias e aquela que se definiu como dimensão epistêmica do processo criam-se inevitavelmente tensões, contradições e conflitos. Não parece, de fato, aceitável a tese recentemente esposada com insistência por Alex Stein, segundo a qual na *law of evidence* a relação entre epistemologia e ideologia (que Stein chama de *political morality*) seria de complementaridade, no sentido de que a *political morality* ocuparia o espaço deixado pela epistemologia.[13] À parte a circunstância de que a tese de Stein funda-se em uma concepção fortemente limitante da *law of evidence* (segundo a qual seriam dela excluídas todas as normas que dizem respeito às provas que tenham por finalidade a atuação de valores estranhos ao processo),[14] é a experiência concreta de muitos ordenamentos – e não somente daqueles de *common law* aos quais Stein limita sua própria análise – que demonstra o contrário. À parte convenções definidoras discutíveis, como aquelas de que se serve Stein, é claro que em todos os ordenamentos processuais há normas que influem na disciplina das provas, fazendo prevalecer razões não epistêmicas ou contraepistêmicas (determinadas por escolhas ideológicas em sentido lato) sobre regras e métodos que seriam epistemologicamente válidos, já que funcionais à apuração da verdade.[15] O problema, então, é estabelecer como resolve-se o conflito entre regras epistêmicas e regras probatórias contraepistêmicas, ou seja, estabelecer quando a exigência de apurar a verdade pode ser colocada à parte em nome da tutela de valores não epistêmicos que entrem em contraste com tal exigência.[16]

Se, por exemplo, julgar-se que a função do processo termina com a celebração de um ritual com o fim de legitimar a solução de uma controvérsia

---

[12] Para um exemplo de análise econômica do processo cfr. Bone, 2003

[13] Nesse sentido cfr. Stein, 2005: 11, 39, 48 e *passim*.

[14] Cfr. Stein, *op. cit.*: 25. Desse modo, o argumento de Stein torna-se circular: se forem excluídas da *law of evidence* as normas que incidem na disciplina das provas (porque realiza valores contrastantes com os epistêmicos), resulta automaticamente verdadeiro que as escolhas de *political morality* ocupam o espaço não coberto por critérios epistêmicos, não dizendo respeito à *law of evidence*.

[15] A propósito, v., em particular, Damaška, 2003a: 117; Cavallone, *op. cit.*: 948.

[16] Sobre o conflito entre valores epistêmicos e valores não epistêmicos cfr. amplamente Laudan, *op. cit.*: 3, 213.

em um contexto social e cultural específico, disso resulta uma desvalorização ou um completo apagamento da dimensão epistêmica do processo, em particular se naquele contexto a apuração da verdade dos fatos não tiver valor algum.[17] Analogamente, se se julgar que a função do processo termina com o desenvolvimento de uma competição procedimentalmente correta entre os indivíduos privados, a busca da verdade parecerá uma coisa estranha e insignificante no que tange à dinâmica do livre confronto entre as partes.[18] Ainda, se se sustentar que o escopo do processo é exclusivamente colocar *de qualquer modo* fim à controvérsia, não sendo relevante a qualidade da decisão que conclui o procedimento, a busca da verdade parecerá irrelevante, ou até mesmo contraproducente.[19]

Se a tensão se resolver em favor de uma dessas ideologias do processo, a óbvia consequência será de que se anulará ou se descuidará da função epistêmica do processo; na melhor das hipóteses essa resultará limitada e diversamente modelada em função daquilo que se julga oportuno para a ideologia adotada.[20]

Em alguns sentidos, nisso não há qualquer coisa estranha. Mesmo a pesquisa científica, que pode ser considerada como o modelo ideal de atividade epistêmica, pode encontrar limitações que derivam da necessidade de realizar valores aos quais se atribui prevalência, como aqueles que dizem respeito à dignidade e à liberdade do homem ou à tutela da vida.[21] Então, o problema não é de se excluir em absoluto qualquer limite ou condicionamento à busca da verdade no âmbito do processo. Trata-se, mais do que isso, de valorar quais limites e condicionamentos justificam-se e quais, ao invés disso, além de serem epistemologicamente contraindicados, são também carentes de justificativa ideológica aceitável.

Por outro lado, é oportuno considerar não somente que existe uma ampla variedade de sistemas judiciários e modelos processuais,[22] mas também que diversas ideologias agiram (e ainda agem) no sentido de condicionar a disciplina normativa e as modalidades de funcionamento concreto dos diferentes sistemas probatórios. Poder-se-ia dizer que cada ordenamento processual constitui um contexto particular com suas regras, seus mecanismos e seus valores,

---

17 V. *supra*, Cap. III, item 4.1.

18 Cfr. Damaška, 2003: *loc. cit.*

19 Sobre essas concepções do processo v. mais amplamente *supra*, Cap. III, item 4.2.

20 Nesse sentido cfr., por exemplo, Haack, 2004: 49, que reconhece que o sistema *adversarial* norte-americano é epistemologicamente criticável, mas acaba por afirmar que esse um método prático para resolver controvérsias. Analogamente Damaška, *op. cit.*: 150.

21 Cfr. Lynch, 2004: 45.

22 A existência dessa variedade, da qual dar-se-ão exemplos em seguida, assinala um limite muito forte à validade de teses que – como a de Stein, a que se fez referência anteriormente – são construídas *a priori* com base em um só sistema de normas relativas às provas.

de modo que a análise deveria ser posta no âmbito de cada sistema particular, moldando-se a esse, e, no máximo, verificando sua coerência interna. De tal modo adotar-se-ia uma perspectiva relativista em função da qual cada sistema processual faria história por si só, justificando-se em modo autorreferencial.[23] Consequentemente, nenhum ordenamento poderia ser considerado melhor ou pior do que qualquer outro. Se um ou mais sistemas processuais fossem epistemicamente inadequados ou ineficazes (ou até mesmo se não incluíssem a busca da verdade dos fatos entre seus escopos) isso seria totalmente irrelevante. Cada ordenamento processual encontraria, de fato, em si mesmo (e somente em si mesmo) sua própria justificação. Se prevalecesse, como acontece nos Estados Unidos, uma ideologia do *exceptionalism*,[24] em função da qual um particular ordenamento processual (no caso o norte-americano) seria *exceptional* – e, portanto, impassível de comparação com qualquer outro, nem de valoração em sentido positivo ou negativo segundo algum critério de avaliação – isso seria suficiente para bloquear o caminho a qualquer perspectiva comparatista e, particularmente, a toda e qualquer consideração crítica.

Como acontece com as versões radicais do multiculturalismo,[25] essa forma de relativismo processual acaba, por um lado, por eliminar qualquer confronto entre diferentes sistemas de cultura, e, por outro, por produzir consequências paradoxais. Por exemplo, derivaria disso a impossibilidade de estabelecer-se se um sistema probatório fundado nos ordálios seria pior do que um sistema fundado em provas racionais,[26] ou se seria impossível preferir um processo rápido e eficiente a um lento e complicado. Em particular, restaria impossível exprimir uma preferência por um processo orientado à descoberta da verdade em detrimento de um processo ineficiente no que tange à apuração dos fatos relevantes para a decisão. É claro, pelo contrário, que a análise comparatista, integrada com a análise histórica, não só é plenamente legítima, mas também resulta muito frutuosa inclusive no plano do confronto e da valoração dos diversos sistemas processuais sob o perfil das modalidades com que desempenham suas funções. Acima de tudo, é a análise epistemológica que consente afrontar os diversos sistemas probatórios sob o perfil de sua maior ou menor eficiência para a apuração da verdade.[27]

---

[23] Nesse sentido v., p. ex., CAVALLONE, *op. cit.*: 949.

[24] A propósito do *American Exceptionalism* com referência aos métodos de resolução das controvérsias cfr. em particular CHASE, 2005: 47, 54, 87, 103; CHASE, 2002: 277; MARCUS, 2005: 709.

[25] Na vasta literatura sobre o tema cfr. em particular os artigos recolhidos no volume GALLI, 2006.

[26] A propósito v. *supra*, Cap. I, item 2. Sobre a ausência de diferenças entre os dois sistemas ver CAVALLONE, *op. cit.*: 950, 973.

[27] Cfr. GASCÓN ABELLÁN, *op. cit., loc. cit.*

2. A SELEÇÃO DAS PROVAS

Em todo e qualquer procedimento de caráter epistêmico tem importância decisiva o método, ou seja, o conjunto das modalidades com que são selecionadas, controladas e utilizadas as informações que servem para demonstrar a veracidade das conclusões. No âmbito do processo isso equivale a fazer referência sobretudo às regras que disciplinam a produção das provas e sua utilização, ou seja, ao «*direito das provas*» e à equivalente noção anglo-americana da *law of evidence*.[28] Essas noções são aqui usadas em sentido geral e amplo, fazendo referência a todas as normas, de qualquer origem e natureza, que direta ou indiretamente se ocupam do fenômeno probatório.[29] Também o termo «*prova*» é aqui usado em um significado amplo, capaz de abrigar todo e qualquer gênero de dados cognoscitivos, de procedimento ou de meio que produz informações passíveis de utilização para a apuração da verdade dos fatos.[30]

Isso consente que se deixe de lado, desde já, um problema de que por vezes tem-se ocupado a doutrina, qual seja, de determinar se no processo podem ser empregadas somente as provas assim chamadas «*típicas*» ou «*nominadas*» (ou seja, previstas e disciplinadas expressamente na lei), ou se também as provas «*atípicas*» ou «*inominadas*» (assim chamadas porque delas a lei não se ocupa). No processo civil o problema é resolvido, pela doutrina dominante e pela jurisprudência, no sentido da admissibilidade das provas atípicas, mesmo que com algumas limitações.[31] Tendência análoga vem se afirmando também no processo administrativo;[32] já no processo penal, o problema é resolvido explicitamente pelo art. 189, que admite o emprego de provas atípicas desde que idôneas «*a assegurar a apuração dos fatos*» e com a condição de que não prejudiquem a liberdade moral da pessoa.[33] A tese segundo a qual seriam admissíveis somente as provas expressamente reguladas pela lei é criticável

---

[28] As normas sobre as provas, de fato, são um objeto natural de estudo em perspectiva epistemológica, visto que dizem respeito ao procedimento com que se apuram os fatos no processo. Cfr. Allen e Leiter, *op. cit.*: 1498.

[29] Não parece convincente, e não é aqui acolhida, a definição restritiva da *law of evidence* recentemente proposta por Stein, *op. cit.*: 25, segundo a qual nessa não estariam contidas as normas que se ocupam indiretamente das provas, com o escopo de colocar em prática valores extraprocessuais. Essa concepção é contrariada por todos os manuais anglo-americanos de *evidence* (que se ocupam também dessas normas); implica que não se levem em consideração normas que, todavia, ocupam-se das provas – frequentemente prevendo sua exclusão – e que, portanto, determinam as modalidades com que os fatos podem ser apurados em juízo.

[30] Para um exame mais analítico das tipologias probatórias, bem como para um uso mais preciso e rigoroso da relativa terminologia, cfr. Taruffo, 1992: 425.

[31] Sobre o tema v., por todos, e para ulteriores referências, Ricci, 1999: especialmente 227, 459. Em sentido crítico v. por último Cavallone, *op. cit.*: 958.

[32] Cfr. D'Angelo, 2008.

[33] Sobre o art. 189 do Código de Processo Penal italiano cfr. referências de doutrina e de jurisprudência em Conso e Grevi, 2005: 531. Cfr. ainda Ricci, *op. cit.:* 74 e ss., 525 e ss.

sob vários aspectos,[34] sendo, não por acaso, rejeitada pela jurisprudência, que utiliza regularmente as provas atípicas.[35] Essa tese, sem mencionar outras razões, teria também o insuperável inconveniente de bloquear o caminho do processo às numerosas provas que o progresso científico e tecnológico colocam à disposição,[36] consentindo uma apuração mais completa e confiável da verdade, mesmo antes que o legislador – cedo ou tarde – dê-se conta da necessidade de prevê-las como normas expressas. Desse modo, por exemplo, o teste de DNA continuaria a ser inutilizável como prova, somente por não ter o legislador agido no sentido de declará-lo admissível com uma norma específica.

A exclusão das provas atípicas é, de qualquer modo, inaceitável, sobretudo sob a perspectiva epistêmica:[37] nenhum historiador ou cientista, de fato, recusar-se-ia a levar em consideração um dado cognoscitivo ou uma informação útil somente por não existir uma regra expressa que consinta tal uso.

2.1 O princípio da relevância

Um princípio epistêmico bastante óbvio aponta no sentido de que se se trata de apurar a verdade de um enunciado, deve-se poder utilizar de todas as informações úteis a esse escopo.[38] É evidente, na verdade, que toda e qualquer decisão que tende a apurar a verdade deve ser *evidence responsive*: isto é, deve fundar-se nas provas disponíveis.[39] Trata-se de uma aplicação do *total evidence principle*, segundo o qual a racionalidade de um convencimento deve fundar-

---

[34] Não parece convincente a opinião esposada recentemente por Carratta (v. CARRATTA, 2003: 52), segundo a qual a admissão das provas atípicas violaria o princípio da reserva da lei introduzido em 1999 no art. 111 *comma* 1 da Constituição italiana. Segundo Carratta, o fato de a norma referir-se ao justo processo «*regulado pela lei*» excluiria a discricionariedade do legislador na regulação das modalidades do método instrutório (*ivi*: 53) e impediria o juiz de utilizar provas não previstas pela lei. Pode-se até concordar com o fato do juiz do rito ordinário não ser livre para utilizar outros métodos instrutórios, mas não há razão para se retirar da reserva de lei em questão a consequência de que o juiz não possua poderes discricionários em matéria de provas. Em particular, a ideia de que o juiz não poderia utilizar as provas atípicas porque não são previstas em lei parece ditada por uma espécie de *horror vacui*, segundo o qual somente aquilo que é expressamente regulado pode existir no processo. Ao contrário, como se vê adiante no texto, a configuração apropriada do problema é de que tudo o que é relevante pode ser utilizado como prova, com a exclusão somente das provas que a lei declara inadmissíveis. Recorde-se, de resto, que o critério de relevância é previsto pela lei processual, e que, portanto, sua aplicação coerente não pode violar qualquer reserva de lei. Em sentido análogo cfr. D'ANGELO, *op. cit.*: 224.

[35] Para uma crítica à situação de confusão que caracterizaria o problema das provas atípicas v. por último CAVALLONE, *op. cit.*: 958.

[36] Sobre o emprego probatório do conhecimento científico, v. *infra*, Cap. V, item 3.3.

[37] Analogamente cfr. GASCÓN ABELLÁN, *op. cit.*: 129.

[38] Cfr. GASCÓN ABELLÁN, *op. cit.*: 128 e ss.

[39] Cfr. GOLDMAN, *op. cit.*: 283.

se – justamente – em todos os dados cognoscitivos existentes,[40] ou do análogo critério de *comprehensiveness*, ou ainda de *completeness*, pelo qual as provas que fundam uma afirmação devem ser completas.[41] É claro que, de fato, se existem informações úteis que não são obtidas, sobre as quais, portanto, nada se sabe (a não ser que *poderiam* contribuir para apurar a verdade), a descoberta da verdade torna-se mais difícil, incerta, e, talvez, impossível. Possui um significado análogo o *truth-in-evidence* de que fala Alvin Goldman,[42] em função do qual a disponibilidade de um amplo conjunto de provas, em geral, indica melhor a veracidade de uma hipótese do que um conjunto de provas mais limitado. Por outro lado, se o objetivo perseguido for somente a resolução dos conflitos, como acontece no âmbito de algumas ideologias do processo,[43] ter-se-á preocupação menor com a precisão da apuração dos fatos, que «*se manifesta sobretudo através de formas de relativa indiferença à completude do material probatório apresentado ao juiz*».[44]

Em sentido contrário ao princípio epistemológico de completude das informações não vale invocar (como faz, por exemplo, Alex Stein)[45] razões de caráter econômico, segundo as quais informações úteis não deveriam ser obtidas se seu custo não fosse vantajoso. Pode até ocorrer, na verdade, que na prática razões econômicas impeçam a obtenção de uma informação útil, mas isso se traduz, ainda assim, em um limite à descoberta da verdade. Vale a pena precisar que a análise aqui desenvolvida, orientada em perspectiva epistêmica, não abordará – salvo referências ocasionais – os aspectos econômicos do fenômeno probatório, com base na regra segundo a qual todos os valores que de um modo ou de outro podem entrar em conflito com a busca da verdade são estranhos à dimensão epistêmica.[46] Entre as razões que justificam a não consideração das poucas análises econômicas do problema das provas pode-se referir o fato de que essas tenham tido por objeto somente a *law of evidence* norte-americana,[47] sem produzir resultados úteis em um plano geral. Acima de tudo, entretanto, deve-se dizer que essas análises empregam frequentemente modelos abstratos (tão distantes da realidade que resultam descritivamente inadequados),[48] fundam-se em quantificações hipotéticas e impróprias e

---

40 Cfr. Goldman, *op. cit.:* 204. Em sentido análogo cfr. também Laudan, *op. cit.:* 121.

41 Cfr. Haack, *op. ult. cit.*: 46, 56; Haack, 1995: 87.

42 *Op. cit.:* 144, 293.

43 V. *supra*, Cap. III, item 4.2.

44 Nesse sentido cfr. Damaška, *op. cit.*: 165.

45 Cfr. Stein, *op. cit.:* 1, 5, 8 e *passim.*

46 Cfr. Goldman, *op. cit.*: 284.

47 Cfr. em particular o estudo que se apresenta como o mais importante e exauriente, qual seja, Posner, 1999: 1447.

48 O caso mais evidente é o de Posner, *op. cit.*: 1487, que pretende confrontar um modelo *inquisitorial* em que somente o juiz obtém as provas e faltam as partes com um modelo *adversarial* que se baseia exclusivamente no júri. Nenhum dos dois modelos corresponde a qualquer realidade, de modo que os analisar é tarefa totalmente inútil.

ignoram a incidência de regras sociais, de tendências culturais e de valores epistêmicos – seja sobre a formulação das normas relativas às provas, seja sobre sua aplicação.[49]

No contexto do processo as regras epistêmicas há pouco lembradas encontram um claro equivalente no *princípio da relevância*, segundo o qual todas as provas potencialmente úteis para a apuração da verdade dos fatos deveriam ser admitidas em juízo. A propósito, observe-se que a relevância de uma prova não é questão de grau: uma prova é relevante ou não o é.[50]

Tradicionalmente atribui-se a esse princípio uma função de economia processual (*frustra probatur quod probatum non relevat*), já que sua aplicação evitaria o desenvolvimento de atividades processuais inúteis. Nesse sentido a referência à economia processual é sensata por pelo menos duas razões: porque aqui se trata de economia *processual* (e não simplesmente de economia de despesas) e, sobretudo, porque o princípio em questão implica a eliminação preliminar de provas que, de qualquer modo, não seriam úteis para a apuração dos fatos, não provocando, portanto, qualquer limitação à obtenção das informações que servem para a apuração da verdade.[51]

Essa justificativa *lato sensu* econômica vale para aquela que poderia ser definida como *função exclusiva* do princípio da relevância, com base na qual esse serve para determinar a exclusão das provas não relevantes (conforme expressamente previsto, por exemplo, na *Rule* 402 das *Federal Rules of Evidence* estadunidenses).[52] Há, porém, uma justificativa não econômica, mas epistêmica, para a *função inclusiva* do princípio da relevância,[53] em virtude da qual nenhuma prova potencialmente útil deveria ser excluída, e todas as provas potencialmente úteis deveriam ser admitidas. Essa justificativa pode ser intuída facilmente: a exclusão de informações úteis viciaria *ab origine* todo e qualquer procedimento epistêmico; o único modo para maximizar a confiabilidade dos resultados de tal procedimento consiste no emprego adequado de todos os elementos de conhecimento disponíveis. A propósito, frise-se que uma limitação ou uma derrogação importante ao princípio *inclusivo* da relevância pode derivar da estrutura do processo; no processo *adversarial*, de fato,

---

49 Para essas críticas cfr. em particular Shapira, 1998: 1607. Em sentido claramente crítico para com as análises econômicas do sistema probatório cfr. também Allen e Leiter, *op. cit.*: 1511.

50 Cfr., p. ex., Roberts e Zuckerman, 2004: 99.

51 Em linhas gerais sobre o conceito de relevância e sobre a sua função cfr. por último, inclusive para ulteriores referências, Ferrer Beltrán, 2007: 68. V., ainda, Taruffo, 1992: 337; Taruffo, 1970; Comoglio, 1980: 198; Comoglio, 2004: 124.

52 Sobre essa norma cfr. Graham, 2003: 105 e s.; Saltzburg, Martin e Capra 2002: 402.

53 Sobre a função inclusiva do princípio da relevância v. mais amplamente Taruffo, 1992: 341 e ss.

a preponderância do controle das partes implica uma menor preocupação com a completude das informações que servem para a apuração dos fatos.[54]

Naturalmente o conceito de utilidade não é aqui compreendido em sentido meramente econômico: uma informação é epistemicamente útil se parece idônea a fornecer elementos de conhecimento que digam respeito, direta ou indiretamente, aos fatos da causa, e não se traz vantagens proporcionais aos custos para sua descoberta e obtenção.[55] É com base em considerações desse gênero que o princípio da relevância faz-se presente, como critério fundamental de seleção de todas as provas admissíveis, em todos os ordenamentos processuais; é precisamente formulado na *Rule* 401 das *Federal Rules of Evidence* estadunidenses, que prevê que é relevante a prova que tem «*any tendency to make the existence of any fact that is of consequence to the determination of the action more probable or less probable that it would be without the evidence*».[56]

Ainda sob o prisma epistêmico, pode-se pensar somente em uma atenuação «*econômica*» racional ao princípio de relevância compreendido em seu significado inclusivo. Pode-se excluir, assim, a produção de uma prova que isoladamente considerada é relevante, quando restar evidente que essa resultará supérflua porque redundante, ou seja, se quando produzida não fizer outra coisa senão produzir ulteriores elementos de confirmação de conclusões já alcançadas e adequadamente justificadas por outras provas. A prova supérflua é inútil porque não acrescenta novidade alguma àquilo que já se conhece; portanto, as atividades necessárias para sua produção não são oportunas. Esse critério pode ser aplicado, por exemplo, para interpretar corretamente o art. 209 do Código de Processo Civil italiano, que permite que o juiz exclua a produção de provas já admitidas quando a julgar supérflua, com base nas provas já produzidas.[57] Esse é utilizado pela *Rule* 403 das *Federal Rules of Evidence* norte-americanas, na qual se confere ao juiz o poder de excluir provas que pareçam puramente *cumulative*.[58] O critério em questão é, todavia, interpretado de modo epistemicamente correto: é claro, de fato, que

---

54 Nesse sentido cfr. Damaška, *op. ult. cit.*: 174 e ss.

55 Nesse sentido ver Stein, *op. cit.*: 2, 8. O que Stein não esclarece, todavia, é como seria possível comparar entidades essencialmente diferentes como o custo econômico de uma informação e seu valor cognoscitivo. Pode tratar-se, no máximo, de um critério prático muito genérico, mas resta, de qualquer modo, o fato de que a consideração do custo econômico ligar-se-ia não ao valor cognoscitivo da informação (que não se conhece enquanto essa não for obtida), mas eventualmente ao *deficit* de conhecimento que sua exclusão comportaria.

56 Na ampla literatura sobre o tema cfr. em particular Graham, *op. cit.*: 87 e ss; Rothstein, Raeder e Crump, 2003: 58; Saltzburg, Martin e Capra, 2002: 401-4.

57 Cfr. nesse sentido Taruffo, 1992: 347; Taruffo, 1970: 71; Comoglio, 1980: 200 e ss. Para orientações menos rigorosas surgidas na doutrina e na jurisprudência v. referências em Carpi e Taruffo, 2006: 650.

58 A propósito cfr. em particular Saltzburg, Martin e Capra, 2002: 403-36.

uma prova que verte sobre o mesmo fato objeto de outras provas, mas que visa a contrastar aquilo que resultou dessas (ou que visa a fornecer elementos para uma reconstrução diferente daquele fato), não é de modo algum supérflua ou redundante, não podendo, pois, ser considerada inútil. Essa poderia, pelo contrário, trazer relevantes elementos de conhecimento e de apuração dos fatos, não devendo, pois, ser excluída.

Parecem, entretanto, discutíveis outros critérios econômicos *lato sensu* que por vezes são utilizados com o fim de limitar a aplicação do princípio inclusivo da relevância, ou seja, com o fim de excluir a produção de provas que seriam, todavia, úteis para a apuração dos fatos. O caso mais interessante é representado justamente pela *Rule* 403 há pouco mencionada, na parte em que essa admite que o juiz exclua uma prova relevante não somente quando essa parecer *cumulative*, mas também *by consideration of undue delay* e *waste of time*. Em substância, atribui-se ao juiz um poder largamente discricionário,[59] não ancorado nem mesmo em uma valoração comparativa entre os inconvenientes que a produção de uma prova comportaria e as vantagens que essa geraria em termos de apuração da verdade (de excluir provas relevantes por razões que dizem respeito unicamente à eficiência do processo). Depende, por conseguinte, somente da prudência do juiz a eventualidade de que, por essas razões, não sejam excluídas provas potencialmente decisivas para a descoberta da verdade,[60] mas resta válida a consideração de que, em todo caso, a exclusão de provas relevantes implica um *deficit* nos elementos de conhecimento úteis para uma apuração verídica dos fatos.[61]

2.2 A exclusão das provas relevantes

Em um procedimento epistêmico ideal, o princípio da relevância seria muito provavelmente suficiente para determinar quais informações seriam excluídas e quais seriam obtidas com o escopo de maximizar a eficácia de tal procedimento na obtenção de conclusões verídicas. Parece claro, de fato, que nenhuma regra ulterior seria necessária em um sistema *truth-driven*,[62] no qual,

---

[59] Sobre o emprego dessa discricionariedade, e em particular sobre o *abuse of discretion* a que essa pode dar lugar, cfr. o amplo leque de casos citados em Saltzburg, Martin e Capra, 2002: 403-9.

[60] Segundo Graham, *op. cit.*: 107, esse poder deveria ser usado *sparingly* (tratando-se de um *extraordinary remedy*) somente em exceções das partes e desde que a parte que produzira a prova pudesse demonstrar a existência de boas razões para que essa não fosse excluída.

[61] Dentro desses limites, e com referência à *Rule* 403, tem parcial razão Stein, *op. cit.*: 155, ao dizer que a *law of evidence* norte-americana parece orientada, mais do que no sentido da busca da verdade, no da finalidade de *cost-efficiency*. A tese de Stein, por outro lado, não pode ser aceita no ponto em que ele afirma que a *cost-efficiency* é e deve ser um critério geral imprescindível em qualquer disciplina das provas.

[62] Cfr. Laudan, *op. cit.*: 121.

aliás, «*every rule that leads to the exclusion of relevant evidence is epistemically suspect*».[63]

Esses princípios de caráter epistêmico são lembrados também no contexto do processo. Existe, de resto, uma tradição que remonta a Jeremy Bentham, segundo o qual «*evidence is the basis of justice: to exclude evidence is to exclude justice*».[64] Bentham criticava asperamente a complicação e o formalismo da *law of evidence* inglesa de seu tempo, constituída por um conjunto complicado e pouco racional de regras que iam principalmente no sentido de excluir provas relevantes. Segundo Bentham, entretanto, a disciplina jurídica das provas poderia ser reduzida vantajosamente ao princípio segundo o qual toda e qualquer prova relevante deveria, por isso mesmo, ser considerada admissível.[65] Desse modo, ele antecipava o princípio epistêmico de completude dos elementos de conhecimento, mencionado acima. Seu pensamento foi criticado também com a observação de que, mesmo se se admitissem todos os dados de conhecimento, isso não garantiria a descoberta da verdade.[66] Isso provavelmente é verdade, mas é também verdade que excluir a possibilidade de se utilizar de provas relevantes é um modo seguro para se eliminar a possibilidade de descobri-la.

Não obstante o claro fundamento epistêmico desses princípios, numerosos ordenamentos processuais, tanto no passado como atualmente, não os aplicaram rigorosamente, introduzindo, ao invés disso, disciplinas jurídicas das provas frequentemente muito complexas e articuladas em numerosas previsões normativas.[67] Não é possível desenvolver aqui uma análise adequada desses sistemas normativos, mesmo porque esses são muito diferentes um do outro. É, todavia, oportuno levar em consideração alguns exemplos, seja para frisar como diferentes ordenamentos (mesmo no interior da mesma «*família*» processual) seguem orientações diferentes, seja para verificar de que modos as normas que regulam a admissão das provas relacionam-se com a função epistêmica do processo.

As normas que dizem respeito à seleção preliminar das provas dizem respeito – também no campo da linguagem legislativa – à *admissibilidade* das

---

63 Cfr. LAUDAN, *op. cit.*: 19. Analogamente, cfr. GOLDMAN, *op. cit.*: 292.

64 Cfr. BENTHAM, [1827]: 490; LAUDAN, *op. cit.*: 171. No mesmo sentido cfr. Também FERRER BELTRÁN, *op. cit.*: 70; TARUFFO, 1992: 337.

65 A tese «*abolicionista*» que remonta a Bentham foi criticada por STEIN, *op. cit:* 108 e ss., por diversas razões. Uma delas é que Stein não compartilha da ideia de Bentham (seguida também nessas páginas) que afirma que a correção das decisões sobre os fatos seria uma finalidade essencial do processo (v. *ibidem*: 113). Outra razão é que Stein (*ibidem*: 109) teme a tirania dos juízes que teria espaço em um sistema probatório não rigorosamente governado por regras de exclusão. Ambas as razões são fortemente discutíveis, e, de resto, Stein não se preocupa em motivá-las, fazendo não mais do que uma demonstração de fé apodítica.

66 Nesse sentido cfr. HAACK, *op. cit.:* 58.

67 Sobre o tema cfr. GASCÓN ABELLÁN, *op. cit.*: 130; CAVALLONE, *op. cit.*: 948.

provas; trata-se, em realidade, de *regras de exclusão* de provas que, na falta de tais regras, seriam admitidas, por serem relevantes.[68] Com efeito, conforme visto, todas as provas relevantes deveriam ser admitidas, salvo se – pode-se agora acrescentar – uma prova relevante devesse ser excluída com base em uma norma específica que assim previsse. A regra fundamental, aplicada com prioridade lógica, é a que faz com que a relevância determine a admissibilidade de uma prova; as exceções a essa regra são as normas que preveem a *inadmissibilidade* de provas relevantes.[69]

Em linhas gerais, as regras de exclusão das provas podem ser divididas em duas grandes categorias, de acordo com a função a que se destinam: a primeira categoria inclui normas que visam a desempenhar, de maneira exclusiva ou não, uma função epistêmica.[70] Essas parecem ter o fim de prevenir ou evitar erros ou incompreensões na determinação do valor de determinadas provas, por parte do sujeito ou do órgão que deve formular a decisão final sobre os fatos. É claro que a prevenção de erros de valoração é um aspecto importante de qualquer procedimento orientado à descoberta da verdade. A segunda categoria inclui normas de exclusão que não têm qualquer finalidade epistêmica, visto que não visam a favorecer a descoberta da verdade; são destinadas a que se alcancem fins de outra natureza (mais ou menos relevantes, de acordo com o caso), mas nada tem a ver com a correta apuração dos fatos. Essas normas, todavia, condicionam diretamente a apuração dos fatos, já que limitam ou impedem de vários modos a produção de provas relevantes; portanto, têm uma clara incidência negativa na perspectiva da função epistêmica do processo.

a) A categoria das normas caracterizadas por algumas finalidades epistêmicas inclui inúmeras regras de conteúdo bastante variável, já que os diferentes ordenamentos assumem posturas muito diferenciadas quanto à exclusão de provas declaradas inadmissíveis com o escopo de que se evitem erros em sua valoração. Basta que se recorde um exemplo particularmente significativo.

Uma primeira hipótese é constituída pelas normas que, principalmente no ordenamento francês (mas também – por derivação histórica – no italiano), excluem a prova testemunhal dos contratos de valor superior a certo montante, dos termos aditivos ou contrárias ao conteúdo de um contrato, dos contratos para os quais a lei requer prova escrita, e dos contratos para cuja existência ou validade a lei requer forma escrita. Essas normas têm origem histórica que remonta à época em que, por várias razões (sobretudo pela difusão da escrita e pelo surgimento da profissão notarial), a máxima *lettres passent témoins* impõe-se, e a prova escrita configura-se mais segura, mais fácil de conservar e, portanto, mais apta a conferir – mesmo com a passagem do tempo – uma

---

[68] Cfr. Ferrer Beltrán, *op. cit.*: 77; Taruffo, 1992: 337.

[69] Nesse sentido cfr., p. ex., Roberts e Zuckerman, *op. cit.*: 96.

[70] Cfr. Allen e Leiter, *op. cit.*: 1500; Goldman, *op. cit.*: 293.

demonstração verídica do contrato documentado.[71] Com base nessa tradição histórica, e principalmente por um efeito de imitação do sistema francês, essas normas passaram primeiro ao Código Civil italiano de 1865 e, posteriormente, aos artigos 2721 e ss. do Código Civil italiano atual.[72] Em realidade a superioridade epistêmica do documento em relação à prova é *in re ipsa*, pelas óbvias razões recentemente assinaladas, mas por si só não implicaria de fato uma proibição de provar-se um contrato com testemunhas: não por acaso, de fato, tal proibição não existe nos diversos ordenamentos de *civil law* e de *common law*,[73] parecendo típica dos sistemas de tradição francesa. Em realidade, o que essas normas visam a evitar não é que se faça prova testemunhal de um contrato (o que na realidade ocorre em todos os casos não previstos por elas, e ainda quando for impossível fornecer a prova escrita, com base nos arts. 2724 e 2725 do Código Civil italiano), mas sim que, ao mesmo tempo, produzam-se de um mesmo contrato provas escritas e provas testemunhais, criando-se assim problemas de valoração comparativa dessas provas. Com o fim de evitar o embaraço do juiz em situações desse tipo, torna-se absoluta a natural eficácia demonstrativa de um documento, impedindo-se até que sobre o mesmo objeto sejam produzidas outras provas – em particular, provas testemunhais. Essas normas são o resultado de uma tradição histórica remota, merecendo uma revisão radical.[74] Em todo caso, não parece que se possa deduzir daí a existência, no sistema probatório italiano, de um princípio equivalente à *Best Evidence Rule* americana (que – aliás – não existe mais),[75] que determinaria a

---

[71] Sobre a origem dessas normas v. mais amplamente Taruffo, 1988: 741; Comoglio, 2004: 429.

[72] Para um exame analítico das normas em questão cfr. p. ex. Comoglio, *op. ult. cit.*: 429, 433; Taruffo, *op. ult. cit.*: 743. Sobre o tema cfr. também Ferrari, 2004: 203.

[73] No ordenamento federal estadunidense, por exemplo, não há regras probatórias relativas à forma da prova dos contratos. A tradicional *Best evidence Rule* (sobre a qual v. Ferri, *op. cit.*: 7, 44) foi há tempos abandonada; a atual *Rule* 1002 das *Federal Rules of Evidence* – na qual se percebe (de maneira imprópria, entretanto, segundo Graham, *op. cit.:* 572) um resíduo daquela regra – limita-se a prever que se o conteúdo de um documento, de uma gravação ou de uma fotografia deve ser provado, então deve-se produzir o original do documento, da gravação e da fotografia; tudo isso, entretanto, desde que não ocorra uma das várias situações previstas na *Rule* 1004 (pois nesses casos admite-se o uso de outros meios de prova) ou que seja possível a utilização de cópias (como previsto na *Rule* 1003). Em realidade essas normas não indicam quando é necessária a utilização de prova documental, pois julga-se que isso seja um problema de direito substancial, não de direito probatório. Sobre esses temas, que não podem ser aqui aprofundados, cfr. Saltzburg, Martin e Capra, 2002 (5): 1002-2, 1003-2, 1004-2; Graham, *op.cit, loc. ult. cit.*; Rothstein, Raeder e Crump, *op. cit.*: 592; Barker e Alexander, 1996: 807; Allen, Kuhns e Swift, 1997: 244.
Falharam, de resto, as escassas tentativas de restaurar a *Best Evidence Rule* como princípio geral do sistema probatório (cfr. p. ex. Nance, 1988: 244). Portanto, não se pode compartilhar da tese de Ferrari, *op. cit.*: 121, que sustenta a existência de tal princípio na *law of evidence* estadunidense.

[74] Cfr. Taruffo, *op. cit.*: 743.

[75] V. n. 73.

preferência pela «*melhor prova*».[76] Por um lado, de fato, é verdade – ainda que absolutamente banal – que é preferível que se usem provas seguras e confiáveis a provas dúbias e pouco confiáveis: a propósito, não há qualquer necessidade de que se formulem princípios, sendo mais do que suficiente o senso comum. Por outro lado, a circunstância de que o legislador italiano continue (talvez mais por inércia do que por escolha consciente) a formalizar as proibições referidas não demonstra que o sistema probatório italiano seja estruturado de acordo com uma hierarquia qualitativa dos meios de prova, baseada em sua eficácia na demonstração dos fatos. Poder-se-ia, aliás, argumentar em sentido contrário, partindo da natureza contraepistêmica das provas legais,[77] que ainda possuem considerável importância no ordenamento italiano.

A preocupação do legislador de evitar problemas de valoração do testemunho exprime-se também em outras normas, como aquelas que excluem o testemunho de quem não tem uma determinada idade ou de quem tem relações de matrimônio ou de parentesco com uma das partes.[78] Em diversos outros casos, de resto, o legislador preocupou-se em esclarecer quais testemunhas «*suspeitas*» podem ser indicadas ao juiz, assinalando-as como pouco confiáveis.[79] O exemplo limite dessa preocupação é uma norma que representa muito provavelmente um *unicum* no panorama comparatista da matéria, ou seja, o art. 246 do Código de Processo Civil italiano. A norma prevê a incapacidade de testemunhar daqueles que seriam legitimados a intervir na causa, estendendo a esses sujeitos (que são partes meramente eventuais) a exclusão do testemunho que vale para as partes efetivas.[80] A *ratio* dessa norma parece consistir, assim como a proibição de testemunho das partes, em evitar que o juiz depare-se com o dever de valorar a credibilidade de sujeitos que, em razão de seus interesses – atuais ou meramente eventuais – na causa, estariam inclinados a não dizer a verdade.[81] É fácil ver, entretanto, que se trata de uma justificativa extremamente fraca: vários ordenamentos, mesmo de *civil law*, admitem formas de testemunhos das partes efetivas (como no caso da *Parteivernehmung* alemã); o testemunho das partes é há muito tempo admitido nos ordenamentos de *common law*.[82] Nesses ordenamentos, obviamente, o legis-

---

[76] Assim, pelo contrário, Ferrari, *op. cit.*: 187, 269.

[77] Sobre as quais v. *infra*, item 4.

[78] No ordenamento italiano tratava-se dos arts. 247 e 248 do Código de Processo Civil, declarados posteriormente inconstitucionais por estarem em contraste com o direito à prova. Sobre o tema v. mais amplamente Taruffo, *op. ult. cit.*: 740.

[79] Trata-se da fórmula, também aqui imitando o modelo francês, utilizada pelo art. 237 do Código de Processo Civil italiano de 1865: cfr. Taruffo, *op. ult. cit.*: 736, e, em particular, Dittrich, 2000:170.

[80] Para um exame analítico dos problemas interpretativos postos a partir dessa norma cfr. Dittrich, *op. cit.*: 315; Comoglio, *op. ult. cit.*: 442; Taruffo, *op. ult. cit.*: 737.

[81] Cfr. Comoglio, 1976: 57.

[82] Para um amplo exame histórico e comparado das hipóteses de testemunho das partes é ainda atual Cappelletti, 1962: parte II. Uma tentativa de admitir o testemunho das partes no

lador não se preocupa em excluir em via preliminar o testemunho de sujeitos que poderiam ser partes na causa, mas não o são. Naturalmente, com base na admissão do testemunho das partes e nos possíveis interventores, não há uma falta de preocupação epistêmica por parte do legislador, mas o convencimento – epistemicamente correto – de que o juiz tem plenas condições de valorar a credibilidade de testemunhas que têm interesse na causa; ele deve ter a devida cautela com a credibilidade de suas declarações, mas também com a possibilidade de retirar dessas tudo o que puder resultar razoavelmente útil para a apuração da verdade. É, por conseguinte, a admissão desses testemunhos (não sua exclusão) que deve ser epistemicamente oportuna; é, por outro lado, fortemente contraindicada sua exclusão, que acaba por privar o juiz de fontes de conhecimento potencialmente úteis para o juízo sobre os fatos.[83]

Os ordenamentos de *common law*, em particular o estadunidense, incluem numerosas *exclusionary rules* que respondem a finalidades epistêmicas *lato sensu*, já que têm como fim principal evitar erros de valoração por parte do júri.[84] Disse-se, com razão, de fato, que essas têm um caráter de «*epistemic paternalism*» em relação ao júri.[85] Em realidade, a maior parte das normas que compõem a *law of evidence* norte-americana é constituída por um longo rol de exceções ao princípio da relevância estabelecido pela *Rule* 401 das *Federal Rules of Evidence*.[86] Na óbvia impossibilidade de examinar-se analiticamente esse complexo conjunto de normas, podem-se utilizar dois exemplos particularmente significativos.

O primeiro exemplo é a já mencionada *Rule* 403 das *Federal Rules of Evidence*, na parte em que prevê a possibilidade de que o juiz valore se o *probative value* de uma prova é *substantially outweighed* pelo perigo de que a prova provoque um *unfair prejudice* a uma parte, ou uma *confusion of the issues*, ou ainda que possa induzir o júri a engano. Sem examinar analiticamente essas hipóteses,[87] observe-se, de um lado, que essas preveem a possibilidade de exclusão de provas que resultam relevantes (visto que, se não o fossem, seriam excluídas em virtude da *Rule* 401) e admissíveis (visto que, se não fosse assim, seriam excluídas por uma das normas a que se refere a *Rule* 402). Por outro lado, observe-se que tal exclusão depende de uma valo-

ordenamento italiano, eliminando obviamente o art. 246, foi feito sem sucesso com o «projeto Liebman» de reforma do Código de Processo Civil italiano: cfr. Liebman, 1977: 473.

83 Sobre as características de inconstitucionalidade da norma, por violação do direito à prova, cfr. mais amplamente Taruffo, *op. ult. cit.*: 739; Taruffo, 1984: 81.

84 Cfr. Damaška, 2003: 46. Para ampla análise dessas normas do ponto de vista de sua natureza epistêmica cfr. em particular Laudan, *op. cit.*: 19, 122, 142, 147, 171, 194.

85 Cfr. Allen e Leiter, *op. cit.*: 1502.

86 Cfr. em particular Laudan, *op. cit.*: 122; Saltzburg, Martin e Capra, 2002: 403-9.

87 Sobre o tema cfr. Graham, *op. cit.*: 110; Rothstein, Raeder e Crump, *op. cit*: 69. Sobre o perigo de *unfair prejudice* cfr. Rothstein, Raeder e Crump, *ibidem*, e em particular a penetrante análise crítica de Laudan, *op. cit.*: 19.

ração largamente discricionária do juiz, que, além do mais, deve operar um confronto entre duas entidades não comparáveis, como o *probative value* de uma prova que ele não conhece e o risco de que se verifique uma das consequências indicadas (as quais – por sua vez – são definidas com expressões bastante vagas, que podem ser interpretadas de diversas formas).[88] Mesmo se se quisesse justificar tal norma argumentando que essa subordina a admissão de cada prova a uma valoração comparativa de custos/benefícios,[89] não se pode, todavia, esquecer que com o escopo de fazer com que a apuração dos fatos seja mais racional e correta se atribui ao juiz um poder bastante amplo de excluir preliminarmente numerosas provas que serviriam justamente para apurar a verdade daqueles fatos.[90]

O segundo exemplo é representado pela regra que constitui o aspecto talvez mais característico da *law of evidence* anglo-americana, ou seja, a assim chamada *hearsay rule*. Em realidade essa regra não existe mais na justiça civil na Inglaterra, tendo sido ab-rogada pelo *Civil Evidence Act* de 1995; no processo penal, todavia, continua a existir, tendo sido reformulada pelo *Criminal Justice Act* de 2003.[91] Essa continua, de qualquer modo, a representar uma *magna pars* da disciplina das provas civis e penais nos Estados Unidos.[92] A *hearsay rule* prevê a exclusão de provas «*de segunda-mão*», ou de «*ouvir dizer*»: a hipótese principal é a do testemunho *de relato*, em que a testemunha refere fatos que não percebeu pessoalmente, mas que foram narrados a ela por outra pessoa.[93] Sobre essa regra foram dadas diversas explicações,[94] que podem ser sinteticamente reduzidas a duas: de uma parte sustenta-se que a exclusão das provas *hearsay* tem o fim de evitar que o júri tenha que estabelecer a eficácia probatória de uma testemunha sem ter condições de valorar diretamente a credibilidade da testemunha original;[95] de outra parte, frisa-se que a norma tem como escopo impedir que sejam obtidos testemunhos a respeito dos quais a contraparte não tem a possibilidade de submeter à veri-

---

88 STEIN, *op. cit.*: 155, também frisa que a norma implica, em realidade, a referência a inúmeras regras de exclusão.

89 Assim, p. ex., STEIN, *ibidem*. Analogamente cfr. ROBERTS e ZUCKERMAN, *op. cit.*: 68, a propósito da regra análoga que vale no processo penal inglês.

90 ROTHSTEIN, RAEDER e CRUMP, *op. cit*: 79 frisam que o balanço entre interesses contrapostos previstos pela norma é orientado no sentido de favorecer, mais do que a exclusão, a admissão da prova, mas isso não elimina o fato de que, de qualquer modo, tudo depende de uma decisão discricionária do juiz, sobre cuja dificuldade v. também GRAHAM, *op. cit.*: 107. É reconhecido por ROBERTS e ZUCKERMAN, *op. cit.*: 97 que se trata de uma valoração *hard-working*.

91 Sobre o tema v. amplamente ROBERTS e ZUCKERMAN, *op. cit.*: 580; MCEWAN, 1988: 228.

92 Cfr. as *Rules* 801-807 das *Federal Rules of Evidence*, sobre as quais cfr. o volume 4.º inteiro de SALTZBURG, MARTIN e CAPRA, *cit.* Sobre a história da *hearsay rule* na *law of evidence* norte-americana cfr. DONDI, 1979: 110, 224.

93 Para recentes análises críticas da matéria cfr. LAUDAN, *op. cit.*: 121; STEIN, *op. cit.*: 228.

94 Cfr., p. ex., SCHWIKKARD, 2007: 336.

95 Cfr. DAMAŠKA, *op. ult. cit.*: 49; ROBERTS e ZUCKERMAN, *op. cit.*: 597.

ficação a credibilidade da testemunha original, por não ter a oportunidade de submetê-la à *cross-examination*.[96] Em todo caso, trata-se de explicações que têm um significado epistêmico, seja entendendo que a *hearsay rule* visa a racionalizar a valoração do júri, seja entendendo que visa a permitir o controle da credibilidade da testemunha feito pela contraparte, já que a realização do contraditório tem também uma função epistêmica, permitindo justamente que se submeta à verificação a credibilidade das informações oferecidas pelas provas.[97] A *hearsay rule* funda-se, por conseguinte, na premissa de que alguns leigos não conseguem valorar corretamente a eficácia de uma prova, tendendo a supervalorizá-la caso não vejam essa eficácia ser posta em dúvida através da *cross-examination*.[98] De resto, também as numerosas exceções que a regra sofre referem-se a noções grosseiras de *armchair psychology*, segundo as quais os jurados não seriam capazes de valorar a eficácia de provas *hearsay*, mas se tornariam capazes de fazê-lo em situações particulares.[99] A conexão entre *hearsay rule* e júri[100] é, de qualquer modo, confirmada seja pelo fato de que foi abolida na Inglaterra em coincidência com o virtual desaparecimento do júri nas práticas judiciárias civis, seja pelo fato de que nos ordenamentos de *civil law* (nos quais o júri não existe[101]) as provas *de relato* são normalmente admitidas. Isso não significa que os legisladores de *civil law* não compreendam a delicadeza de uma valoração adequada da eficácia dessas provas: esses confiam, na verdade, na capacidade do juiz de distinguir o valor de um testemunho indireto do de um testemunho direto.[102]

Inúmeras e variadas são, por conseguinte, nos diversos ordenamentos processuais, as normas de exclusão de provas relevantes que se justificam – direta ou indiretamente – na finalidade de prevenir os erros e os mal-entendidos em que pode cair quem deve valorar as provas e formular a decisão final sobre os fatos. *Prima facie*, poder-se-ia tender a ver com bons olhos legisladores que manifestam preocupações epistêmicas tão analíticas e intensas, até mesmo a ponto de construírem conjuntos complicados de normas cujo fim é prevenir erros e orientar a valoração das provas no sentido da cautela e da prudência. Em análise mais aprofundada, todavia, é difícil evitar a impressão de que se esteja diante de situações paradoxais. Quaisquer que sejam as justificativas

---

[96] Nesse sentido cfr. p. ex. Roberts e Zuckerman, *ibidem*.

[97] Nesse sentido Taruffo, 1992: 401.

[98] Assim, p. ex., Weinstein, 1961: 331. Por último, McEwan, 2007: 202. Em sentido crítico cfr. Roberts e Zuckerman, *op. cit.*: 597 e ss.

[99] Para análise crítica da «*amateur psychology*» que está à base de tais exceções, cfr. em particular McEwan, *ibidem*.

[100] Sobre essa conexão cfr. em particular Dondi, *op. cit.*: 101.

[101] A propósito, v. *infra*, item 6.1.

[102] Em geral o juiz tem, de qualquer modo, o poder de determinar a oitiva da testemunha original. Cfr. p. ex. o art. 257 *comma* 1 do Código de Processo Civil italiano (sobre o qual v. Carpi e Taruffo, *op. cit.*: 742; Comoglio, 2004: 419 n. 3, 465) e o art. 195 n. 1 do Código de Processo Penal (sobre o qual v. Conso e Grevi, *op. cit.*: 593).

adotadas para fundamentar as diversas regras de exclusão – e qualquer que seja sua efetiva capacidade de prevenir erros de valoração – resta, de qualquer modo, o fato de que essas operam no sentido de impedir que o juiz do fato (juiz togado ou júri) conheça determinadas informações. O problema nasce quando trata-se de informações *relevantes*, ou seja, de provas que, se admitidas, poderiam condicionar a decisão final sobre os fatos da causa, contribuindo, ainda, para maximizar a eventualidade de que se apurasse a verdade desses fatos. Em substância: para evitar o risco de erro ínsito na valoração de uma prova, prefere-se excluir *a priori* essa prova, reduzindo-se, assim (talvez de modo decisivo, se se tratar da única prova disponível), o fundamento cognitivo da decisão sobre os fatos da causa. O paradoxo está, por conseguinte, em normas que *parecem* destinadas a realizar finalidades epistêmicas, mas que, em realidade, são epistemologicamente contraproducentes, visto que eliminam a possibilidade de que se utilizem informações úteis.[103] Isso surge de modo evidente quando o legislador, devendo escolher entre o risco de um erro de valoração e a segura eventualidade de uma decisão sobre os fatos incompleta em seu fundamento probatório, opta pela segunda solução.[104] Parece, pois, adequado duvidar-se da seriedade das preocupações epistêmicas dos legisladores que introduzem regras de exclusão de provas relevantes, bem como da seriedade das argumentações que frequentemente são adotadas para justificar a existência dessas normas, visto que produzem, de qualquer modo, um *deficit* no fundamento epistêmico da decisão sobre os fatos.

É, aliás, possível considerar que muito provavelmente o problema da correção de tal decisão restará prejudicado se afrontado com a técnica da exclusão preventiva de provas relevantes; poderia, talvez, ser formulado de modo mais eficaz e menos paradoxal se fosse posto fazendo-se referência a outros aspectos da disciplina das provas, ou seja, sob o prisma das modalidades de produção e de controle da confiabilidade das provas, bem como sob o da qualidade do sujeito ou do órgão que atua como *trier of fact*. Deixando-se a análise desses aspectos para as páginas vindouras,[105] pode-se aqui antecipar que é nesses, mais do que nas regras de inadmissibilidade das provas, que se pode encontrar a solução para o problema da correção da decisão sobre os fatos. Assim, por exemplo, nos sistemas que – como o norte-americano – contêm inúmeras normas de exclusão de provas relevantes com o fim de prevenir erros de valoração do júri, pode parecer dúbio se é oportuno manter

---

[103] Acerca da natureza contraepistêmica de normas como as que foram levadas em consideração cfr. em particular Ferrer Beltrán, 2002: 47; Gascón Abellán, *op. cit.*: 125.

[104] O paradoxo é frisado, p. ex., por Roberts e Zuckerman, *op. cit.*: 97, em que é em parte justificado por se considerar oportuno que se evite a produção de provas que possam «*confuse, mislead or otherwise divert jurors from their proper task*». De resto, se essa justificativa pode valer para o júri, não vale, entretanto, para o juiz, seja na *civil law*, seja na *common law*.

[105] Cfr. *infra*, itens 3 e 6.

o *trial by jury*[106] se conservar o júri implica substanciais limitações da possibilidade de utilização de provas relevantes para a descoberta da verdade. Por outro lado, em um sistema no qual a valoração das provas é confiada a um juiz profissionalmente preparado (e esse juiz pode efetuar um controle adequado da confiabilidade das testemunhas), seria totalmente supérflua uma norma como o art. 246 do Código de Processo Civil italiano (referida há pouco), não existindo igualmente obstáculos para que se admita o testemunho das partes. A preocupação epistêmica de assegurar uma correta valoração das provas não pode, por conseguinte, exprimir-se em normas que eliminam a produção de provas relevantes, e muito menos pode exaurir-se na aplicação de normas contraepistêmicas. Ao contrário, essa deve ser mantida, para ser satisfeita, em todos os outros momentos do procedimento probatório.

b) Todos os ordenamentos processuais incluem normas que não perseguem qualquer finalidade epistêmica, comportando, porém, a possibilidade de que sejam excluídas provas relevantes ou até mesmo a impossibilidade de que se provem em juízo fatos que seriam relevantes para a decisão.[107] Entre essas normas têm particular importância aquelas que dizem respeito aos sigilos,[108] ou seja, os *privileges* e as *immunities* do direito americano, cada vez mais numerosas e previstas em uma pluralidade de normas ordinárias e especiais.[109] Como demonstra o exemplo representado pelos arts. 199-203 do Código de Processo Penal italiano, são diversas e numerosas as situações em que a lei prevê que, à exceção do dever de testemunhar, vários sujeitos são legitimados a se abster de testemunhar por razões de parentesco com o réu[110], ou de testemunhar sobre fatos que tenham conhecido «*por razão do próprio cargo, função ou profissão*» ou sobre fatos cobertos pelo sigilo inerente ao cargo ou pelo sigilo de Estado.[111] Normas análogas estão presentes em todos os ordenamentos,[112] que mostram nesse aspecto considerável flexibilidade.[113] É fácil constatar que na introdução e na aplicação dessas normas são postos

---

[106] Nesse sentido cfr. Laudan, *op. cit.*: 215.

[107] Cfr. Gascón Abellán, *op. cit.:* 132.

[108] Cfr. Gascón Abellán, *op. cit.:* 134.

[109] Sobre os *privileges* e as *imunities* no direito inglês cfr. Roberts e Zuckerman, *op. cit.*: 266.

[110] Enquanto os arts. 200-203 aplicam-se também no processo civil, em virtude do art. 249 do Código de Processo Civil italiano, a faculdade de abstenção da testemunha que é parente próximo, prevista no art. 199 do Código de Processo Penal italiano, não vale no processo civil. Sobre a referência feita pelo art. 249 cfr. Comoglio, *op. ult. cit.*: 452.

[111] Sobre essas normas cfr., também para referências de doutrina e de jurisprudência, Conso e Grevi, *op. cit.*: 624.

[112] Para o ordenamento alemão cfr. o §383 da *Zivilprozessordnung* e v. Murray e Stümer, 2004: 298. Para ordenamento francês cfr. o art. 206 do *Code de Procédure Civile*.

[113] É significativa a propósito a *Rule* 501 das *Federal Rules of Evidence* norte-americanas, que, ao reconhecer a existência dos *privileges*, deixa sua regulação para a *common law* e para o direito de cada Estado. Cfr. sobre o tema Graham, *op. cit.*: 171; Saltzburg, Martin e Capra, *op. cit.* (2): 501-8.

em jogo interesses muito relevantes e certamente merecedores de tutela, que vão da *privacy* individual à proteção dos sigilos profissionais e dos sigilos de Estado. Isso não elimina, todavia, o fato de que essas normas, ou muitas de suas aplicações, possam ser objeto de valorações críticas no plano político e da política legislativa: se é verdade, como diz Williams, que a mentira é sempre excluída, mas o segredo pode ser justificado,[114] trata-se de ver se, quando e em quais condições um sigilo pode ser justificado, tratando-se de uma exceção a um dever geral de verdade moral e política, além de jurídico.[115] Isso diz respeito, todavia, ao grau de merecimento dos interesses que por vezes são protegidos com a técnica do sigilo, e a consequente faculdade das possíveis testemunhas de se absterem de depor sobre os fatos cobertos pelo sigilo; trata-se de um perfil que não ataca diretamente as considerações que aqui se vão desenvolvendo.

Observe-se, entretanto, em linhas gerais que todas as vezes em que se aplica uma norma que tutela um sigilo – e, portanto, em que uma testemunha se vale da faculdade de abstenção que a lei a ela reconhece – reduz-se em medida correspondente a possibilidade de apurar um fato relevante para a decisão.[116] Quaisquer que sejam as razões (mais ou menos aceitáveis dependendo do caso) invocadas para justificar essas normas, o efeito de sua aplicação é de qualquer modo o de provocar um *deficit* (que pode também ser muito relevante) na veracidade da decisão sobre os fatos da causa. O problema não é resolvido – e, aliás, é em alguns aspectos agravado – pelo fato de que normalmente a decisão de se valer ou não da faculdade de abstenção (e, por conseguinte, da faculdade de não fornecer as informações que seriam necessárias para a apuração de um fato) depende de um sujeito que tende naturalmente a levar em consideração o próprio interesse de não revelar o que sabe como critério prioritário de escolha, em detrimento da exigência de que se apure a verdade dos fatos. É verdade que se prevê geralmente um controle do juiz sobre a legitimação da testemunha a se valer dessa faculdade, mas se essa existe a escolha da testemunha torna-se indiscutível.

É, por conseguinte, evidente que em todas as situações consideradas surgem problemas delicados e complexos de tensão e de balanço entre valores em conflito: o da descoberta e da apuração da verdade sobre os fatos da causa, e o que às vezes é tutelado através da previsão de uma faculdade de não testemunhar. Um processo rigorosamente orientado no sentido da descoberta da verdade não deveria incluir qualquer norma que eliminasse a prova de fatos relevantes com o escopo de tutelar um sigilo, mas isso equivaleria a reduzir a zero a proteção dos interesses que normas desse gênero visam a realizar. Em alguma medida, o processo deve levar em conta essas exigências extrínsecas,

---

[114] Cfr. Williams, *op. cit.*: 159.
[115] Sobre tal dever v. *supra*, Cap. III, item 3.
[116] Cfr. em particular Laudan, *op. cit.*: 164, 166 e 168.

contrapostas à exigência de descobrir-se a verdade: qualquer que seja essa medida, e qualquer que seja o eventual ponto de equilíbrio entre os valores em conflito, são questões que podem ser resolvidas somente de acordo com as circunstâncias, em função das escolhas políticas feitas pelo legislador. Frise-se, em todo caso, que a tutela dos sigilos, e de qualquer sigilo, não é um valor em si, bem como que a proteção de cada sigilo específico não é destinada a prevalecer *a priori* sobre a exigência de que no processo se apure a verdade. Pelo contrário: tal exigência deveria ser considerada uma regra geral, frente à qual as normas que excluem provas relevantes a fim de favorecer a tutela dos sigilos deveriam ser consideradas exceções. De fato, todas as normas aqui levadas em consideração são evidentemente contraepistêmicas: não tem, por si só, o fim de obter uma apuração dos fatos, visto que são orientadas à tutela de interesses extraprocessuais; além disso, operam tipicamente no sentido de reduzir ou eliminar a possibilidade de que se produzam provas relevantes para a apuração da verdade. Essa possibilidade pode ser, de resto, salvaguardada prevendo-se mecanismos processuais idôneos a consentir ao juiz do fato que tome conhecimento das provas mesmo sem violar os sigilos que devem ser tutelados.[117]

3. A PRODUÇÃO DAS PROVAS

Um procedimento epistêmico válido requer que a determinação ou a criação dos elementos de conhecimento e das informações necessários para a formulação de conclusões confiáveis sejam conhecidos e verificáveis, além de – quando possível – repetíveis. Um historiador que não revela as fontes de informação que utilizou, ou um cientista que não explica o procedimento que seguiu para chegar à sua descoberta certamente não produzirão conhecimentos merecedores de consideração.

Princípios análogos valem também para o processo, devendo inspirar a parte da disciplina das provas que concerne à sua produção em juízo, e por vezes sua própria formação no âmbito do processo.

A obtenção das fontes de informação diz respeito em particular às assim chamadas provas pré-constituídas, que recebem esse nome por se formarem antes e fora do processo, como acontece com os documentos de qualquer gênero. Em geral, essas provas são produzidas de modos bastante simples, consistentes em sua produção e inserção nos autos do procedimento, que não trazem problemas particulares. Sob o prisma epistêmico, vale a pena somente salientar que todos os sistemas processuais incluem métodos aos quais se

---

[117] É o que ocorre, por exemplo, na Alemanha, onde se prevê a possibilidade de interrogar testemunhas em uma audiência que não é pública. Cfr. o § 172 n. 2 da *Zivilprozessordnung* sobre testemunhos necessários que guardam relação com sigilos profissionais, industriais ou fiscais. Sobre o tema cfr., p. ex., Baumgärtel, 1989: 1.

recorre caso surjam dúvidas ou contestações sobre a autenticidade de um documento: trata-se da assim chamada verificação das provas documentais,[118] que pode requerer o recurso a procedimentos bastante complexos e formais como a *querela di falso*,[119*] e que, de qualquer modo, tem como fim o estabelecimento da autenticidade ou da falsidade de um documento. Sem prolongar nessa sede a análise dessas técnicas e a valoração relativa à sua eficácia, pode-se observar em termos muito genéricos que essas desempenham uma função epistemicamente positiva, tendo como objetivo justamente verificar a autenticidade das provas documentais que contêm informações úteis para a prova dos fatos.

É bem mais complexo o problema que concerne às chamadas provas *costituende*, que recebem esse nome porque se formam *no* processo, através de procedimentos que são geralmente objeto de uma disciplina bastante detalhada. Tampouco nesse caso é possível levar-se analiticamente em consideração as modalidades particulares com que os vários sistemas processuais regulam a matéria, mas podem-se desenvolver algumas observações, a fim de constatar se e quando essas normas são coerentes com a dimensão epistêmica do processo. A propósito, pode-se fazer referência (mesmo que somente aos pontos relevantes) a dois modelos fundamentais de processo utilizados para a produção das provas orais, em particular da prova testemunhal.

O primeiro desses modelos deriva de uma longa tradição histórica e é ainda hoje dominante nos sistemas de *civil law*. Baseia-se no juiz, a quem compete a tarefa de inquirir as testemunhas, conforme previsto, por exemplo, no art. 253 do Código de Processo Civil italiano.[120] A ideia fundamental é que a prova é produzida através de atividade oficiosa desempenhada pelo órgão que posteriormente formulará a decisão final sobre os fatos da causa e que, através da inquirição, colhe elementos de conhecimento em vista de tal decisão. As partes podem estar presentes, mas não podem inquirir diretamente a testemunha; no máximo podem pedir ao juiz que dirija à testemunha perguntas com o objetivo de esclarecer seu testemunho.[121] Esse sistema poderia dar a

---

[118] Utiliza-se a definição compreensiva do título da conhecida obra de Denti, 1957, a ser consultada para o exame desses métodos no direito italiano. Cfr., além disso, para referências de doutrina e de jurisprudência, Carpi e Taruffo, *op. cit.*: 670, 674; Comoglio, 2004: 310 e 334.

[119] [N. do T.] A *querela di falso* é disciplinada pelos arts. 221 e ss. do Código de Processo Civil italiano. Em nosso sistema, a falsidade documental deve ser arguida nos moldes dos arts. 4.º, II, 110 e 485, VI, Código de Processo Civil.

[120] Sobre modalidades de produção da prova testemunhal no ordenamento italiano v. mais amplamente Taruffo, 1988: 751; Comoglio, *op. ult. cit.*: 464. A inquirição das testemunhas feita pelas partes estava prevista no «projeto Liebman» de reforma do Código de Processo Civil italiano no art. 218 (cfr. Liebman, 1977), mas a proposta não teve êxito.

[121] Cfr. ainda o art. 253, *commi* 1 e 2. Regras análogas são bastante difundidas nos ordenamentos de *civil law* que empregam a mesma modalidade de inquirição. Cfr., por exemplo, os §§294, 395 e 397 da *Zivilprozessordnung* alemã, e Murray e Stümer, *op. cit.*: 295.

impressão de que o juiz seja uma espécie de inquiridor que busca autonomamente aquilo que as testemunhas sabem, mas a realidade é muito diferente. O juiz, de fato, interroga as testemunhas com base nos fatos que as partes indicaram como objeto da prova no momento em que requereram as respectivas provas testemunhais.[122] O juiz tem o poder de estender em certa medida o objeto da inquirição, mas esse poder não é ilimitado, concernindo, geralmente, somente ao requerimento de esclarecimento sobre os fatos sobre os quais a testemunha falou.[123] Nesse sentido, parece ser exceção o art. 213 do *Code de Procédure* francês, segundo o qual o juiz pode interrogar a testemunha sobre todos os fatos sobre os quais a lei admite prova, mesmo se não indicados na decisão que admitira o testemunho.

Além dessas variações, esse método de produção da prova testemunhal corresponde bastante bem à ideia de que quem deve apurar a verdade de um fato deve desenvolver uma busca autônoma e independente, com o objetivo de colher todas as informações que possam ser úteis para tal apuração. Como parece óbvio, interrogar pessoas que sabem dos fatos é um método válido e oportuno nesse sentido, e, portanto, o modelo em questão parece epistemologicamente correto. Todavia, a fim de que esse funcione de modo eficaz são necessárias algumas condições que nem sempre se verificam na prática: a) é necessário que o juiz seja ativo na busca da verdade,[124] b) que ele disponha de hipóteses adequadas sobre os fatos a serem apurados, c) que ele verifique efetivamente a credibilidade da testemunha e a confiabilidade de suas declarações, d) que ele aprofunde o exame da testemunha para além das indicações fornecidas pelas partes, e e) que ele obtenha, no curso da inquirição, todos os elementos que posteriormente ser-lhe-ão necessários para valorar a eficácia probatória da testemunha. Na realidade essas condições podem faltar no todo ou em parte. Pode, de fato, ocorrer de o juiz assumir um comportamento passivo, não se interessando em aprofundar o exame da testemunha; ou pode que ele não tenha formado uma ideia suficientemente clara dos fatos da causa (por exemplo, por não ter estudado adequadamente os autos); ou que ele não disponha dos poderes necessários para desenvolver uma indagação eficaz, ou ainda que disponha desses poderes, mas por razões diversas não os exercite. Assim a inquirição das testemunhas vira um acontecimento burocrático e

---

122 Cfr. p. ex. o art. 244 do Código de Processo Civil italiano, segundo o qual a prova testemunhal «*deve ser requerida mediante indicação específica... dos fatos, formulados em seções separadas*» sobre os quais cada testemunha deverá ser inquirida. Sobre o tema cfr. Taruffo, *op. ult. cit.*: 748; Comoglio, *op. ult. cit.*: 454 e ss.

123 Cfr., p. ex., o art. 253 *comma* 1 do Código de Processo Civil italiano e o § 396 (2) e (3) da *Zivilprozessordnung* alemã.

124 Como observa Damaška, *op. ult. cit.*: 132 a passividade do juiz na produção das provas «*está em evidente contraste com o comportamento cognitivo dos indivíduos que conduzem indagações empíricas na vida cotidiana*». Além disso, a liberdade de obter as informações necessárias é essencial para o fim constituído pela apuração da verdade (*ibidem*: 133).

formalista, inadequado para a obtenção de todas as informações que seriam necessárias para a apuração da verdade dos fatos. Sob esse prisma parece evidente que o limite principal que sofre o modelo em questão é a falta de exigência de aprofundamento do exame da testemunha, que poderia ocorrer se as partes pudessem participar efetivamente da inquirição.[125]

O segundo modelo, característico dos sistemas processuais de *common law* (mesmo se imitado em muitos outros ordenamentos – como, por exemplo, no Código de Processo Penal italiano),[126] funda-se na inquirição das testemunhas feita pelos advogados das partes segundo a sequência da *direct-examination* (ou *examination in chief*) e da *cross-examination* (e eventualmente da *redirect* e da *recross examination*). Cada parte, por conseguinte, inquire diretamente «*suas*» testemunhas – obtendo delas declarações favoráveis a si – e contrainquire as testemunhas da parte adversária – principalmente com o escopo de contestar sua credibilidade. Tudo acontece diante de um juiz «*passivo*», cuja função é somente assegurar a correta aplicação das poucas regras que disciplinam a inquirição.[127]

O mito da *cross-examination* tem uma força quase equivalente àquele do júri, ao qual se encontra diretamente conexo. Foi consagrado pela citadíssima definição de Wigmore, segundo a qual a *cross-examination* é «*the greatest legal engine ever invented for the search of truth*»,[128] e reafirmado em inúmeros filmes e seriados americanos sobre temas judiciários. É lícito perguntar-se, todavia, se o método da inquirição cruzada tem efetiva validade epistêmica e é verdadeiramente o melhor instrumento para a busca da verdade. *Prima facie* a resposta poderia ser positiva, visto que parece intuitiva a utilidade da contestação da credibilidade da testemunha que pode provir da parte adversária e do aprofundamento da análise dos fatos feita pela parte que tem interesse na verificação da completude e da confiabilidade das respostas dadas na primeira fase da inquirição. A *cross-examination* funda-se na premissa de uma profunda

---

[125] Parece, de resto, que no processo alemão, no qual em linha de princípio é o juiz que inquire as testemunhas, também as partes têm participação ativa na inquirição: cfr. Murray e Stümer, *op. cit.*: 296.

[126] Cfr. os arts. 498 e 499, sobre os quais cfr., inclusive para posteriores referências, Conso e Grevi, *op. cit.*: 1747 e ss. No âmbito da justiça civil cfr. em particular os arts. 302 e 268 da *Ley de Enjuiciamento Civil* espanhola de 2000, que dispõem que cabe aos advogados a inquirição das testemunhas, bem como os arts. 306 e 372, que dispõem que o juiz tem somente o poder de solicitar à testemunha esclarecimentos sobre os fatos objeto de seu depoimento.

[127] As modalidades de desenvolvimento da inquirição das testemunhas são previstas por poucas normas concentradas na *Rule* 611 das *Federal Rules of Evidence*, sobre a qual cfr. Graham, *op. cit.*: 253; Rothstein, Raeder e Crump, *op. cit.*: 288; Saltzburg, Martin e Capra, *op. cit.*, (3): 611-3. Sobre o tema v. também Taruffo, 1990: 374. Em particular sobre as modalidades da *direct examination* cfr. Hays, 1976: 365 e ss.; sobre as modalidades da *cross-examination* cfr. Bodin, 1976: 425 e ss. Gallagher, 1976: 537.

[128] Cfr. Wigmore, 1974: 32. Menos citada é a passagem sucessiva, em que Wigmore diz que a *cross-examination* ocupou o lugar da tortura medieval.

desconfiança nas testemunhas,[129] tendo como objetivo o controle da sua credibilidade. A entusiástica crítica expressa por Wigmore (assim como por outros adeptos da *cross-examination*) pode ser explicada justamente neste sentido: pensa-se que o confronto dialético das partes possa ser eficaz no sentido de fazer emergir todos os fatores que servem para valorar a confiabilidade do testemunho e para obter tudo aquilo que a testemunha tem condições de dizer sobre os fatos da causa.[130] Sob o prisma da real funcionalidade do método, de resto, é lícito manifestar algumas perplexidades que podem ter importância: observou-se, de fato, que esse é já «*widely regarded as an obstacle, rather than the royal road to effective forensic fact-finding*».[131]

Observe-se, sobretudo, que a *cross-examination* está intimamente conexa com o *adversarial system of litigation*, do qual representa, aliás, uma das manifestações mais visíveis e importantes.[132] Isso implica de um lado que mesmo no método probatório dê-se a preferência ao valor fundamental representado pela liberdade do confronto dialético entre as partes, em detrimento de qualquer outro valor – como o da busca da verdade, que, aliás, permanece estranho para a concepção *adversary* do processo.[133] Por um lado, é lícito sustentar que tal método está contextualizado coerentemente no processo norte-americano, mas pode não estar em um processo estruturado de modo diferente. Nada garante, de fato, que se trate de um método facilmente generalizável, como mostram algumas dúvidas complicadas sobre sua introdução em contextos processuais diferentes.[134]

Em segundo lugar pode-se recordar também com esse propósito a dúvida sobre se o melhor método para descobrir a verdade consiste em confiar no confronto entre dois sujeitos que combatem entre si – por assim dizer – «*às custas*» das testemunhas, sem, entretanto, que um dos dois tenha um interesse real em fazer emergir a verdade. Sabe-se, de fato, que os defensores das partes visam exclusivamente a vencer a causa prevalecendo sobre o adversário, não almejando o surgimento de uma reconstrução neutra e objetiva dos fatos. O advogado, de fato, apresenta somente as provas que considera favoráveis, e quem chama uma testemunha inquire-a somente sobre fatos que convêm à sua tese.[135] De resto, o fato de que uma parte tenha indagado e tenha descoberto circunstâncias relevantes não implica que as comunique ao juiz, e a

---

[129] A propósito, cfr. Hunter, 2007: 261.
[130] Cfr. Damaška, *op. ult. cit.*: 143.
[131] Cfr. Roberts e Zuckerman, *op. cit.*: 215.
[132] Cfr. em particular Hunter, *op. cit.*: 265.
[133] A propósito, v. mais amplamente *supra*, Cap. III, item 4.2.
[134] É, por exemplo, o caso do Japão, onde parece ter falido as tentativas de «transplante» de institutos processuais norte-americanos, entre os quais justamente a *cross-examination*. Cfr. em propósito Taniguchi, 1997: 774. Para uma valoração menos negativa sobre o assunto cfr. Matsumoto, 2008: 142; Kojima, 2008: 349.
[135] Cfr. Damaška, *op. ult. cit.*: 145.

outra parte – naturalmente – pode fazer a mesma coisa.[136] Por conseguinte, é particularmente na *cross-examination* que os advogados servem-se de todos os meios para vencer, manipulando tanto quanto possível as testemunhas.[137] Isso é tão evidente que fora do meio dos juristas observou-se que os objetivos dos participantes da *cross-examination* não orientam-se no sentido da busca da verdade.[138] Diz-se, de resto, que no processo *adversary* não há neutralidade das provas: em particular, as testemunhas são «*de parte*» e «*polarizadas*», já que escolhidas, preparadas e inquiridas pelas partes de modo que cada uma dê um depoimento favorável à parte que a chamou.[139] Poder-se-ia talvez acreditar nas virtudes epistêmicas de um método centrado na competição dialética entre dois ou mais sujeitos se esses estivessem verdadeiramente interessados em descobrir a verdade; essa, todavia, não é certamente a situação que aparece no contexto do processo, e muito menos no do processo *adversary*.

Resulta, de resto, evidente que o escopo essencial a que é dirigida a *cross-examination* não é o de fazer emergir a verdade dos fatos. De fato, o contrainquiridor não pode inquirir a testemunha sobre fatos diferentes daqueles que foram objeto da *direct examination*: desse modo, «*cada litigante acaba por fazer emergir somente uma parte daquilo que a testemunha conhece, exercitando forte poder de censura sobre o conteúdo do depoimento*».[140] O verdadeiro escopo da *cross-examination* é de atacar a testemunha que tiver, na *direct examination*, dado respostas favoráveis à parte que a chamara e desfavoráveis ao cliente do contrainquiridor.[141] Esse visa, portanto, a *impeach* a testemunha, ou seja, a demonstrar que ela não é pessoa digna de fé, que mentiu, que deu respostas incoerentes e contraditórias, que não tinha condições de saber com certeza o que disse, que não disse tudo que sabia, e assim por diante.[142] Em substância, o que está escrito nos manuais que ensinam as táticas e as estratégias da *cross-examination* é que essa deve ter o objetivo de «*destruir*» ou de «*massacrar*» a testemunha adversária, sobretudo – e isso merece nota – quando quem contrainquire sabe que aquela testemunha disse a verdade.[143] A prática da *cross-examination* presta-se a abusos e a repressões de todos os tipos que encontram espaço no «*mental duel*» e no «*genuine combat*» que se desenvolve entre o advogado e a testemunha:[144] quanto mais hábil e

---

[136] Cfr. McEwan, *op. cit.*: 4.

[137] Cfr. Hunter, *op. cit.*: 266 e ss.; Gerber, 1987: 14.

[138] Cfr. Grice, 1989: 269, que por essa razão qualifica como *spurious* tais objetivos.

[139] Cfr. Damaška, *op. ult. cit.*: 112, 129, 135, 143.

[140] Cfr. Damaška, *op. ult. cit.*: 145.

[141] Cfr. Gerber, *op. cit.*: 14. A propósito ver mais amplamente Taruffo, 1979: 31.

[142] Sobre o *impeachment* da testemunha cfr. as *Rules* 607-609 das *Federal Rules of Evidence*, sobre as quais v. Graham, *op. cit.*: 202; Rothstein, Raeder e Crump, *op. cit.*: 254; Saltzburg, Martin e Capra, *op. cit.*: 607-3, 609-6.

[143] Cfr., por exemplo, Ehrlich, 1970: 25; Appleman, 1965: 7. Cfr., também Taruffo, 1990: 375. Em sentido decididamente crítico cfr. Ellison, 2001: 104

[144] Cfr. Stryker, 1963: 99.

livre de escrúpulos é o advogado, e quanto mais fraca psicologicamente é a testemunha, mais a *cross-examination* terá sucesso, resultando, porém, em um abuso cujos danos ficam às custas da testemunha.[145] Nessa perspectiva foi dito que a vitória obtida em uma *cross-examination* é a vitória de um «*trained curial assassin ambushing an easy target*»:[146] uma expressão um tanto forte, mas que dá uma ideia precisa do fenômeno.[147]

Parecem, em verdade, pouco aplicadas as regras estabelecidas pela *Rule* 611(a) das *Federal Rules of Evidence*, segundo as quais o juiz deveria assegurar que a inquirição das testemunhas fosse «*effective for the ascertainment of truth*» e proteger a testemunha contra «*harassment or undue embarrassment*». Em todo caso, a aplicação dessa regra é deixada à completa discricionariedade do juiz,[148] o qual, de resto, tende a ser o mais passivo possível, deixando livre o campo para a atividade das partes – para não perder sua aparência de imparcialidade e para não ir contra a prática consolidada do *adversarial system.*[149]

Há que se observar, finalmente, que no sistema da inquirição cruzada emerge dos fatos somente o que (e nada mais do que) as partes querem.[150] Além disso, o júri não tem mais o poder que exercia no passado, de dirigir perguntas às testemunhas. O juiz tem esse poder – previsto, por exemplo, pela *Rule* 614(b) das *Federal Rules of Evidence*[151] –, mas dele se utiliza raramente, também nesse caso para evitar de interferir na condução da inquirição feita pelos defensores das partes e para evitar de colocar em risco sua posição de neutralidade.[152] Por conseguinte, nada assegura que tudo o que as testemunhas sabem seja verdadeiramente colocado à disposição de quem deverá poste-

---

[145] Não por acaso em alguns ordenamentos de *common law* foram introduzidas normas com o objetivo de proteger as testemunhas das agressões feitas pelos advogados no curso da *cross-examination*: cfr. Hunter, *op. cit.*: 262. Sobre o tema cfr. também Ellison, *op. cit.;* Roberts e Zuckerman, *op. cit.*: 280.

[146] Cfr. Hunter, *op. cit.*: 271.

[147] Posner (*op. cit.*: 1490) observa que os críticos da *cross-examination* não compreendem sua verdadeira função: visto que a *cross-examination* pode «*destruir*» a testemunha, isso implica que as testemunhas que podem ser destruídas não deveriam ser chamadas a testemunhar. Far-se-ia, assim, uma economia de atividades processuais. A argumentação é curiosa e não leva em conta a eventualidade de que a testemunha que pode ser destruída seja importante para a busca da verdade: não chamá-la a testemunhar pode ser econômico, mas priva o processo de uma fonte de prova relevante. Posner, de resto, não considera nem mesmo a possibilidade de que a *cross-examination* seja conduzida de modo a não destruir pessoa alguma, não operando, pois, como desencorajador da produção de testemunhos úteis.

[148] Cfr. Graham, *op. cit.*: 260; Saltzburg, Martin e Capra, *op. cit.*: 611-3.

[149] Cfr. Hunter, *op. cit.*: 281, 287; Damaška, *op. ult. cit.*: 127, 130.

[150] No sistema estadunidense vige a regra segundo a qual na *cross-examination* a testemunha pode ser interrogada somente sobre os fatos que foram objeto da *direct examination.* São, por conseguinte, as partes (e, sobretudo, aquela que requereu a oitiva daquela testemunha) que delimitam o objeto do testemunho (cfr. Taruffo, 1979: 31).

[151] Cfr. a propósito Saltzburg, Martin e Capra, *op. cit.*: 614-11.

[152] Cfr. Graham, *op. cit.*: 303.

riormente decidir sobre os fatos. Em substância, a controvérsia será decidida somente com base no que as partes consideraram oportuno que emergisse durante o exame das testemunhas: o que não emergiu naquela sede não pode ser descoberto.

Considerações como essas induzem a colocar-se em sérias dúvidas a possibilidade de considerar-se a *cross-examination* uma técnica dotada de validade epistêmica.[153] Ao contrário, observa-se que essa pode ser completamente ineficaz para a descoberta da verdade,[154] visto que as regras de *common law* que a disciplinam são sistematicamente orientadas no sentido de permitir que essa «*obscures, distorts and inadequately tests the accounts given by witnesses in court*».[155] Na melhor das hipóteses pode-se admitir que a *cross-examination* seja eficaz para a descoberta das mentiras, mas isso não significa que sirva verdadeiramente para descobrir a verdade.[156] Parece, por conseguinte, evidente que a função essencial desempenhada pela inquirição cruzada das testemunhas feita pelos defensores não consiste de fato na busca da verdade, mas sim em fazer uma espécie de *performance* ritual cujo escopo primário é influir sobre a emotividade dos jurados – ao invés de ativar suas hipotéticas faculdades racionais e cognoscitivas. Observou-se, de fato, que se servindo da *cross-examination* o advogado pode induzir intencionalmente o júri em engano.[157] Trata-se, pois, de uma representação teatral em que o Bom Advogado descobre e destrói a Testemunha Falsa, e a Boa Testemunha sai ilesa das insidiosas teses do Advogado Malvado. O público (isto é, o júri) decide sobre o êxito do espetáculo. De qualquer modo, tal representação é discutível, tendo Ehrenzweig podido defini-la como um ritual tragicômico.[158]

Nenhum dos dois modelos fundamentais de produção de provas que se formam no processo parece, por conseguinte, constituir um método epistemicamente válido e capaz de consentir uma produção objetiva, completa, controlada e confiável dos fatos cognoscitivos necessários para uma apuração verídica dos fatos.[159] No modelo baseado no juiz faltam ou são reduzidos os efeitos positivos de uma participação ativa das partes, não obstante o fato de que a produção das provas sob o controle do juiz responda melhor às exigências de uma perquirição racional e desinteressada.[160] No modelo baseado na inquirição cruzada, pelo contrário, falta a função de controle e de perquirição objetiva que deveria ser desenvolvida pelo juiz.

---

[153] Nesse sentido, cfr. DAMAŠKA, *op. ult. cit.*: 129, 137, 140, 146.
[154] Nesse sentido, cfr. HUNTER, *op. cit.*: 269.
[155] Assim HUNTER, *op. cit.*: 285.
[156] Nesse sentido JOLOWICZ, 2003: 2.
[157] Cfr. GOLDMAN, *op. cit.*: 297.
[158] Cfr. EHRENZWEIG, 1973: 331.
[159] Em sentido análogo cfr. DAMAŠKA, *op. ult. cit.*: 149.
[160] Cfr. DAMAŠKA, *op. ult. cit.*: 148.

Isso não significa, todavia, que não se possa pensar em um modelo epistemicamente válido, que os ordenamentos processuais concretos poderiam assumir como ponto de referência sempre que quisessem orientar-se verdadeiramente no sentido da busca da verdade. Esse método deveria tender a maximizar as vantagens presentes em ambos os modelos considerados, combinando-os, eliminando, ao mesmo tempo, os aspectos negativos que cada um deles apresenta. Isso não parece impossível: trata-se de imaginar um sistema em que as partes tenham o poder de inquirir e contrainquirir todas as testemunhas sobre *todos* os fatos da controvérsia, e também em que o juiz tenha o poder de inquirir todas as testemunhas, sobre todas as circunstâncias relevantes para a decisão. As partes e o juiz deveriam ter, além disso, o poder de dirigir a todas as testemunhas perguntas destinadas a verificar sua credibilidade, sua imparcialidade quanto às partes e ao objeto da causa, e a confiabilidade de suas declarações.[161]

4. A VALORAÇÃO DAS PROVAS

Em um procedimento destinado a apurar a verdade de determinadas circunstâncias de fato, a presença de regras que estabelecessem *a priori* e com eficácia vinculante o valor de algumas das informações representaria certamente algo estranho. Tratar-se-ia, de qualquer modo, de estabelecer quem, e por que razões, pode fixar regras desse gênero, que mesmo à primeira vista parecem seguramente antiepistêmicas. Em linhas gerais, a mesma consideração vale também no âmbito do processo, visto que é evidente que normas com o fim de impor ao juiz que considere verdadeiros determinados fatos não preveem a existência de uma decisão racional sobre as circunstâncias do caso concreto,[162] mas a propósito disso é oportuno que se façam algumas considerações ulteriores.

É sabido que com a afirmação do princípio do livre convencimento do juiz – e com a consequente derrocada do sistema da prova legal que por séculos dominara os ordenamentos processuais da Europa continental – abriu-se caminho para a valoração discricionária das provas por parte do juiz.[163] Afirmado o princípio da *intime conviction* no âmbito do processo penal na França revolucionária (com referência à decisão do júri[164]), a regra do «*livre convencimento*» do juiz difundiu-se rapidamente também no âmbito do

[161] Modelo desse gênero foi proposto na *Rule* 29.4 incluída nos ALI/Unidroit, 2006: 144. Em sentido análogo orienta-se a *Ley de Enjuiciamiento Civil* espanhola, visto que o art. 372 n. 2 prevê que o juiz pode inquirir a testemunha para obter dela «*aclaraciones y adiciones*» sobre o depoimento já dado na inquirição conduzida pelas partes.

[162] Cfr. sobre o tema Ferrer Beltrán, 2002: 49, 67.

[163] Sobre o tema v. mais amplamente, e para referências, Taruffo, 1992: 361; Nobili, 1974: 17, 81, 145, 180, 200.

[164] Cfr. Nobili, *op. cit.*: 19; Ferrajoli, 1990: 115.

processo civil.[165] De resto, deram-se (e ainda se dão) duas versões bastante diferentes desse princípio: segundo a primeira delas, o juiz do fato (jurado ou juiz togado) estaria desvinculado não só das regras de prova legal, mas também de qualquer critério racional de valoração. A decisão sobre as provas (e, por conseguinte, a apuração do fato) seria, pois, fruto de uma atividade irracional, de introspecção radicalmente subjetiva e substancialmente solipsista, relegada *«à imperscrutável esfera do individual»*.[166] A afirmação dessa interpretação, sobretudo no âmbito do processo penal, assinalou uma profunda involução no modo de conceber a valoração das provas e a decisão sobre os fatos, bem como assinalou *«uma das páginas politicamente mais amargas e intelectualmente mais deprimentes da história das instituições penais»*.[167]

A segunda concepção funda-se, pelo contrário, no pressuposto de que o juiz é, sim, dotado de poder discricionário na valoração das provas, mas não está realmente desvinculado das regras da racionalidade.[168] Consequentemente, não há qualquer antítese entre liberdade de convencimento e emprego de critérios racionais de valoração. Aliás: a discricionariedade da valoração que o juiz deve formular lhe impõe a aplicação de regras da razão para chegar a uma decisão intersubjetivamente válida e justificável.[169]

A concepção irracionalista da *intime conviction* é evidentemente incompatível com uma concepção epistêmica do processo: acaba por configurar e legitimar decisões puramente subjetivas, e, por conseguinte, substancialmente arbitrárias, do juiz do fato.[170] Decisões desse gênero – como é óbvio – nada têm a ver com a apuração da verdade.[171]

É, por outro lado, epistemicamente válida a concepção racional do livre convencimento do juiz, já que admite – e, aliás, requer – que a valoração das provas seja orientada no sentido da apuração da verdade dos fatos.[172] Assim entendido, de fato, o princípio do livre convencimento implica a eliminação de normas que, predeterminando a eficácia legal das provas, significariam obstáculo a tal apuração.[173]

---

[165] Cfr. Taruffo, *op. ult. cit.*: 361.
[166] Nesse sentido Nobili, *op. cit.*: 7, 51, 64, e analogamente Taruffo, *op. ult. cit.*: 370 e ss.; Ferrer Beltrán, *op. ult. cit.*: 95; Gascón Abellán, *op. cit.*: 34, 159. V., ainda, *supra*, Cap. III, item 2.2.
[167] Nesse sentido Ferrajoli, *op. cit.*: 118.
[168] Cfr. Nobili, *op. cit.*: 14, 55, 192; Taruffo, 373.
[169] Cfr. Ferrer Beltrán, *op. ult. cit.*; Taruffo, *ibidem*.
[170] Analogamente cfr. Gascón Abellán, *ibidem*; Ferrajoli, *ibidem*.
[171] No fundo da teoria segundo a qual o juiz deveria decidir com base em impulsos íntimos de seu ânimo está o que Claudio Magris com propriedade definiu como *«o fascínio vulgar pelo irracional e por obscuridades místicas que convidam a abdicar da razão, prometendo mirabolantes revelações esotéricas, que se revelam mistérios exóticos»* (cfr. Magris, 2008: 101).
[172] A propósito, v. mais amplamente Taruffo, *op. ult. cit.*: 373.
[173] V. mais amplamente Taruffo, *op. ult. cit.*: 368.

Todavia, não obstante o fato de o princípio em questão ter-se tornado largamente dominante em todos os ordenamentos processuais de *civil law* (e de nunca ter estado em discussão nos de *common law*), em alguns casos ainda existem limites significativos à sua aplicação. Vale a pena, por conseguinte, perguntar-se se, e em que medida, esses constituem condicionamentos que operam em sentido negativo sob o prisma da apuração da verdade. Esses limites derivam principalmente de normas de dois tipos: a) normas de prova legal; b) normas que fazem o valor da prova depender do comportamento das partes.

a) Diversas regras de prova legal sobreviveram, em alguns ordenamentos, ao surgimento do princípio do livre convencimento. Entre as mais difundidas estão aquelas que atribuem eficácia vinculante àquilo que resulta dos documentos públicos redigidos por sujeitos particulares e com modalidades específicas, como no caso do ato público disciplinado pelo art. 2.699 do Código Civil italiano, que tem eficácia de prova legal relativamente aos aspectos indicados no art. 2.700.[174] Do ponto de vista epistêmico poder-se-ia pensar que normas desse gênero derivam do fato de ter-se tornado absoluta uma máxima de experiência correspondente ao *id quod plerumque accidit.*[175] Pode-se, de fato, presumir que, se um documento é redigido por um sujeito investido em função pública de certificação, o conteúdo do documento corresponda à verdade.[176] Pode-se concordar sem dificuldades com uma máxima desse gênero. Pode-se, aliás, sustentar que mesmo na ausência de normas como aquelas recentemente citadas o juiz inclinar-se-ia muito provavelmente no sentido de considerar verdadeiro tal documento. Entretanto, surgem dúvidas sobre a oportunidade de tais normas: por um lado, se se julgar que a máxima em questão tem validade de uma lei geral, essas serão inúteis, visto que repetem um critério de valoração que o juiz empregaria de qualquer modo; por outro lado, se se julgar que a máxima em questão não exprime uma lei geral (exprimindo no máximo uma valoração de probabilidade) – visto que mesmo um documento público pode ser falso – essas assumirão um claro valor contraepistêmico, ao constranger o juiz a considerar verdadeiro um documento que não se sabe se é verdadeiro ou

---

[174] Sobre o tema v., por todos, Comoglio, 2004: 305.

[175] A correspondência das normas de prova legal a regras de experiência é a justificativa tradicional que se dá a todas essas normas. A propósito, v., por todos, Furno, 1940: 144, 154. Furno não vê qualquer diferença relevante entre a decisão imposta por uma regra de prova legal e a correspondente decisão que o juiz formularia se tal regra não existisse, visto que julga que o legislador e o juiz raciocinam segundo as mesmas máximas de experiência, e, portanto, não poderiam não chegar ao mesmo resultado (*ivi*: 153). Por conseguinte, a norma de prova legal não seria outra coisa senão um expediente *prático* que simplifica a decisão (*ivi*: 153, 159) aplicando a lei do meio menos dispendioso (*ivi*: 130).
No sentido de que as normas de prova legal são o fruto de presunções legais *juris et de jure* cfr. Ferrer Beltrán, *op. ult. cit.*: 50.

[176] Cfr. Furno, *op. cit.*: 156.

não.[177] Além disso, se não existissem tais normas, o juiz poderia desconsiderar o documento sempre que tivesse dúvida racionalmente fundada (corroborada por provas) sobre sua veracidade, ou sempre que houvesse provas que confirmassem uma versão diferente dos fatos narrados no documento. As normas que estabelecem a eficácia de prova legal de um documento, por outro lado, operam justamente no sentido de eliminar essa possibilidade: geralmente a falsidade do documento pode ser questionada somente por um procedimento próprio, complicado e formalista;[178] somente depois da apuração definitiva dessa poder-se-á eventualmente provar a verdade dos fatos. Por conseguinte, as normas em questão operam como mecanismos de simplificação da decisão, tornando absoluta uma regra de experiência que parece racional, mas que na realidade não tem amplitude realmente geral: sua função consiste, em verdade, em evitar que o juiz – salvo a eventualidade excepcional da *querela di falso* – deva ocupar-se da veracidade do que está escrito no documento.[179] De resto, justamente no espaço entre a invulgaridade da máxima de experiência e a tendência ao absolutismo da presunção de autenticidade do documento, está a margem de erro que as normas de prova legal introduzem. Sob esse prisma, essas desempenham uma função contraepistêmica.

Mecanismos substancialmente análogos estão à base de outras regras de prova legal, como aquelas que atribuem eficácia vinculante às declarações confessórias e às declarações juradas pelas partes.[180] No primeiro caso faz-se evidentemente referência a uma máxima de experiência segundo a qual ninguém se dispõe a admitir a veracidade de um fato contrário ao próprio interesse se esse fato não for verdadeiro.[181] No segundo caso pressupõe-se que quem declara um fato favorável a si na forma solene do juramento, sujeitando-se a sanções religiosas, sociais e penais em caso de falsas declarações, estará certamente declarando a verdade.[182] Entretanto, trata-se (como é fácil de constatar) de justificativas que parecem fraquíssimas do ponto de

---

[177] Sobre o valor não universal da maior parte das máximas de experiência v. *infra*, Cap. V, item 3.2.

[178] Sobre *querela di falso* v. analiticamente Comoglio, *op. ult. cit.*: 310.

[179] Diametralmente oposta é a opinião de Furno, que julgava que as normas de prova legal produzissem uma declaração estável dos fatos, criando uma «certeza histórica de valor objetivo, desejável por parte da lei e por essa imposta ao juiz» (Furno, *op. cit.*: 160), fixando de maneira estável o «*perfil histórico*» dos fatos e declarando sua existência (*ivi*: 161). Substancialmente, a vantagem da prova legal é que «*remove a incerteza*» (*ivi*: 164) e provê uma «*objetivação da certeza*» (*ivi*: 151).

Parece evidente que a certeza de que falava Furno nada tem a ver com a verdade dos fatos de que se fala no texto, e de que se falou *supra*, no Cap. III, item 2.2.

[180] Cfr. os arts. 2733 *comma* 2, 2734, 2735, 2738 do Código Civil italiano. Sobre o tema v. por todos Comoglio, *op. ult. cit.*: 500 e ss., 541 e ss.

[181] Sobre o tema cfr. Comoglio, *op. ult. cit.*: 499, inclusive para ulteriores referências; Furno, *op. cit.*: 156.

[182] A propósito, v. por todos Comoglio, *op. ult. cit.*: 529, inclusive para outras indicações; Furno, *ibidem*.

vista epistemológico. Por um lado, há inúmeras razões pelas quais um sujeito pode confessar um fato não verdadeiro: quando isso acontece, as normas que atribuem eficácia vinculante à declaração confessória constrangem o juiz a cometer um erro, não lhe permitindo controlar a veracidade de tais declarações. Também nesse caso, se a máxima de experiência é válida tais normas são inúteis, pois o juiz poderia julgar verdadeiras as declarações confessórias mesmo na ausência daquelas; visto que tal máxima, entretanto, está longe de ter validade geral, as normas em questão constrangem o juiz ao erro. De resto, o próprio legislador prevê várias hipóteses em que declarações confessórias são livremente valoráveis pelo juiz, o que implica o reconhecimento de que sua veracidade pode não ser sempre presumida e pode sempre ser discricionariamente controlada pelo juiz.[183] Entretanto, se uma declaração confessória não coberta por prova legal pode ser verdadeira em si e pode fornecer informações confiáveis, não se vê o porquê de se dever torná-la vinculante e possível fonte de erro em algumas situações.

Quanto ao juramento, é bastante duvidoso que, em uma sociedade laica, a ameaça da cólera divina seja eficaz no sentido de induzir quem jura em favor próprio a dizer sempre a verdade. Analogamente, a sanção social a quem jura em falso podia ter eficácia desestimuladora em pequenos contextos sociais em que todos tinham conhecimento dos fatos, e, portanto, podiam verificar a falsidade do juramento; entretanto, tal sanção é certamente ineficaz na sociedade atual, na qual tal possibilidade não existe – e na qual, ainda, o comportamento de quem jura em falso pode até mesmo ser objeto de aprovação, segundo os critérios de *law and economics*, quando em condições de maximizar as vantagens econômicas de quem jura. Por fim, o risco de uma condenação penal por falso juramento é tão tênue que não representa uma ameaça real a quem jura em falso.

Poder-se-á, por conseguinte, dizer (talvez) que normas como as que preveem a eficácia legal da confissão e do juramento desempenham uma função *lato sensu* econômica na medida em que evitam a necessidade de ulteriores provas conformes ou contrárias, simplificando o trabalho do juiz, que não deverá preocupar-se (na maioria dos casos) em valorar a confiabilidade das declarações confessórias ou juradas.[184] Trata-se, entretanto, de um argumento de validade bastante duvidosa. Por um lado, esse prova em demasia: se, na verdade, o escopo perseguido fosse a simplificação da decisão sobre os fatos, o mesmo objetivo seria alcançado tornando-se à álgebra probatória das testemunhas e dos indícios que caracterizava os antigos sistemas de prova legal. Tais sistemas, como é sabido, tinham justamente a função de reduzir ou de eliminar a discricionariedade do juiz na valoração das provas, substi-

---

183 Cfr. os arts. 2.733 *comma* 3, 2.734 e 2.735 do Código Civil italiano, sobre os quais v. Comoglio, *op. ult. cit.*: 515.

184 Nesse sentido cfr., p. ex., Comoglio, *op. ult. cit.*: 499, 529; Furno, *op. cit.*: 130, 153, 159.

tuindo-a através de cálculos elementares em que se somavam as frações de prova para verificar se prevaleceria a prova direta ou a prova contrária.[185] Por outro lado, as normas em questão seguem intrinsecamente contraepistêmicas: em todo caso, de fato, obrigam o juiz a considerar verdadeiros fatos sobre cuja veracidade não se sabe (e não se pode saber) coisa alguma. É também verdade que essas simplificam a decisão sobre os fatos, mas o fazem a custo de um *deficit* de verdade cuja gravidade não é nem mesmo determinável.[186] Ao fim e ao cabo, talvez não fosse totalmente carente de sentido a concepção segundo a qual confissões e juramentos não seriam meios de provas, mas sim negócios processuais através dos quais as partes poderiam dispor do êxito da controvérsia.[187] Essa concepção foi há tempos abandonada, tendo prevalecido a tese pela qual seriam verdadeiros e próprios meios de prova.[188] Desse modo, entretanto, resta evidente sua invalidade epistêmica, determinada pelo valor de prova legal atribuído às declarações confessórias e às declarações juradas.

Vale, além disso, levar-se em conta a existência de normas de prova legal *negativa*, como aquelas que excluem a possibilidade de que se atribua eficácia de prova a indícios ou presunções que não sejam «*graves, precisas e concordantes*»,[189] bem como aquela segundo a qual a determinados comportamentos das partes o juiz pode atribuir somente eficácia de «*argumentos de prova*».[190] *Prima facie* essas normas parecem ter uma função epistêmica positiva, visto que visam a disciplinar a formação do convencimento do juiz assegurando sua correção racional e evitando que esse incorra em supervalorizações indevidas de elementos de prova cujo valor parece particularmente incerto. Todavia, mesmo essas normas serão expostas a algumas considerações críticas.

As normas relativas às presunções e aos indícios resultam óbvias (e substancialmente supérfluas) quando preveem a «*força*» e a «*precisão*» desses elementos de prova. Uma inferência presuntiva que produzisse conclusões não adequadamente justificadas (ou seja, «*fracas*»)[191] e não univocamente ligadas ao fato a ser provado (ou seja «*imprecisas*») resultaria de fato carente de valor probatório mesmo na falta de normas que prevejam esses requisitos. Quanto

---

[185] Sobre o tema v. mais amplamente TARUFFO, 1992: 361 e ss.

[186] De modo bastante claro Furno escrevia que «*a lei do meio menos dispendioso pressiona fortemente no sentido de limitar em extensão e profundidade a atividade do juiz de exame e valoração do material instrutório*» (FURNO, *op. cit.*: 129).

[187] A propósito da confissão cfr., inclusive para referências, COMOGLIO, *op. ult. cit.*: 498.

[188] Cfr. COMOGLIO, *op. ult. cit.*: 498, 529.

[189] Cfr. o art. 2.729 do Código Civil e o art. 192 n. 2 do Código de Processo Penal italianos. Sobre essas noções cfr., inclusive para ulteriores referências, TARUFFO, 1992: 446 e ss; CONSO e GREVI, *op. cit.*: 563; COMOGLIO, *op. ult. cit.*: 467 e ss.

[190] Cfr. o art. 116 *comma* 2 do Código de Processo Civil italiano, e sobre o tema v. por todos COMOGLIO, *op. ult. cit.*: 80 e ss., 129 e ss., 589 e ss.; TARUFFO, *op. ult. cit.*: 453 e ss.

[191] Um grau de confirmação insuficiente não fornece a prova inferencial do enunciado sobre o fato a ser provado; v. *infra*, Cap. V, itens 3.1 e 4.

à *«concordância»*, não parece apropriado sustentar que a prova indiciária ou presuntiva seja utilizável somente quando os indícios e as fontes forem múltiplos, e as inferências retiradas convergirem no sentido dessa conclusão. É verdade que se existem múltiplos indícios ou múltiplas fontes de presunções é necessário que haja concordância, visto que se essas não convergirem no sentido da conclusão (e levarem, ao invés disso, a conclusões divergentes), verificar-se-á uma situação da qual não se poderá retirar qualquer confirmação probatória. Trata-se, de resto, de uma regra de racionalidade elementar,[192] que talvez não fosse necessário formular em uma norma própria. Não se pode, porém, excluir o fato de que mesmo uma só presunção seja suficiente para fornecer a prova de um fato, quando a relativa inferência for adequadamente precisa e convincente.[193] Nada impede, todavia, que presunções fundadas em fontes diferentes conduzam a conclusões probatórias relativas a *facta probanda* diferentes. Em tal caso, cada presunção particular terá um valor probatório próprio em função do critério de inferência segundo o qual foi formulada:[194] cada presunção terá, por conseguinte, eficácia de prova se suficientemente forte e precisa. O requisito da concordância pode ter um significado efetivo somente na hipótese em que de diferentes fontes de presunção possam ser feitas inferências sobre um mesmo fato: se essas não levarem a conclusões unívocas poder-se-á considerar ausente a possibilidade de ter-se por provado o fato. Por conseguinte, as normas em questão, se corretamente interpretadas, resultam meramente repetitivas de critérios de razoabilidade que deveriam ser de qualquer modo aplicados, mesmo se essas não existissem.

Quanto aos argumentos de prova, o discurso pode ser bastante breve. Trata-se de uma invenção do legislador processual italiano de 1942 (da qual não restam marcas em outros ordenamentos), através da qual se pretendia limitar a eficácia probatória que o juiz poderia atribuir a diversos comportamentos das partes que pudessem parecer significativos sob o prisma da prova de um fato.[195] O legislador procurou criar um tipo de prova com eficácia particularmente reduzida: segundo a doutrina que segue a mesma perspectiva tratar-se-ia, de fato, de inferências insuficientes para criar *sozinhas* a prova de um fato. Os argumentos de prova serviriam, por conseguinte, somente para integrar outras provas ou favorecer sua valoração.[196] Parece, todavia, bastante difícil (se não impossível) fragmentar a eficácia dos elementos de prova de

---

[192] V. *infra*, Cap. V, item 3.1.

[193] Nesse sentido, a propósito da prova indiciária penal, cfr., também para ulteriores referências doutrinárias e jurisprudenciais, Conso e Grevi, *op. cit.*: 562 e ss.; sobre as presunções cfr. Taruffo, *op. ult. cit.*: 450; Comoglio, *op. ult. cit.*: 492.

[194] V. mais amplamente *infra*, Cap. V, item 3.2.

[195] Sobre esses comportamentos cfr. Taruffo, *op. ult. cit.*: 453; Comoglio, *op. ult. cit.*: 80, 129, 589.

[196] Sobre essa orientação v. mais amplamente, para ulteriores referências e considerações críticas, Taruffo, *op. ult. cit.*: 457.

modo tão analítico a ponto de distinguir *in minimus* o argumento de prova do indício ou da fonte de presunção simples, como parece fazer o legislador italiano e como faz a doutrina mencionada. Trata-se mesmo assim, de fato, de comportamentos que às vezes servem de premissas para a formulação de inferências sobre o fato a ser provado,[197] justamente como acontece no caso dos indícios e das presunções. Consequentemente, parece razoável reconduzir-se o argumento de prova à categoria das presunções simples, assim chegando-se à demonstração da substancial inutilidade da norma que desse se ocupa.[198]

b) Por vezes o legislador persegue o escopo de vincular a valoração do juiz servindo-se de normas que não preveem hipóteses de prova legal em sentido próprio, mas que podem produzir efeitos equivalentes, em função do comportamento da parte contra a qual essas provas foram produzidas em juízo. Trata-se, por exemplo, do art. 2.702 do Código Civil italiano, segundo o qual o instrumento particular faz prova plena até a *querela di falso* se a parte contra quem é produzida reconhece sua assinatura,[199] e do art. 2.712 do Código Civil italiano, que prevê que as «*reproduções mecânicas*» de um fato fazem prova plena dele se a parte contra a qual são produzidos não nega sua conformidade «*aos fatos ou às próprias coisas*».[200] Em ambas as hipóteses o valor da prova depende, justamente, da condição de que a outra parte não tenha contestado a veracidade do documento ou da reprodução mecânica de que se trata.

Regras desse gênero são evidentemente destinadas, mais uma vez, a simplificar em alguma medida a tarefa do juiz, bem como a economizar nas atividades que seriam necessárias para apurar a autenticidade da assinatura do instrumento particular ou a veracidade da reprodução; entretanto, são – também evidentemente – carentes de toda e qualquer validade epistêmica. Uma assinatura falsificada continua, de fato, sendo falsa, mesmo se seu suposto autor a reconhece ou não a nega; uma montagem fotográfica continua sendo uma montagem fotográfica mesmo se ninguém contesta sua correspondência aos fatos representados. Assim como em linhas gerais a veracidade ou a falsidade de um enunciado dependem da realidade do fato que o enunciado descreve (e não do consenso ou da vontade de alguém),[201] do mesmo modo a veracidade daquilo que um documento ou uma reprodução representam não depende do consenso ou da vontade da parte contrária, mas somente da realidade representada ou – melhor dizendo – da realidade à qual o documento

---

[197] Para uma crítica à tese segundo a qual o argumento de prova serviria somente para valorar outras provas, e não para provar os fatos, v. Taruffo, *op. ult. cit.*: 458.

[198] Nesse sentido v. mais amplamente Taruffo, *op. ult. cit.*: 461.

[199] A essa norma liga-se o art. 215 do Código de Processo Civil italiano, que prevê o reconhecimento tácito da assinatura, a partir da ausência tempestiva de negação. Sobre esses temas v. por todos, e para ulteriores referências, Comoglio, *op. ult. cit.*: 326, 334.

[200] Sobre o tema v. por todos Comoglio, *op. ult. cit.*: 361.

[201] A propósito, cfr. as argumentações desenvolvidas *supra*, Cap. III, item 1.

ou a reprodução pretendem fazer referência. Assim, a ausência de negação de uma assinatura ou a ausência de contestação de uma reprodução não atribuem a esses documentos qualquer autenticidade ou veracidade que esses não tinham *ab origine*. A ausência de negação ou de contestação têm somente o efeito de fazer com que o juiz deva tê-los por autênticos e verídicos mesmo se não o forem, tornando irrelevante a eventualidade de que esses sejam falsos. Qualquer que seja a utilidade prática de mecanismos desse tipo, resta, ainda assim, o fato de que esses podem introduzir na decisão um relevante *deficit* de veracidade, sendo, por essa razão, considerados antiepistêmicos.

5. OS SUJEITOS DA ATIVIDADE EPISTÊMICA

Um aspecto relevante de toda e qualquer atividade de caráter epistêmico diz respeito à determinação e à posição dos sujeitos que desenvolvem essa atividade. Em muitas áreas do conhecimento isso não cria problemas particularmente graves: o conhecimento histórico é obra do historiador, e o conhecimento científico é, dependendo do caso, obra do biólogo, do químico, do físico, e assim por diante. Pode-se discutir – e, com efeito, discute-se – sobre a natureza e a validade dos métodos que esses aplicam no desenvolvimento de suas pesquisas, de modo que o «*verdadeiro*» historiador é aquele que aplica corretamente as regras do método historiográfico, e o «*verdadeiro*» cientista é aquele que aplica corretamente as regras do método científico. Não parece dúbio, todavia, que todos esses sujeitos tenham em comum o escopo da busca da verdade.[202]

As coisas são, entretanto, muito diferentes no âmbito do processo. É verdade, de fato, que esse pode ser interpretado como um procedimento epistêmico, orientado à apuração da verdade dos fatos, mas nele operam sujeitos que perseguem interesses diferentes, não raro antagônicos e frequentemente não dirigidos à apuração da verdade. Por conseguinte, a determinação dos sujeitos aos quais pode ser atribuída em sentido próprio uma função epistêmica no contexto do processo requer aprofundamento ulterior; ainda, vale a pena ocupar-se dos comportamentos que esses sujeitos têm tipicamente durante o desenvolvimento do processo.

5.1 As partes

No processo as partes desempenham – obviamente – uma função importantíssima, que se manifesta em várias formas e atividades. Pode-se, todavia, dizer que não se trata de uma função epistêmica, pela fundamental razão de que as iniciativas e as atividades das partes não são direcionadas no sentido

---

[202] Sobre esses temas são particularmente importantes as contribuições recentes de uma epistemóloga famosa: cfr. Haack, 2008; Haack, 2007.

da busca e da descoberta da verdade. Um procedimento epistemicamente direcionado deveria, portanto, ser estruturado de modo a contrastar – ou pelo menos a minimizar – a tendência das partes de distorcerem a verdade.[203]

As articulações fundamentais da posição que as partes assumem em relação às provas (e, portanto, à decisão sobre os fatos) consistem, de fato, na necessidade de satisfação do ônus da prova (com o consequente interesse que as partes têm em demonstrar que suas alegações são fundadas), bem como no direito à prova. Sobre essas articulações vale a pena desenvolver algumas considerações, com o fim de esclarecer que essas não têm qualquer função epistêmica.

A complexa problemática relativa ao ônus da prova não pode ser aqui discutida,[204] mas deve ser mencionada por consentir que se defina adequadamente o *interesse* que cada parte tem em demonstrar que suas próprias alegações são fundadas, ou seja, em realizar as condições necessárias para que suas demandas, ou suas exceções, sejam acolhidas. Entretanto, como se viu anteriormente,[205] o que a parte alega não é necessariamente verdadeiro, visto que a alegação tem uma pretensão de veracidade, mas pode muito bem ser constituída (como ocorre com frequência) de enunciados falsos. Se, todavia, a parte consegue fornecer a prova desses enunciados (talvez se servindo de provas falsas), ou seja, consegue *fazê-los parecer* verdadeiros, seu escopo poderá ser considerado atingido. Se não se acredita na ideia de que no processo, de qualquer maneira, a verdade dos fatos deva ser apurada, utilizando-se exclusivamente a iniciativa das partes como elemento essencial,[206] é bem possível que uma parte resulte vitoriosa fazendo parecer verdadeiras alegações de fato que, na realidade, são completamente falsas. Mais: se uma parte puder se valer de alguma presunção legal, ou de alguma *relevatio ab onere probandi* gentilmente oferecida pela outra parte,[207] poderá, pois, resultar vitoriosa sem nem mesmo ter que agir ativamente para fazer parecerem verdadeiros os fatos inverídicos alegados. Situações desse gênero podem parecer paradoxais (e são, de qualquer modo, claramente antiepistêmicas), mas são a consequência que necessariamente se verifica quando se relega ao segundo plano a exigência de apuração da verdade dos fatos, concebendo-se o processo como um jogo que somente as partes podem jogar.

Outra característica relevante da relação intercorrente entre as partes e as provas é a do *direito à prova*, que é já comumente reconhecida como uma das manifestações mais importantes das garantias fundamentais relativas ao

---

[203] Nesse sentido, Cfr. DAMAŠKA, 2003a: 120.
[204] Sobre o tema v. *infra*, Cap. V, item 5.
[205] V. *supra*, Cap. III, item 5.
[206] Sobre a relativa ideologia do processo v. *supra*, Cap. III, item 2.2.
[207] Sobre esse efeito da ausência de contestação dos fatos alegados v. *supra*, Cap. III, item 5.2.

direito de agir e de se defender em juízo.[208] Visto que de suas atividades probatórias depende a possibilidade de satisfação do ônus probatório (e, portanto, o êxito final da controvérsia), é claro que as partes devem poder se valer de todas as possibilidades para procurar demonstrar que suas alegações de fato são fundadas. Parecem, por conseguinte, suspeitas de inconstitucionalidade – e, igualmente, parecem violações ou reduções de uma garantia fundamental – as normas que eliminam ou limitam essa possibilidade, como aquelas (analisadas anteriormente)[209] que, por razões diversas, excluem a admissibilidade de provas relevantes. Em linha de princípio isso vale para todas as normas que operam desse modo, visto que limitam o direito das partes de se servir de todas as provas disponíveis para demonstrar os fatos que têm o ônus de provar com o fim de mostrar o fundamento de seus direitos. A respeito disso, pode-se talvez admitir alguma exceção, mas, tratando-se de derrogar uma garantia fundamental, é necessário que tais exceções sejam justificadas pela necessidade de que se tutelem outros direitos fundamentais ou de estatura constitucional, bem como que se demonstre que essa necessidade é tão importante a ponto de prevalecer sobre a concretização do direito à prova.[210]

É claro, todavia, que tudo isso nada tem a ver com a descoberta e a apuração da verdade sobre os fatos da causa. Como se viu anteriormente,[211] de fato, o escopo que as partes tipicamente perseguem é obter a vitória na controvérsia, servindo-se do direito à prova e realizando seus interesses em demonstrar aquilo que devem provar; entretanto, esse escopo é perseguido independentemente da eventualidade de que a decisão funde-se em uma apuração verídica dos fatos. Trata-se de um lugar-comum, que, entretanto, espelha adequadamente a realidade do que acontece no processo.[212] Pode inclusive ocorrer de que uma parte tenha interesse em que se determine a verdade, na hipótese em que isso possa levar a uma sentença favorável para ela. De resto, isso implica que a outra parte tenha um interesse contraposto equivalente (senão mais intenso) em que a verdade *não* seja descoberta. Em todo caso, pode-se excluir a possibilidade de que as partes tenham interesse *comum* em que a verdade seja apurada.[213] Pelo contrário, pode acontecer de

---

[208] Sobre o tema v., por todos, inclusive para numerosas referências, Comoglio, *op. ult. cit.*: 31 e ss., 70, 88. Cfr. ainda Picó i Junoy, 1996; Taruffo, 1984: 74. Para um panorama comparado cfr. Perrot, 1983: 91. O direito à prova foi substancialmente reconhecido também pela jurisprudência estadunidense: cfr. Imwinkelried, 1990: 8, 14.

[209] V. *supra*, item 2.2.

[210] Nesse sentido v. mais amplamente Taruffo, *op. et loc. ult. cit.*

[211] Cfr. Cap. III, item 4.2.

[212] A propósito cfr., p. ex., Stein, *op. cit.*: 142; Gerber, *op. cit.*: 4.

[213] Para uma perspectiva completamente diferente, segundo a qual o processo e as partes visariam à obtenção de uma verdade comum e compartilhada, cfr. Macioce, 2005: 214, 226. Todavia, o autor funda-se em uma concepção bastante peculiar da verdade «*das partes*» como «*respeito à estrutura comunicativa e coexistencial do processo*» (*ibidem*: 234), que não coincide com a concepção da verdade que se pressupõe no texto.

nenhuma das partes ter efetivo interesse em fazer com que isso aconteça. Com efeito, cada parte tem interesse em satisfazer o ônus da prova que lhe incumbe, mas isso não equivale, de fato, a dizer que as partes orientem sua atividade processual no sentido da reconstrução completa e verídica da situação de fato que está à base da controvérsia. Em realidade, o que as partes têm interesse em demonstrar é que suas alegações de fato são fundadas, alegações essas feitas com o escopo de mostrar que suas demandas e exceções são fundadas do ponto de vista fático. Nada demonstra, entretanto, que as alegações feitas pelas partes sejam constituídas por enunciados fáticos verdadeiros: o autor pode alegar um fato constitutivo do direito que pretende ver reconhecido formulando um enunciado falso e, posteriormente, tentar demonstrar a veracidade de tal enunciado, com o escopo de satisfazer o ônus da prova que lhe incumbe. Se bem sucedido nessa empreitada, obtém a vitória na controvérsia, sem que isso tenha qualquer relação com a descoberta da verdade dos fatos.[214] A parte que faz alegações falsas corre o risco de ser declarada sucumbente, mas somente por não ter logrado êxito em fornecer provas suficientes que confirmassem suas alegações, não por essas serem falsas. Substancialmente: na melhor das hipóteses convidam-se ou se obrigam as partes a evitarem obstruções, visando a impedir o uso consciente de declarações ou de provas falsas; tudo isso, entretanto, não equivale certamente a que se imponha às partes um dever de colaborar ativamente para a apuração da verdade dos fatos.[215]

Parece, de resto, evidente – e foi confirmado historicamente[216] – que o livre confronto dialético entre as partes não é, de fato, um bom método para chegar-se à descoberta da verdade. As partes podem ter, de fato, várias razões para manipular, distorcer ou ocultar a realidade dos fatos, e essas razões podem existir para *ambas* as partes. Em todo caso, nada assegura que da competição antagonista entre dois sujeitos que *não* têm interesse na descoberta da verdade possa surgir uma reconstrução verídica dos fatos da causa; isso ocorre com maior razão se se considerar que o êxito das atividades probatórias das partes depende em larga escala de sua habilidade e capacidade, de modo que tende a ser equivocado quando as partes não têm a mesma força no confronto para a apuração dos fatos.[217] Qualquer pessoa verdadeiramente interessada em esta-

---

[214] Por outro lado, como também se viu anteriormente (Cap. II, item 2.3), as partes não têm qualquer obrigação ou dever de respeitar a verdade no âmbito de suas atividades processuais, e o mesmo vale para seus advogados.

[215] Mesmo o principal defensor do princípio de colaboração duvida que a colaboração entre as partes e o juiz assegure a obtenção da verdade, ainda que frise que possa servir para que se aproxime dessa. Cfr. Grasso, 1998: 418.

[216] Cfr. Langbein, 2003: 332.

[217] Cfr. em particular Damaška, 1986: 211, que argumenta, em linhas gerais, que «*os contendores interessados pessoalmente... podem também estar motivados a esconder a verdade. Uma hábil orquestração das provas pode obscurecer, ao invés de esclarecer, o que efetivamente ocorreu*».

belecer a verdade de um fato deveria, por conseguinte, evitar com o máximo empenho o emprego de um método desse gênero.

Mirian Damaška esclarece, de resto, que, se um sistema processual é baseado essencialmente na dialética das partes, não pode ser direcionado no sentido da descoberta da verdade: «*esse processo não busca a precisão da apuração do fato como finalidade independente da resolução dos conflitos, nem mesmo dentro do raio restrito das questões definidas pelas partes. A decisão no modelo de resolução dos conflitos não é tanto uma descrição do verdadeiro estado das coisas, quanto uma decisão que resolve a discussão das partes, como um tratado de paz que encerra as batalhas*».[218] Além disso, continua Damaška, «*a "verdade" – não importa como concebida – tende a parecer obscura e ambígua. Por isso... o processo de resolução dos conflitos é indiferente a como efetivamente ocorreram as coisas; wie es eigentlich gewesen*».[219]

Por outro lado, do ponto de vista epistemológico revela-se a existência de uma clara distinção entre a abordagem de quem tende a demonstrar uma tese e a abordagem de quem persegue de modo desinteressado a descoberta da verdade: Susan Haack traçou claramente a distinção entre a *advocacy*, que tendencialmente nada tem a ver com a descoberta da verdade, e a *inquiry*, que, pelo contrário, é direcionada para a determinação da verdade objetiva.[220]

Por conseguinte, resulta claramente confirmado que a atividade das partes não pode ser posta no âmbito da dimensão epistêmica do processo. Pode-se, aliás, dizer que se (e na medida em que) o processo for epistemicamente direcionado (tendo, pois, como fim a descoberta da verdade), isso acontecerá *apesar* da atividade defensiva desenvolvida pelas partes. Essas, de fato, encontram-se tipicamente na situação que se poderia definir, na terminologia de Norbert Elias, como *envolvimento*, ou seja, na situação tipicamente contraindicada para uma busca objetiva e desinteressada da verdade.[221]

5.2 Os poderes instrutórios do juiz

Por conseguinte, resulta evidente que, entre os protagonistas do processo, o juiz é o sujeito a quem compete a função epistêmica fundamental, ou seja, a apuração da verdade dos fatos. Essa função implica que ele oriente sua atividade, no curso do processo, no sentido dessa finalidade. Isso implica duas consequências principais: de um lado, é do juiz o dever de governar a admissão e a produção das provas, além da determinação de seu valor no

---

218 Cfr. DAMAŠKA, *op. ult. cit.*: 212.

219 Cfr. DAMAŠKA, *ibidem.*

220 Cfr. HAACK, 2008b: 564.

221 Cfr. ELIAS, 1988: 19, 89. Para uma aplicação da noção de *envolvimento* no contexto probatório v. mais amplamente TARUFFO, 1996: 267.

âmbito da decisão final sobre os fatos. Conforme visto, existe uma dimensão epistêmica na admissão das provas com base no princípio da relevância e nas modalidades de sua produção: o protagonista desses aspectos do processo e – por assim dizer – quem garante sua correção epistêmica é justamente o juiz.

Por outro lado, coloca-se o problema de estabelecer-se o que o juiz pode ou não fazer autonomamente para a busca dos elementos de convencimento necessários para a apuração da verdade dos fatos, ou seja, o problema de saber-se se ele pode ou deve dispor de poderes instrutórios autônomos. Em um procedimento epistêmico esse problema careceria até mesmo de sentido: é óbvio que se um sujeito empenha-se para a descoberta da verdade de um fato deve poder utilizar todas as possibilidades de que dispõe para colher e selecionar as informações necessárias.[222] Seria inútil perguntar se um historiador pode ou não (deve ou não) buscar as fontes com base nas quais possa fazer seu trabalho de reconstrução de um fato; seria igualmente inútil perguntar se um cientista tem ou não o direito de desenvolver as pesquisas necessárias para descobrir a verdade de um fato ou de uma teoria. No processo, entretanto, as coisas são bem mais complicadas, seja pela interferência de opções ideológicas, seja porque o juiz não é o único sujeito ativo naquele contexto, mesmo se – conforme se viu há pouco – é o único sujeito *lato sensu «interessado»* em que o procedimento conclua-se com uma decisão verídica.

As interferências das opções ideológicas, sobre as quais se tornará a falar em breve, estão ligadas à concepção que se tem do processo e de suas finalidades. Se, conforme se disse mais de uma vez, sustentar-se que o processo é uma coisa privada das partes (e, portanto, que esse não tem de modo algum o fim de buscar a verdade),[223] resulta que ao juiz será dado um papel passivo, não se lhe atribuindo a função de apurar a verdade.[224] É necessário ter-se em mente, todavia, que essa ideologia foi superada pela maior parte dos legisladores processuais modernos, justamente no momento em que esses se ocuparam do papel do juiz em relação à apuração dos fatos. Com base no conhecimento difundido de que somente a atividade instrutória das partes não assegura de maneira alguma a descoberta da verdade, andou-se afirmando a tendência de atribuir-se ao juiz um papel ativo na produção das provas que as partes não tenham requerido por iniciativa própria, com a evidente finalidade de fazer com que a verdade, ainda assim, possa ser apurada.[225] É, portanto, oportuno observar rapidamente as principais técnicas normativas empregadas com esse escopo.

---

[222] A propósito, cfr. em particular Haack, 2007: 97.

[223] V. *supra*, Cap. III, item 4.2.

[224] Cfr.~, a propósito, Damaška, 2003: 130 e ss.

[225] A propósito, v. mais amplamente, inclusive para maiores referências, Fabiani, 2008: 350; Taruffo, 2006a: 458. Em sentido crítico v. por último Cavallone, *op. cit.*: 952.

A mais difundida dessas técnicas consiste em atribuir ao juiz o poder de dispor de ofício a produção de provas que considera relevantes para a apuração dos fatos, mas que as partes não requereram. A extensão desses poderes varia em função da amplitude e intensidade do papel ativo que se pretende conferir ao juiz. Essa extensão é máxima quando o juiz tem o poder de determinar de ofício a produção de todos os meios de prova legalmente admissíveis, como prevê o art. 10 do *Code de Procédure Civile* francês.[226] É mais reduzida quando se exclui a possibilidade de que o juiz possa determinar de ofício alguns meios de prova, como no caso do juiz alemão, que não pode determinar a oitiva de uma testemunha, mas pode determinar a produção de qualquer outra prova;[227] ou como no caso do juiz italiano, que não tem um poder instrutório de amplitude geral (exceto no processo do trabalho), mas dispõe do poder de ordenar a produção de vários meios de prova especificamente previstos pela lei.[228] Essa técnica normativa é típica dos ordenamentos de *civil law*, mas não está presente somente nesses ordenamentos: lembre-se, de fato, que mesmo as *Federal Rules of Evidence* estadunidenses atribuem ao juiz relevantes poderes de iniciativa instrutória, ainda que os juízes americanos tendam a fazer uso bastante limitado desses, a fim de evitar interferências na atividade das partes.[229]

Outra técnica muito difundida, que pode inclusive se combinar com a primeira, consiste em atribuir ao juiz o poder de estimular as partes a produzirem provas que ele mesmo considera relevantes e que as partes não tenham produzido. É isso que pode fazer o juiz alemão a propósito da prova testemunhal: ele não pode dispô-la de ofício, mas pode facilmente induzir as partes a chamar as testemunhas que julga oportuno ouvir.[230] Tem poder análogo também o juiz inglês, ao qual as *Civil Procedure Rules* de 1998 atribuíram um papel muito mais ativo em relação ao que se tinha no passado, e que pode, de várias maneiras, induzir as partes a completar suas iniciativas instrutórias.[231] A *Ley de Enjuiciamiento Civil* espanhola de 2000 não seguiu a tendência geral dos ordenamentos europeus de estender os poderes instrutórios do juiz, e, aliás, reduziu-os ao eliminar as *diligencias para mejor proveer* previstas no Código processual de 1881, que permitiam ao juiz – uma vez produzidas as provas

---

226 Sobre o tema v. mais amplamente TARUFFO, *op. ult. cit.*: 459. Sobre o papel do juiz no processo francês v. por último, inclusive para ulteriores referências, FABIANI, *op. cit.*: 369.

227 Sobre o papel do juiz no processo alemão cfr. FABIANI, *op. cit.*: 350, 362; TARUFFO, *op. ult. cit.*: 462.

228 Para um exame analítico v. por último FABIANI, *op. cit.*: 568.

229 Cfr. a *Rule* 614(a), com base na qual o juiz pode determinar de ofício a produção de provas testemunhais não requeridas pelas partes – sobre o tema cfr. GRAHAM, *op. cit.*: 302; SALTZBURG, MARTIN e CAPRA, *op. cit.* (3): 614-7 – e a *Rule* 706, com base na qual o juiz pode determinar de ofício a oitiva de peritos – sobre o tema v. GRAHAM, *ibidem*: 364; SALTZBURG, MARTIN e CAPRA, *op. cit.* (3): 706-3. Sobre o tema v. também TARUFFO, *op. ult. cit.*: 464.

230 Analogamente cfr. FABIANI, *op. cit.*: 362.

231 Cfr. FABIANI, *op. cit.*: 494; TARUFFO, *op. ult. cit.*: 465; PASSANANTE, 2000: 1363.

requeridas pelas partes – determinar de ofício a produção de outros meios de prova úteis para a decisão.[232] Todavia, também o juiz espanhol tem, com base no art. 429.1 do Código atual, o poder de compelir as partes a requerer provas necessárias à apuração dos fatos, quando julgar que as iniciativas instrutórias das partes forem insuficientes.[233]

Esses exemplos mostram – além das diversas técnicas empregadas dependendo do caso – que os diferentes legisladores processuais perceberam a necessidade de fazer com que a apuração dos fatos com base nas provas não restasse como uma coisa privada das partes, não dependendo exclusivamente de suas iniciativas e escolhas táticas. Em outros termos, os legisladores perceberam a necessidade de orientar a atividade do juiz em sentido marcadamente epistêmico, confiando-lhe os poderes tidos como necessários para a busca da verdade. Isso não significa, todavia, que se tenha verificado uma conversão geral de todos os ordenamentos no sentido de confiar ao juiz uma função inquisitória e abusiva dos direitos e das garantias das partes.[234] É somente o caso de frisar, na realidade, que os poderes conferidos ao juiz configuram-se como acessórios e integrativos em relação às iniciativas instrutórias das partes.[235] Se, como ocorre frequentemente, as partes exercitam de maneira completa seu direito à prova,[236] requerendo todas as provas disponíveis em relação aos fatos da causa, o juiz não terá qualquer oportunidade para exercitar seus poderes, restando, portanto, legitimamente inerte.[237] Somente quando ele descobre (a partir do que é posto no processo, não através de sua «*ciência privada*») que existe uma prova relevante não requerida pelas partes, ele poderá (e provavelmente *deverá*)[238] determinar de ofício a produção daquela prova, ou compelir as partes a requerê-la. De qualquer modo, em nenhum caso prevê-se que o juiz se transforme em um inquisidor que reúna em si todos os poderes de perquirição e de descoberta da verdade, reduzindo-se ou até mesmo eliminando-se os poderes probatórios das partes. Em realidade, seu papel é bem mais modesto e racional, consistente em verificar se as partes

---

[232] Sobre o tema v. mais amplamente TARUFFO, *op. ult. cit.*: 466; FABIANI, *op. cit.*: 433. Em geral sobre o papel do juiz no processo espanhol v. FABIANI, *ibidem*: 401.

[233] Essa norma foi objeto de amplas discussões doutrinárias (sobre as quais v. FABIANI, *op. cit.*: 427), mas parece preferível a tese segundo a qual essa configura um verdadeiro e próprio poder de iniciativa instrutória. Sobre o tema cfr., inclusive para ulteriores referências, PICÓ I JUNOY, 2007: 124.

[234] V. mais amplamente TARUFFO, *op. ult. cit.*: 468.

[235] Nesse sentido cfr., p. ex., FABIANI, *op. cit.*: 501; TARUFFO, *op. ult. cit.*: 458.

[236] Sobre o tema v. *supra*, item 5.1.

[237] É o que ocorre, por exemplo, com o juiz francês, ainda que – como se viu – ele seja dotado de poderes instrutórios muito mais amplos: cfr. BEARDSLEY, 1986: 489.

[238] Nesse sentido parece orientar-se a recente jurisprudência da *Corte di Cassazione* italiana, segundo a qual o juiz tem um poder-dever de obter as provas necessárias para a apuração dos fatos: v. em particular *Cass. S. U.*, 12 de junho de 2004, n. 11353, em FABIANI, 2005: 1135.

produziram todos os dados cognoscitivos disponíveis para apurar a verdade dos fatos, e em se tornar ativo se isso não tiver ocorrido.[239]

Do ponto de vista epistêmico, isso parece totalmente óbvio, visto que seria contraditório – como se acenou há pouco – prever que quem tem a responsabilidade de estabelecer a verdade de um fato não tenha a possibilidade de obter o conhecimento necessário a esse escopo, que outros sujeitos – que, além disso, não perseguem as mesmas finalidades – não forneceram.

O discurso poderia concluir-se com essas considerações bastante banais, se não houvesse pelo menos outras duas questões merecedoras de algumas considerações (mesmo que sintéticas). A primeira questão foi posta há tempos pelos teóricos do princípio dispositivo, e nasce da tese segundo a qual a atribuição de poderes instrutórios violaria tal princípio, eliminando, sobretudo, a imparcialidade do juiz e a sua independência de julgamento.[240] Sobre o primeiro ponto pode-se observar que o problema é mal posto, visto que a determinação das provas pertence à dimensão epistêmica do procedimento, ou seja, à técnica do processo, e não ao princípio dispositivo em sentido próprio.[241] Há confirmações históricas, ao contrário daquilo que muitos creem, no sentido de que a regra que determinava que o juiz devia julgar *secundum alligata et probata* não fazia qualquer referência ao monopólio das partes sobre as provas.[242] Além disso, conforme se viu há pouco, a experiência dos ordenamentos que estenderam os poderes instrutórios do juiz demonstra que isso não maculou de modo algum a concretização do princípio dispositivo. Isso é particularmente claro, por exemplo, no ordenamento francês, em que a generalização dos poderes instrutórios do juiz é perfeitamente compatível com o princípio dispositivo enunciado nos arts. 1.º, 4.º e 5.º do *Code de Procédure Civile* francês.[243]

O segundo ponto funda-se em uma premissa que, sob o viés epistemológico, parece bastante curiosa, segundo a qual o juiz, determinando de ofício a produção de um meio de prova, manifestaria parcialidade em favor de uma parte, mesmo porque não estaria mais em condições de valorar objetivamente

---

239 Isso torna absolutamente fantasiosa, e, portanto, errada e inútil, a análise econômica do modelo *inquisitorial* desenvolvida por Posner, *op. cit.*: 1487.

240 Trata-se de afirmações recorrentes na doutrina processual. Uma clara e articulada formulação dessa tese encontra-se no conhecido artigo Liebman, 1962: 12, mas v. também Montesano, 1978: 189; Fazzalari, 1972: 193. Sobre o tema v. por último Picó i Junoy, *op. ult. cit.*: 99, e ainda Taruffo, *op. ult. cit.*: 479.

241 Em sentido análogo cfr. Picó i Junoy, *op. ult. cit.*: 102 e Picó i Junoy, 2007: 217. Sobre o tema v. por último a ampla e documentada exposição de Fabiani, *op. cit.*: 107, 228.

242 V. *supra*, Cap. I, item 6, e em particular a demonstração analítica dada por Picó i Junoy, 2007: 35.

243 Cfr., inclusive para ulteriores referências, Taruffo, *op. ult. cit.*: 459; Ferrand, 2005: 9.

e de modo neutro o resultado daquela prova.[244] Se isso fosse verdade, e a não ser que se tratasse o juiz como uma espécie de *minus habens*, necessário seria sustentar que um historiador que decidisse estudar certos documentos, ou um biólogo que decidisse fazer certo experimento, perderia justamente por essa razão o próprio equilíbrio mental, não estando mais em condições de valorar objetivamente os resultados de suas pesquisas. Se assim não for, como parece evidente, não se vê razão para que um juiz que determine a exibição de um documento, ou o exame de uma testemunha, por essa razão não tenha mais condições de interpretar corretamente o conteúdo daquele documento ou de valorar racionalmente a credibilidade daquela testemunha. Essa concepção funda-se em noções psicológicas no mínimo «*ingênuas*» e sobretudo carentes de fundamento,[245] segundo as quais quem busca colher informações sobre um fato perde imediatamente a capacidade de valorar corretamente o conteúdo e a confiabilidade das informações obtidas. Essa ideia não só é extremamente superficial, como também não leva minimamente em conta os estudos que há tempos vêm sendo desenvolvidos sobre a psicologia da decisão e sobre os critérios e modelos que ajudam a racionalizar as escolhas[246] – e, portanto, a verificar os erros, também devidos a valorações parciais, que quem decide poderia cometer. É verdade que existe o *confirmation bias,* e todos corremos o risco de tender a confirmar aquilo sobre o que estamos convencidos,[247] mas o remédio não consiste certamente em impedir que se busquem elementos ou informações ulteriores para se estabelecer racionalmente o que é verdadeiro e o que é falso. No caso do juiz, por outro lado, pode-se observar que no momento em que ele determina de ofício a produção de uma determinada prova ele pode não estar convencido de coisa alguma: pode que ele tenha simplesmente descoberto que aquele meio de prova poderia ser útil para a apuração dos fatos. Isso não implica certamente que ao valorar o êxito da prova ele deva ser parcial em favor de uma ou de outra parte.

Em todo caso, parece evidente que o remédio para esses perigos (na verdade mais temidos do que reais) não consiste em se privar o juiz de todo e qualquer poder instrutório, mas em submeter-se a controles adequados o exercício desses poderes. É nesse sentido que se torna essencial a garantia dos direitos das partes e que o princípio do contraditório manifesta uma relevante função epistêmica, configurando-se como uma técnica essencial de controle racional sobre o uso que o juiz faz de seus poderes.[248] É necessário, em outros

---

[244] Nesse sentido cfr. em particular os escritos de LIEBMAN, *op. cit.*, FAZZALARI, *op. cit.* e MONTESANO, *op. cit.* Sobre o tema v. também FABIANI, *op. cit.*: 195.

[245] Não é, de fato, demonstrada, por exemplo, a «*incompatibilidade psicológica entre busca e decisão*» de que fala LIEBMAN, *op. cit.*: 13.

[246] Cfr., p. ex., RUMIATI, 2000: 16; RUMIATI, 1990: 115, 167 e 235; RUMIATI e BONINI, 2001: 107, 153.

[247] Cfr. DAMAŠKA, *op. ult. cit.*: 139 e ss.; TARUFFO, *op. ult. cit.*: 481.

[248] Nesse sentido v. mais amplamente TARUFFO, 1992: 401.

termos, que às partes seja possibilitado influir criticamente no exercício desses poderes no que diz respeito à valoração da relevância e da admissibilidade das provas cuja produção o juiz determina de ofício; ainda, que essas possam requerer provas contrárias ou diferentes daquelas determinadas pelo juiz; finalmente, que tenham a possibilidade de discutir o êxito e a eficácia dessas provas. A solução correta do problema parece, pois, residir na integral atuação da garantia do contraditório, e não na eliminação dos poderes instrutórios do juiz. Pode-se sustentar, aliás, que do ponto de vista epistêmico a melhor solução possível é a de maximizar concomitantemente a atuação do direito das partes à prova (em todas as suas manifestações, inclusive, e exatamente, as que concernem ao controle que as partes exercem sobre os poderes instrutórios do juiz) e dos poderes instrutórios autônomos de que o juiz deveria dispor.[249] Observe-se, na realidade, que essas duas estratégias não estão em conflito uma com a outra, podendo, aliás, combinar-se no sentido de garantir a mais completa e racional obtenção dos dados cognoscitivos necessários para a apuração da verdade. Os poderes instrutórios das partes e os do juiz não fazem parte de um *unicum* em que, se os primeiros são aumentados, os últimos são limitados, ou vice-versa, como se o aumento dos poderes instrutórios do juiz implicasse uma limitação dos direitos das partes.[250] Pelo contrário: trata-se de instrumentos diferentes que podem ser ativados por sujeitos diferentes, que podem muito bem ser utilizados contemporaneamente com o fim de maximizar a obtenção dos dados probatórios necessários para a decisão. Parece, de resto, evidente que os inúmeros ordenamentos que configuraram um papel ativo do juiz na produção de provas não tinham certamente o escopo prefixado de eliminar a imparcialidade:[251] simplesmente julgaram, e com boas razões, que exercendo poderes autônomos o juiz não deixa de ser imparcial. Parece, de resto, convincente uma argumentação em certos aspectos inversa àquela de quem liga o risco de parcialidade do juiz ao exercício de poderes instrutórios de ofício. Como se viu anteriormente,[252] uma reflexão aprofundada sobre o conceito de imparcialidade leva não só a que se exclua a ideia de contradição entre imparcialidade e busca da verdade, mas também a que se conclua que a busca da verdade é um fator essencial da imparcialidade do juiz. Por conseguinte, se é verdade – como parece indubitável – que a atribuição de poderes instrutórios autônomos corresponde precisamente a uma exigência de caráter epistemológico, é necessário que se abandone a ideia de que tais poderes

---

[249] Sobre o tema v. mais amplamente Taruffo, 2006a: 479.

[250] Para lembrar uma metáfora usada alhures (v. Taruffo, *op. ult. cit.*: 478), não existe uma «*torta*», constituída pelos poderes instrutórios, a ser dividida entre partes e juiz, de modo que a fatia que compete ao juiz implique uma proporcional redução da fatia das partes, e vice-versa. Essa metáfora espelha o modo mais difundido de pensar sobre esses problemas, mas deveria também mostrar que esse modo de pensar é errado.

[251] Cfr. Taruffo, *op. ult. cit.*: 480.

[252] V. *supra*, Cap. III, item 4.5.

estejam em conflito com a imparcialidade do juiz. A busca da verdade que tais poderes permitem coloca o juiz em uma posição de imparcialidade (que não equivale à neutralidade ou à passividade) na busca da verdade dos fatos.

A outra questão de que é oportuno ocupar-se brevemente foi levantada recentemente por alguns expoentes da doutrina italiana e da doutrina de língua espanhola (para os quais parece apropriada a qualificação de *neo-vétero-liberais*), gerando um debate bastante acalorado.[253] Segundo essa orientação, surgida nos últimos anos (e por isso passível de ser definida como *neo*), seria a ausência de poderes instrutórios autônomos atribuídos ao juiz característica essencial dos sistemas processuais liberais (e portanto democráticos). O monopólio absoluto das iniciativas instrutórias deveria, pois, competir exclusivamente às partes, justamente como ocorria nos códigos processuais do século XIX, ou seja, na época liberal clássica dominada pelo individualismo privatista e pela correspondente concepção do processo como coisa privada das partes (e por isso o qualificativo *vétero*). Quando isso não ocorre, ou seja, quando o juiz é investido de poderes instrutórios autônomos, isso implicaria – ainda segundo essa orientação – uma transformação do sistema em sentido autoritário, criticada e rechaçada por ser antiliberal e antidemocrática.

Remetendo-se a outro escrito[254] para uma mais adequada discussão dessa tese, pode-se aqui limitar-se a indicar sinteticamente duas razões pelas quais essa parece totalmente destituída de fundamento. A primeira delas é de caráter histórico-comparatista, e se tornou evidente com a revolução histórica e com a situação atual de inúmeros ordenamentos que – conforme se viu há pouco – atribuíram ao juiz um papel ativo na produção das provas, visando à apuração da verdade dos fatos. É claro (e não vale a pena alongar-se a propósito) que a França, a Alemanha e os Estados Unidos dos anos setenta e a Inglaterra e a Espanha dos anos noventa não sofreram qualquer transformação em sentido autoritário e antidemocrático. Se afrontada com a realidade desses ordenamentos, a tese em questão resulta evidentemente infundada.

A segunda razão é de caráter sistemático e funda-se no fato de que – como já mencionado – a presença de amplos poderes instrutórios do juiz não incide de modo algum nem sobre a concretização do princípio dispositivo, nem sobre a atuação da garantia do direito à prova e do princípio do contraditório. Em realidade, a existência de poderes instrutórios do juiz não entra em conflito com os direitos das partes, mas com outra coisa, ou seja, com a exclusividade das partes sobre as iniciativas instrutórias. De resto, esse monopólio não é estabelecido por qualquer princípio geral do processo, tampouco objeto de qualquer garantia constitucional. Trata-se somente de um aspecto de uma ideologia específica do processo bastante difundida na Europa do século XIX,

---

[253] A propósito, v. mais amplamente, e para necessárias referências bibliográficas, Fabiani, *op. cit.*: 301; Taruffo, *op. cit.*: 453.

[254] Cfr. Taruffo, *op. et loc. ult. cit.* Sobre o tema v. por último Fabiani, *op. cit.*: 693.

mas que por muitas razões foi superada historicamente, parecendo dificilmente recuperável no âmbito da justiça civil moderna.[255]

O problema dos poderes instrutórios do juiz pode, pois, ser sintetizado nestes termos: a atribuição desses poderes e seu efetivo exercício – naturalmente com respeito rigoroso aos direitos processuais das partes – correspondem a uma necessidade epistêmica, tratando-se de instrumentos que têm como fim atingir o escopo da apuração da verdade. Vice-versa, a oposição a um papel ativo do juiz na produção das provas parece motivada exclusivamente por opções ideológicas: tais opções, além de histórica e politicamente infundadas, configuram-se em termos claramente antiepistêmicos.

6. O JUIZ DO FATO

Em um procedimento epistêmico possuem relevância indubitável as características subjetivas daquele ou daqueles a quem é confiada a tarefa de descobrir e de apurar a verdade. A capacidade de governar os diferentes aspectos em que se articula o procedimento – e, sobretudo, a capacidade de valorar racionalmente os resultados que dele derivam, com o fim de estabelecer se a verdade foi ou não descoberta – são obviamente requisitos essenciais que os sujeitos em questão devem possuir, condicionando diretamente a confiabilidade que se atribui ao êxito do procedimento.

Mesmo sob esse aspecto, todavia, o contexto do processo põe problemas particulares não só porque – como se viu – entram em jogo diversas regras procedimentais que não raro incidem negativamente na busca da verdade, mas também porque existem – além de diferentes modelos de procedimento – também diferentes «*modelos de juiz*». Em particular, existem variações relevantes no que concerne à configuração do sujeito que opera como «*juiz do fato*», e que nessa função tem a tarefa de valorar as provas e de formular a decisão final sobre a verdade dos fatos da causa.

Na impossibilidade de desenvolver-se uma análise comparatista completa das várias figuras de «*juiz do fato*» existentes nos diferentes ordenamentos, o discurso pode ficar aqui limitado aos dois modelos fundamentais: o baseado na presença de um juiz profissional,[256*] e o baseado na presença do júri.[257]

---

[255] Analogamente cfr. FABIANI, *op. cit.*: 702.

[256] [N. do. T.] A palavra em questão, no original, é *esperto*, que pode ser alguém com muita experiência de vida, alguém entendido, conhecedor de determinado assunto, conforme o dicionário Zingarelli de língua italiana. Nesse contexto, entretanto, julgamos que o sentido da palavra, a fim de manter a fidelidade ao texto original, é o mesmo do vocábulo *profissional*, visto que aqui se fala de pessoas graduadas em direito ou não, e não de conhecedores, ou pessoas que saibam muito a respeito do tema. Aliás, nas páginas seguintes, ao fazer novas referências a esse caráter do juiz de *civil law*, o autor utiliza também a expressão *professionista*, absoluto sinônimo de *profissional*, confirmando a tese aqui defendida. Em páginas seguintes, a palavra recebe outras traduções (especialista, hábil), dependendo do contexto em que é inserida.

[257] Sobre o tema v. em particular DAMAŠKA, 2003a: 119.

6.1 O juiz profissional

A figura do juiz-jurista, profissional do direito, mas investido também na função de decidir sobre todos os aspectos da controvérsia (e, portanto, também sobre *questiones facti*), tem na Europa uma história bastante remota que não pode ser aqui repercorrida nem mesmo de modo sumário. Esse juiz já está presente, por exemplo, nas cortes dos longobardos e do *Regnum Italiae*,[258] além de em muitas cortes e tribunais dos diversos ordenamentos judiciários europeus dos séculos sucessivos.[259] Como juiz único ou como membro de um órgão julgador colegiado, esse juiz apura acima de tudo, com base nas provas levadas a juízo e sem recorrer à própria ciência privada, como se desenvolveram os fatos à base da controvérsia (*iudex secundum alligata et probata, non secundum conscentiam, iudicare debet*);[260] aos fatos assim apurados ele aplica a regra de direito que governa a situação substancial narrada em juízo. *Quaestio facti* e *quaestio juris* são conceitualmente diferenciáveis, mas representam aspectos estritamente interconectados de uma decisão homogênea formulada pelo mesmo órgão julgador.

Com a queda do *ancien regime*, e em particular com as reformas napoleônicas do ordenamento judiciário[261] (que foram tomadas como modelo em muitos outros estados europeus), a figura do juiz-jurista é enriquecida por novos aspectos que até hoje a caracterizam: o juiz é um funcionário do Estado, inserido em uma organização burocrática com estrutura piramidal, mas, sobretudo, é escolhido (e progride na carreira) com base em sua preparação técnico-jurídica; de qualquer modo, é mantido na figura do moderno juiz de *civil law* o caráter mais relevante no presente contexto, ou seja, o poder de decidir contextualmente tanto as questões de fato, quanto as questões de direito.

Alguém pode observar que essa descrição da figura típica do juiz de *civil law* é demasiadamente simplificada, em particular porque existem diversos órgãos judiciários compostos também ou exclusivamente por leigos, sem preparação jurídica. É por exemplo o caso dos *Arbeitsgerichten* alemães, que são órgãos colegiados de composição mista,[262] e, na Itália, das *sezioni specializzate agrarie*. Na França existem exemplos importantes constituídos pelos *conseils de prud'hommes* em matéria de trabalho, pelos *tribunaux de commerce* e pelos *tribunaux paritaires dês baux ruraux*, todos compostos somente por

---

[258] A propósito, v. *supra*, Cap. I, itens 2.1 e 3.

[259] Sobre o juiz profissional na época comum v. por último Picardi, 2007a: 1485. Na ampla literatura sobre o tema cfr. ainda Ascheri, 1989: *passim;* Castellano, 2004: especialmente 179; Royer,1995: 28, 72, 105.

[260] Sobre o real significado do brocardo v. *supra*, Cap. I, item 6.

[261] Sobre o tema cfr. em particular Royer, *op. cit.*: 409, 424, 440.

[262] Cfr. Murray e Stürner, *op. cit.*: 41.

leigos e sem participação de juízes togados.[263] Por conseguinte, é verdade que os juízes profissionais do direito não têm o monopólio absoluto da jurisdição, mas isso não incide no aspecto mais relevante nesse contexto. Por um lado, na realidade, pode-se observar que a presença de membros leigos é motivada por diferentes razões: às vezes, como nos tribunais do trabalho alemães e nos *conseils* franceses, tende-se a realizar no âmbito do órgão julgador uma espécie de representação das categorias contrapostas interessadas na controvérsia; outras vezes, como nos tribunais de comércio, trata-se de jurisdições corporativas, em que as controvérsias são resolvidas por membros da corporação a que pertencem as partes, ou pelo menos uma delas; mais frequentemente, como nas seções especializadas e nos tribunais de menores (assim como em vários outros casos), o colégio julgador é integrado por especialistas nas matérias particulares objeto de controvérsia. Trata-se, não obstante o número e a variedade desses órgãos, de exceções à regra fundamental segundo a qual o juiz de *civil law* é um profissional do direito: não por acaso, na França esses órgãos especiais são qualificados como *jurisdictions d'exception*.

Por outro lado, e no que diz respeito ao que interessa em maior escala ao presente estudo, frise-se que nos sistemas de *civil law* não existe qualquer órgão judiciário civil com participação leiga em que se faça distinção entre a decisão da *quaestio juris* e a decisão da *quaestio facti*, eventualmente reservando essa última ao componente leigo dos colégios mistos. Pelo contrário: em todos os casos o órgão de composição mista ou de composição leiga decide de modo unitário e homogêneo sobre todos os aspectos da controvérsia. Portanto, a presença de juízes leigos não incide, por si só, no modo em que a decisão é formulada. Por conseguinte, vale em todos os casos o modelo de decisão integrada típico do juiz-jurista da tradição de *civil law*.

Sob o prisma da função epistêmica que esse juiz desempenha, observe-se que de regra ele não dispõe de uma preparação profissional específica no que concerne à decisão sobre os fatos. Sua formação concerne essencialmente ao conhecimento do direito, e ele não é nem um historiador nem um cientista.[264] Isso poderia induzir a pensar-se que esse juiz não é o mais apto a desempenhar uma função propriamente epistêmica. Confirmação disso poder-se-ia retirar da prática judiciária de vários ordenamentos, em que a consideração para as questões de direito (mesmo para aquelas de escassa importância) supera em larga escala a atenção dedicada às questões de fato, mesmo quando essas são verdadeiramente decisivas.

---

[263] Sobre esses órgãos, sobre sua composição e seu funcionamento, cfr. Perrot, 2002: 106, 117, 126.

[264] Sobre as discutíveis analogias entre o juiz e o historiador e o juiz e o cientista cfr. Taruffo, 1992: 303 e ss.

A fim de equalizar pelo menos em parte essa valoração negativa cabem, entretanto, diversas considerações. Acima de tudo considere-se que uma parte relevante da formação técnico-jurídica do juiz concerne à disciplina das provas, que constitui uma parte importante do direito processual civil e penal. É verdade que, em geral, os juízes estudam as normas, ao invés dos métodos epistêmicos de apuração dos fatos, mas eles devem de qualquer modo aprender como se interpretam e como se aplicam as normas que disciplinam a metodologia processual de formação da decisão sobre os fatos.

É necessário ter em mente a circunstância de que frequentemente o juiz togado transcorre anos desempenhando sua função em órgãos judiciários de primeira instância, nos quais a produção de provas e a apuração dos fatos constituem, via de regra, o núcleo essencial do processo. É, pois, a experiência que se forma na prática judiciária que pode tornar o juiz hábil na busca e na apuração da verdade: o contato cotidiano, que dura no tempo, com as provas e com os problemas relativos aos fatos pode fornecer ao juiz os conhecimentos e as capacidades necessárias para desempenhar adequadamente a função epistêmica.[265]

Last but not least, não se deve esquecer que o juiz de *civil law* é obrigado, inclusive com base em princípios constitucionais presentes em vários ordenamentos, a motivar as suas decisões. Obviamente esse dever vale também para os aspectos da decisão que concernem à apuração dos fatos: isso implica que o juiz deva fornecer «*boas razões*», fundadas nas provas e em um convencimento racional, com base no qual a apuração da verdade dos fatos deve resultar objetivamente e logicamente justificada.[266] Verdade é que a motivação da sentença é, via de regra, redigida em um momento sucessivo àquele em que é formulada a decisão, mas o bom juiz sabe que deverá justificar as próprias escolhas relativas à valoração das provas e às conclusões sobre os fatos; portanto – pode-se sustentar – é induzido a orientar *ex ante* os próprios raciocínios no sentido de uma análise racional dos elementos de prova e dos critérios de valoração que podem fundar uma reconstrução verídica dos fatos da causa.[267]

Pelo menos em linha de princípio, por conseguinte, pode-se sustentar que o juiz de *civil law* está bem equipado para desempenhar corretamente a função epistêmica consistente na busca da verdade. As modalidades concretas

---

[265] Em sentido contrário, ou seja, no sentido de que a experiência conduziria o juiz a ser apressado e superficial na apuração dos fatos, cfr. Posner, *op. cit.*: 1494 e ss. Essa afirmação não é justificada, e, de qualquer modo, refere-se somente aos juízes que Posner conhece, ou seja, os juízes estadunidenses. Em sentido oposto cfr. Stein, *op. cit.*: 139.

[266] Sobre o dever de motivar, com particular referência ao juízo sobre os fatos, v. *infra*, Cap. V., item 6.

[267] Mais amplamente sobre as relações entre raciocínio decisório e raciocínio justificativo cfr., inclusive para ulteriores referências, Taruffo, 2002c: 323.

com que essa função é desempenhada de fato na realidade judiciária dos diferentes ordenamentos podem variar de acordo com inúmeros fatores, que vão da disciplina jurídica específica dos diversos meios de prova ao nível de preparação profissional do juiz, sem esquecer – conforme visto há pouco – a presença ou a ausência, para o juiz, de eficazes poderes de iniciativa instrutória. Resta, todavia, confirmado que o juiz de *civil law* pode ser um eficiente buscador da verdade, na medida em que os outros fatores que determinam a disciplina e o funcionamento do processo permitam-no sê-lo.

Ainda, é oportuno frisar que essas considerações são substancialmente válidas também para os órgãos judiciários em que se tem a participação total ou parcial de membros leigos, e em particular para aqueles órgãos que incluem especialistas em matérias particulares ou são compostos por sujeitos que têm experiência prática em tipos particulares de controvérsias. Não é só isso: nesses órgãos, como já se disse, o modelo fundamental de decisão é o mesmo que vale para os juízes togados. Os juízes leigos também aplicam regras que concernem à produção de provas, desempenham suas funções por períodos bastante longos que, ainda, são suficientes para que eles possam adquirir uma experiência adequada; finalmente, motivam suas decisões também com referência aos fatos da controvérsia. Pode-se, por conseguinte, concluir que *todos* os órgãos judiciários dos sistemas de *civil law* têm, pelo menos potencialmente, condições de desempenhar de modo eficaz a função epistêmica relativa à apuração da verdade dos fatos.

6.2 O júri

Também no sistema inglês existe uma longa tradição (que remonta pelo menos às reformas judiciárias de Henrique II na segunda metade do século XII) em ver em juízes profissionais do direito o sustentáculo da jurisdição, e, em particular, da jurisdição real. É sabido, todavia, que, a partir da conquista normanda, o aspecto mais original, mais celebrado e em muitos aspectos mais importante do sistema inglês (e, posteriormente, também do sistema estadunidense) é constituído pela presença do júri como *trier of fact*, com a consequência de que ao juiz togado compete registrar o veredito emanado pelo júri sobre os fatos, para tirar dele as consequências jurídicas. Tradicionalmente, aliás, a distinção entre *issues of law* e *issues of fact* segue justamente a distinção entre a função do juiz e a função do júri, e a separação entre juiz e júri constitui um dos traços distintivos mais importantes do processo de *common law*.[268] No que concerne à apuração da verdade dos *facts in issue,* por conseguinte, é necessário questionar-se se o júri é um órgão capaz de desempenhar validamente a relativa função epistêmica.

[268] Sobre o tema cfr. em particular Damaška, 2003: 43; Chase, 2005: 55; Hazard e Taruffo, 1993: 151; Taruffo, 1990: 368; Weiner, 1966: 1867; Joiner, 1962: 14.

Nos primeiros séculos de sua existência o júri inglês desempenhou efetivamente uma função desse gênero. Os *homines de vicineto* eram testemunhas dos fatos, e não juízes do fato: comunicavam ao juiz *in eyre* o que a comunidade sabia acerca das circunstâncias que haviam dado lugar à controvérsia. Eles estavam – e deviam estar – a par dessas circunstâncias, direta ou indiretamente, e informavam o juiz sobre elas.[269] Com o passar do tempo, todavia, a função do júri mudou progressivamente, mas substancialmente, até assumir a fisionomia que hoje conhecemos. Os jurados deixaram de ser testemunhas dos fatos para se tornarem *triers of fact*, encarregados de valorar provas fornecidas pelas partes e, com base nessas provas, formular suas conclusões a respeito dos fatos da causa. Nesse ínterim vem surgindo e se consolidando aquela que poderia ser definida como *função política* do júri. Afora o mito construído sobre o famoso Capítulo 39 da *Magna Charta* – mito que segundo um historiador inglês superou em muito a realidade[270] – o júri inglês assumiu um papel de proteção do cidadão frente a um poder soberano despótico e cruel, sobretudo atenuando os efeitos de um direito penal excessivamente duro. Nas colônias norte-americanas o júri tornou-se o símbolo da proteção das liberdades dos colonos contra o poder inglês, distante e opressivo, e posteriormente assumiu de modo mais abrangente uma função de tutela dos direitos dos cidadãos frente ao poder estatal. A configuração do direito ao julgamento por um júri, proclamado pela sexta emenda à constituição dos Estados Unidos no âmbito do processo penal e pela sétima emenda no âmbito do processo civil,[271] representa o ápice dessa longa e complexa evolução do júri de grupo de testemunhas do fato a instituição de garantia das liberdades democráticas.[272]

Essa mudança na função do júri implica, entretanto, a possibilidade de que se questione se, na situação atual, esse tenha condições de desempenhar uma função epistêmica direcionada para a apuração da verdade dos fatos. Todavia, visto que o júri há tempos não está presente na justiça civil inglesa,[273] e raramente presente nos processos penais,[274] é no júri norte-americano que se deve focar a atenção.

Nos Estados Unidos o júri é objeto de recorrentes discussões,[275] mas desempenha ainda hoje diversas funções relevantes;[276] a mais importante delas

---

[269] Sobre esses aspectos da história do júri, inclusive para referências, v. *supra*, Cap. I, item 4.

[270] Cfr. Plucknett, 1956: 25.

[271] A propósito, v., por todos, o amplo estudo de Wolfram, 1973.

[272] Sobre o tema cfr. em particular Sward, 2001: 157 e ss.

[273] O fenômeno iniciara-se já em torno da metade do século XIX: cfr. Hanly, 2005: 153.

[274] Cfr. Jackson, 2007: 297.

[275] A bibliografia sobre o júri estadunidense é infindável, não sendo possível dar indicações significativas a respeito. Em seguida, citar-se-ão somente as fontes que guardam conexão direta com aquilo que é dito no texto.

[276] Sobre as diferentes funções que o júri desempenha no sistema norte-americano cfr. Sward, *op. cit.*: 23 e ss.

parece ser de natureza *simbólico-ritual*. O aspecto simbólico concerne ao mito do júri como instituição através da qual o povo administra diretamente a justiça aplicando seus critérios de valoração, tutelando, portanto, os cidadãos contra um poder – o do Estado – sentido como formalista e opressivo.[277] Em substância, é o povo que protege a si mesmo através de seus representantes que fazem parte do júri: daí a função do júri como escudo das liberdades e garantidor da democracia, e como instituição que realiza a participação direta do povo na administração da justiça.[278]

O aspecto ritual concerne aos elementos em sentido lato teatrais que caracterizam o *trial by jury* e que chegaram ao conhecimento do grande público por inúmeros filmes e seriados, com advogados que batalham sob o olhar dos jurados e na presença de um juiz togado que arbitra a competição.[279] Essa representação tem um escopo duplo: mostrar a todos que a justiça é administrada de modo livre e público (essencialmente por cidadãos normais),[280] e com isso legitimar o sistema de administração da justiça, bem como as decisões por ele produzidas, no âmbito do contexto social.[281] O júri norte-americano desempenha também outras funções, como a consistente em acordar somas elevadíssimas para danos punitivos a cidadãos particulares vítimas do poder monstruoso das grandes *corporations*,[282] mas parece não haver dúvidas de que sua função principal seja a de dar legitimação social e *flavour* democrático à administração da justiça.[283]

Deve-se, então, perguntar se ao lado dessas funções o júri estadunidense desempenha também uma função epistêmica, ou se, ao invés disso, estamos diante de uma hipótese em que a tensão entre epistemologia e ideologia se resolve com um prevalecimento claro da ideologia e com a eliminação da função epistêmica de uma instituição fundamental do processo norte-americano.

Sobre o tema é oportuno assinalar preliminarmente, para afastá-lo, um possível equívoco fundado em uma evidente petição de princípio. Em síntese:

---

277 Sobre o júri como «*antistatist institution*» cfr. CHASE, *op. ult. cit.*: 56.

278 Sobre a função de democracia representativa e participativa desempenhada pelo júri cfr. em particular SWARD, *op. cit.*: 52 e ss.; ROBERTS e ZUCKERMAN, *op. cit.*: 64.

279 Sobre a função ritual desempenhada pelo júri cfr. em particular CHASE, *op. ult. cit.*: 121. V. também *supra*, Cap. III, item 4.1.

280 Como nota justamente CHASE, *op. ult. cit.*: 56 o júri é «*populist*» e constitui uma forma de participação dos cidadãos no exercício direto do poder.

281 Nesse sentido, a propósito do júri penal inglês, cfr. ROBERTS e ZUCKERMAN, *op. cit.*: 63, que falam justamente de «*a moral theater of accountability*». Sobre a função legitimadora do procedimento v. mais amplamente *supra*, Cap. III, item 4.1.

282 De onde surgem as tentativas de limitar a discricionariedade dos júris na determinação do valor dos ressarcimentos de danos, sobre os quais cfr. SWARD, *op. cit.*: 302.

283 Como frisou CHASE, *op. ult. cit.*: 55, o júri apresenta de modo «*historic and iconic*» as características de uma instrução igualitária, populista, antiestatal e individualista.

se se move da premissa, assumida *a priori*, de que as decisões do júri correspondem sempre e por definição à verdade (porque o júri representa o povo e o povo nunca comete erros), chega-se obviamente à conclusão de que o júri desempenha uma função epistêmica, visto que apura sempre a verdade dos fatos. Vê-se imediatamente, entretanto, que esse argumento nada demonstra: trata-se, em realidade, de um ato de fé, legítimo, mas não necessário, que deixa intacto o problema da função epistêmica do júri.

Deixando os atos de fé à parte, a questão sobre o júri ter ou não condições de chegar a decisões precisas e verídicas sobre os fatos da causa é bastante debatida há tempos: os que sustentam a competência do júri como *trier of fact* e os que criticam o júri como juiz racional do fato – em particular quando se trata de julgar sobre controvérsias complexas valorando provas científicas – contrapõem-se há tempos na literatura estadunidense.[284] A opinião que parece mais difundida é a que prega que, não obstante os limites intrínsecos que caracterizam a instituição do júri, os jurados têm condições de formular valorações racionais.[285] Todavia, as opiniões daqueles que negam essa capacidade do júri são muito difundidas, sendo recorrente a referência a uma passagem famosa em que Jerome Frank formula críticas devastadoras ao júri, justamente sob o prisma da impossibilidade de que esse apure a verdade dos fatos.[286] De resto, parecem existir diversas razões para acreditar na existência de uma *lay disability*,[287] ou seja, para duvidar de que o júri tenha condições de desempenhar de forma eficaz uma função epistêmica relativa à determinação da verdade dos *facts in issue*.

As razões principais que podem ser aqui lembradas são substancialmente duas. A primeira, já mencionada,[288] é que, na tentativa de proteger os jurados contra os riscos de erro na valoração das provas, a *law of evidence* estadunidense acaba por prever a exclusão de muitas provas que seriam relevantes para a apuração dos fatos. Desse modo, o júri torna-se a causa de importantes limitações na produção das provas;[289] acaba por formular suas decisões com base em um material probatório limitado, do qual são excluídas informações que poderiam ser determinantes para a apuração da verdade. A segunda razão é que a decisão do júri forma-se em uma espécie de *black box* em que acontecem coisas e se fazem escolhas que ninguém conhece, pela razão fundamental de que o veredito do júri nunca é motivado. Por conseguinte, mesmo

---

284 Para uma síntese da discussão, bem como para ulteriores referências, cfr. SWARD, *op. cit.*: 15, 32. Cfr. também CHASE, *op. cit.*: 58.

285 Cfr., p. ex., SWARD, *op. cit.*: 34.

286 Cfr. FRANK, 1950: 110.

287 A pertinente expressão é de DAMAŠKA, *op. ult. cit.*: 46. Sobre o tema v. também MCEWAN, *op. cit.*: 207.

288 V. *supra*, item 2.2.

289 A propósito, cfr. amplamente LAUDAN, *op. cit.*: 214.

se os jurados decidissem o veredito jogando uma moeda para cima ninguém saberia, e a consequente decisão seria de qualquer modo válida, mesmo não tendo qualquer relação com a realidade. Por outro lado, não sendo obrigados a motivar suas decisões os jurados não são nem mesmo induzidos a formular valorações e inferências racionalmente controladas com o escopo de estabelecer a verdade dos fatos.[290] Disso resulta que as valorações positivas sobre a capacidade do júri de julgar de modo preciso e racional os fatos, valorando corretamente as provas, são fruto de ilações por vezes racionais, mas sem qualquer efetiva justificação, que seria impossível de se fornecer.[291] Parece, ainda, bastante curioso (aos olhos de um observador externo) o contraste entre a variedade e a complexidade das normas aplicadas antes das provas serem admitidas e durante sua produção, e o fato de que o juízo dos fatos seja feito com uma «*enigmatic decision*» que constitui «*an inarticulate, impenetrable epilogue*» da apuração dos fatos.[292]

Em realidade não faltam instrumentos cujos fins são prevenir ou limitar em alguma medida a arbitrariedade das decisões do júri, mas esses não parecem eficazes em orientá-lo verdadeiramente no sentido de uma busca racional da verdade.[293]

Os longos, complexos e custosos procedimentos de *voir dire*, em que frequentemente se contratam psicólogos especializados na seleção dos jurados, visam a evitar que venham a fazer parte do júri sujeitos negativamente *biased* em relação a uma ou a outra parte.[294] Nos limites em que funcionam efetiva-

---

[290] A falta de motivação do veredito representa uma das razões principais de invalidade epistêmica do sistema fundado no júri: cfr. LAUDAN, *op. cit.*: 142. STEIN, *op. cit.*: 38 diz que o *justification requirement* vale também para a decisão do júri sobre os fatos, mas desses requisitos não há traços, visto – justamente – que o veredito não é motivado. Não falta, de resto, quem sustente que a falta de motivação do veredito seja oportuna, em particular quando o júri deve afrontar questões de difícil solução, pois não motivando esse se esquiva das críticas (cfr., p. ex., SWARD, *op. cit.*: 24 e ss.). Opinião curiosa, que tem como seu elemento essencial a função simbólica desempenhada pelo júri, e não o fundamento ou a aceitabilidade de suas decisões.

[291] POSNER (*op. cit.*: 1493) sustenta que o júri é um *trier of fact* adequado sobretudo porque doze cabeças (treze se se contar também o juiz) são melhores que uma. Todavia, o argumento é inconsistente, se doze cabeças raciocinam mal e somente a décima terceira raciocina bem. Além disso, seria preciso dizer que um júri composto somente por seis jurados, frequentemente usado porque mais prático, decidiria de modo pior em relação ao júri tradicional composto por doze jurados, e que um júri composto por vinte e quatro jurados raciocinaria duas vezes melhor... e assim por diante.

[292] Cfr. DAMAŠKA, *op. ult. cit.*: 63.

[293] Há quem sustente a existência de um arsenal de remédios, entre os quais aqueles mencionados *infra* no texto, suficientes para assegurar que o juízo do júri seja correto. Nesse sentido cfr., p. ex., STEIN (*op. cit.*: 38, 139), que, entretanto, não dá qualquer justificativa dessa valoração, que, portanto, parece pertencer à classe dos atos de fé dos quais se falou há pouco no texto.

[294] Cfr. a *Rule* 47 das *Federal Rules of Civil Procedures* e o §1870 do *Title 28* do *United States Code*. Sobre as modalidades de seleção dos membros do júri cfr., p. ex., BODIN, 1976a: 211, 225; HAZARD e TARUFFO, *op. cit.*: 153; BLOOMSTEIN, 1968: 60; MCCART, 1965: 28.

mente esses procedimentos visam, pois, a fazer com que o júri seja imparcial. Trata-se de uma condição necessária para que o júri chegue a uma decisão correta, mas não parece por si só suficiente para assegurar que o veredito final funde-se na apuração da verdade.

De seu turno, o juiz não entra na *jury room* e dispõe de possibilidades limitadas de orientar as decisões do júri. Essas possibilidades concentram-se nas *instructions* que o juiz dá ao júri imediatamente antes que esse último se retire para decidir, e que deveriam ser seguidas pelo júri.[295] As *instructions* podem dizer respeito a aspectos jurídicos da decisão, nos casos não infrequentes em que o júri deve aplicar normas de direito para formular o veredito; entretanto, concernem sobretudo aos aspectos de fato da controvérsia, como quando o juiz prefere não levar em conta uma prova indevidamente admitida, ou quando adverte o júri sobre a eventualidade de que esse faça inferências não admitidas pela lei (como as que poderiam derivar do silêncio do imputado),[296] ou ainda quando indica que um veredito de culpabilidade possa ser pronunciado somente quando a responsabilidade do imputado resultar demonstrada *beyond any reasonable doubt.*[297] Trata-se de instruções com o fim de direcionar o júri no sentido do emprego de critérios corretos de valoração das provas e, portanto, com o fim de formular vereditos verídicos.[298] De resto, qualquer indicação dada pelo juiz a propósito de possíveis critérios de valoração acaba por ser inevitavelmente genérica,[299] não havendo – sobretudo – qualquer possibilidade de que se verifique se efetivamente o júri a levará em consideração.[300] Como se disse, de fato, o veredito do júri jamais é motivado. Isso implica que cada jurado não se sinta induzido, a não ser pela própria consciência individual, a valorar as provas racionalmente e segundo as *instructions* do juiz, mesmo porque sabe que ninguém lhe solicitará que justifique *ex post* sua decisão.

---

[295] Cfr. a *Rule* 51 das *Federal Rules of Civil Procedure*. Sobre o tema cfr. SWARD, *op. cit.*: 260. Sobre as *instructions* do juiz ao júri no processo medieval inglês cfr. IBBETSON, 1996: 97.

[296] A esse propósito, LAUDAN (*op. cit.*: 147) fala de «*lobotomized jurors*» para frisar que se tende a vetar aos jurados que desenvolvam raciocínios que em diferentes contextos seriam obviamente admitidos.

[297] O problema dos *standards* de prova será discutido alhures (v. *infra*, Cap. V, item 4).

[298] Todavia, nos Estados Unidos foi substancialmente eliminado o poder do juiz de exprimir sua opinião (*comment*) sobre o êxito das provas, com o temor de que ele pudesse influenciar as valorações do júri. Cfr. ROBERTS e ZUCKERMAN, *op. cit.*: 79.

[299] Isso é demonstrado pela história da aplicação concreta do *standard* de prova *beyond reasonable doubt*, que nunca encontrou uma formulação suficientemente precisa: cfr. a ampla análise de LAUDAN, *op. cit.*: 29.

[300] Para uma valoração positiva da influência que as *instructions* podem ter ao guiar o júri a valorar corretamente as provas cfr. DAMAŠKA, *op. ult. cit.*: 57. As pesquisas desenvolvidas sobre o tema produziram resultados incertos e contraditórios: cfr. MCEWAN, *op. cit.*: 209. No sentido da ineficácia das *instructions* cfr. POSNER, *op. cit.*: 1520.

O juiz dispõe, em realidade, de alguns outros poderes que podem ser orientados a controlar pelo menos em parte a modalidade de decisão do júri. Por exemplo, ao invés de solicitar um *general verdict*, com o qual o júri decide de maneira global sobre todos os aspectos de fato e de direito da controvérsia, o juiz pode requerer um *special verdict*, com o qual o júri decide somente sobre os fatos, sem aplicar normas; ou pode requerer um *verdict with interrogatories*, com o qual o júri responde a questões específicas sobre os fatos particulares; ou ainda um *direct verdict*, com o qual o juiz predetermina a decisão do júri se não houver provas ou se as provas não forem tão claras a ponto de consentir decisões diferentes.[301] Além disso, o juiz tem o poder de não considerar o veredito, bem como de dispor um novo *trial* diante de um júri diferente, caso o veredito pareça manifestamente contrário ao êxito das provas.[302] Parece claro, todavia, que se trata de remédios que podem ter alguma eficácia, mas que não resolvem o problema da confiabilidade típico do juízo sobre os fatos formulado pelo júri. Se o veredito também for específico, de fato, não haverá qualquer garantia sobre seu fundamento; por outro lado, a hipótese de que o juiz declare que houve *mistrial* e ordene um novo *trial* é marginal, verificando-se somente em caso de erros grosseiros por parte do júri.[303]

Não havendo efetivas garantias sobre a possibilidade de que o júri chegue a uma apuração verídica dos fatos, não por acaso se frisou (inclusive recentemente) o caráter substancialmente ordálico da decisão do júri: o veredito não se funda em uma justificativa racional, mas se apresenta como um objeto de fé no qual a voz do povo tomou o lugar da voz de Deus.[304] Analogamente, foi dito que os vereditos dos júris são considerados «*written on Mosaic tablets*».[305]

Ainda que os vereditos do júri não sejam motivados, ou justamente por essa razão, não faltaram estudos que procuraram analisar, com base em deduções (mas também em experimentos psicológicos) o modo com que o júri formula suas decisões sobre os fatos.[306] O aspecto que parece mais interessante desses estudos – e mais relevante na perspectiva aqui considerada – é aquele segundo o qual os júris, ao formularem suas decisões, não seguem uma metodologia analítica, reconstruindo cada circunstância singular de fato

---

301 Cfr. a *Rule* 49 das *Federal Rules of Civil Procedure*. Sobre esses institutos cfr. Sward, *op. cit.*: 299; Taruffo, 1990: 372.

302 Cfr. Sward, *op. cit.*: 11, 295; Taruffo, *ibidem*.

303 Cfr. Hazard e Taruffo, *op. cit.*: 172.

304 Cfr. Damaška, 1995: 353.

305 Cfr. Laudan (*op. cit.*: 217), que evidencia o paradoxo inerente a essa maneira de considerar os vereditos dos júris, na medida em que os jurados são, na realidade, considerados «*impressionable fools*» ou pessoas simples demais incapazes de formular valorações racionais, como demonstra a variedade de normas e de mecanismos com o fim de prevenir os equívocos do júri ou a esses dar remédio.

306 Cfr. em particular Hastie, Penrod e Pennington, 1983; Bennet e Feldman, 1981.

com base em específicos argumentos de prova referentes – justamente – a cada circunstância, mas sim fazem uma abordagem *holística*, com base na qual tendem a construir *stories* completas em que são ordenadas e organizadas as circunstâncias singulares. Essas *stories* são construídas utilizando-se esquemas, estereótipos, *scripts* e situações tipificadas que fazem parte do *stock of knowledge* de que dispõem os membros do júri como pertencentes a um determinado ambiente social e cultural. De tal modo, as circunstâncias singulares que compõem os fatos da causa são compostas em narrativas que as englobam e que correspondem àquilo que os jurados julgam normal e verossímil.[307]

Não é o caso de que se coloque aqui em discussão a adequação dessas hipóteses a respeito do modo com que os júris reconstroem os fatos. Na medida em que são adequadas, oferecem o ponto de partida para ulteriores reflexões críticas sobre a eventualidade de que o júri desempenhe verdadeiramente uma função epistêmica. Acima de tudo, pode-se observar que o senso comum de que se servem os jurados – tido como um aspecto positivo porque eles raciocinam como raciocinaria o povo que de algum modo representam[308] – inclui estereótipos, preconceitos, concepções erradas, falsas generalizações e muitos outros elementos cujo emprego acrítico e inconsciente pode dar espaço a uma variedade de erros. Todavia, o senso comum é o único recurso cognoscitivo e interpretativo de que o jurado dispõe: ele não tem qualquer preparação profissional e nem mesmo pode formar uma experiência como *trier of fact*, visto que é nominado somente para o processo em que desempenha sua função.[309] De resto, é justamente em função de suas características de *naïveté* que o jurado é escolhido e investido na função de decidir sobre os fatos, valorando as provas segundo os critérios do senso comum. Em síntese, o júri desempenha sobretudo uma função política, consistente em traduzir no veredito os valores regressivos e conformistas típicos da ideologia dominante, representados pelo estereótipo do *average man*.[310] Nada assegura, entretanto, que uma versão dos fatos construída segundo critérios de normalidade e de verossimilhança seja também uma história verdadeira: não raro o verossímil é falso, sendo verdadeiro aquilo que à primeira vista parecia inverossímil, visto que geralmente a realidade não se adapta ao *id quod plerumque accidit*.[311] Além disso, a teoria holística afirma que os júris servem-se de seus *stock of knowledge* para colmar as lacunas derivadas da incompletude dos dados cognitivos fornecidos pelas provas: em síntese, mesmo se algumas circunstâncias de fato não forem provadas, o júri poderá «*considerá-las verdadeiras*», servindo-se de modelos

---

[307] Sobre esses aspectos da construção das narrativas dos fatos cfr. o Cap. II, item 4.
[308] Cfr. em particular Hastie, Penrod e Pennington, *op. cit.*: 4.
[309] Cfr. Laudan, *op. cit.*: 216.
[310] Cfr. Becker, 1970: 304.
[311] Sobre a distinção entre verdade e verossimilhança v. mais amplamente *supra*, Cap. III, item 2.3.

arquetípicos de acontecimentos ou de situações de algum modo similares àquela que está reconstruindo.[312]

Por conseguinte, a orientação holística, que parece típica do modo com que os júris formulam suas decisões, parece muito longe de ser um método racionalmente válido para a descoberta da verdade dos fatos. Parece, pelo contrário, que esse funciona como um poderoso instrumento de manipulação em virtude do qual aquela que poderia ser a verdade dos fatos é de vários modos adaptada e «*reinventada*» para que coincida com os estereótipos do senso comum. Naturalmente nada exclui que possa existir – como de fato existe – um ambiente cultural ideológico em que esse método de decisão seja aceito, se não por outro motivo, porque o mito democrático do júri persiste e prevalece sobre todo e qualquer argumento contrário. Todavia, visto que defeitos do júri sob o prisma epistêmico são bem conhecidos, surge «*the irony of a system that models the virtue of trial by jury, the 'palladium' of our system of justice, all the while arguing that jurors are too stupid, naive or immature to be trusted with complex arguments*».[313]

Essas observações podem ser replicadas afirmando-se, por um lado, que a presença do júri tem sido cada vez menos frequente mesmo nos Estados Unidos,[314] de modo que não seria mais apropriado considerar o *trial by jury* o arquétipo do processo norte-americano; ainda, por outro lado, pode-se dizer que – como muitos afirmam – o modo utilizado pelos júris para formular seus vereditos não é substancialmente diferente daquele utilizado pelos juízes para decidir sobre os fatos, quando não há júri.[315]

Sobre o primeiro ponto observe-se que, mesmo quando o juiz decide sozinho, o processo desenvolve-se *in the shadow of the jury*, tanto que são aplicadas todas as regras de exclusão das provas, inclusive aquelas cuja finalidade é evitar os erros e mal-entendidos por parte do júri.[316] Sobre o segundo ponto pode-se observar que, se fosse verdade que a decisão dos jurados e dos juízes não divergem substancialmente, surgiriam alguns problemas que não podem ser deixados de lado. Por exemplo, poder-se-ia perguntar por que razão as partes se submetem ao bem mais longo e custoso *trial by jury* se não com base na fundada esperança de obter do júri um veredito mais favorável do que aquele que preveem que obteriam do juiz. Por outro lado, poder-se-ia perguntar se são os júris que adotam modelos decisórios dos juízes, ou se, ao

---

[312] Também sobre esse ponto v. mais amplamente *supra*, Cap. II, item 2.3, 6.

[313] Cfr. LAUDAN, *op. cit.* : 218, e analogamente DAMAŠKA, *op. ult. cit.*: 132.

[314] Cfr. SWARD, *op. cit.*: 12 e ss.

[315] Essa é a tese fundamental da clássica perquirição de KALVEN e ZEISEL, 1966. Sobre o tema v. por último STEIN, *op. cit.*: 139, que não cita Kalven e Zeisel, mas, mesmo afirmando que as técnicas de controle sobre o júri são eficazes, diz que os juízes julgam melhor sobre os fatos em virtude de sua preparação profissional.

[316] Cfr. HAZARD e TARUFFO, *op. cit.*: 174 e ss.

contrário, não são esses últimos que imitam os júris. Essa dúvida parece irresolúvel, mas, a valer a primeira hipótese, isso implica que dos júris seja tirada sua função consagrada pelo mito, consistente em usar critérios de decisão retirados do senso comum, diferentes dos critérios técnicos e formalistas que seriam aplicados pelo juiz togado. Se, ao invés disso, valesse a segunda hipótese, isso significa que também os juízes pronunciariam decisões imperscrutáveis, holísticas e oraculares, não diferentes sob esses aspectos dos vereditos dos júris. Não se pode excluir, de resto, que as coisas sejam verdadeiramente assim, visto que nem mesmo os juízes togados motivam suas decisões sobre os fatos da causa.

Os diversos aspectos que foram colocados em evidência a propósito do sistema do júri e dos modelos de decisão presentes nesse definem alguns fatores importantes do *procedural exceptionalism* do sistema norte-americano.[317] Aos olhos do jurista de *civil law*, e em particular na perspectiva epistêmica, aqueles aspectos podem parecer dificilmente compreensíveis ou até mesmo criticáveis, por determinarem a impossibilidade substancial de que o júri desempenhe verdadeiramente uma função orientada à apuração da verdade dos fatos.[318] Parece, todavia, que o júri continua a ter um amplo apoio por parte dos advogados e dos juízes, além da opinião pública em geral:[319] evidentemente o mito persiste e – como todos os mitos – tem pouco a ver com a realidade.

7. CONCLUSÕES

As considerações desenvolvidas nas páginas precedentes confirmaram essencialmente a premissa de que a argumentação partiu, ou seja, de que a dimensão epistêmica do processo existe e possui importância basilar, mesmo se nessa dimensão não pode evidentemente se exaurir um fenômeno multiforme e complexo como a administração da justiça. Veio à tona também, de resto, que essa dimensão não assume somente uma função descritiva, mas, sobretudo, uma função *normativa* ou *reguladora*:[320] a análise do processo, ou de seus institutos, em perspectiva epistêmica consente também que se verifique quão próximos ou afastados os processos concretamente existentes estão de um modelo ideal, epistemologicamente válido, de procedimento funcionalmente orientado à apuração da verdade. Pelo contrário, essa consente até mesmo que se verifique quando e em que medida a influência de fatores estranhos à dimensão epistêmica (e em particular de fatores ideológicos ligados às

---

317 Nesse sentido cfr. de fato Chase, *op. ult. cit.*: 55.

318 Não por acaso, do ponto de vista epistêmico o júri desempenha um papel que foi definido como *extraveristic*: cfr. Goldman, *op. cit.*: 311 e ss.

319 Cfr. Chase, *op. ult. cit.*: 58.

320 Sobre a função normativa da epistemologia jurídica cfr. Laudan, *op. cit.*: 3; Allen e Leiter, *op. cit.*: 1498.

diferentes concepções da função do processo e do papel dos sujeitos presentes nesse) pode determinar e restringir – por vezes eliminando completamente – a função epistêmica que também poderia e deveria ser desempenhada pelo processo.

A mesma análise consentiu, ainda, que se apontassem normas processuais epistemologicamente contraindicadas existentes em inúmeros ordenamentos, bem como que se colocasse em discussão sua justificativa. Nesse sentido, um aspecto paradoxal é o fato – frisado anteriormente – de que diversas normas que comportam a exclusão de provas relevantes estão presentes em alguns ordenamentos e não em outros: resta, pois, manifesta a relatividade histórico-cultural dessas normas, que – longe de parecerem necessárias e inevitáveis – são evidentemente contingentes e variáveis. É difícil de entender, por exemplo, o sentido de uma *hearsay rule*, que na Inglaterra não existe mais no processo civil, mas existe ainda no processo penal,[321] e que é mantida em ambos os processos nos Estados Unidos, mesmo que com dezenas de exceções. É também difícil de entender o sentido da manutenção do art. 246 do Código de Processo Civil italiano, que existe somente na Itália e tem justificativa discutível e fraquíssima. Seria o caso de sobre isso pensar que se se tratasse de normas verdadeiramente dotadas de um fundamento de ordem geral, ou se servissem verdadeiramente a que se chegasse à finalidade essencial do processo, essas deveriam existir em todos os sistemas processuais modernos, ou pelo menos na maior parte desses. A análise comparada mostra, entretanto, que não é assim, e, por conseguinte, mostra também quão fraca é a justificativa por vezes invocada para sustentar-se a manutenção dessas normas.

Isso leva a dizer-se que a análise dos diversos mecanismos probatórios sob o viés epistemológico pode também fornecer importantes sugestões *de jure condendo*, seja no sentido de uma radical simplificação desses mecanismos, seja no sentido de sua possível harmonização com base nos princípios comumente compartilhados.

Naturalmente tudo isso pode ser considerado carente de sentido, mas com a condição única de que se negue a premissa: o *veriphobic* que nega *a priori* a possibilidade de que o processo seja orientado à busca da verdade dos fatos não pode e não deve compartilhar de nada daquilo que se disse até agora.

---

[321] Sobre o tema v. amplamente ROBERTS e ZUCKERMAN, *op. cit.*: 580.

CAPÍTULO V
DECIDINDO A VERDADE

1. DÚVIDA E DECISÃO

Se «*o direito é o mundo da decisão*»,[1] o processo é o contexto jurídico em que esse caráter do direito manifesta-se com maior evidência. A decisão, aliás, é uma característica estrutural do processo, que pode ser compreendida como um mecanismo cujo fim intrínseco é o de produzir uma decisão. O contraditório processual gera a dúvida, mostrando soluções diferentes do conflito entre as partes,[2] mas o processo não pode terminar deixando de resolver essa dúvida. Em realidade, ocorre que muitos casos não chegam a uma decisão; trata-se, entretanto, de casos teoricamente excepcionais (mesmo que relativamente frequentes na prática), em que o processo se encerra sem chegar a conclusões porque, por exemplo, as partes chegaram a um acordo extrajudicial. De qualquer modo, a decisão implica sempre a escolha de *uma* solução entre as diversas possíveis,[3] pondo fim à suspensão do juízo, à ἐποχή[4] que caracteriza seu desenvolvimento até o momento em que o juízo é formulado, eliminando-se a dúvida.

Durante o processo o juízo é suspenso, mas isso não significa que o procedimento desenvolva-se no vazio e que o juiz permaneça como uma espécie de *tábua rasa* até a decisão final. Visto que o processo ocorre no tempo, e geralmente em um tempo excessivamente longo, também a formação daquilo que levará posteriormente ao êxito da decisão final desenvolve-se no tempo. O ponto de início desse desenvolvimento tem-se no momento em que

---

1 Nesse sentido, Irti, 2001: 64.
2 Cfr. Irti, *op. cit.*: 69.
3 Cfr. Irti, *op. cit.*: 64.
4 Cfr. Rigotti, 2006: 33 sobre a situação de «suspensão» do juízo.

é formulada a primeira narrativa dos fatos da causa;[5] após, seguem outras narrativas, modificações, ajustes, hipóteses e hipóteses contrárias, confirmações e demonstrações de falsidade, em um fluxo que tem fim somente com a construção da narrativa que o juiz utiliza como fundamento da decisão final. Não é possível examinar aqui de modo analítico as complexas modalidades com que esse fluxo desenvolve-se, mesmo porque essas variam profundamente dependendo do caso.[6] Vale mais a pena concentrar a atenção no momento terminal que ele conduz, ou seja, o momento da decisão conclusiva que o juiz formula sobre os fatos da causa, para colocar em evidência alguns aspectos particularmente relevantes. A propósito, é, entretanto, oportuno precisar preliminarmente alguns pontos, com o intuito de esclarecer a perspectiva que será seguida nas páginas seguintes.

O primeiro deles (talvez óbvio, mas necessário) é que a decisão final sobre os fatos não é concebida como o êxito de uma espécie de adivinhação. O juiz não decide interpretando o voo dos pássaros, examinando a posição dos tálus ou observando o comportamento de um pinto envenenado.[7] A decisão não é concebida tampouco como êxito casual da sorte: o juiz não faz apostas, não participa de loterias, e nem mesmo – com exceção de alguns seguidores tardios de Bridoye[8] – decide jogando os dados. De resto – e aqui vale a pena lembrar o que foi mencionado anteriormente[9] – a decisão sobre os fatos não pode ser tampouco fruto de uma intuição irracional, ou de uma introspecção através da qual o juiz penetra nas profundezas mais recônditas de seu espírito para voltar com uma certeza subjetiva (talvez qualificável como «*moral*» ou «*absoluta*»), imperscrutável e misteriosa, sobre a verdade dos fatos.[10]

Pelo contrário, sendo destinada à apuração da verdade dos fatos,[11] a decisão deve constituir o resultado de um procedimento racional, que se desenvolva segundo regras e princípios, ou seja, segundo um método que permita seu controle e determine sua validade. Aqueles que visam estabelecer a verdade «*make informed conjectures about the possible explanation of the phenomena that concern them, check out how well these conjectures stand up to the evidence they already have and any further evidence they can lay hands on, and use their judgment whether to stick with their conjecture, drop it, modify it, or what. They need imagination, to think up plausible potential*

---

5 Sobre a narrativa inicial dos fatos formulada pelo autor v. *supra*, Cap. II, item 2.3; sobre as alegações dos fatos v. *supra*, Cap. III, item 5.

6 Sobre o tema v. mais amplamente Taruffo, 2002: 235.

7 Essa última é referência à prática das tribos Azande à qual se acenou *supra*, Cap. III, item 4.1.

8 Sobre o juiz Bridoye e sobre a decisão através do lançamento dos dados v. também *supra*, Cap. III, item 4.1.

9 Cfr. Cap. IV, item 4.

10 Sobre o tema v. *supra*, Cap. III, item 2.2.

11 V. *supra*, Cap. III, item 4.3.

explanations of problematic phenomena, to devise ways to get the evidence they need, and to figure out potential sources of error; care, skill and persistence, to seek out any relevant evidence no one yet has, as well as relevant evidence others have; intellectual honesty, the moral fiber to resist the temptation to stay out of the way of evidence that might undermine their conjectures, or to manipulate unfavorable evidence they can't avoid; rigorous reasoning, to figure out the consequences of their conjectures; and good judgment in assessing the weight of evidence, unclouded by wishes or fear or hopes of getting tenure or resolving a case quickly or pleasing a patron or mentor or becoming rich and famous».[12] Essa definição, proposta em uma perspectiva epistemológica de caráter geral com o fim de traçar uma espécie de retrato do bom pesquisador, adapta-se nos mínimos detalhes também ao juiz: é, aliás, passível de ser interpretada como uma espécie de manual para o juiz que se vê no dever de apurar a verdade dos fatos ao fim do processo.

O segundo ponto que merece esclarecimento preliminar é que, por mais complexa e problemática que seja a formulação da decisão final sobre os fatos da causa, essa não é tomada «*em condição de incerteza*», tendo como fim a remoção da incerteza. A incerteza (ou seja, a dúvida entre veracidade e falsidade) caracteriza as narrativas dos fatos feitas no início ou no curso do processo: conforme visto a seu tempo, de fato, essas consistem em enunciados hipotéticos com pretensão de veracidade, mas que podem ser verdadeiros ou falsos.[13] Isso não vale, entretanto, para as narrativas nas quais o juiz expõe sua reconstrução dos fatos, visto que essa constitui o resultado retirado por ele dos dados cognoscitivos obtidos através das provas. Conforme dito há pouco, o juiz não aposta, não prevê, não joga e não arrisca: sua tarefa é «*produzir certeza*», ou seja, resolver a dúvida sobre a veracidade ou falsidade das hipóteses sobre os fatos. Ele escolhe entre alternativas originalmente incertas, decidindo qual das alternativas pode ser considerada «*certa*» por sua veracidade ou falsidade ter sido demonstrada pelas provas.

Um terceiro ponto que merece ser adequadamente esclarecido em sede preliminar é que nas páginas seguintes procurar-se-á mostrar quais são as características principais das decisões sobre os fatos, mas isso será feito em uma perspectiva rigorosamente epistêmica, ou seja, sem que se adote uma abordagem de tipo psicológico ao tema das decisões judiciais. É verdade que no âmbito das análises psicológicas das decisões faz-se frequentemente referência a modelos racionais, de modo que a psicologia da decisão, com efeito, não remete a perspectivas de subjetividade irracional.[14] De resto, não é a

---

[12] Cfr. Haack, 2007: 97.

[13] V. *supra*, Cap. II, item 2, 5.

[14] Cfr. Ruminati e Bonini, 2001: especialmente p. 107 e 153; Rumiati, 2000: 16; Rumiati, 1990: 115, 167, 235. Sobre o problema da racionalidade da decisão cfr. em particular berthoz, 2004: 15.

psicologia que deve estabelecer se inferências ou outros processos cognitivos são confiáveis,[15] visto que sua validade depende de seu fundamento cognoscitivo e se determina de maneira objetiva, independentemente dos processos psicológicos do sujeito que os formula.[16] Essa observação serve para precisar que, por mais que seja de grande interesse a análise psicológica da decisão (e da decisão judicial em particular),[17] essa não parece relevante para o fim de delinear as modalidades de uma decisão racional que vise a estabelecer a verdade sobre os fatos da causa.

2. QUAIS FATOS

A análise da decisão relativa à veracidade ou à falsidade dos fatos no âmbito do processo não pode partir senão da determinação de «*quais fatos*» se trata, ou melhor – conforme se viu anteriormente[18] – da construção das narrativas relativas aos fatos da causa. A questão é muito menos simples do que se pensa comumente, requerendo alguns aprofundamentos.

Antes de qualquer coisa, exclui-se uma opinião bastante comum (também mencionada anteriormente),[19] segundo a qual o juiz deveria decidir simplesmente escolhendo uma das duas narrativas dos fatos propostas pelas partes. Se se formula o problema em termos de determinação da verdade, essa opinião resulta claramente insustentável: essa pressupõe que uma das duas narrativas propostas pelas partes seja verdadeira, e que sobre essa – portanto – o juiz oriente sua escolha. Todavia, tal premissa carece de fundamento: como também já se viu, nada assegura que as narrativas oferecidas pelas partes sejam verdadeiras, ou que pelo menos uma parte tenha narrado a verdade; é bem possível que ambas as partes tenham proposto narrativas falsas.[20] Nesse caso constranger-se-ia o juiz a assumir como verdadeira uma narrativa falsa, o que não é um resultado epistemicamente aceitável. Por conseguinte, a opinião em questão pode ser coerente somente com uma ideologia do processo totalmente indiferente a respeito da verdade.[21] Naturalmente, ninguém exclui que o juiz escolha uma das narrativas propostas pelas partes,[22] mas isso pode ocorrer somente quando ele tenha estabelecido que aquela narrativa é verdadeira, não

---

15 Cfr. Haack, *op. cit.*: 309.

16 Isso não impede, todavia, que no âmbito da psicologia da decisão sejam estudados os erros de juízo e os métodos para que esses sejam evitados. Sobre o tema, cfr. Rumiati, *op. cit.*: 77, 207, 235; Rumiati e Bonini, *op. cit.*: 67, 239.

17 Cfr. Catellani, 1992.

18 Cfr. Cap. II, item 2.

19 V. *supra*, Cap. III, item 4.2.

20 A propósito v. mais amplamente *supra*, Cap. III, item 2.3 e 5.

21 Conforme se viu anteriormente, ideologias desse gênero não faltam: v. *supra*, Cap. III, item 4.2.

22 Nesse sentido v. de fato Di Donato, 2008: 202.

porque ele esteja de algum modo obrigado a permanecer no âmbito das narrativas das partes.

Outra resposta bastante comum ao quesito de quais são os fatos objeto de decisão funda-se sobre a referência aos suportes fáticos legais definidos pela norma assumida como critério jurídico de decisão: são, por conseguinte, objeto de decisão os fatos que se qualificam como *juridicamente relevantes*, ou seja, aqueles fatos aos quais «*aplica-se*» a norma em questão.[23] Em termos gerais essa resposta não é errada, mas parece excessivamente simplista e insuficiente para estabelecer com a devida precisão quais fatos são objeto de decisão.

De um lado, de fato, observa-se que a decisão não verte somente sobre os assim chamados fatos principais (ou seja, os fatos qualificados juridicamente), mas também sobre os assim chamados fatos secundários (ou simples), que são logicamente relevantes por serem as premissas de inferências probatórias relativas aos fatos principais. Também os fatos secundários são objeto de decisão, se não por outro motivo porque também esses devem ser apurados (para poderem ser «*conhecidos*», no sentido do art. 2.727 do Código Civil italiano), com o fim de constituir as premissas para a formulação de inferências válidas relativas a outros fatos (ou seja, a fatos que o próprio art. 2.727 qualifica como «*ignorados*»).[24]

Acima de tudo, entretanto, é a determinação dos fatos (especialmente dos fatos principais, mas não só deles) que faz com que surjam problemas de difícil solução. Por um lado, é necessário considerar que um «*fato*» jamais é uma entidade simples e homogênea, passível de ser definido de modo exaustivo através de um enunciado do tipo «*x existe*». Cada fato é determinado com base em uma variedade de circunstâncias (de tempo, de lugar, de temperatura, de cor, de som, de comportamento, de conexão com outras circunstâncias) que, por assim dizer, *compõem* o fato de que se trata. Portanto, não existe *uma* narrativa apropriada daquele fato: como diz Susan Haack, de cada evento não existe uma descrição verdadeira, mas sim muitas[25] (além, obviamente, das ainda mais numerosas descrições falsas). Disso deriva que cada fato pode ser narrado – em linha de princípio – em uma infinita variedade de modos, dependendo das circunstâncias levadas em consideração e dos diferentes pontos de vista a partir dos quais o fato é descrito. Mesmo um enunciado simples como «*há um gato sobre o tapete*», que chamou a atenção de inúmeros filósofos,[26] é elementar somente aparentemente. Esse poderia ser articulado em inúmeros outros enunciados muito mais específicos em relação ao gato (raça, idade, cor, hábitos, preferências alimentares, se está ou não dormindo, e assim por

---

[23] Mais amplamente sobre o assunto cfr. Taruffo, 1992: 74.

[24] Sobre o art. 2.727 do Código Civil italiano cfr. mais amplamente Taruffo, *op. ult. cit.*: 97.

[25] Sobre o assunto v. *supra*, Cap. II, item 5.

[26] Para uma agradável paródia dos exercícios filosóficos a respeito da existência e da percepção do gato cfr. Barbery, 2006.

diante), ao tapete (cor, dimensão, desenho, proveniência, autenticidade, e assim por diante), à colocação do gato sobre o tapete, à colocação do tapete (em um escritório, em uma sala de estar), sendo analisado assim por diante.

A situação complica-se ulteriormente se forem levados em conta pelo menos dois outros fatores. O primeiro é que o fato pode ser *complexo*, seja sob o prisma *objetivo* (porque inclui conjuntos ou concatenações de eventos ou de comportamentos que ocupam tempo e espaço – por exemplo, na administração de uma empresa ou na execução de um contrato a prestações periódicas), seja sob o prisma *subjetivo* (porque envolve uma pluralidade de sujeitos, eventualmente em situações jurídicas diferentes – por exemplo, nas várias hipóteses de litisconsórcio), seja, finalmente, sob *ambos*[27] (por exemplo, em uma *mass tort class action*).[28] Além disso, não raro o fato relevante para a decisão não é constituído por apenas um evento, mas por um acontecimento ou uma «*história*» que se articula no tempo e no espaço, sendo objeto de uma narrativa que compreende uma série de eventos e de comportamentos descritos em um contexto narrativo.[29]

O segundo fator é que o fato em questão pode ser analisado segundo diferentes níveis de analiticidade, que podem ir do nível *micro* dos genes ou das partículas subatômicas ao nível *macro* de um desastre aéreo, da poluição causada pela explosão de uma central atômica ou de uma crise financeira internacional; trata-se de uma escala que inclui uma variedade potencialmente ilimitada de graus intermediários. Além disso, graus intermediários, e mesmo os níveis assumidos convencionalmente como extremos, não são objetivamente diferentes e passíveis de separação, visto que podem estar estreitamente ligados um ao outro. Pense-se, por exemplo, naquilo que os teóricos da complexidade chamam de «*efeito borboleta*», ou seja, a relação de desproporção entre causas e efeitos pelo qual o bater de asas de uma borboleta em Nova Iorque provoca um terremoto na China.[30] Pode ocorrer de um evento «*micro*», como a degeneração de uma célula ou a presença de fibras de amianto no corpo de uma pessoa, provocar um evento «*macro*», como a morte daquela pessoa; do mesmo modo, um comando digitado por erro em um computador pode provocar uma crise financeira de grandes dimensões. Por outro lado, um evento «*macro*» por vezes pode ser explicado somente retrocedendo-se em uma longa cadeia causal que tem origem em um evento «*micro*».

---

[27] Sobre a complexidade do fato v. por último a ampla análise de GAMBA, 2008: 191, 417, 468, e, ainda, TARUFFO, *op. ult. cit.*: 121.

[28] Sobre os aspectos peculiares da *mass tort class action* cfr. FEDERAL JUDICIAL CENTER, 2004: 413.

[29] V. *supra*, Cap. II, item 3.5, e, em particular, GAMBA, *op. cit.*: 399.

[30] Sobre o «*efeito borboleta*» cfr., p. ex., SMITH, 2008: 2, 8, 11, 18, 190; GLEICK, 1997: 25; MORRIS, 1991: 215.

Essas observações certamente não exaurem o problema, mas podem ser suficientes para que se entenda como a determinação dos fatos sobre os quais verte a decisão é fruto de operações caracterizadas por um alto nível de complexidade; isso se dá não só pela variedade e multiplicidade dos fatores que intervêm na construção de toda e qualquer narrativa fática,[31] mas também pela variedade potencialmente indeterminada das narrativas que podem ter por objeto a própria situação de fato.

Diante dessa variedade, o problema fundamental concerne à escolha de *uma* narrativa que possa ser assumida como fundamento da decisão. Note-se que o critério da verdade é – nesse contexto – necessário, mas insuficiente: a narrativa escolhida deve ser verídica, pelas razões discutidas anteriormente,[32] mas, visto que – conforme dito – podem existir inúmeras narrativas verdadeiras sobre o mesmo fato e que nem todas podem ser levadas em consideração no mesmo momento, é necessário que se determine a narrativa *mais adequada* para a decisão que deve resolver a controvérsia. A esse respeito, a referência à norma adotada como critério jurídico de decisão é óbvia, mas está longe de fornecer uma solução simples e satisfatória. Com efeito, o assim chamado suporte fático legal (a *abstrakte Tatbestand* da dogmática alemã)[33] não é um esquema predeterminado e preexistente que possa ser utilizado como uma espécie de rede para «*capturar*» a parcela de realidade capaz de fundar a aplicação da norma. Como se sabe, toda e qualquer disposição normativa – mesmo as aparentemente menos «*vagas*» e as que não contêm cláusulas gerais ou conceitos indeterminados[34] – é necessariamente objeto de interpretação, de modo que o suporte fático legal é identificado e determinado através da atividade interpretativa.[35] Por outro lado, quando uma norma é interpretada para ser aplicada a um caso concreto,[36] como ocorre no processo, são os fatos daquele suporte fático que guiarão a escolha da norma e de sua interpretação, dado que àqueles fatos é que se deve aplicar a norma: entre as interpretações possíveis da mesma disposição normativa é necessário, pois, apontar a mais apropriada como critério de qualificação jurídica dos fatos.[37] Interpretações às quais não se possam reconduzir os fatos são evidentemente inúteis como critérios de decisão da controvérsia singular; se nenhuma interpretação de

---

31 Sobre o assunto v. *supra*, Cap. II, item 3.

32 V. *supra*, Cap. III, item 4.

33 Sobre o assunto cfr., p. ex., inclusive para ulteriores referências, Taruffo, *op. ult. cit.*: 78, 82.

34 Sobre o tema cfr. por todos Luzzati, 1990.

35 Que o significado das disposições normativas é determinado através da interpretação é já pacífico na teoria do direito. Sobre o tema, v. por todos Tarello, 1980, e Luzzati, 1999: 87; Guastini, 1993: 323, e, por último, Guastini, 2004.

36 Sobre a interpretação-aplicação cfr. em particular Tarello, *op. cit.*: 42; Guastini, 2004: 82.

37 Insere-se nesse modo o procedimento, descrito como círculo ou espiral hermenêutica, através do qual se instaura uma conexão dinâmica entre fato e norma: sobre o tema cfr., inclusive para ulteriores referências, Taruffo, *op. ult. cit.*: 78, e, por último, Gamba, *op. cit.*: 342.

uma norma for passível de referência aos fatos do caso, aquela norma não será aplicável naquele caso. De resto, conforme visto mais acima,[38] no processo os fatos não são entidades empíricas objetivamente determinadas (como ocorre quando esses se verificam fora e antes do processo), mas são, na realidade, narrativas relativas a fatos que se afirmam ocorridos no mundo externo: entre essas narrativas é necessário determinar qual é a que melhor corresponde a uma possível interpretação aplicativa da norma em questão.

As análises do raciocínio judiciário geralmente representaram uma espécie de *by-product* das teorias do raciocínio jurídico e foram, portanto, fortemente *rule-centered*: os filósofos do direito ocuparam-se essencialmente da interpretação e da aplicação das normas, sem aprofundar de modo particular a análise dos fatos, a não ser em termos de recondução (ou de subsunção) desses aos suportes fáticos normativos.

A essa tendência tradicional, que prevalece largamente, recentemente contrapôs-se uma orientação diferente e muito difundida, cujo nome compreensivo é *particularism*, ainda que existam várias versões dessa.[39] Trata-se de orientação segundo a qual as decisões vertem sempre sobre situações específicas, concernem a pessoas particulares e são justificadas fazendo-se referência às circunstâncias do caso concreto.[40] Portanto, o bom juiz deveria agir de modo a maximizar a oportunidade de que seja dispensada a devida atenção a todos os aspectos desse.[41] Disso deriva uma concepção «*particularista*» da decisão judicial, que concentra a atenção sobre os fatos específicos da situação singular levada a juízo e põe em primeiro plano «*the irriducible particularity of the context of application*» das normas.[42] Por conseguinte, frisa-se que o juiz deve levar em consideração pessoas e eventos particulares ao invés de abstrações, concentrando-se nos detalhes do caso concreto.[43] Nas versões mais radicais, essa orientação implica «*to regress to a sort of fetishism of the particular*»,[44] já que chega a afirmar que a decisão deve levar em consideração *somente* os aspectos particulares da situação concreta, evitando qualquer referência a normas, regras ou critérios gerais.[45] Essa referência, de fato, provocaria a exclusão indevida de aspectos do caso singular que deveriam ter relevância no contexto da decisão.[46]

---

38 Cfr. Cap. II, item 2.2.

39 Sobre o tema, e para ulteriores referências, cfr. Schauer, 2003: ix, 19.

40 Cfr. em particular MacCormick, 2006: 3, 9.

41 Cfr. MacCormick, *op. cit.*: 10; Bankowski, 2006: 12.

42 Cfr. Walker, 2006: 56.

43 Cfr. Detmold, 2006: 86.

44 Assim Melissaris, 2006: 129.

45 Cfr. Paylakos, 2006: 163.

46 Cfr. Christodoulidis, 2006: 108.

A tendência particularista teve notável difusão no âmbito das teorias pós-modernas da decisão judicial,[47] além de naquelas do juízo ético, e apresenta aspectos interessantes por frisar a importância essencial que deve ser atribuída aos fatos específicos da situação particular levada a juízo. Todavia, nos termos em que é por vezes posta, essa suscita dúvidas que requerem algumas reflexões ulteriores.

Por um lado, pelo menos no contexto da decisão judicial, a referência a normas e princípios (e, portanto, a regras gerais) não pode ser evitada, pelo menos enquanto se permanecer no contexto dos sistemas fundados no princípio da legalidade. Uma decisão que leva em consideração *somente* a especificidade do caso concreto, de fato, teria como pedra angular exclusivamente o sentido de equidade individual do juiz singular, sendo, pois, substancialmente arbitrária. À parte o conteúdo ético de uma decisão desse gênero, submetida à pura subjetividade do juiz, essa seria dificilmente qualificável como «*jurídica*». Não é necessário ser positivista e formalista para que se sustente que o direito implica a aplicação de regras jurídicas, qualquer que seja a natureza ou a configuração dessas regras. Não por acaso, filósofos como Frederick Schauer[48] e Neil MacCormick reconhecem a relevância do particularismo, mas sustentam ser inevitável na decisão judicial o recurso a regras gerais, ou mesmo a critérios de juízo universalizáveis. Mesmo o tipo de decisão que parece estar mais diretamente vinculado aos fatos do caso concreto (como aquela que se funda no precedente)[49] deve fazer referência a critérios generalizáveis, visto que requer a racionalidade global do sistema jurídico.[50] Por conseguinte, parece fundada a referência à relevância que deve ser atribuída aos fatos específicos do caso concreto, não implicando, todavia, que tais fatos não possam e não devam ser qualificados juridicamente com referência às normas aplicáveis.

---

[47] Cfr. Minda, 2001: 220, 224, 233, 277, 286, 297, 305.

[48] Cfr. Schauer, *op. cit.*: 75. Schauer chega a dizer que o volume todo é dedicado a contrastar a tendência particularista e a reivindicar a necessidade do emprego de categorias e generalizações: v. *ibidem:* ix.

[49] Diferentemente do que ocorre na Itália, onde prevalece a citação de máximas jurisprudenciais abstratas, o precedente em sentido próprio funda-se no confronto entre os fatos do caso já decidido e os fatos do caso a se decidir: sobre o tema cfr., p. ex., Taruffo, 2007a: 709.

[50] Cfr. MacCormick, *op. cit.*: 17. Em sentido análogo F. Schauer fala da necessária generalidade do direito: cfr. Schauer, *op. cit.*: 291 ss. Uma confirmação indireta do que se diz no texto deriva do exemplo constituído pelas cortes de *equity* que em Delaware decidem controvérsias societárias: trata-se de decisões que seguem o critério da máxima coerência com a peculiaridade dos fatos específicos da controvérsia particular, e que, consequentemente, não são idôneas a constituir precedentes para decisões sucessivas. De certo modo, a conformidade aos fatos particulares do caso singular acaba por parecer inversamente proporcional ao funcionamento da regra do *stare decisis*. Sobre essas interessantes e peculiares experiências jurisprudenciais cfr. amplamente Gamba, *op. cit.*: 200, 241.

Por outro lado, a insistente referência aos *particulars* do caso concreto parece ser irremediavelmente vaga e indeterminada. Aqueles que sustentam essa orientação parecem partir da premissa de que fatos do caso concreto constituam uma entidade material e objetiva, submetendo-se, assim, ao olhar do juiz em todos os seus aspectos. O juiz deveria, assim, examinar esse «*objeto*» levando em consideração todas as suas características, sem excluir qualquer dessas com base em critérios gerais, visto que isso implicaria a seleção de alguns *particulars* e a indevida exclusão de outros. Todavia, uma premissa desse gênero carece evidentemente de fundamento. Antes de qualquer coisa, conforme dito alhures,[51] o juiz não percebe os fatos em sua materialidade empírica: ele tem que lidar com descrições, ou seja, com narrativas construídas por vários sujeitos com modalidades complexas e variáveis. Do conjunto dessas narrativas podem emergir vários aspectos particulares da situação de fato posta em juízo, mas é certo que o juiz não conhece todos os *particulars* relativos às específicas modalidades empíricas daquela situação. Isso não aconteceria nem mesmo caso – hipótese totalmente hipotética – o juiz dispusesse de poderes ilimitados e de tempo infinito para procurar conhecer todos os aspectos desse.

De resto, como também já se disse,[52] dos fatos em questão não existe e não pode existir *uma* descrição *completa* em que sejam indicados todos os *particulars* do evento de que se trata, de modo que o juiz possa levá-los em conta.[53] Dos mesmos fatos existem várias descrições, diferentes em amplitude, conteúdo e nível de analiticidade; é sobre essas descrições que o juiz formula suas valorações. A referência aos *particulars* do caso, por conseguinte, não exclui, de fato, a necessidade de que se escolham os aspectos desse considerados relevantes por se julgar que a decisão deve levá-los em consideração. Por assim dizer, trata-se necessariamente dos *particulars* que parecem importantes aos olhos de quem pede ao juiz que os leve em conta. Portanto, o núcleo do problema volta a estar na escolha dos *particulars* que devem ser considerados relevantes, bem como dos critérios segundo os quais esses devem ser selecionados.

Quando as feministas estadunidenses criticam a doutrina e a jurisprudência por essas últimas serem machistas (ou seja, por não prestarem atenção nas diferenças de gênero e, portanto, nas especificidades das mulheres e das

---

[51] Cfr. *supra*, Cap. II, item 2.2.

[52] V. *supra*, item 1.

[53] Todas as descrições verdadeiras de que fala S. Haack (Haack, 1998: 157), assim como todas as biografias do mesmo sujeito de que fala J. L. Borges (Borges, 1998: 201) são necessariamente parciais. Somente a soma de todas as possíveis descrições, ou de todas as possíveis biografias (o que é obviamente impossível visto que infinita, ou pelo menos indefinida), poderia ser *completamente* verdadeira. Em realidade as descrições e as biografias reais podem ser verdadeiras por aquilo que dizem, mas são inevitavelmente falsas por defeito, ou seja, por aquilo que não dizem do evento ou do sujeito que pretendem descrever.

situações em que essas se encontram) fazem referência a um tipo de *particular* bem definido: o sexo das pessoas envolvidas, que a seu sentir não é adequadamente levado em consideração, ao passo que *deveria* ser relevante no contexto da decisão judicial (ou até mesmo, segundo as versões mais radicais, ser o único critério de decisão).[54] Aqui não há um convite genérico para que se levem em conta os *particulars* da situação de fato, mas a precisa e específica indicação de um fator que deveria condicionar a decisão. Analogamente, aqueles que sustentam a *critical race theory* não afirmam que o juiz deva levar em conta todos os *particulars* de todo e qualquer caso concreto, mas que o fato de pertencerem os sujeitos envolvidos a determinada raça deveria constituir um fator (talvez o único) relevante para a decisão.[55]

Se a ideia de que o sexo ou a raça (ou ambos) das pessoas envolvidas representem em todos os casos o único critério de decisão parece excessiva, o problema passa a ser, então, de estabelecer-se quais *particulars* são relevantes de acordo com o contexto em que a decisão se coloca. Assim, por exemplo, o fato de tratar-se de uma mulher é certamente um aspecto relevante em um caso de discriminação no local de trabalho ou se for invocada a *battered woman syndrome*, mas é lícito duvidar de que seja relevante se se tratar de estabelecer a validade ou o conteúdo de um contrato de compra e venda ou de apurar a responsabilidade por um acidente de trânsito. Analogamente, o fato de um sujeito pertencer a uma minoria étnica é certamente relevante em casos de discriminação racial, ou se se tratar de delitos culturalmente orientados,[56] mas não o é se ele violar uma proibição de estacionar ou se celebrar um contrato de trabalho.

Em termos mais genéricos, não é todo e qualquer *particular* (admitindo-se por hipótese o impossível, ou seja, que se possam determinar todos) que merece ser levado em consideração. As condições atmosféricas no momento *t* e no lugar *l* não interessam para fins da validade do contrato celebrado na sala de um notário naquele momento e naquele lugar, mas podem interessar, por exemplo, se houvesse neblina cerrada e gelo sobre o asfalto, se se tratar de apurar a dinâmica de um acidente de trânsito. Tudo isso parece bastante óbvio, mas remete a uma questão de fundo, qual seja, a da escolha dos fatos que devem ser levados em consideração com o fim de que se produza uma decisão que leve adequadamente em conta a situação real objeto do juízo.

A propósito, a opinião expressa, por exemplo, por MacCormick (com base em Adam Smith), segundo a qual o juiz deveria fazer uso da intuição

---

[54] Em propósito cfr., para uma descrição sintética e para ulteriores referências, Minda, *op. cit.*: 213.

[55] Sobre o tema cfr. Minda, *op. cit.*: 277, 305.

[56] Sobre essa noção cfr. em particular de Maglie, 2006: 3.

para colher os *particulars* do caso concreto,[57] parece insatisfatória. A intuição, genericamente definida, não segue qualquer critério: é inevitavelmente subjetiva e nada assegura que seja capaz de selecionar os *particulars* que merecem ser levados em consideração visando à decisão. O fato de que alguém «*intua*» sobre um detalhe de um evento (como o penteado da senhora que atropelou um transeunte) não demonstra, de fato, que aquele detalhe seja importante. A mesma objeção pode ser feita à tese segundo a qual o juiz deveria se servir da φρόνησις aristotélica:[58] o fato de que o emprego da sabedoria e do bom senso, ou da sensibilidade moral e cultural, induzam a que se colha um aspecto específico de um acontecimento não demonstra de modo algum a importância daquele aspecto para a decisão.

Talvez não seja uma perspectiva útil a de utilizar-se como pedra angular a sensibilidade subjetiva ou a sabedoria do observador – no caso italiano, do juiz; mais proveitoso seria utilizar-se aquela de apontar critérios tão objetivos quanto possível para a seleção racional dos fatos sobre os quais deveria verter a decisão. Um critério possível poderia basear-se na combinação de dois fatores. Por um lado, a necessidade de que a decisão seja *true to the facts* para ser justa[59] implica que os fatos da causa sejam definidos da maneira mais precisa e mais completa possível. Pode-se dizer, pois, que a justiça da decisão é uma função da precisão com que os fatos são determinados, ou seja, da quantidade e da qualidade dos *particulars* levados em consideração. A indicação principal proveniente das versões racionais do particularismo aponta justamente no sentido de que os fatos sejam determinados, se possível, em todos os seus aspectos significativos, inclusive de detalhe. Naturalmente, deve-se tratar dos aspectos *significativos*, não da quantidade de detalhes inúteis, inseridos somente *ad colorandum*, que frequentemente se encontram em muitas narrativas processuais. No desenvolvimento dessa análise, conforme já dito, o juiz não tem diante de seus olhos o «*fato*» como acontecimento empírico a partir do qual possa «*perceber*» os particulares. O juiz deve «*construir*» (ou reconstruir) os fatos com base nos elementos de que dispõe, quais sejam: a) as alegações dos fatos principais e secundários feitas pelas partes; b) as informações resultantes dos autos do processo, e em particular das provas (das declarações das testemunhas, dos pareceres técnicos, dos documentos típicos e atípicos); c) as noções fornecidas pela experiência e pelo senso comum. A propósito dessas noções, não é necessário frisar que o juiz pode se servir de sua «*ciência privada*» somente nos limites indicados pelo *comma* 2 do art. 115 do Código de Processo Civil italiano. Se há razões válidas para sustentar-se que geralmente o evento E produz a consequência C, ou que normalmente

---

57 Cfr. em particular MacCormick, *op. cit.*: 5, 10, 12, mas também Tadros, 2006: 179 ss.; Lacey, 2006: 247 ss.; Jackson, 2006: 226 ss.

58 Nesse sentido cfr., por exemplo, Michelon, 2006: 123 ss.

59 A propósito, v. *supra*, Cap. III, item 4.

o fato F deriva da causa D, o juiz pode ventilar a hipótese de que C ou D tenham-se verificado, podendo, pois, levá-los em conta – se houver confirmação probatória – em sede de decisão.[60]

Frente a esses problemas, há a tentação de se responder que esses em realidade não existem: para determinar quais fatos devem ser objeto de decisão pareceria suficiente recorrer às alegações das partes, e eventualmente às contestações dos fatos alegados.[61] Todavia, uma resposta desse gênero soa excessivamente simplista e substancialmente inadequada. Por um lado, conforme se viu anteriormente,[62] a alegação – considerada em si mesma – não tem qualquer valor normativo ou dispositivo, consistindo exclusivamente na formulação de enunciados fáticos. É questão que não se resolve simplesmente através da leitura de enunciados formalmente objeto de alegações saber se a alegação é ou não suficientemente específica a fim de determinar todos os fatos relevantes para a decisão. À parte o caso limite da falta total da indicação dos fatos, com a consequente nulidade da citação, conforme art. 164 *comma* 4 do Código de Processo Civil italiano, a alegação pode ser mais ou menos específica (ou seja, pode incluir mais ou menos *particulars*) e ser mais ou menos completa como narrativa da situação real de fato à base da controvérsia. Por conseguinte, nada obsta que uma parte, eventualmente mediante solicitação do juiz (com base no art. 183 *comma* 4 do Código de Processo Civil italiano), preste «*esclarecimentos*», aprofundando e ampliando as alegações iniciais de modo a fornecer uma descrição mais adequada de tal situação. Por outro lado, ao juiz é reconhecido comumente o poder de determinar o exato *nomen juris* da situação jurídica posta em juízo, de modo que não se pode excluir que isso comporte uma determinação autônoma dos fatos sobre os quais deve verter a decisão.[63] O juiz pode – conforme se viu há pouco – pedir esclarecimentos às partes, bem como levar em conta todas as circunstâncias que emergem dos autos do processo. A propósito, o critério que o juiz deve seguir é o de apontar todos os fatos que efetivamente determinaram o conflito entre as partes, ou seja, todas as circunstâncias à base da controvérsia. Uma indicação importante pode ser retirada do critério que vem se afirmando em particular no âmbito do direito societário, mas que pode ser considerado válido em linhas gerais: trata-se da *eficiência* da decisão, ou seja, do fato de que, quanto mais a decisão judicial levar em conta todos os fatos que na realidade estão à base do conflito

---

[60] Isso não elimina os problemas e os perigos de erro intrínsecos ao recurso a noções do senso comum, sobre os quais v. *infra*, item 3.2. O que se quer dizer é que o uso correto dessas noções pode ser útil em função *heurística*, ou seja, com o fim de formular hipóteses, que serão posteriormente verificadas à luz das provas, sobre o modo como se desenvolveu um fato (v. *infra*, *ibidem*).

[61] Sobre o tema, v. *supra*, Cap. III, item 5.

[62] V. *supra*, Cap. III, item 5.

[63] Em sentido crítico sobre a «*indiferença*» do juiz no que concerne à efetiva natureza fática do conflito cfr. GAMBA, *op. cit.:* 161 ss., 409 ss., 37 ss.

específico e efetivo gerador do processo,[64] mais será capaz de desempenhar a própria função de justa solução da controvérsia.[65]

3. O JUIZ E A CONSTRUÇÃO DOS FATOS

Conforme visto anteriormente,[66] as narrativas construídas no processo são *conjuntos ordenados* de enunciados que descrevem as modalidades e as circunstâncias relativas aos fatos que originaram a controvérsia. Trata-se de *conjuntos* porque, via de regra, o fato não é constituído por um só ocorrido relativamente simples (como «*chovia sem parar em Brest naquele dia*», ou como «*há um gato sobre o tapete*»), mas por um evento complexo ou por um acontecimento que podem ser descritos somente através de uma série mais ou menos extensa de enunciados relativos a circunstâncias simples. Trata-se de conjuntos *ordenados*, pois os enunciados que os compõem não são distribuídos casualmente (como se se jogasse em uma mesa pedaços de um quebra-cabeça ou as peças de um mosaico), mas tendem a ser dispostos – conforme já se viu – segundo uma ordem narrativa, ou seja, para que se componham *histórias*.[67]

As partes constroem e narram suas histórias com um escopo bem determinado: o de justificar suas versões dos fatos de modo a induzir o juiz a acolher suas demandas e a satisfazer suas pretensões. As histórias narradas pelas partes não precisam ser verdadeiras: tendem a ser convincentes e, se assim forem, podem ser consideradas «*boas*».[68]

O juiz encontra-se em uma situação completamente diferente: ele não deve persuadir alguém e não tem qualquer tese preconcebida a demonstrar. O juiz deve justificar sua decisão, mas essa resta largamente discricionária, não tendo a motivação da sentença função persuasiva.[69] Além disso, espera-se que ele não construa na motivação uma narrativa qualquer dos fatos da causa, mas sim uma narrativa *verdadeira*.[70]

É, portanto, oportuno que se façam algumas observações ulteriores sobre as características distintivas dessa narrativa. Essa conduz a um texto que se insere normalmente na motivação da sentença; com efeito, discutir-se-á futuramente sobre outras peculiaridades da motivação.[71] Aqui vale a pena frisar algumas características estruturais da narrativa construída pelo juiz, com o fim de que se evidenciem alguns aspectos da *atividade* que ele desempenha para

---

64 Sobre essa finalidade da decisão v. amplamente *supra*, Cap. III, item 4.2.

65 A propósito, cfr., inclusive para ulteriores referências, GAMBA, *op. cit.*: 157 ss, 301 ss.

66 V. *supra*, Cap. II, item 2.

67 V. *supra*, Cap. II, item 5.

68 A propósito, v. também *supra*, Cap. II, item 5.

69 V. *infra*, item 6.

70 V. *supra*, Cap. III, item 4.3.

71 V. *infra*, item 6.

constituí-la, bem como para que se esclareça quando e em quais condições essa atividade pode ser definida como racional.

A narrativa construída pelo juiz pode ser entendida como um conjunto ordenado de enunciados, em que um fator importante de ordem é constituído pela distribuição desses enunciados em quatro níveis distintos:

– no *primeiro nível* encontram-se enunciados que descrevem *fatos principais*. Trata-se de enunciados que se referem a cada uma das circunstâncias (ou seja, dos *particulars*), cuja combinação constitui a narração do fato principal. Cada fato é descrito através da descrição das circunstâncias que o constituem: o conjunto de enunciados relativos a essas circunstâncias (que obviamente é algo mais do que sua simples soma ou elenco)[72] constitui a narração do fato (ou seja, em realidade, uma das narrações possíveis). Isso vale em geral e vale também quando se trata de um fato constitutivo, impeditivo, modificativo ou extintivo do direito que se faz valer em juízo. Por exemplo, o «*fato ilícito*» que constitui o direito ao ressarcimento do dano, de acordo com o art. 2.043 do Código Civil italiano, é determinado apontando-se as circunstâncias de tempo e de lugar, dos comportamentos e dos eventos, bem como dos nexos causais relativos, causadores do incidente que produziu o dano. O contrato cujo adimplemento se requer é determinado apontando-se o tempo, as modalidades e o conteúdo do acordo celebrado pelas partes, e assim por diante. Por conseguinte, pode-se dizer que cada fato principal da causa é narrado a partir de um grupo de enunciados que descrevem as circunstâncias de que esse é composto. Trata-se, naturalmente, das circunstâncias relevantes para a decisão, visto que não há razão para que os detalhes carentes de significado sejam incluídos nas narrativas que o juiz constrói nessa sede.

– no *segundo nível* encontram-se os enunciados que descrevem *fatos secundários*. Esse aspecto da narrativa do juiz é somente eventual: não existe, de fato, quando não há fatos secundários a partir dos quais se possam fazer inferências sobre a veracidade ou a falsidade dos enunciados pertinentes aos fatos principais. Se houver fatos secundários (ou seja, indícios ou fontes de presunção) os enunciados relativos a esses distinguir-se-ão daqueles que concernem aos fatos principais, visto que a premissa de uma inferência não pode ser confundida com a conclusão retirada dessa.

– o *terceiro nível* da narrativa do juiz inclui os enunciados que resultam das *provas* produzidas: trata-se, por exemplo, das declarações prestadas pelas testemunhas, ou dos enunciados contidos em um documento ou em uma perícia.

– o *quarto nível,* cuja presença é, em linha de princípio, somente eventual (apesar de ser, em realidade, muito frequente), inclui as circunstâncias a partir

[72] V. *supra*, Cap. II, item 4.

das quais se podem fazer inferências sobre a credibilidade e confiabilidade dos enunciados do terceiro nível (e referem-se, por exemplo, à credibilidade de uma testemunha ou à autenticidade de um documento).

Esses níveis da narrativa não são meramente justapostos segundo uma ordem casual e unidimensional; estão, ao invés disso, ligados entre si com base em inferências de natureza probatória, que podem ser esquematizadas assim: a) os enunciados do segundo nível representam premissas para inferências probatórias idôneas à produção de conclusões concernentes a enunciados do primeiro nível. Os fatos secundários, com efeito, são levados em consideração se se apresentam logicamente relevantes como fontes de prova indireta de um fato principal; no caso contrário, esses não entram na narrativa dos fatos;[73] b) os enunciados do terceiro nível representam informações úteis para a apuração dos fatos descritos no primeiro nível (é o caso da prova direta de um fato principal), ou ainda informações úteis para a apuração de fatos descritos no segundo nível (é o caso da prova de um fato secundário, ou seja, da prova indireta de um fato principal);[74] c) por fim, os enunciados do quarto nível representam informações úteis para o controle da confiabilidade dos enunciados probatórios que se colocam no terceiro nível, eventualmente dando fundamento a que se façam inferências com o intuito de verificar o valor de tais informações.[75]

3.1 A confirmação

Conforme visto há pouco, a ligação entre os vários níveis da narrativa construída pelo juiz tem natureza inferencial. A característica fundamental dessas inferências pode ser facilmente entendida fazendo-se referência ao conceito epistemológico geral de *warrant*, proposto há tempos por Stephen Toulmin como núcleo fundamental de um modelo geral de argumentação[76] e recentemente reproposto e analisado por Susan Haack.[77] Trata-se de um conceito generalíssimo que não se refere somente à atividade de pesquisa do cientista,[78*] mas também à atividade de qualquer pessoa que deva estabelecer racionalmente a veracidade de uma assertiva. Segundo Haack, de fato,

---

[73] V. mais amplamente Taruffo, 1992: 97.

[74] Cfr. Taruffo, *op. ult. cit.*: 426.

[75] Nesse caso pode-se falar em prova subsidiária: cfr. Taruffo, *op. ult. cit.*: 431.

[76] Cfr. Toulmin, 2007: 91.

[77] Haack, 2007: 60. A mesma autora já desenvolvera em termos substancialmente análogos ampla análise da estrutura da inferência justificativa, em Haack, 1995: 73. Nessa obra, que constitui uma das contribuições fundamentais à epistemologia contemporânea, a análise da inferência justificativa é o ponto central do *foundherentism*, ou seja, da teoria com que Susan Haack visa obter uma conciliação entre o fundacionalismo e o coerentismo nas teorias do conhecimento científico.

[78] [N. do T.] Tanto a palavra *pesquisa* como a palavra *busca* no original constam como *ricerca* nas frases seguintes. Por fidelidade à tradução feita até aqui e ao texto original, preferiu-se

entre a pesquisa científica e a busca da verdade desenvolvida em qualquer outro âmbito da experiência há diferenças de grau, mas não há diferenças substanciais.[79] O conceito de *warrant* – que de modo tecnicamente carente de rigor, mas adequado ao presente contexto, pode ser traduzido em português como «*confirmação*»[80] – pode, por conseguinte, referir-se também à busca da verdade feita pelo juiz. Não por acaso, Haack, falando da *physical evidence* sobre a qual pode fundar-se o *warrant*, inclui no discurso provas de caráter jurídico;[81] também Toulmin faz frequentemente referência às argumentações utilizadas no contexto judicial.[82] Recentemente, o mesmo modelo foi aplicado diretamente às inferências probatórias, em particular por Daniel Gonzáles Lagier.[83]

O *warrant* concerne à conexão que se instaura entre uma afirmação, que tem inicialmente caráter hipotético, e as provas que confirmam sua veracidade, segundo o esquema W=E→H (W indicando o *warrant*, E as provas disponíveis e H a hipótese em questão).[84] Visto que a amplitude e a qualidade das provas que podem ser referidas à hipótese podem variar de acordo com as circunstâncias, a confirmação é um conceito de *grau:* uma afirmação pode resultar mais ou menos confirmada em função das provas que a essa se refiram em certo momento,[85] ou mesmo dependendo do grau de *supportiveness* que as provas possuam em relação àquela hipótese.[86] Por conseguinte, o grau de confirmação depende de quantas e quais provas estão disponíveis em relação a todas as provas possíveis,[87] visto que se há poucas provas – faltando informações que seriam relevantes – a confirmação da hipótese pode ser fraca ou dúbia.[88] Além disso, cada prova acrescentada às outras incrementa o grau de

traduzir por vocábulos diferentes, dependendo do contexto, visto que «*busca científica*» não é expressão corrente em língua portuguesa.

79 Cfr. Haack, 2007: 95, 125, 300; Haack, 2008: 38.

80 Para um exame mais aprofundado do conceito de *confirmation* cfr. Haack, 2007: 75.

81 Cfr. Haack, *op. ult. cit.*: 61.

82 Cfr., p. ex., Toulmin, *op. cit.*: 15.

83 Cfr. Gonzáles Lagier, 2005: 55.

84 É substancialmente análogo o esquema de Toulmin (*op. cit.*: 92), segundo o qual o *warrant* W é o nexo que liga os *data* D (ou seja, as informações disponíveis) à conclusão C, que representa o resultado do argumento. No texto utiliza-se um esquema simplificado da estrutura da inferência, suficiente para explicar suas características principais. Esquemas mais analíticos são propostos e estudados por S. Toulmin e D. Gonzáles Lagier nos escritos indicados.

85 Cfr. Haack, *op. ult. cit.*: 60, 62, 64; Haack, 1995: 77, 81; Haack, 2008: 27. Analogamente cfr. Gonzáles lagier, *op. cit.*: 71, 77.

86 Cfr. Haack, 2007: 66.

87 Isso equivale a que se diga que um aspecto essencial da inferência probatória fundada no *warrant* diz respeito à quantidade, à qualidade e à confiabilidade das informações de que parte a inferência. No contexto do processo trata-se de estabelecer-se a confiabilidade e a adequação dos enunciados sobre a existência de indícios ou de fontes de presunção que constituem as premissas das inferências. A propósito, v. mais amplamente Gonzáles Lagier, *op. cit.*: 81.

88 Sobre o caráter epistêmico do conceito «*inclusivo*» de relevância das provas v. *supra*, Cap. IV, item 2.1.

confirmação da hipótese.[89] Pode-se dizer, em verdade, que cada prova ulterior que confirmar o êxito de provas já produzidas acrescenta uma confirmação decrescente;[90] pode-se inclusive chegar ao ponto em que uma nova prova possa resultar supérflua, por não fazer qualquer coisa a não ser confirmar o que já era conhecido com um grau de confirmação suficiente.[91] Todavia, não parece dúbio que no plano epistêmico deva valer a regra segundo a qual o grau de confirmação da hipótese aumenta com a produção de provas ulteriores, visto que a situação ideal é aquela em que todas as provas possíveis são produzidas.[92]

Além disso, é necessário que as provas disponíveis sejam possivelmente convergentes, visto que provas incoerentes acabam por carecer de eficácia demonstrativa.[93] Por fim, é necessário que se tenha em mente a eventualidade de que a confirmação de uma afirmação dependa não só das provas que a essa se referem diretamente, mas também de outros enunciados que – justamente – dão suporte à afirmação em questão.[94] É necessário, em outros termos, que a afirmação que se configura como hipótese conclusiva da inferência não tenha sido excluída, provada falsa ou contrariada por hipóteses alternativas relativas ao mesmo fato.[95]

O conceito de *warrant* resulta particularmente útil no presente contexto, visto que consente que se faça referência, na análise do raciocínio do juiz, a regras e princípios epistemológicos de caráter geral que são objeto de ampla elaboração teórica. Pode-se, todavia, recordar que um conceito de confirmação útil pode ser retirado também da aplicação ao raciocínio do juiz do conceito de probabilidade lógica, que – justamente – faz referência ao grau de confirmação que as provas têm condições de atribuir aos enunciados concernentes aos fatos da causa.[96]

Em todo caso, é fácil constatar que o conceito de confirmação lógica da hipótese com base nas informações disponíveis reflete fielmente a situação em que se encontra o juiz: as hipóteses que se procura confirmar são enunciados concernentes aos fatos principais que constituem o primeiro nível da narrativa do juiz; das provas surgem os enunciados que compõem o terceiro nível da narrativa, que confirmam diretamente os enunciados do primeiro nível, além dos enunciados concernentes aos fatos secundários (que se encontram no segundo nível); esses últimos, de seu turno, atribuem confirmação inferencial

---

[89] Cfr. Haack, *op. ult. cit.*: 75.
[90] Cfr. Taruffo, *op. cit.*: 278; Goldman, 1986: 346.
[91] V., a propósito, *supra*, Cap. IV, item 2.2.
[92] A propósito, v. *supra,* Cap. IV, item 2.1.
[93] Cfr. Haack, *op. ult. cit.*: 65.
[94] Cfr. Haack, *op. ult. cit.*: 67
[95] Cfr. em particular Gonzáles Lagier, *op. cit.*: 88.
[96] Nesse sentido v., de fato, Taruffo, *op. cit.*: 199, 266.

aos enunciados sobre os fatos principais. Por fim, os enunciados que estão no quarto nível têm a função de atribuir confirmação, em termos de confiabilidade, aos enunciados que exprimem os resultados produzidos pelas provas.

3.2 Os critérios de inferência

As inferências que consentem que se liguem as informações disponíveis (ou seja, as provas) às hipóteses que se procuram confirmar, fundam suas validade e confiabilidade em critérios empregados para criar essa conexão, a partir de cujo êxito poder-se-á eventualmente dizer que a hipótese-conclusão foi confirmada. Não por acaso um dos maiores teóricos desse modelo de inferência (ou seja, Stephen Toulmin) dedicou particular atenção àquilo que chamou de *backing* do *warrant*, ou seja, o fundamento cognoscitivo em função do qual a inferência pode ser tida por fundada, a ponto de poder-se atribuir um grau considerável de confiabilidade à consequente conclusão.[97] Por conseguinte, um aspecto fundamental do modelo de inferência probatória aqui sugerido é constituído pelas noções empregadas como fundamento de tal inferência, ou seja, como critério de confirmação da hipótese em questão com base nas informações disponíveis. A propósito o problema mais importante concerne à determinação das fontes desses critérios e à valoração de sua confiabilidade.

Falou-se alhures[98] de senso comum, *background knowledges* e máximas de experiência, a propósito da construção das narrativas no âmbito do processo, não sendo o caso de se repetir aqui o que foi dito naquela oportunidade. Todavia, o discurso deve ser retomado, pois em uma considerável quantidade de casos, ou seja, todas as vezes em que não é possível se recorrer diretamente a provas científicas,[99] são essas noções que fornecem os critérios com base nos quais o juiz faz as inferências de caráter presuntivo.[100] Sendo oportuno esclarecer alguns aspectos no que diz respeito à determinação do grau de confirmação que as provas atribuem às hipóteses sobre os fatos, podem-se distinguir várias situações.[101]

a) Pode ocorrer de as noções da experiência comum corresponderem na realidade a leis científicas de caráter universal, das quais são a vulgarização. Resulta também da experiência que os corpos pesados caem de cima para baixo, ainda que a lei de Newton seja mais precisa e formulada em termos universais. Trata-se, de qualquer modo, de uma regra geral, sendo a inferência

---

[97] Cfr. em particular Toulmin, *op. cit.*: 95.

[98] V. *supra*, Cap. II, item 3.

[99] Sobre o tema v. *infra*, item 3.4.

[100] Em sentido análogo, ou seja, com referência às numerosas hipóteses em que o *warrant* é constituído por máximas de experiência, cfr. Gonzáles Lagier, *op. cit.*: 56, 61.

[101] As observações que seguem são desenvolvidas de maneira mais ampla em Taruffo, 2008: 187. V. também Taruffo, *op. cit.*: 195.

feita com base nessa seguidora do modelo *nomológico-dedutivo* descrito por Hempel.[102] Essa inferência tem condições de atribuir à sua conclusão um caráter de certeza dedutiva.[103]

b) Outras vezes as noções da experiência comum correspondem a generalizações não universais, mas que se caracterizam por um alto nível de probabilidade, confirmado por um alto grau de frequência estatística. Se se demonstra que X produz Y em 98% dos casos, a generalização correspondente funda uma inferência que segue um modelo *quase nomológico-dedutivo*. A conclusão que resulta disso é altamente confiável, podendo ter um caráter de certeza prática (mesmo se não verdadeira e propriamente de certeza dedutiva).[104]

c) Muitas vezes as noções do senso comum fundam-se em meras generalizações que exprimem o *id quod plerumque accidit*, ou seja, aquela que parece ser a «*normalidade*» de determinados acontecimentos ou comportamentos;[105] entretanto, essas não têm caráter universal, nem quase-universal. Nesses casos a inferência que se pode fazer a propósito de um caso particular não tem caráter dedutivo (e nem mesmo quase-dedutivo), produzindo conclusões que podem ter um grau variável – mas não particularmente elevado – de confiabilidade. As noções relativas à «*normalidade*» de algo possuem larga margem de incerteza, podem ser condicionadas por juízos de valor,[106] são facilmente demonstráveis como falsas por uma multiplicidade de exemplos contrários e podem não corresponder de fato aos eventos ou aos comportamentos específicos que o juiz deve apurar. Na melhor das hipóteses, conferem um modesto grau de confirmação às conclusões que dessas derivam.[107]

d) Por fim (ainda que não se trate certamente de casos excepcionais), as noções da experiência comum correspondem a generalizações *espúrias*, ou seja, a pseudorregras que não encontram qualquer fundamento na realidade empírica.[108] Trata-se das numerosas situações em que essas noções não fazem outra coisa senão exprimir preconceitos das mais diversas naturezas: de gênero, de raça, de religião e de qualquer outro tipo, difundidas em certo ambiente social em dado momento histórico. Essas pseudonoções não possuem na realidade qualquer conteúdo cognoscitivo. Consequentemente, não podem fundar qualquer inferência que tenha a pretensão de chegar a conclusões confiáveis. Pelo contrário: qualquer inferência fundada nessas conduziria a conclusões

---

102 Sobre as generalizações de caráter universal cfr. Schauer, *op. cit.*: 7.

103 Sobre a aplicação do modelo nomológico-dedutivo cfr. Stella, 2003: 339; Taruffo, 2006: 114; Gascón Abellán, 1999: 98.

104 Sobre a aplicação desse modelo cfr. Stella, *op. cit.*: 346; Taruffo, *op. ult. cit.*: 117.

105 Sobre o tema cfr. em particular Schauer, *op. cit.*: 7, 10, 55, 108, 131.

106 Sobre a intrínseca ambigüidade do conceito de «*normalidade*» cfr. Hacking, 1990: 160.

107 Sobre as inferências probabilísticas cfr. em particular Gascón Abellán, *op. cit.*: 105.

108 Sobre as generalizações espúrias cfr. em particular Schauer, *op. cit.*: 7, 12, 17, 137, 152.

completamente equivocadas, obviamente carentes de qualquer grau de confirmação considerável.[109]

Essa esquemática e simplificada distinção deixa evidente que o valor cognoscitivo atribuído às conclusões derivadas de inferências probatórias depende diretamente do valor cognoscitivo das noções adotadas como critérios para sua formulação. Trata-se de observação bastante óbvia, que, todavia, fornece um critério geral de racionalidade que deveria governar a valoração dos resultados produzidos por essas inferências. Assim, por exemplo, se a respeito de uma hipótese constituída por um enunciado de fato dispõe-se somente de uma prova, mas o *warrant* que conecta essa prova ao fato descrito no enunciado é uma regra universal ou quase-geral, o grau de confirmação que o enunciado receberá da inferência será particularmente elevado. Pelo contrário, se se tratar de uma prova que possa ser ligada ao fato em questão somente através de uma regra que corresponda a uma baixa frequência estatística (ou que, do mesmo modo, tenha valor cognoscitivo baixo) é evidente que o enunciado receberá dessa prova um grau de confirmação bem pouco elevado, ou até mesmo nulo, no caso – a que se fez referência há pouco – da regra de inferência ser uma generalização radicalmente espúria e, como tal, carente de qualquer valor cognoscitivo. O mesmo discurso aplica-se a propósito de qualquer prova que se refere a qualquer enunciado de fato hipotético. Assim, caso haja mais provas – e, por conseguinte, mais inferências – a respeito do mesmo enunciado, será necessário acima de tudo que se estabeleça que grau de confirmação será atribuído a esse enunciado a partir da inferência relativa a cada prova individualmente considerada; sucessivamente, tratar-se-á de verificar se todas as inferências convergem no sentido de confirmar o mesmo enunciado[110] (caso em que esse obterá um grau de confirmação probatória particularmente elevado), se tais inferências não são convergentes (caso em que dever-se-á verificar se pelo menos uma das inferências é suficiente para confirmar o enunciado), ou se a divergência das inferências exclui a possibilidade de que a esse possa ser atribuído um grau de confirmação suficiente. A variedade das possíveis situações concretas é infinita, podendo variar indefinidamente a quantidade e a qualidade das provas disponíveis, bem como a qualidade das regras de inferência às quais se pode recorrer. Esses exemplos confirmam, de qualquer modo, que o grau de confirmação que o enunciado recebe com base nas informações probatórias disponíveis é o aspecto fundamental das inferências que ligam tais informações às hipóteses fáticas sobre cujo fundamento se

[109] Sobre essas características, presentes na maior parte das máximas de experiência comumente utilizadas, v. em particular TWINING, 2006: 310, 338, 443; VAN ZANDT, 1991: 795; TARUFFO, 2002a: 132; TARUFFO, 2002c: 195.

[110] Cfr. HAACK, *op. ult. cit.*: 65; sobre o análogo princípio de concordância das presunções simples cfr. TARUFFO, 1992: 448, e v. *supra*, Cap. IV, item 4. Sob o ponto de vista histórico cfr. ainda ROSONI, 1995: 203, 235.

discute; ainda, que um fator decisivo nesse sentido é constituído pelas regras de inferência às quais por vezes faz-se referência.

A esse propósito uma ulterior indicação que não pode ser deixada de lado é que a presença de certa noção, regra ou máxima, no âmbito do senso comum não oferece por si só qualquer garantia de confiabilidade, independentemente do número e da qualidade das pessoas que põem fé nessa e do tempo pelo qual se mantém a crença. Os preconceitos mais difundidos, mais tradicionais e mais radicados não cessam somente porque são preconceitos; seu efeito é de manipular e esconder a realidade, certamente não de favorecer seu conhecimento. De tudo isso, e dos riscos de erro que o uso descuidado do senso comum e da experiência implica, o juiz deve estar ciente: o valor de verdade dos juízos que ele faz depende diretamente do fundamento racional e cognoscitivo das inferências de que tais juízos derivam. Quanto mais aprofundada a análise crítica das noções que o juiz emprega,[111] mais confiáveis são as inferências probatórias que levam à confirmação das hipóteses sobre os fatos.[112]

3.3 O emprego probatório da ciência

Se é verdade que entre conhecimento científico e conhecimento comum não há diferenças substanciais, mas somente diferenças de grau,[113] é também verdade que a ciência há tempos chegou a níveis de altíssima sofisticação, tendo estendido seus campos de pesquisa a áreas e setores cada vez mais novos e amplos. Uma das muitas consequências desse fenômeno, que nos últimos tempos atingiu uma rapidez e uma amplitude até pouco tempo imprevisíveis, concerne diretamente às modalidades de apuração dos fatos no âmbito do processo. Ocorre cada vez mais (e em muitos tipos de controvérsias isso acontece já normalmente) que se recorra a testes, experimentos ou ainda a pesquisas científicas. Basta pensar no exemplo representado pelo teste de DNA: usado pela primeira vez em um contexto judicial em 1986, esse se tornou já de emprego comum todas as vezes em que se trata de apurar a identidade de um sujeito, tanto no processo civil como no penal. Essa evolução implica, em relação à ampliação do emprego de metodologias científicas, uma correspondente redução do recurso às noções fornecidas pela experiência e pelo senso comum: quando se dispõe de noções ou de métodos validados pela ciência, é claro que o senso comum deve dar passagem, se o escopo for o de apurar a verdade da maneira mais racional possível e com as maiores garantias de confiabilidade.

---

[111] A propósito, cfr. em particular Wagenaar, van Koppen e Kronbagh, 1993: 61, 73, 237.

[112] Sobre possíveis critérios para o uso correto das máximas de experiência cfr. Taruffo, *op. ult. cit.*: 203.

[113] Nesse sentido cfr. Haack, 2007: 95, 125, 300.

Todavia, e contrariamente àquilo que muitos pensam, o recurso à ciência no processo não só não basta para resolver todos os problemas, como também faz com que surjam outros, de difícil solução. Não é possível enfrentar aqui todas as complicadas questões que surgem a propósito do emprego probatório da ciência;[114] entretanto, algumas observações serão feitas sobre os problemas mais importantes que esse suscita.

Acima de tudo, trata-se de estabelecer a qual ciência faz-se referência quando fala-se, como já se faz comumente, de prova científica (a *scientific evidence* da literatura norte-americana). Por um lado, é necessário distinguir a «*ciência boa*» da «*ciência ruim*», ou pseudociência (ou *junk science*), ou seja, métodos e noções dotados de efetiva validade científica de métodos ou noções apresentados como dotados de dignidade científica que não são cientificamente validados. Não se trata somente da cartomancia ou da leitura de borras de café (que também são apresentadas como práticas de descoberta da verdade, sendo adotadas como tal por milhares ou milhões de pessoas),[115] que nenhuma pessoa dotada de bom senso consideraria equivalente a uma metodologia científica. A questão concerne também às outras técnicas, como a grafologia,[116] tradicionalmente consideradas idôneas à produção de apurações confiáveis, mas que já não parecem mais dotadas de efetiva validade científica. Por outro lado, em uma situação em que cada dia surgem novas técnicas de análises ou de pesquisa, o problema de saber-se quais são cientificamente confiáveis e quais não são se põe em muitos casos e de maneiras cada vez mais complexas.[117]

Esse tipo de questões assumiu há tempos importância particular nos Estados Unidos, em particular após a decisão sobre o caso *Daubert*, pronunciada em 1993 pela Suprema Corte. Nessa decisão a Corte tentou resolver o problema relativo à exclusão da *junk science* dos tribunais, ditando uma série de critérios que o juiz deveria aplicar para verificar a validade científica das provas propostas, excluindo em via preliminar aquelas que não seguissem esses critérios, não parecendo, portanto, cientificamente confiáveis.[118] Essa decisão foi muito discutida e também muito criticada do ponto de vista epis-

---

[114] Na literatura italiana recente cfr. DOMIONI, 2005; TARUFFO, 2005a: 3; TARUFFO, 2005b: 1079; TARUFFO, 2004: 485.
Na ampla literatura norte-americana sobre o tema v. em particular os artigos recolhidos em FEDERAL JUDICIAL CENTER, 2000 e em FAIGMAN, KAYE, SAKS e SANDERS, 2002.

[115] Como escreve FAIGMAN, 1999: 62, o pior método para estabelecer-se se uma prática é dotada de confiabilidade cognoscitiva consiste em perguntá-lo a quem a desenvolve (talvez mediante pagamento).

[116] Sobre a ausência de *status* científico da grafologia cfr. FAIGMAN, *op. cit.:* 2 ss., 62, 77 ss.

[117] Sobre o tema cfr. em particular FAIGMAN, *op. cit.*: 76 ss.

[118] A partir de 1993 sobre o caso *Daubert* foi-se acumulando imensa literatura. No âmbito italiano cfr. TARUFFO, 1996a: 230; DONDI, 1996: 261, em que há também uma tradução do texto da sentença.

temológico, fazendo surgir uma jurisprudência sucessiva não uniforme.[119] Todavia, essa possui considerável importância não só como tentativa interessante de fornecer critérios de cientificidade a serem aplicados pelos juízes, mas também porque induziu o legislador federal a modificar a *Rule* 702 das *Federal Rules of Evidence* no sentido de tornar mais restritas as condições de admissibilidade em juízo da *scientific evidence*.[120]

Outra questão muito importante que diz respeito à definição do campo de aplicação do conceito de prova científica concerne às ciências chamadas sociais, ou humanas (ou *soft*), como a psicologia, a sociologia, a economia, a história e a antropologia. Esses setores da pesquisa e do conhecimento podem sem dúvidas ser inseridas em um conceito amplo de «*ciência*», já que buscam a verdade, mesmo que se servindo de metodologias diferentes daquelas empregadas pelas ciências naturais.[121] Consequentemente o conceito de prova científica engloba, por exemplo, perícias psicológicas e várias outras técnicas de análise e valoração, sem excluir áreas que podem à primeira vista parecer pouco usuais, como a história da arte.[122] Frise-se, todavia, que isso comporta dificuldades que não podem ser deixadas de lado sobre a valoração da confiabilidade científica dessas «*formas de conhecimento*», sendo evidente que a essas não se aplicam os mesmos critérios de controle empírico, de cálculo e de verificação quantitativa, comuns nas ciências naturais. O fato de algumas das ciências humanas – como a economia e por vezes a sociologia – empregarem métodos matemáticos bastante sofisticados, ou análises quantitativas, não implica que essas ciências tornem-se parecidas ou iguais à física ou à genética. Não por acaso, de resto, recorre-se geralmente à distinção entre ciências da *explicação* e ciências da *compreensão*, colocando as ciências humanas na segunda categoria, justamente para frisar que os métodos de investigação próprios das primeiras não são aplicáveis às últimas.[123] Disso resulta que, quando se utilizam no processo provas científicas pertencentes à área das ciências humanas, surge a necessidade de que se empreguem critérios aptos a valorar a confiabilidade dos conhecimentos de que o juiz deveria servir-se para apurar a verdade dos fatos.

Outro problema de fundo que merece ser aqui lembrado concerne aos modos em que os conhecimentos científicos são levados ao processo para serem utilizados como elementos de prova.

Esse problema colocou-se com particular gravidade nos Estados Unidos, não só pela maior frequência com que há tempos recorre-se naquele ordena-

---

119 Cfr. em particular Haack, 2007: 233.

120 Cfr. Graham, 2003: 340; Rothstein, Raeder e Crump, 2003: 353; Domioni, *op. cit.*: 197.

121 Nesse sentido v., em particular, Haack, *op. ult. cit.*: 153; Haack, 2008: 37.

122 Cfr. Taruffo, 2005a; Taruffo, 1996a: 230; Taruffo, 2005b: 1086; Monahan e Walker, 1990: 83, 108, 279.

123 Cfr., em particular, Borutti, 1999: 8, 21; Borutti, 2006: 24, 31.

mento a provas científicas, mas também por algumas peculiaridades daquele sistema processual que serão aqui lembradas (a fim de que se entendam melhor as razões e a natureza do problema). Nos Estados Unidos o método usual para obterem-se conhecimentos científicos no âmbito do processo consiste no emprego de peritos selecionados pelas partes, remunerados por essas, e induzidos – consequentemente – a sustentar «*cientificamente*» as razões das partes que os nomeiam.[124] Os peritos da parte são posteriormente inquiridos e contrainquiridos pelos advogados com as mesmas modalidades utilizadas para a inquirição das testemunhas (de onde surge a definição do perito como *expert witness*): espera-se, de fato, que do confronto entre peritos «*parciais*» surjam as consequências científicas necessárias para a decisão. O juiz estadunidense tem o poder, reconhecido pela *Rule* 706 das *Federal Rules of Evidence*, de nomear peritos neutros e imparciais,[125] mas se utiliza deles raramente, para evitar de interferir na livre competição das partes, que deve poder se desenvolver sem condicionamentos mesmo quando se trata de obter noções científicas.[126] Esse sistema gerou muitos inconvenientes. Existe um mercado florescente dos peritos nos diferentes setores, prontos para vender suas competências às partes (geralmente somente aos autores ou somente aos réus, como ocorre nos casos de *mass torts*). Naturalmente ninguém espera que esses peritos exprimam opiniões imparciais e objetivamente fundadas; por conseguinte, fica muito difícil impedir que esses introduzam no processo noções não confiáveis e carentes de qualquer fundamento científico. Uma dificuldade objetiva deriva do fato de que em muitos casos a decisão final é tomada pelo júri: paradoxalmente, um grupo de pessoas quaisquer deve resolver complicados problemas científicos, que, como tal, estão além dos conhecimentos do cidadão médio. Por conseguinte, nenhuma surpresa há no fato de que muitos peritos verdadeiramente qualificados se recusem a se submeter ao cruel ritual da *cross-examination* sob os olhos de um grupo de «*ignorantes*» (em que pode ocorrer de um jovem *litigator* inculto e agressivo impor a um Prêmio Nobel que explique as razões pelas quais sua opinião deva ser levada seriamente em consideração).

Esses problemas não surgem nos sistemas processuais de *civil law*, nos quais existem os peritos das partes, mas a obtenção de conhecimentos técnicos ou científicos que o juiz julgar necessários para a decisão ocorre, via de regra, recorrendo-se a peritos imparciais escolhidos e nomeados pelo próprio juiz. Isso não significa, todavia, que a qualidade científica dos conhecimentos obtidos pelo juiz esteja sempre automaticamente assegurada. Pode, de fato,

---

[124] Sobre o tema cfr., em particular, Gross, 1991: 1113.
[125] Cfr. Graham, *op. cit.*: 363; Saltzburg, Martin e Capra, 2002 (3): 706-3.
[126] Cfr. Graham, *op. cit.*: 364; Saltzburg, Martin e Capra, *op. cit., loc. cit.*

ocorrer de o perito nominado pelo juiz não ser verdadeiramente imparcial,[127] ou de ele não ter uma preparação técnico-científica suficiente a lhe colocar condições de dar respostas adequadas aos quesitos a ele propostos.[128] Por conseguinte, compete ao juiz a tarefa de garantir a qualidade e a validade científica das noções que obtém através do perito, verificando com máximo cuidado a adequação e a capacidade desse. Além disso, esses problemas ganham particular relevância se se atribuírem ao perito também tarefas de valoração jurídica dos fatos, como ocorreu com recentes reformas do processo civil italiano.[129]

Uma ordem ulterior de problemas concerne, finalmente (*but not least*), à valoração da confiabilidade das noções fornecidas pelos peritos ao juiz. Já se acenou sobre o paradoxo contido no fato de que um júri de cidadãos seja chamado a decidir o êxito do confronto entre os peritos das partes. Uma dificuldade similar atinge, entretanto, o juiz, que – como qualquer cidadão médio – não tem uma cultura científica específica, nomeando o perito de ofício justamente para obter noções que ele mesmo não possui. O brocardo segundo o qual o juiz é *peritus peritorum* não elimina a dificuldade. Isso significa que o juiz não está vinculado a aceitar as conclusões do perito,[130] mas ganha um tom paradoxal se se entender que o juiz deve, ao valorar a obra do perito, recorrer justamente a conhecimentos científicos de que não dispõe. O paradoxo, entretanto, é somente aparente: em realidade não se espera que o juiz repita aquilo que o perito já fez (experimentos, investigações, cálculos), e nem mesmo que avalie o conteúdo das valorações que ele formulou. O dever do juiz é verificar a validade científica e a correção do método aplicado pelo perito, ou seja, verificar o fundamento racional e epistêmico daquilo que esse fez. O juiz não deve – nem mesmo poderia – tomar o lugar do perito, mas deve ter condições de verificar a confiabilidade científica da atividade por ele desempenhada e dos resultados obtidos. Pode-se dizer que um controle desse gênero é difícil de ser desenvolvido, não está ao alcance de todos e requer conhecimentos adequados sobre o método das investigações científicas por vezes efetuadas, mas esse é um problema que atinge a cultura e a formação profissional do juiz. De resto, para um juiz que vive na sociedade atual, dominada pela ciência e

---

[127] É lícito, de fato, duvidar de que as hipóteses de abstenção e de recusa do perito técnico, que são as mesmas previstas para a abstenção ou recusa do juiz (arts. 51 e 192 do Código de Processo Civil italiano, sobre os quais v. Carpi e Taruffo, 2006: 156, 623), sejam suficientes para assegurar em todos os casos que o perito designado de ofício seja verdadeiramente independente e imparcial. Outros fatores podem, de fato, condicionar o juízo do perito, induzindo-o a favorecer uma parte em detrimento da outra.

[128] As modalidades com que se faz a inscrição nos registros de peritos técnicos não asseguram, na verdade, um nível particularmente adequado de preparação profissional (v. mais amplamente Taruffo, 2005b: 1107).

[129] Cfr. os novos arts. 696 e 696 *bis* do Código de Processo Civil italiano, sobre os quais v., inclusive para ulteriores referências, Carpi e Taruffo, *op. cit.*: 1969, 1971.

[130] Sobre o tema cfr. Comoglio, 2004: 681 ss.

pela tecnologia, em uma situação em que a ciência entra cada vez mais rápido nos tribunais, não é excessivo se requerer um nível adequado de informação epistemológica.[131]

Se todas as dificuldades mencionadas até agora forem evitadas ou resolvidas, o juiz terá à sua disposição uma informação dotada de validade científica, que será, portanto, confiável. De resto, a confiabilidade científica da prova não coincide automaticamente com o grau de confirmação do enunciado fático ao qual a prova se refere.

Por exemplo: se um teste de DNA é efetuado corretamente – segundo as regras, os protocolos e os cálculos que o procedimento requer – ter-se-á a garantia da validade científica de seu êxito. Se esse, como ocorre, indica que a identificação do sujeito tem 98% de chance de estar certa, essa proporção atribuirá um grau de confirmação muito elevado (*quase* equivalente à certeza) ao enunciado segundo o qual «*é de Tício aquela marca de sangue*» ou «*Tício é pai de Caio*». Se, por outro lado, resultar de uma investigação epidemiológica corretamente desenvolvida a existência de uma probabilidade de 10% de que o fato F provoque a consequência C, ter-se-á a garantia da validade científica dessa afirmação, que será, pois, plenamente confiável. Todavia, sua eficácia probatória muda em função do tipo de enunciado que se procura confirmar: se o enunciado disser respeito ao assim chamado aumento do risco, ou seja, ao fato de que em determinada amostra o risco de C aumenta em função da ocorrência de F, poder-se-á, pois, dizer que a investigação epidemiológica atribuirá àquele enunciado grau elevado de confirmação. Se, por outro lado, o enunciado disser respeito à assim chamada causalidade individual ou específica, afirmando que «*em Tício F provocou C*», a mesma informação epidemiológica atribuirá ao enunciado em questão grau de confirmação bastante fraca, visto que o fato de que em determinada amostra haja um aumento de 10% no risco não diz quase nada sobre a eventualidade de que em Tício F tenha provocado C.[132]

Por conseguinte, uma verdadeira prova científica fornece garantias de um alto grau de confiabilidade das informações que produz, mas nem por isso atribui um determinado grau de confirmação, ou um grau de confirmação particularmente elevado, ao enunciado objeto de prova. Por assim dizer, a cientificidade da prova tende a demonstrar com certeza a veracidade de seu resultado. O grau de confirmação que essa confere ao enunciado fático a ser demonstrado depende, por sua vez, do *conteúdo* do resultado, podendo variar de um nível bastante elevado (como no caso do teste de DNA) a níveis modestos, baixos ou até mesmo nulos (como no caso de uma prova científica que demonstre com certeza a inexistência de qualquer confirmação do

---

[131] Sobre esses temas v. mais amplamente Taruffo, *op. ult. cit.*: 1109 ss.

[132] Sobre o problema das baixas frequências cfr., em particular, Stella, *op. cit.*: 350 ss.

enunciado que se procura provar: se a ciência estabelece de modo confiável que o fato X tem uma possibilidade =0, não resulta disso qualquer grau de confirmação do enunciado relativo à ocorrência de X). Nesses casos, na verdade, não se discute a validade científica da prova, que pode estar fora de dúvidas, mas sua utilidade como elemento de confirmação do enunciado que se pretende provar.

4. GRAUS DE CONFIRMAÇÃO E *STANDARDS* DE PROVA

Como já se disse, os enunciados sobre os fatos principais (que compõem o primeiro nível da narrativa do juiz) são originalmente hipóteses que como tal podem ser verdadeiras ou falsas. A decisão final sobre os fatos (ou seja, a narrativa construída pelo juiz) resolve essa incerteza, atribuindo a cada hipótese o grau de confirmação competente com base nas provas que a essa se referem. A propósito podem-se distinguir seis possibilidades para cada hipótese: a) H não teve qualquer confirmação; b) H teve confirmação fraca; c) H teve confirmação forte; d) a falsidade de H não teve qualquer confirmação; e) a falsidade de H teve confirmação fraca; f) a falsidade de H teve confirmação forte. A rigor, as situações a) e f) não deveriam ser levadas em consideração na reconstrução conclusiva dos fatos: se um fato principal não resulta provado, ou resulta provada sua inexistência, não pode ser levado em consideração. Analogamente, não se deveriam levar em conta as situações b), d) e e), visto que a veracidade de H não resulta suficientemente confirmada, mas tampouco sua falsidade resulta adequadamente demonstrada pelas provas. No âmbito do processo, todavia, há razões para que o juiz mencione também os fatos cujas descrições resultaram falsas ou não amparadas por confirmação probatória adequada. Se esses fatos forem alegados pelas partes será necessário que seu resultado probatório seja explicitado pelo juiz; de qualquer modo, a ausência de confirmação adequada tem importância no que diz respeito à aplicação das regras sobre o ônus da prova,[133] e também no que diz respeito à motivação relativa à decisão sobre os fatos.[134]

Em todo caso, a distinção entre as seis situações esquematizadas parece útil por representar também o quadro das compatibilidades que podem ser confrontadas dependendo dos êxitos probatórios: assim, por exemplo, a) é compatível com d) e f); b) é compatível com d) e e), mas não com f); c) é compatível com d) e com e), mas não com f). A consideração desses nexos de compatibilidade/incompatibilidade é relevante para fins de coerência do raciocínio que o juiz formula de acordo com o grau de confirmação probatória que recebeu cada uma das hipóteses relativas a um fato principal da causa.

---

[133] V. *infra*, item 5.

[134] V. *infra*, item 6.

É claro, todavia, que o conteúdo principal da narrativa do juiz é constituído pelos enunciados fáticos que receberam confirmação com base nas provas. A propósito, surgem dois problemas particularmente importantes: o primeiro diz respeito à determinação do grau de confirmação de cada enunciado; o segundo, ao grau de confirmação que cada enunciado deve obter para poder ser considerado provado.

O primeiro problema foi objeto de ampla literatura que não pode ser adequadamente discutida nesta sede.[135] Podem ser feitos, entretanto, alguns comentários sintéticos sobre o tema, a fim de que se esclareçam os termos em que se põe o problema.

Antes de qualquer coisa, é oportuno recordar que o princípio do livre convencimento do juiz, que hoje em dia tem aplicação largamente predominante nos ordenamentos processuais modernos, não implica, de fato, que o juiz esteja desvinculado de critérios de racionalidade que devem governar seu raciocínio: tal princípio admite que o juiz valore as provas fazendo uso de amplo poder discricionário, mas isso não significa que ele possa confiar em uma intuição subjetiva – que seria substancialmente arbitrária – ao estabelecer se uma hipótese relativa a um fato foi ou não confirmada pelas provas disponíveis.[136]

No âmbito das concepções racionalistas do raciocínio probatório deve-se frisar, ainda, que – contrariamente a uma tendência que parece bastante difundida sobretudo nos Estados Unidos – o grau de confirmação probatória de um enunciado não pode ser quantificado em termos probabilísticos, e em particular através da aplicação do teorema de Bayes.[137] Em geral, na verdade, há sérias razões para duvidar-se de que seja possível determinar tal grau de confirmação em termos de frequência estatística: a possibilidade de empregarem-se dados estatísticos como provas diretas de acontecimentos singulares é há muito tempo objeto de discussão, prevalecendo a tendência ao reconhecimento de que isso é racionalmente possível somente em casos muito particulares, e somente quando ocorrem condições específicas de validade do cálculo estatístico e de possibilidade de referência desse ao caso concreto.[138]

Disso resulta que o hábito difundido de atribuírem-se valores numéricos (em números decimais ou percentuais) aos graus de confirmação que as provas atribuem aos enunciados fáticos carece de fundamento. Esse funda-se na ilusão

---

[135] Sobre o tema cfr. por último, inclusive para ulteriores referências, Ferrer Beltrán, 2007: 91, bem como Taruffo, 1992: 266 ss.

[136] A propósito, v. também, *supra*, Cap. IV, item 4.

[137] A propósito dos argumentos que podem ser adotados nesse sentido, v. amplamente Taruffo, *op. ult. cit.*: 168; Ferrer Beltrán, *op. cit.*: 98; Gascón Abellán, *op. cit.*: 162. No mesmo sentido, v. por último, Haack, 2007: 75.

[138] Na ampla literatura sobre o tema cfr., inclusive para ulteriores referências, Frosini, 2002.

(totalmente falaciosa) de que tudo pode ser quantificado numericamente, e que o que se traduz em números (geralmente sem qualquer fundamento) é mais exato e, portanto, mais racional do que aquilo que não é «*contado*».[139] Nada impede, em realidade, que sejam usados números decimais ou percentuais também para indicar graus de confirmação probatória, ainda que reste claro que se trata somente de símbolos que exprimem diferenças de graus (como ocorreria se alguém se expressasse usando tons de cores, notas musicais, ou qualquer outro método de comunicação): essas expressões numéricas, por conseguinte, não correspondem a determinações quantitativas precisas, não se sujeitando a qualquer tipo de cálculo.

Em realidade, como já se disse a propósito do conceito de *warrant*, o grau de confirmação de um enunciado deriva de inferências lógicas que levam em conta a quantidade e a qualidade das provas disponíveis que se referem àquele enunciado, seu grau de confiabilidade e sua coerência.[140] Trata-se de uma análise racional que se funda em argumentos e contra-argumentos, valorações e confrontos, ao cabo da qual se estabelece qual é o grau de fundamento racional que aquele enunciado tem.[141] A propósito, pode ser útil que se faça referência ao conceito de probabilidade *lógica* (ou baconiana) como grau de confirmação de um enunciado com base nos elementos de prova que lhe dizem respeito.[142] É claro, todavia, que esse conceito refere-se à lógica das inferências entre proposições,[143] não implicando qualquer quantificação.

Em alguns casos uma confirmação probatória fraca pode ter condições de produzir alguns efeitos jurídicos. Por exemplo, o art. 2.736 n. 2 do Código Civil italiano prevê que o juiz pode determinar o juramento *suppletorio* quando há uma *semiplena probatio* de um fato, ou seja, quando o enunciado relativo àquele fato recebeu alguma confirmação (poder-se-ia falar de confirmação «*fraca*»), mas essa não é suficiente para que aquele fato possa ser considerado

---

[139] Trata-se da síndrome de «*o que não pode ser contado não existe*», criticada adequadamente por Tribe, 1971: 1361, e ainda Taruffo, *op. ult. cit.*: 181, 192.

[140] Com esse propósito vale a regra epistemológica segundo a qual a combinação de vários elementos de prova vale mais do que a confirmação que os elementos de prova singulares podem atribuir à conclusão; desse modo, a combinação de diferentes elementos de prova, cada um dos quais atribuindo à conclusão uma confirmação fraca, pode produzir um grau de confirmação global bastante forte. Essa eventualidade depende de vários fatores, como a intensidade com que os elementos singulares de prova confirmam a conclusão, a confiabilidade de cada elemento de prova considerado em si mesmo e a quantidade de elementos de prova disponíveis. Para um exame analítico dessas condições cfr. por último Haack, 2008c: 282, e Haack, 2007: 67.

[141] Sobre o tema cfr. em particular Ferrer Beltrán, *op. cit.*: 120 e ss.

[142] Sobre esse conceito cfr. em particular Cohen, 1977. V. também Taruffo, *op. ult. cit.*: 201. Sobre a distinção entre os dois conceitos fundamentais de probabilidade, ou seja, probabilidade estatística e probabilidade lógica, cfr. por todos Hacking, 1987. Em sentido crítico sobre essa distinção cfr. Toulmin, *op. cit.*: 69.

[143] Nesse sentido v., p. ex., Haack, *op. cit.*: 67.

provado.[144] De qualquer modo, não se deve confundir uma hipótese fática com baixo grau de confirmação probatória com uma hipótese verossímil: conforme se disse alhures, um enunciado pode ser chamado de verossímil se corresponde ao *id quod plerumque accidit*,[145] mas isso não equivale a qualquer grau (baixo ou alto) de confirmação probatória.

Oposto a isso, há situações em que se requer um grau de confirmação probatória particularmente elevado. É, por exemplo, o caso da *clear and convincing evidence*, que por vezes é requerida para hipóteses particulares em que se sustenta que o fato deva ser apurado com um grau particularmente elevado de confirmação.[146] Todavia, o exemplo principal é constituído pelo critério segundo o qual no processo penal requer-se, para a condenação, a prova da culpabilidade do imputado *beyond any reasonable doubt*. Trata-se do critério geralmente aplicado pelas cortes estadunidenses, que foi recentemente «*importado*» para o processo penal italiano.[147] O significado exato desse critério é bastante incerto: por um lado, não é possível saber como esse é efetivamente aplicado pelos júris estadunidenses, que não motivam seus veredictos; por outro lado, a definição de «*dúvida razoável*» é tudo menos clara, e as tentativas de dar a essa uma quantificação não produziram qualquer resultado. O argumento mais frequente (retirado de Blackstone), de que é melhor a absolvição de vinte culpados do que a condenação um inocente (de modo que a prova requerida para que se condene deve ter uma probabilidade superior a 95%), é claramente falacioso (além do fato de que para Voltaire a proporção deveria ser de 2 para 1, e para Moisés Maimônides deveria ser de 1000 para 1).[148] Por conseguinte, trata-se de um *standard* probatório cuja aplicação não é certamente simples, dando lugar a inúmeras incertezas. Todavia, é evidente o significado central que se exprime através desse *standard*: esse requer um grau particularmente elevado de confirmação probatória da culpabilidade do imputado, que tende à certeza, visto que admite somente a presença de dúvidas «*irrazoáveis*», numa evidente tentativa de reduzir ao mínimo o risco da condenação de um inocente.

Quando não existem normas ou princípios que determinem o *standard* de confirmação considerado necessário ou suficiente para que se produzam

---

144 A norma afirma, de modo impróprio, que a hipótese em exame verifica-se quando «*a demanda ou a exceção não tiverem sido plenamente provadas, mas não forem totalmente desprovidas de prova*». Essa tem sentido se com referência não às demandas e exceções, mas sim aos enunciados relativos aos fatos que fundam as demandas e as exceções. A propósito do juramento *suppletorio* v., inclusive para referências, Comoglio, *op. cit.*: 551.

145 V. *supra*, Cap. III, item 2.3.

146 Cfr. James, Hazard e Leubsdorf, 1992: 339; Rothstein, Raeder e Crump, *op. cit.*: 141; Clermont, 1987: 115.

147 Sobre o tema v. em particular Stella, *op. cit.*: 154 ss., 195 ss.

148 Para amplas e atualizadas críticas à aplicabilidade desse critério cfr. Laudan, 2006: 29.

determinados efeitos, a decisão sobre se um enunciado fático deve ser considerado adequadamente provado é tomada segundo critérios racionais.

Um desses critérios é o da *preponderance of evidence* (*preponderance of probability, balance of probabilities*, ou *greater weight of evidence*), aplicado no processo civil estadunidense, segundo o qual o juiz deve escolher a hipótese fática com suporte relativamente maior em relação a todas as outras hipóteses.[149] Critério bastante similar, ainda que não idêntico, é o da «*probabilidade preponderante*», ou do «*mais provável do que não*», segundo o qual uma hipótese fática é privilegiada se sua probabilidade prevalece sobre as probabilidades de todas as outras hipóteses, e em particular sobre a probabilidade da hipótese contrária.[150] De resto, o primeiro desses critérios resta bastante vago, ainda que intuitivamente sensato, ao passo que o segundo é também intuitivamente sensato, mas ligado em demasia a uma concepção quantitativa da probabilidade.[151] Nenhum dos critérios, por conseguinte, parece substancialmente errado, mas ambos requerem um aprofundamento ulterior que pode ser delineado através da análise de pelo menos algumas das diferentes situações que podem ocorrer.

A situação mais simples verifica-se quando trata-se de escolher, com base nas provas disponíveis, se o enunciado relativo ao fato X é verdadeiro (VX) ou falso (FX). Se VX obteve confirmação probatória forte, pode ocorrer: a) que FX não tenha obtido confirmação alguma; b) que FX tenha tido uma confirmação fraca, ou c) que FX também tenha obtido uma confirmação forte. Nos casos a) e b) é claro que é racional escolher VX, visto que, tanto de acordo com a *preponderance of evidence* quanto com a probabilidade preponderante, VX é a única alternativa razoável, resultando dotada de um grau de confirmação mais elevado do que aquele das hipóteses relativas a FX. O caso c) – que se verifica, por exemplo, quando algumas testemunhas confiáveis confirmaram VX e outras testemunhas confiáveis confirmaram FX – é, por sua vez, de solução mais difícil, visto que ambas as hipóteses contrapostas obtiveram grau de confirmação elevado: a dúvida pode ser resolvida somente confrontando-se os respectivos graus de confirmação e determinando-se se é mais elevado o que concerne a VX ou o que concerne a FX.[152]

Se VX obteve uma confirmação probatória fraca pode ocorrer: a) que FX tenha recebido uma confirmação forte; b) que FX tenha também recebido uma confirmação fraca, ou c) que FX não tenha recebido qualquer confirmação. No

---

[149] Sobre o tema cfr. CLERMONT e SHERWIN, 2002: 243, 268; FAIGMAN, *op. cit.*: 66; JAMES, HAZARD e LEUBSDORF, *op. loc. cit.*; ROTHSTEIN, RAEDER e CRUMP, *op. cit.*: 140; GRAHAM, *op. cit.*: 54. Sobre a aplicação do mesmo *standard* no processo inglês cfr. REDMAYNE, 1999: 167, 174.

[150] Sobre esse critério cfr. em particular STELLA, *op. cit.*: 308; TARUFFO, *op. ult. cit.*: 272.

[151] Retifico aqui o que escrevi alhures a respeito, empregando números que, *re melius perpensa*, podem parecer desnorteadores (v. TARUFFO, *op. cit.*: 270).

[152] A propósito, v. mais amplamente, TARUFFO, *op. cit.*: 274.

caso a) é claro que a escolha racional deve ir a favor de FX, que obteve confirmação probatória relativamente maior. O caso b) fica incerto, pois nenhuma das hipóteses contrapostas obteve uma confirmação probatória relativamente maior; o caso c) também resta incerto, visto que nenhuma das duas hipóteses obteve confirmação adequada.[153] Essas indicações de incerteza não consentem uma verdadeira e própria apuração da veracidade ou da falsidade do enunciado fático X. Permanecendo a incerteza, mas não havendo uma confirmação positiva da verdade do enunciado, uma decisão poderá ser tomada somente recorrendo-se às regras sobre o ônus da prova.[154]

Por fim, pode verificar-se a situação em que VX não obteve qualquer confirmação probatória, ao passo que: a) FX obteve uma confirmação forte; b) FX recebeu uma confirmação fraca, ou c) FX tampouco recebeu qualquer confirmação. No caso a) a escolha racional não pode não ser a favor de FX; os casos b) e c) restam incertos; o primeiro porque FX não obteve confirmação probatória suficiente, e o segundo porque nenhuma das hipóteses contrapostas resultou de algum modo confirmada. Também quando se verificam essas incertezas (ou seja, situações em que a verdade do enunciado não recebeu confirmação adequada) a decisão pode ser tomada somente mediante a aplicação das regras do ônus da prova.

O mesmo tipo de análise pode ser aplicado (com complicações bem maiores, entretanto) nas diversas situações em que sobre a mesma circunstância não há somente uma hipótese, que pode ser verdadeira ou falsa, mas há várias, ou seja – por exemplo – X, Y e Z. Sem que se desenvolva em todos os detalhes o esquema há pouco aplicado à situação mais simples, podem ser colocadas em evidência algumas eventualidades particularmente relevantes.

Se, por exemplo, VX, VY e VZ obtiveram somente confirmações fracas ou nenhuma confirmação, a escolha deverá ser a favor de FX, FY e FZ (caso essas hipóteses tenham obtido confirmações fortes); alternativamente, entre essas, a escolha deverá ser a favor daquela que obteve uma confirmação forte (que as outras não obtiveram), ou ainda, entre essas, a favor daquela que obteve a confirmação relativamente mais forte em relação às outras hipóteses F. Se FX, FY e FZ obtiveram confirmações fracas, ou não obtiveram qualquer confirmação, as situações restarão incertas, podendo a decisão final ser tomada somente através da aplicação das regras sobre o ônus da prova.

Se, ao invés disso, uma das hipóteses VX, VY e VZ obtém confirmação forte, e as outras obtêm confirmação fraca ou não obtêm qualquer confirmação, a escolha racional será obviamente a favor da hipótese F que tiver obtido uma confirmação forte.

---

[153] A esse propósito, v. mais amplamente, Taruffo, *op. cit.*: 275.
[154] V. *infra*, item 5.

Se duas das hipóteses VX, VY e VZ, ou se todas essas, obtêm confirmações probatórias fortes, a escolha racional deve recair sobre a hipótese que obteve o grau de confirmação relativamente mais elevado. Várias hipóteses sobre o mesmo fato podem, com efeito, ser verdadeiras, mas no âmbito do processo somente uma deve servir para fundamentar a decisão, sendo racional preferir aquela que obteve maior suporte com base nas provas disponíveis.

Naturalmente a situação ideal (ou seja, aquela em que a escolha racional apresenta-se como mais simples) é aquela em que a verdade de somente uma das hipóteses em jogo resulta ter um grau de confirmação probatória forte, ao passo que as outras hipóteses têm confirmação fraca ou nula. Se uma hipótese é fortemente confirmada como verdadeira (por exemplo: VX) e outra hipótese é fortemente confirmada como falsa (por exemplo: FY), não haverá problemas, visto que é evidente que a primeira das duas hipóteses será racionalmente preferível.

5. A DECISÃO FINAL

Por razões de simplicidade, até agora a análise foi esquematizada levando-se em consideração primeiramente um só enunciado fático, e posteriormente algumas situações que se referem a alguns enunciados diferentes (que, todavia, referem-se à mesma circunstância de fato). É claro, de resto, que a inferência probatória que tem como fim a determinação do grau de confirmação fornecido pelas provas deve ser formulada sobre *todos* os enunciados que entram na narrativa do juiz, segundo os critérios anteriormente indicados. Isto é: é necessário que, a propósito de cada enunciado particular, sejam apontadas as provas que a esse digam respeito especificamente, determinando-se o grau de confirmação desse atribuído por aquelas. Isso vale para as circunstâncias que determinam os fatos principais da causa, visto que esses enunciados representam o objetivo final de todo o conjunto de inferências probatórias. O mesmo discurso vale, entretanto, a propósito dos enunciados relativos aos fatos secundários, visto que mesmo em relação a esses enunciados deve existir confirmação probatória adequada; na falta dessa, esses não podem constituir premissas para qualquer inferência relativa aos enunciados que concernem aos fatos principais.

Se se pensar em uma controvérsia fundada em situações fáticas relativamente complexas, ou muito complexas, ficará evidente que o esquema de análise proposto até agora pode atingir graus elevados de complicação, visto que as situações pensadas em abstrato podem se verificar a propósito de cada enunciado concernente a todas as circunstâncias singulares que devem ser apuradas. Trata-se, todavia, de uma dificuldade que pode ser superada se a análise dos fatos e das provas desenvolver-se segundo critérios racionalmente determinados e claramente orientados a fazer com que sejam escolhidas as hipóteses que – com base nas provas – resultarem dotadas de um grau relativamente mais elevado de confirmação, podendo, por conseguinte, ser consideradas mais próximas à apuração da verdade.

Com essas observações adota-se, como parece evidente, uma perspectiva marcadamente *analítica*, segundo a qual todo e qualquer fato relevante (seja esse principal ou secundário) deve ser objeto de apuração específica, com base nas provas que confirmam a veracidade do enunciado a esse concernente. É fácil salientar, por outro lado, que a perspectiva analítica é seguida durante todo o curso do processo: as partes alegam (e eventualmente contestam) enunciados específicos que se referem a circunstâncias de fato particulares;[155] além disso, as provas são requeridas e admitidas em função de sua relevância em relação a fatos específicos que devem ser provados,[156] e o juiz deve estabelecer sua eficácia probatória – conforme visto há pouco – em relação aos diferentes e específicos enunciados fáticos cuja veracidade ou falsidade deve ser estabelecida.

A narrativa dos fatos construída pelo juiz compõe-se, por conseguinte, de um conjunto ordenado – no sentido indicado acima – de enunciados fáticos, tendo cada um desses obtido das provas disponíveis, racionalmente valoradas, uma confirmação probatória suficientemente forte. Nessa situação haverá razões válidas para sustentar-se que, no contexto do processo, tais enunciados possam ser considerados verdadeiros. Isso vale para cada enunciado individualmente considerado, bem como para o conjunto dos enunciados que compõem a narrativa do juiz. A propósito, pode-se lembrar do princípio hermenêutico fundamental segundo o qual cada parte singular de um discurso adquire seu significado próprio em função de sua colocação no todo a que pertence, com a consequência de que o todo é mais do que a simples somatória das partes que o compõem e diferente delas.[157] Um mosaico «*vale*» mais do que a soma das peças, e o «*valor agregado*» é constituído pelo desenho formado pela colocação das peças individuais.[158] Todavia, isso não implica que se adote uma perspectiva *holística* em alternativa e em contradição à perspectiva analítica.[159] Entre as duas perspectivas não surge no processo, de fato, uma verdadeira e própria contradição, mas uma relação dialética: por um lado, conforme visto recentemente, as provas são admitidas e valoradas seguindo-se uma perspectiva rigorosamente analítica: para continuar utilizando a metáfora, se não existirem as peças o mosaico não poderá ser composto. Por outro lado, no momento da decisão final o juiz deve construir uma narra-

---

[155] V. mais amplamente, *supra*, Cap. III, item 5.

[156] V. *supra*, Cap. IV, item 2, 2.1.

[157] V. *supra*, Cap. II, item 4.

[158] Modelo análogo, mesmo se muito mais complexo e rico de implicações epistemológicas, é o do esquema de palavras cruzadas proposto por HAACK, 1995: 81.

[159] Sobre a alternativa entre perspectiva analítica e perspectiva holística v. mais amplamente *supra*, Cap. II, item 4.

tiva que leve em conta globalmente a situação de fato objeto de apuração: se, como dito, todos os enunciados relativos aos fatos da causa tiverem sido adequadamente confirmados pelas provas, haverá todas as peças necessárias, podendo o juiz compor o mosaico de sua reconstrução dos fatos. Dentro desse, cada enunciado encontrará sua colocação apropriada, obtendo o significado que lhe corresponde no contexto da narrativa que compreende os fatos. Se o conjunto de todos os enunciados, cada qual confirmado pelas provas, puder dar lugar a narrativas diferentes (assim como as peças de um mosaico podem ser, por vezes, ordenadas formando-se desenhos diferentes) a escolha deverá ser no sentido de favorecer a versão dos fatos que parecer narrativamente mais coerente.[160]

5.1 Os ônus probatórios

Se a decisão final sobre os fatos da causa pode apresentar traços de complexidade quando todos os enunciados sobre os fatos relevantes para a decisão tiverem obtido uma confirmação probatória adequada, problemas de solução ainda mais difícil surgirão na situação – muito frequente – em que um ou mais enunciados sobre os fatos da causa restarem carentes de confirmação probatória suficientemente forte, faltando, pois, o fundamento necessário para que possam ser considerados verdadeiros. Pode ocorrer, ainda, conforme visto há pouco, que nem mesmo sua falsidade tenha sido adequadamente demonstrada, verificando-se, pois, situações de incerteza que não podem ser resolvidas com base nas provas de que dispõe o juiz no momento da decisão. No âmbito da pesquisa científica a incerteza é frequente, sendo a solução postergada até o momento em que se dispõe de provas suficientes, ou hipóteses diferentes são formuladas.[161] No processo as coisas são diferentes: por um lado, *interest reipublicae ut sit litium* e, portanto, a decisão não pode ser protelada indefinidamente, na esperança de que alguma prova ulterior venha a resolver a dúvida (note-se, todavia, que mesmo se no processo todas as provas relevantes fossem produzidas, como deveria ser,[162] essa esperança continuaria a ser infundada); por outro lado, nos sistemas processuais modernos o juiz não pode limitar-se a pronunciar um *non liquet*, devendo de qualquer modo resolver a incerteza, decidindo definitivamente a controvérsia.[163]

---

[160] A propósito disso v. *supra*, Cap. II, item 5. No sentido de que a coerência da narrativa é um critério de escolha, mas somente entre versões dos fatos igualmente verdadeiras na perspectiva analítica, v. também Taruffo, 1992: 293.

[161] Cfr. Haack, 2007: 73.

[162] V. *supra*, Cap. IV, item 2.1.

[163] Sobre a origem e a história da proibição de pronunciar um *non liquet* v. em particular Micheli, 1966: 4, 12, 25, 151. Sobre a necessidade de que o juiz decida também em caso de incerteza sobre os fatos cfr. especialmente Verde, 1974: 57; Comoglio, *op. cit.*: 177.

Com o escopo de fazer com que o juiz possa sempre formular uma decisão final, mesmo quando faltar a confirmação probatória de um ou mais fatos principais,[164] a maior parte dos ordenamentos aplica – enunciando explicitamente em normas gerais[165] ou admitindo como princípio implícito no sistema e disciplinando suportes fáticos particulares[166] – «*regras de julgamento*» que se fundam na distribuição, às partes, do ônus da prova:[167] quem não demonstra a verdade dos fatos que tem o ônus de provar sucumbe, visto que o juiz retira as consequências da falta de prova dos fatos alegados por ela, decidindo em seu desfavor.

O princípio fundamental seguido em inúmeros ordenamentos exprime-se tradicionalmente pelo brocardo *onus probandi incubit ei qui dicit*. Trata-se da versão processual de uma regra generalíssima de *fairness*, segundo a qual quem afirma algo deve estar pronto e disposto, se solicitado, a demonstrar a veracidade daquilo que afirmou. Uma das máximas que – segundo Grice[168] – regulam a qualidade da conversação requer que não se afirme algo sobre o que não se tem provas adequadas: isso implica que, quando necessário e oportuno, essas provas sejam fornecidas. Comporta-se de maneira incorreta, de fato, quem faz uma afirmação com a pretensão de que seja tomada por verdadeira sem dar qualquer demonstração disso, descarregando sobre quem dissente o ônus da prova de sua falsidade. Deixando de lado o fato de que a ausência de demonstração da falsidade de uma afirmação não equivale à prova de sua veracidade, trata-se, de qualquer modo de um comportamento arbitrário e abusivo, que, como tal, não é aceitável no contexto de uma comunicação racional e correta. Tal comportamento parece ainda menos aceitável quando, da afirmação – não demonstrada – de um fato, retiram-se consequências jurídicas negativas para outro sujeito: é o que ocorre se se admitir que a demanda do autor seja acolhida sem que ele prove a verdade dos fatos que alega, sendo o demandado, pois, declarado sucumbente sem que o autor tenha provado ter razão «*nos fatos*». Atribuir-se, no processo, a vitória a quem alegou um fato sem demonstrá-lo parece um privilégio carente de justificativa.

---

[164] Se faltar a prova de um fato secundário as consequências serão diferentes: tal fato não poderá ser utilizado como premissa para uma inferência relativa a um fato principal. Somente se tal inferência fosse a única confirmação do enunciado relativo a um fato principal ter-se-ia como consequência a ausência de prova desse fato.

[165] E o que ocorre, por exemplo, no ordenamento italiano com o art. 2.697 do Código Civil (sobre o qual v. Patti, 1987: 83; Taruffo, 2005c: 5505), e no ordenamento espanhol com o art. 217, 1-3 da *Ley de Enjuiciamiento Civil* de 2000 (sobre o qual v. a literatura citada *infra*, na n. 187).

[166] É o caso do ordenamento alemão, sobre o qual v., inclusive para referências, Taruffo, 1995: 67, e a ampla análise de Baumgärtel, 1991.

[167] Sobre a regra do ônus da prova como regra de julgamento cfr. em particular Micheli, *op. cit.*: 19, 151, 213, 265; Verde, *op. cit.*: 26, 35; Comoglio, *op. cit.*: 169, 178; Taruffo, *op. ult. cit.*: 73.

[168] Cfr. Grice, 1989, 27.

De resto, a regra geral sobre o ônus da prova tem uma função epistêmica evidente: visa acima de tudo a impor a quem alega um fato o ônus que demonstre com provas que tal fato efetivamente se verificou. Essa regra, por conseguinte, orienta-se no sentido de favorecer a apuração da verdade e de fazer com que a decisão final funde-se em tal apuração. Essa coloca para a parte que alega um fato a pressão de fornecer a prova, ameaçando-a – por assim dizer – de derrota caso o fato não resulte provado. Somente nesse caso, na verdade, a regra prevê que uma decisão seja tomada de qualquer modo, *na falta* de uma apuração verídica dos fatos.

A propósito vale a pena frisar que essa falta verifica-se tanto no caso em que resulte demonstrada a falsidade de X como no caso em que não resulte demonstrada a veracidade de X (o que ocorre também quando não há provas suficientes da veracidade de X, e não somente quando não há prova alguma da veracidade de X). Como viu-se há pouco, os relativos enunciados não são equivalentes sob o ponto de vista lógico e epistêmico, mas no âmbito do processo são considerados – salvo exceções[169] – funcionalmente equivalentes, visto que se trata de formas diferentes nas quais se verifica a falta de provas da veracidade de um enunciado de fato.[170]

De um ponto de vista geral a regra fundamental segundo a qual quem faz uma afirmação tem o ônus de demonstrar que essa é verdadeira poderia ser suficiente para resolver o problema de estabelecer-se, no contexto do processo, qual parte suporta o risco da falta de provas de um fato que alegou. Tal regra consistiria, de fato, em se estabelecer *em cada caso* o êxito da controvérsia, com base em um critério relativamente simples.

De outra senda, o problema do ônus da prova é um dos mais complexos existentes no âmbito do direito processual. As razões disso são diversas, não podendo ser aqui examinadas de modo adequado; entretanto, vale a pena mencionar sinteticamente algumas dessas, que condicionam mais intimamente o êxito final da controvérsia.

Por um lado, ocorre frequentemente que se vá além da formulação marcadamente processual usada há pouco – que refere o ônus da prova a quem *alega* um fato – e se desvie o problema para a determinação de qual parte tem o *ônus de alegar* certo fato. Deve-se ter claro que alegar um fato e demonstrar com provas sua veracidade são coisas bastante diferentes, de modo que também ônus da alegação (admitindo, sem aceitar, que tal ônus exista)[171] e ônus da prova são coisas bem diferentes. É verdade que se se diz

---

[169] Cfr., p. ex., o art. 530, ns. 1 e 2, do Código de Processo Penal italiano, sobre os quais cfr. Conso e Grevi, 2005: 1879.

[170] V. *supra*, item 4.1 e ainda Taruffo, *op. ult. cit.*: 66.

[171] Comoglio, *op. cit.*: 75 sustenta justamente que não há sinais desse ônus no direito positivo italiano, e que – além disso – esse é pressuposto como premissa implícita do ônus da prova. Em

que uma parte tem o ônus de alegar um fato, e de fato o alega, ela tem também o ônus de demonstrar que aquele fato efetivamente se verificou, mas trata-se igualmente de atividades diferentes. Se o autor tem o ônus de alegar o fato constitutivo do direito que faz valer (conforme art. 163 n. 4 do Código de Processo Civil italiano), terá também o ônus de provar que aquele fato se verificou, mas a consequência da ausência de satisfação dos dois ônus são diferentes: se o autor não alegou o fato constitutivo, o ato introdutivo do juízo é nulo (art. 164 n. 4 do Código de Processo Civil italiano), mas se o alegou e não o provou, o ato introdutivo é válido, mas o autor sucumbe no mérito, conforme o art. 2.697 do Código Civil italiano.

Acontece com frequência, todavia, dessa banal distinção ser esquecida, fazendo com que o problema de «*quem deve provar o quê*» seja convertido no problema de «*quem deve alegar e, portanto, provar, o quê*», ou ainda que se relacione *tout court* o ônus da prova não aos fatos alegados, mas aos fatos que a parte, de qualquer modo, *deveria ter* alegado (e, pois, provado) fundamentando suas demandas ou exceções. Desse modo o problema do ônus da prova passa a ser formulado não com base nas posições processuais que as partes assumem com suas alegações, mas sim nas posições em relação ao *suporte fático* posto na causa. Disso derivam problemas extremamente complexos – que não podem ser aqui enfrentados – como os que concernem à classificação dos fatos com base nas normas substanciais reguladoras de cada suporte fático individual, e em particular à caracterização do fato impeditivo.[172] Deriva disso também a necessidade de chegar-se ao suporte fático para que se determine em cada caso quais ônus probatórios competem a cada uma das partes, como ocorre com a assim chamada *Normentheorie*, segundo a qual cada parte tem o ônus de fornecer a prova dos fatos sobre os quais funda-se a norma que invoca como critério para a determinação das consequências que lhe favorecem.[173]

Por outro lado, é necessário frisar que são frequentes as hipóteses em que a regra geral de repartição dos ônus probatórios não é aplicada.

Por vezes isso ocorre pelas características estruturais do sistema processual, como é o caso dos ordenamentos de *common law*. Na Inglaterra a regra em questão é por vezes aplicada, mas a jurisprudência há tempos introduziu nessas inúmeras exceções e adaptações, em uma pluralidade de suportes fáticos particulares.[174] Nos Estados Unidos a regra não existe, de modo que o juiz é quem determina caso a caso qual parte tem o ônus de provar aquele fato, com base nos diversos critérios e principalmente no que refere à maior

---

sentido crítico sobre a existência de um ônus da alegação v. por último Fabiani, 2008: 242.

[172] Sobre o tema cfr., em particular, Micheli, *op. cit.*: 272; Taruffo, *op. ult. cit.*: 68; Verde, *op. cit.*: 179, 267, 371; Patti, *op. cit.*: 97; Comoglio, *op. cit.*: 185.

[173] Sobre esse aspecto cfr., inclusive para referências à doutrina alemã que elaborou tal teoria, Taruffo, *op. ult. cit.*: 67; Patti, *op. cit.*: 85.

[174] Cfr. Kiralfy (gen. ed.), 1987.

facilidade de uma delas de ter acesso aos conhecimentos necessários ou de dispor da prova.[175]

Nos ordenamentos de *civil law* a regra do *onus probandi* é geralmente reconhecida como válida em linha de princípio, mas o fenômeno mais importante acaba por ser constituído pelas exceções feitas a essa, bem como pelas conseqüentes modificações daquela que poderia ser considerada a distribuição «*originária*» dos ônus probatórios. Esse fenômeno verifica-se em inúmeras situações e por várias razões. Por vezes trata-se de tornar mais fácil a tutela dos direitos de sujeitos considerados «*fracos*», que se encontrariam em grave dificuldade – ou até mesmo em impossibilidade – de fornecer a prova dos fatos sobre os quais fundam suas pretensões; outras vezes surge a exigência de fazer-se com que a prova seja fornecida pela parte que a possui, ou que pode obtê-la facilmente; outras vezes adverte-se sobre a exigência de reequilibrar – no processo – situações caracterizadas por uma relevante diferença de possibilidades defensivas existentes entre as partes. Muitas vezes, ainda, leva-se em consideração uma combinação de razões diferentes, entre aquelas que foram citadas. São assim apontadas diversas posições processuais nas quais a aplicação rigorosa da regra fundamental do *onus probandi* produziria muito provavelmente a sucumbência de sujeitos que se supõem titulares de direitos, por causa da dificuldade ou da impossibilidade de provarem o fundamento fático.[176] Trata-se, por conseguinte, particularmente do trabalhador,[177] daquele que visa a eliminar uma discriminação,[178] e de todos aqueles que, na moderna «*sociedade de risco*», sofrem prejuízos das mais diversas naturezas,[179] mas que também encontram dificuldade para fazer valer em juízo com sucesso os direitos que derivam dessas proteções, pela dificuldade de demonstrar a ocorrência dos fatos sobre os quais esses direitos fundam-se. Sob esse prisma poder-se-ia até mesmo dizer que a modificação dos ônus probatórios pode ter

---

[175] Cfr. Em particular JAMES, HAZARD e LEUBSDORF, *op. cit.*: 343. Para a compreensão do problema no âmbito do processo norte-americano é necessário, todavia, ter-se presente que existe tanto um ônus de produzir provas (*burden of production; burden of going forward with the evidence*), cuja satisfação é condição para que o processo possa prosseguir até o *trial*, quanto o verdadeiro e próprio *burden of proof* (ou *burden of persuasion*), que é o ônus de demonstrar a verdade de um fato. Sobre essa distinção cfr. JAMES, HAZARD e LEUBSDORF, *op. cit.*: 337; TARUFFO, *op. ult. cit.*: 73.

[176] Para uma visão panorâmica sobre o tema cfr. CENDON e ZIVIZ, 1992: 757.

[177] Cfr., em particular, VALLEBONA, 1988; VALLEBONA, 1992: 809; KIRALFY (gen. ed.), 1987: 146.

[178] Cfr., em particular, o art. 4, ponto 5, da lei italiana n. 125 de 10 de abril de 1990, em matéria de ações positivas para tutela da paridade no local de trabalho, sobre o que v., inclusive para ulteriores referências, TARUFFO, 1992: 481. Sobre a recente lei espanhola em matéria de igualdade cfr. PÉREZ GIL, 2008: 211. Sobre a jurisprudência norte-americana em matéria de prova da discriminação v. em particular GASKINS, 1992: 47.

[179] Cfr. em particular ORMAZABAL SÁNCHEZ, 2004; TARUFFO, 1995: 76.

uma relevância constitucional, se orientada no sentido de tornar mais fácil o acesso à tutela jurisdicional dos direitos.[180]

Há, todavia, algumas observações que podem ser feitas a propósito da relação entre o regime dos ônus probatórios e a dimensão epistêmica da decisão final sobre os fatos.

Uma primeira observação (talvez banal, mas importante) é que a alocação dos ônus probatórios entre as partes condiciona diretamente o êxito da controvérsia, já que – conforme visto – a regra geral determina a sucumbência da parte que não provou o fato que alegou. De resto, também as exceções à regra condicionam o êxito da controvérsia, estabelecendo quem deve sucumbir se não provar o fato que tinha o ônus de provar, e que não teria tido que provar segundo as regras gerais.[181] Não fosse assim, de resto, não haveria razão para a introdução de exceções tão numerosas a tal regra: sua justificativa reside, de fato, na intenção de favorecer a vitória de determinado sujeito, que dificilmente a conseguiria se a regra geral fosse aplicada.

Em todo caso, uma vez que as exceções à regra geral condicionam diretamente a decisão final, há sentido em perguntar-se se essas favorecem ou contrastam com a apuração da verdade dos fatos, tendo-se em mente que a manipulação dos ônus probatórios aparece predominantemente com duas modalidades diferentes.[182]

Em muitos casos é o legislador que intervém, geralmente com a técnica das presunções legais relativas, através de normas que fazem com que seja presumido o fato que uma parte deveria provar, atribuindo-se à outra parte o ônus de demonstrar o contrário.[183] Os exemplos são numerosos em todos os ordenamentos, não sendo o caso de alongar-se na análise de suportes fáticos particulares.[184] O mecanismo fundamental da presunção legal relativa é simples: uma norma impõe ao juiz que tome por verdadeiro um fato alegado por uma parte, sem que desse seja dada qualquer prova (em particular por iniciativa da parte que alegou o fato); a verdade desse fato resta vinculante para o juiz se a outra parte não provar o contrário. Poder-se-ia observar, então, que as normas

---

[180] Nesse sentido cfr. Ormazabal Sánchez, *op. cit.*: 24.

[181] Cfr. Haskins, *op. cit.*: 22.

[182] Não se leva aqui em consideração, sobretudo por sua escassa relevância prática, uma terceira modalidade, consistente nos acordos sobre o ônus da prova que as partes podem estipular com base no art. 2.698 do Código Civil italiano (sobre o qual v. Taruffo, *op. ult. cit.*: 74). Pelas mesmas razões não se leva aqui em consideração o fenômeno da inversão unilateral voluntária do ônus da prova, que se verifica quando uma parte assume conscientemente, juntamente com o risco, o ônus de provar um fato que deveria ser provado pela outra parte (sobre o tema v. Taruffo, *ibidem*: 75).

[183] Sobre a função da prova contrária no contexto das regras sobre o ônus da prova v. em particular Danovi, 2004: 212.

[184] V., p. ex., Patti, *op. cit.*: 112; Taruffo, *op. ult. cit.*: 76, inclusive para ulteriores indicações.

que estabelecem presunções fazem com que a decisão final ocupe-se dos fatos somente quando a prova contrária for fornecida. Se não houver prova contrária, a decisão não levará em consideração os fatos, visto que derivará diretamente da aplicação da norma que determina a presunção. Considerada em si, a presunção parece, por conseguinte, intrinsecamente *contraepistêmica*, já que tem o fim de evitar que se faça prova do fato presumido. De resto, a eventual falta da prova contrária, que torna efetivamente aplicável a norma que prevê a presunção, não assegura de modo algum a verdade do fato, excluindo-a, aliás.[185] Isso ocorre também quando a presunção – como não raro ocorre – funda-se em uma regra de experiência que afirma que geralmente fatos como aquele presumido verificam-se nos modos indicados pela norma que determina a presunção. Além do fato de que nem sempre aquilo que a lei presume corresponde ao *id quod plerumque accidit*, a presunção tem natureza contraepistêmica quando isso ocorre. A norma que determina uma presunção impõe ao juiz que tome *sempre* por verdadeiro um fato, e nisso há similaridade com as normas de prova legal; assim como aquelas normas, essa é contraepistêmica:[186] em ambos os casos, de fato, há uma diferença entre a generalidade da norma e a não generalidade da regra de experiência imposta pela norma. Tal diferença determina a margem de erro que as normas impõem ao juiz e que se reflete no *deficit* de veracidade que consequentemente caracteriza a decisão final sobre os fatos.[187]

Quando é o legislador que intervém na repartição dos ônus probatórios, favorecendo assim a vitória de uma ou de outra parte, as escolhas relativas são obviamente criticáveis, visto que pode haver dissenso sobre a preferência que o legislador dá a determinados sujeitos e não a outros; do mesmo modo, pode-se não compartilhar da opção de fazer com que a decisão dependa de mecanismos contraepistêmicos, ao invés de depender da apuração da verdade. Com isso, todavia, o discurso coloca-se no plano da política do direito substancial e dos critérios com que o legislador regula o jogo dos interesses contrapostos no âmbito dos diferentes suportes fáticos. Nesses casos, o processo e o juiz ficam – por assim dizer – no plano de fundo, tratando-se simplesmente de dar

---

185 Em sentido análogo cfr. Perelman, 1974: 340.

186 V. *supra*, Cap. IV, item 4.

187 Essas considerações valem com maior razão quando um fato é coberto por uma presunção legal absoluta – ou *juris et de jure* – que não admite prova contrária, e quando uma norma introduz uma ficção jurídica. No primeiro caso, na verdade, o *deficit* de veracidade de que se fala no teto não pode ser eliminado pela prova contrária, que não é admitida, e uma situação análoga verifica-se quando um fato é objeto de uma *fictio* normativa. As normas de ambos os gêneros, de fato, operam no sentido de evitar que o fato em questão seja objeto de apuração própria. Em particular a propósito das ficções v. os inúmeros artigos contidos no volume D'Usseaux, 2002. No texto não são levadas diretamente em consideração essas situações, já que não têm efeitos que digam respeito à distribuição dos ônus probatórios, dizendo respeito, ao invés disso, à disciplina jurídica da situação substancial, condicionando diretamente a decisão dada com base nessa.

seguimento às escolhas de política legislativa formuladas anteriormente e fora do processo. Assim, por exemplo, quem compartilha do valor de igualdade está legitimado a considerar de maneira positiva normas relativas aos ônus probatórios que facilitam a prova da discriminação; da mesma maneira, quem simpatiza com a tutela dos direitos dos particulares em relação aos prejuízos que esses podem sofrer na «*sociedade de risco*» pode inclinar-se a considerar positivamente normas que facilitam o acesso à tutela jurisdicional aos consumidores ou àqueles que têm interesse direto na tutela do ambiente.

Problemas bem diferentes surgem, todavia, quando o legislador não intervém no sentido de disciplinar a repartição dos ônus probatórios; serão, pois, os juízes que estabelecerão, dependendo das circunstâncias (e discricionariamente), qual das partes terá o ônus de fornecer a prova de determinados fatos.

Essa eventualidade não cria dificuldades nos ordenamentos – como o inglês e o norte-americano, há pouco lembrados – em que tradicionalmente compete ao juiz o poder de distribuir às partes os respectivos ônus probatórios. Dificuldades não particularmente relevantes surgem em ordenamentos em que, como no espanhol, o próprio legislador atribui ao juiz alguns poderes discricionários em matéria de ônus da prova. Assim, o art. 217.1, 2 e 3 da *Ley de Enjuiciamiento Civil* de 2000 enuncia analiticamente a disciplina dos ônus probatórios correspondente à regra tradicional do *onus probandi,* mas, no art. 217.5, prevê-se a possibilidade de que normas específicas distribuam de modo diferente os ônus probatórios entre as partes; admite-se – acima de tudo –, no art. 217, 6, que, ao aplicar as regras sobre o tema, o juiz leve em conta a «*disponibilidad y facilidad probatoria que corresponde a cada una de las partes del litigio*», atribuindo caso a caso o ônus correspondente à parte que se encontra em condições de fornecer mais rapidamente a prova de um fato.[188] Trata-se de uma norma que reconhece e legitima expressamente o poder discricionário do juiz, mas que – ao discipliná-lo – delimita seu campo de aplicação: substancialmente, somente caso haja a *facilidad probatoria* de uma parte, poderá o juiz excepcionar a aplicação da regra geral.

Dificuldades que não podem ser deixadas de lado surgem nos ordenamentos em que, como o italiano, existem normas gerais que repartem tais ônus com base na regra tradicional do *onus probandi,* não prevendo expressamente qualquer poder do juiz de afastar-se de tal regra. Diante do art. 2.697 do Código Civil italiano (e à parte as normas que especificamente preveem presunções legais) não é simples reconhecer-se ao juiz o poder discricionário de alocar

---

[188] Sobre o art. 217.6 da *Ley de Enjuiciamiento Civil* v. em particular Ormazabal Sánchez, *op. cit.*: 23 e ss. Sobre as regras relativas ao ônus da prova no processo espanhol cfr. ainda Cordón Moreno, Armenta Deu, Muerza Esparza e Tapia Fernandez (coord.), 2001: 786; de la Oliva Santos e Diez-Picazo Giménez, 2000: 298; Montero Aroca, Gomez Colomer, Monton Redondo e Barona Vilar, 2001: 255.

tais ônus de modo diferente daquilo que a lei prevê. Se o art. 2.697 diz que é o autor que deve provar o fato constitutivo do direito que faz valer, não se vê com que razão possa o juiz não aplicar essa norma e impor ao demandado o ônus da prova contrária, eximindo o autor de *seu* ônus probatório. Em outros termos, parecem existir boas razões para duvidar-se da legitimidade das assim chamadas presunções jurisprudenciais,[189] ou seja, as presunções criadas pelos juízes (não pelo legislador) que excepcionam (*rectius*: violam) normas que – como o art. 2.697 italiano – já preveem uma distribuição diferente dos ônus probatórios. É claro, de fato, que desse modo os juízes adotam regras de juízo diferentes daquelas previstas pela lei, atribuindo-se um poder discricionário que nenhuma norma a eles conferiu.

Não obstante tais dificuldades, orientações que defendem que os juízes manipulem caso a caso a distribuição dos ônus probatórios entre as partes, assim determinando de maneira discricionária as possibilidades de vitória de uma parte ou de outra, são bastante difundidas em muitos ordenamentos. Além das presunções jurisprudenciais da experiência italiana pode ser recordada, de fato, a assim chamada *carga dinamica de la prueba*, conhecida de alguns ordenamentos de língua espanhola,[190] e a *Anscheinsbeweis* (ou prova *prima facie*), com base na qual o juiz alemão inverte o ônus da prova se o fato alegado por uma parte corresponde a um acontecimento «*típico*» que se verifica com certa frequência.[191]

Essas manipulações dos ônus probatórios operadas pelos juízes podem depender de diversas razões. Por vezes fundam-se em valorações *lato sensu* equitativas (ou, na pior das hipóteses, justicialistas), com base nas quais o juiz julga justo e équo reequilibrar as posições das partes de modo a tornar possível, ou mais simples, a tutela do direito de um sujeito processualmente fraco. Outras vezes julga-se oportuno atribuir o ônus da prova à parte que dispõe da fonte de prova ou que está mais «*próxima*» dessa. Outras vezes ainda, julga-se não valer a pena demandar a uma parte que prove o que à primeira vista parece «*normal*», sendo, entretanto, oportuno que seja demandada a fazer tal demonstração a parte que alega um fato «*anormal*» ou excepcional.

Todavia, justificativas como essas parecem bastante fracas. Por um lado, sustentar que deva ser dado ao juiz uma espécie de poder geral de manipular as posições probatórias das partes em favor da parte que o juiz julga merecedora de vencer a causa, em razão de suas qualificações subjetivas, significa atribuir ao juiz um poder equitativo (ou justicialista) bastante amplo, que se

---

[189] O fenômeno das presunções jurisprudenciais atinge inúmeros suportes fáticos, sendo conhecido há muito tempo pela doutrina italiana. Sobre o tema cfr. em particular VERDE, *op. cit.*: 135. V. também VALLEBONA, 1992: 816; VALLEBONA, 1988: 23, 153; TARUFFO, 1995: 77.

[190] Sobre o tema cfr., em particular, GARCÍA GRANDE, 2005.

[191] Sobre a *Anscheinsbeweis* cfr., inclusive para referências à rica literatura alemã sobre o tema, TARUFFO, 1992: 483.

concilia mal com a necessária imparcialidade do juiz em relação às partes.[192] Outro caso ocorre, de fato, quando é o legislador, com base em escolhas de política legislativa (que são sempre discutíveis, mas que pelo menos têm a vantagem de ser expressas e formuladas em termos gerais), que modifica com presunções a alocação dos ônus probatórios entre as partes; trata-se de algo muito diferente quando quem o faz é o juiz, com base em suas preferências subjetivas sobre aquela que considera ser a justa solução da controvérsia no caso concreto.

É também fraca a justificativa que se funda na maior «*proximidade*» de uma parte ao meio de prova e, portanto, na necessidade de facilitar a produção dessa prova no processo. Essa argumentação poderia parecer epistemicamente válida, visto que visa a favorecer a produção da prova em juízo. Na verdade, essa incrementa a possibilidade de que o juízo final sobre o fato seja formulado com base na prova, ao invés de que em sua ausência, mas esse escopo é perseguido de modo errado e excessivo. Para realizá-lo, de fato, não é necessário manipular os ônus probatórios: é suficiente prever um dever de *disclosure*, com sanções adequadas, com base no qual cada parte deva produzir todas as provas relevantes que possuir ou de que dispuser, nisso incluídas as provas que para aquela parte produziriam efeitos desfavoráveis.[193] Se, então, o problema fosse fazer com que uma parte pudesse servir-se das provas à disposição da parte contrária, tampouco haveria qualquer necessidade de intervenção na distribuição dos ônus probatórios: seria suficiente – e mais correto – prever uma ordem de exibição, efetiva e com sanções adequadas,[194] que impusesse à parte que dispõe da prova útil à outra parte que a produzisse em juízo.

Também o critério segundo o qual não seria necessário requerer a prova daquilo que é «*típico*» (como na *Anscheinsbeweis* alemã) ou «*normal*» (como ocorre nos Estados Unidos nas hipóteses da assim chamada *res ipsa loquitur* em matéria de responsabilidade civil)[195] parece amparado em justificativa bastante fraca. Conforme visto mais amplamente alhures,[196] de fato, o que parece corresponder a acontecimentos típicos ou ao *id quod plerumque accidit* pode ser falso no caso concreto: portanto, o que aconteceu (normal ou anormal,

---

[192] No Cap. III, item 4.5, mostrou-se como a imparcialidade do juiz é compatível com a busca da verdade dos fatos, e no Cap. IV, item 5.2, viu-se como um papel ativo do juiz na disposição de provas de ofício é, por sua vez, compatível com sua imparcialidade. É lícito, entretanto, duvidar de que reste verdadeiramente imparcial o juiz que modifica a distribuição dos ônus probatórios entre as partes de modo a favorecer a vitória de uma parte e a sucumbência da outra.

[193] O *duty of disclosure* é previsto de modo analítico em uma das normas fundamentais que regulam o processo civil norte-americano, qual seja, a *Rule* 26 (a) das *Federal Rules of Civil Procedure*, que impõe às partes o dever preliminar de comunicar às outras partes todas as informações relativas às provas que possui.

[194] Nesse sentido cfr. em particular GRAZIOSI, 2003: 202, 279.

[195] Cfr. JAMES, HAZARD e LEUBSDORF, *op. cit.*: 345; GASKINS, *op. cit.*: 27 e ss.

[196] V. *supra*, Cap. III, item 2.3.

típico ou atípico) deve, de qualquer modo, ser provado de modo específico. O autor não terá o ônus de provar a lei de Newton (que pertence ao campo do notório), mas deverá provar que seu automóvel foi atingido por um vaso de flores caído do alto por negligência imputável ao demandado; não deverá competir a ele provar que o vaso caído de sua sacada ficou suspenso no meio do caminho, ou que caiu em outro lugar, restando sucumbente caso falte essa prova.

Além de ser fundada geralmente em justificativas muito fracas, como aquelas lembradas, a prática judiciária de inventar presunções que a lei não prevê, ou mesmo de manipular a distribuição dos ônus probatórios, expõe-se a outras objeções de natureza marcadamente processual.

Por um lado, é lícito considerar que, ao passo que as presunções legais são formuladas em termos gerais (e, portanto, conhecidas das partes antes mesmo de que essas deem início ao processo), as presunções jurisprudenciais são formuladas caso a caso, com base em considerações que dizem respeito às peculiaridades da situação singular posta na causa. Isso poderia satisfazer aqueles que sustentam a tese segundo a qual a decisão deveria fundar-se exclusivamente nos *particulars* do caso particular,[197] mas torna imprevisível – para as partes e para qualquer outro – o êxito da controvérsia. Em outros termos: diante de uma presunção fixada por lei as partes têm a possibilidade de avaliar, com grau elevado de previsibilidade, qual será a repartição dos ônus probatórios, tendo, pois, a possibilidade de construir suas estratégias processuais e probatórias em função de tal previsão. Isso não ocorre, entretanto, quando é o juiz quem manipula discricionariamente os ônus probatórios, procedendo caso a caso: as partes não podem prever o que fará o juiz, ficando, pois, na condição de não poderem preparar-se adequadamente com base nos critérios que o juiz adotará como regra de juízo. Em sentido contrário, não vale observar que sobre muitos suportes fáticos existe uma jurisprudência consolidada, e, portanto, as presunções legais não seriam assim tão diferentes – do ponto de vista aqui considerado – em relação às presunções legais. Todavia, esse argumento é muito falacioso: por um lado, antes de uma jurisprudência consolidar-se, essa não existe, não fornecendo, pois, qualquer regra estável de referência;[198] por outro lado, é notório que a jurisprudência – em particular a italiana – é variada e mutável,[199] de modo que certamente não se pode referir a essa com a mesma confiabilidade com que se refere a uma norma de lei que

---

[197] Sobre o tema v. *supra*, item 2 desse Capítulo.

[198] É lícito imaginar que na primeira vez em que um juiz inglês considerou a ilha de Minorca como uma parte da cidade de Londres isso tenha sido razão de surpresa; ainda, imagina-se que essa decisão era difícil de prever. Sobre esse caso cfr. Chiassoni, 2002: 60 e ss.

[199] Cfr. a propósito, inclusive para ulteriores referências, Taruffo, 2007a: 714.

estabelece uma presunção.[200] De resto, é sempre possível que um juiz singular julgue não dever uniformizar-se à jurisprudência consolidada, mesmo quando essa exista, tornando, pois, vãs as previsões que as partes poderiam ter formulado sobre o tema.

Por outro lado, ocorre normalmente de o juiz efetuar as manipulações dos ônus probatórios somente no momento em que formula a decisão final, verificando quais fatos foram provados e por quem, estabelecendo sobre parte deve recair a consequência da ausência de prova de determinado fato. Se a decisão for formulada com base em normas jurídicas preexistentes, não surgirá qualquer problema, já que – conforme dito há pouco – as partes tinham condições de prever o êxito da controvérsia com base nos resultados produzidos pelas provas; portanto, tinham condições de defenderem-se, levando em conta um quadro confiável de suas situações processuais. Isso não ocorre, evidentemente, quando a distribuição dos ônus probatórios é redefinida pelo juiz no momento em que ele formula a decisão final; o juiz, nesse caso, atribui a uma parte um ônus probatório que essa não teria tido, de acordo com o art. 2.697 do Código Civil italiano, declarando a parte sucumbente por não ter o fato em questão resultado provado. Uma situação desse gênero parece particularmente injusta quando se verifica ao fim do processo, ou seja, em um momento em que a parte que resulta onerada pelo juiz não tem mais condições de atender a esse ônus, nem mesmo se dispusesse de prova idônea nesse sentido. É claro que desse modo o juiz viola a regra do contraditório, adotando um critério de decisão *ad hoc* e colocando a parte (à qual atribui um ônus probatório não previsto pela lei) praticamente em situação de impossibilidade de defesa. Por exemplo: o demandado que confiou na sucumbência do autor pela impossibilidade deste de provar os fatos alegados, vê-se sucumbente por não ter demonstrado o contrário daquilo que o autor deveria ter demonstrado e não demonstrou; até porque o demandado não soube em tempo útil que – segundo o juiz – deveria fazê-lo. Trata-se de uma situação no mínimo paradoxal, em que o juiz – de fato – acaba por atribuir a vitória ou a sucumbência de modo substancialmente arbitrário, não só manipulando o êxito da controvérsia, mas também violando as garantias fundamentais das partes.

Esses inconvenientes são muito graves, mas não se verificariam se os juízes abstivessem-se de manipular a alocação dos ônus entre as partes, limitando-se a aplicar as regras enunciadas pela lei sobre o tema. Todavia, se o impulso ao justicialismo do caso concreto fosse tão irresistível a ponto de não se poder evitar a manipulação dos ônus da prova, isso deveria pelo menos ocorrer de modo a não ferir o direito de defesa das partes. Em outros termos, o

---

[200] Um exemplo muito significativo é constituído pelas oscilações da jurisprudência em matéria de ônus probatórios no âmbito da responsabilidade do médico pelos prejuízos sofridos pelo paciente. Sobre o tema cfr., p. ex., SCALAMOGNA, 2005: 361. Cfr. também ORMAZABAL SÁNCHEZ, *op. cit.*: 71.

juiz que pretendesse exercitar seu pretenso poder de intervir nos ônus probatórios deveria pelo menos indicar tal determinação às partes o quanto antes, de modo a consentir que essas pudessem predispor suas atividades defensivas e probatórias levando em conta a regra de juízo a ser adotada pelo juiz.[201]

6. DECISÃO E MOTIVAÇÃO

Nas páginas precedentes delinearam-se algumas das modalidades principais com que um juiz racional constrói sua narrativa conclusiva dos fatos da causa. Dedicou-se particular atenção aos aspectos em função dos quais essa narrativa apresenta-se como verídica, quando seus enunciados componentes encontram nas provas grau adequado de confirmação. Integra-se ora ao discurso a observação de que essa construção é materializada em um texto em que os fatos da causa são narrados: esse texto é representado por aquela parte da motivação da sentença que diz respeito aos fatos e às razões pelas quais esses resultam provados e – consequentemente – «*apurados*». Sobre as características mais relevantes desse texto vale a pena que se façam algumas considerações ulteriores.

É necessário, antes de qualquer coisa, que esse texto exista, ou seja, que a decisão sobre os fatos seja motivada. Se, como ocorre nos casos de *jury trial* (mas também quando o juiz estadunidense de primeiro grau decide sem júri) não há motivação da valoração das provas e da decisão final sobre os fatos,[202] o problema – evidentemente – nem mesmo existe: o *trier of fact* formula a própria decisão de modos que não podem ser conhecidos (e, portanto, possivelmente casuais ou irracionais), sendo a decisão final oracular, apodítica, não justificada. Para esses casos é claro que o que se disse até agora, e o que será dito em breve, carece de sentido: não seria nem mesmo apropriado falar-se em «*narrativa*», visto que ninguém narra coisa alguma sobre os fatos objeto de decisão. É verdade que não faltam pesquisas e hipóteses sobre o modo com que se sustenta que os júris decidam,[203] mas nada demonstra que na realidade

---

[201] Se fosse aplicada com adequada seriedade (o que não ocorre) a regra fixada no art. 185 *comma* 4 do Código de Processo Civil italiano, segundo a qual o juiz indica (*rectius*: deve indicar) às partes as questões que podem ser relevadas de ofício de que entende oportuno tratar, resultaria disso o dever do juiz de comunicar às partes a intenção (do próprio juiz) de fazer uma manipulação dos ônus probatórios em sentido diferente daquele previsto nas normas gerais ou nas normas particulares que regulam o suporte fático. É verdade, de fato, que isso não integraria uma questão passível de ser relevada de ofício em sentido técnico, mas parece evidente tratar-se de uma variação da regra de julgamento que, visto que determina o êxito da controvérsia, condiciona pesadamente a possibilidade das partes desenvolverem uma defesa efetiva e tempestiva em relação aos fatos da causa. Sobre os problemas relativos às violações do contraditório derivadas de uso impróprio dos poderes do juiz em matéria de provas v. mais amplamente TARUFFO, 1992: 405 e, em particular FERRI, s.d.: 82, 101.

[202] A propósito, v. *supra*, Cap. IV, item 6.2.

[203] V. *supra*, Cap. II, item 4; Cap. IV, item 6.2.

os jurados (como, de resto, tampouco os juízes) construam um raciocínio sobre as provas e sobre os fatos, não decidindo por intuições ou preferências, ou até mesmo de modo casual.

Todavia, na maior parte dos ordenamentos processuais modernos existe para todos os órgãos jurisdicionais o dever de motivar suas decisões, não sendo rara a previsão desse dever no âmbito constitucional, como no caso do art. 111 *comma* 6 da Constituição italiana.[204] Em outros ordenamentos, como na Inglaterra, não existe dever expresso de motivação, mas existe nesse sentido uma prática judiciária consolidada. Em todos esses casos deve o juiz justificar sua decisão, enunciando as razões pelas quais essa é considerada válida e racionalmente fundada. O dever de motivar diz particular respeito ao juízo sobre os fatos,[205] e é sob esse aspecto que vale a pena que se desenvolvam algumas observações.

Antes de qualquer coisa, como qualquer texto (a mesma coisa valeria para um romance ou para uma poesia), a motivação não reproduz e não conta os procedimentos mentais, a sequência de pensamentos e de estados psicológicos que conduziram o autor a construí-lo. O texto é o produto de uma atividade que pode até ser bastante complexa, mas não é a descrição ou a reprodução dessa atividade. Do mesmo modo, a motivação – ao contrário do que muitos pensam[206] – não é um detalhamento do assim chamado *iter* lógico-psicológico que o juiz seguiu para chegar à formulação final de sua decisão. À parte o fato de que isso seria impossível (por razões óbvias), não interessa a dinâmica das sinapses ocorridas nos neurônios do juiz, e nem mesmo importam seus humores, sentimentos, e tudo mais que pode ter ocorrido *in interiore homine*. Para dar-se um só exemplo, entre os infinitos possíveis: não interessa saber se o juiz intuiu que certa testemunha era confiável às 4 da manhã saindo de um bar depois de abundantes libações. O que interessa verdadeiramente é o resultado de tudo isso: justamente um texto que narra os fatos da causa, ou seja, a versão dos fatos que o juiz considera correspondente à realidade dos eventos narrados, explicando as razões pelas quais considera tais fatos verdadeiros (por exemplo, sustentando ser confiável aquela testemunha).

Não se trata, entretanto, somente de uma narrativa caracterizada por uma pretensão de veracidade. Como viu-se anteriormente,[207] a narrativa do juiz é estruturada em vários níveis e organizada em uma rede ordenada de infe-

---

[204] Sobre o significado da garantia constitucional da motivação v. mais amplamente Taruffo, 1999: 772, 776; Taruffo, 1975: 392; Andolina e Vignera, 1997: 193.

[205] Cfr. Taruffo, 1990: 782; Taruffo, 1992: 408 e ss.

[206] Uma concepção desse gênero surge por vezes na jurisprudência (cfr. Taruffo, 1990: 778) e é bastante difundida nas tradicionais concepções positivistas do raciocínio do juiz (sobre o tema v., em sentido crítico, Jackson, *op. cit.*: 223). No sentido de que a motivação *deve* corresponder ao *iter* com que o juiz formulou a decisão cfr., p. ex., Iacoviello, 1997: 58.

[207] V. *supra*, item 3.

rências probatórias. Em função dessa estrutura a narrativa do juiz fornece a justificativa dos enunciados que dizem respeito aos fatos principais da causa.

Nas páginas precedentes examinaram-se os principais critérios que o juiz deveria seguir para chegar de modo racionalmente justificado a formular a decisão final sobre os fatos da causa. Isto é, falou-se da racionalidade de um procedimento *heurístico*, através do qual o juiz descobre e formula uma decisão apropriada e verídica sobre os fatos. Não se descreveu, entretanto, esse procedimento em seu desenvolvimento lógico e cronológico. Assim, por exemplo, não se falou da inferência abdutiva,[208] com que se formulam hipóteses destinadas a ser sucessivamente comprovadas ou desmentidas pelas provas, e tampouco do *trial and error* (ou do «*teste e reteste*» galileano), com que se desmentem e descartam as hipóteses não confirmadas. Esses aspectos dizem respeito, na verdade, aos modos com que o juízo de fato se forma no desenvolvimento do processo e, portanto, ao procedimento com que «*se encontra*» e se confirma uma versão dos fatos; entretanto, não têm necessariamente relevância no contexto da narrativa «*justificada*» que representa seu resultado final.

Naturalmente, nada impede que o juiz construa essa narrativa utilizando também critérios, inferências, escolhas e valorações que formulou na fase heurística de seu raciocínio. Aliás: o juiz que sabe ter que motivar sua decisão sobre os fatos, justificando-a racionalmente, será evidentemente induzido – se não por outro motivo, para não desperdiçar energias – a aplicar critérios racionais já no curso dessa fase, chegando, assim, a uma conclusão já confirmada por «*boas razões*».[209] Tudo isso não elimina, todavia, o fato de que entre a fase heurística e a narrativa justificativa (que constitui a fase ulterior do raciocínio do juiz) não haja uma inevitável correspondência.

A parte da motivação dos fatos que inclui os enunciados relativos às circunstâncias que constituem os fatos principais da causa representa um aspecto essencial daquilo que se pode definir como *justificativa interna* da decisão analisada globalmente:[210] trata-se, de fato, do assim chamado suporte fático concreto trazido para o campo de aplicação da regra jurídica adotada como critério de decisão. A justificativa interna da decisão final é constituída pela correlação (dedutiva, subsuntiva) que se instaura entre a premissa de direito e a premissa de fato, das quais deriva a decisão.[211]

---

[208] Sobre esse tipo de inferência cfr. PEIRCE, 2003: 435, 455; BONFANTI, 2003: 289 e, por último, TUZET, 2006: 66, 115, 199.

[209] Nesse sentido cfr., p. ex., ANDRÉS IBÁÑEZ, 2005: 97. Sobre a motivação como texto que aduz «*boas razões*» para sustentar a decisão cfr., p. ex., COMANDUCCI, 1992: 55, IACOVIELLO, *op. cit.*: 115, 239; TARUFFO, 1990: 779.

[210] Sobre a distinção entre justificativa interna e justificativa externa cfr., inclusive para ulteriores referências, TARUFFO, 1990: 777; TARUFFO, 1975: 277; COMANDUCCI, *op. cit.*: 195.

[211] No texto faz-se evidentemente referência ao esquema tradicional da decisão como resultado da aplicação das normas aos fatos. A situação é evidentemente diferente quando a decisão

É claro, todavia, diversamente daquilo que por vezes se sustenta, que a pura e simples *formulação* dos enunciados relativos aos fatos principais não exaure, de fato, o dever de motivar. Se, como viu-se anteriormente,[212] a decisão é justa quando fundada em uma apuração verídica dos fatos da causa, certamente não basta «*enunciar*» esses fatos para estabelecer a verdade de sua descrição. Como também já visto,[213] um enunciado pode ser aceito como verdadeiro desde que tenha sido adequadamente confirmado pelas provas disponíveis: na ausência dessa confirmação esse não é nem verdadeiro nem falso, não podendo, então, constituir um fundamento válido da decisão final. Por conseguinte, os enunciados que narram os fatos principais da causa devem ser justificados: isto é, devem ser explicitadas as razões pelas quais é racional sustentar-se que esses são verdadeiros. Em outros termos: devem ser indicadas as inferências probatórias que atribuem graus adequados de confirmação a esses enunciados. Isso leva a que se exclua, em particular no que diz respeito ao juízo sobre os fatos, a difundida concepção segundo a qual a motivação não seria outra coisa senão um discurso retórico-persuasivo, tendo o fim não de justificar racionalmente a decisão, mas sim de convencer alguém a aceitá-la. Essa concepção parece, todavia, excessivamente redutiva e substancialmente inaceitável: o juiz, ao motivar, não deve persuadir pessoa alguma; ao invés disso, deve fornecer as razões pelas quais sua decisão pode parecer fundada diante de um controle intersubjetivo de validade e confiabilidade. Em particular, no que diz respeito à motivação dos fatos, essa não visa a criar na mente de alguém um *status* psicológico correspondente à crença subjetiva (à persuasão) de que os fatos em questão são verdadeiros. A motivação deve indicar as razões pelas quais o juiz entendeu que os fatos resultaram provados segundo critérios objetivos e racionalmente verificáveis; portanto, as razões com base nas quais justifica sua decisão, fazendo referência às provas; não é tarefa sua – e muito menos poderia ser seu «*dever*» fazê-lo – persuadir alguém para que creia na veracidade daqueles fatos. Naturalmente, nada exclui que a motivação da sentença, sendo um discurso formulado na linguagem comum e não em linguagem formal, contenha também aspectos, passagens, argumentos e referências de caráter retórico, que possam ser acrescentados *ad colorandum*, ou na tentativa de tornar mais simples o discurso.[214] Esses elementos são, entretanto, substancialmente supérfluos e – sobretudo – inidôneos a colmar eventuais lacunas da argumentação justificativa desenvolvida pelo juiz.

---

funda-se em homenagem a um precedente, visto que em tal caso o esquema fundamental da justificativa funda-se na analogia que se instaura entre as circunstâncias de fato dos dois casos concretos que o juiz leva em consideração. A propósito, v., inclusive para ulteriores referências, Taruffo, 2007a: 712 e ss.

[212] V. *supra*, Cap. III, item 4.

[213] V. *supra*, item 4.

[214] A propósito, v. mais amplamente Taruffo, 1975: 114, 191, 202.

Isso leva a que se frise que, independentemente de eventuais movimentos retóricos, o dever de motivar requer que a justificativa da decisão sobre os fatos *exista*, seja *completa* e, ainda, *coerente*.

A existência da motivação não é somente *formal*, determinada pela presença de palavras que acompanham o dispositivo afirmando que os fatos principais verificaram-se assim e assim, mas é, sobretudo, *material*, determinada pela presença de um real raciocínio justificativo idôneo a mostrar que aqueles enunciados podem ser considerados verdadeiros com base nas provas que os confirmam. A ausência formal da motivação sobre os fatos pode ser considerada um caso limite, mas é frequente sua ausência material.

Pode ser, por exemplo, uma motivação *fictícia* (a *Scheinbergründung* da doutrina alemã), quando o juiz diz algo, mas aquilo que diz não constitui uma justificativa da decisão sobre os fatos. Não são infrequentes, na verdade, casos em que o juiz em realidade não exprime as razões da decisão, não se referindo às provas que a fundamentam.

Carência análoga verifica-se na hipótese da motivação *implícita*, frequentemente admitida pela jurisprudência,[215] que ocorre quando a apuração de um fato ou a valoração de uma prova, da qual o juiz não fala, é incompatível com outro fato, ou com outra prova, ao qual a motivação faz referência. Na realidade, a motivação implícita é uma não motivação, visto que a apuração de um fato incompatível, ou a valoração de uma prova contrária, não implica, de fato, que resulte justificada a exclusão – da motivação – de toda e qualquer referência a outro fato ou a outra prova. Se X é incompatível com Y, a enunciação de Y não explica as razões da exclusão de X, que, portanto, carece de justificativa. Ao menos o juiz deveria explicar porque X e Y são incompatíveis. Analogamente, a afirmação de que parece convincente a prova da veracidade de X não explica de modo algum por que razão o juiz não julgou convincente a prova da falsidade desse enunciado, ou a prova da veracidade de Y, na hipótese de Y ser incompatível com X.

Ainda, a motivação é inexistente se formulada *per relationem*, ou seja, quando o juiz (normalmente: o juiz do tribunal) não motiva sua decisão aduzindo *suas* razões para sustentá-la, remetendo às razões expressas por outro juiz (ou seja, normalmente, o juiz de primeiro grau). Ainda que a jurisprudência tenda a aumentar esse fenômeno – requerendo, no máximo, que o juiz explique porque recepciona a motivação de outro juiz[216] – parece claro que, também nesse caso, verifica-se uma inexistência substancial da justificativa da decisão, visto que a motivação não exprime as razões pelas quais o juiz decidiu daquele modo particular sobre os fatos da causa.

---

215 Cfr., para referências, CARPI e TARUFFO, *op. cit.*: 1031. Cfr., ainda, TARUFFO, 1990: 785; TARUFFO, 1975: 430.

216 V. referências em CARPI e TARUFFO, *op. cit.*, *loc. ult. cit.* V., ainda, TARUFFO, 1975: 422.

A completude da motivação sobre os fatos implica, antes de qualquer coisa, que haja uma justificativa adequada para cada enunciado relativo às circunstâncias que apontam os fatos principais.[217] Em outros termos: todo enunciado apresentado como verdadeiro deve ser confirmado pelas inferências probatórias, das quais representa a conclusão. O mesmo vale para todo enunciado cuja falsidade resta confirmada pelas provas, visto que mesmo os enunciados falsos resultam de inferências probatórias. De resto, mesmo os enunciados que tiverem confirmações fracas, ou que não tiverem qualquer confirmação probatória, devem ser levados em consideração: isto é, o juiz deve explicar as razões pelas quais as provas não foram suficientes a conferir uma confirmação probatória a esses enunciados.[218] Se, conforme visto, nessas situações o juiz deve decidir a controvérsia aplicando as regras sobre o ônus da prova, ele deve justificar essa decisão explicando as razões pelas quais a prova de determinados fatos não foi obtida. Mais ainda, ele deve explicar as razões pelas quais entendeu por não aplicar as regras que disciplinam os ônus probatórios, dando alocação diversa de tais ônus entre as partes.[219]

Outro aspecto importante da completude da motivação sobre os fatos diz respeito às provas e à sua valoração: trata-se de um elemento necessário da justificativa da decisão, visto que as provas representam o fundamento da inferência que determina a confirmação dos enunciados fáticos. A propósito, não é aceitável a difundida orientação segundo a qual o juiz poderia se limitar a fazer referência às provas que confirmam sua reconstrução dos fatos. Trata-se de uma espécie de consagração do *confirmation bias*, da «*tendência à confirmação*», ou «*síndrome da primeira impressão*»,[220] ou seja, da inclinação a levarem-se em consideração somente os elementos que confirmam uma tese preconstituída, descuidando-se ou subvalorando-se tudo aquilo que contrasta com essa. Segundo Susan Haack essa abordagem caracteriza a *advocacy* parcial e interessada, mas é incompatível com uma pesquisa independente destinada à busca da verdade.[221] Com efeito, para afirmar-se que uma hipótese foi confirmada por provas adequadas é necessário também explicar por que razões não devem ser consideradas confiáveis as provas que contrastam ou divergem dessas: conforme dito há pouco, o fato de que o juiz tenha entendido confiável o testemunho de Tício não diz coisa alguma sobre as razões pelas quais entende não confiável o testemunho diferente ou contrastante de Caio. O silêncio sobre as provas não levadas em consideração deixa aberta a dúvida sobre o real fundamento da reconstrução dos fatos acolhida como verdadeira. Por conseguinte, *todas* as provas disponíveis para a decisão devem ser levadas

---

[217] A propósito, v. mais amplamente Taruffo, 1990: 778.
[218] Para os relativos critérios v. *supra*, item 3.2, nesse Capítulo.
[219] V. *supra*, item 4.2, nesse Capítulo.
[220] Cfr. Rumiati, 2000: 29, 41.
[221] Cfr. Haack, *op. ult. cit.*: 339.

em consideração expressamente, e também sua valoração deve ser adequadamente justificada. Substancialmente, o juiz deve explicar por que razões entendeu confiáveis determinadas provas (visto que a simples afirmação apodítica segundo a qual Tício era confiável nada justifica) e também quais as razões para não ter entendido confiáveis outras provas. Analogamente, são explicitadas e justificadas todas as inferências presuntivas que o juiz formulou para derivar conclusões relativas à verdade dos enunciados relativos aos fatos principais da causa.

Justificar a valoração de uma prova, ou uma inferência subsuntiva, requer que sejam explicitados os critérios com base nos quais essa foi formulada, mostrando que essa tem fundamento racional por ter derivado de critérios objetivamente aceitos e passíveis de serem compartilhados. No caso muito frequente de recorrer-se a noções de senso comum e da experiência normal,[222] essas noções devem ser explicitadas, e seu emprego deve ser também justificado.[223] Isso não implica qualquer regresso ao infinito: é necessário, de qualquer modo, entretanto, que os critérios sobre os quais se funda a valoração das provas sejam examinados criticamente; se uma máxima de experiência não é dotada de um fundamento cognoscitivo sólido não pode ser usada para justificar qualquer inferência probatória. Essa é descartada, e a busca de uma justificativa que possa ser compartilhada deve prosseguir até que seja apontado um critério solidamente «*ancorado*» no contexto cultural de referência.[224] Se não se encontrar qualquer critério confiável e epistemicamente fundado, a única consequência possível será que nenhuma inferência poderá ser formulada.

Ainda a propósito da completude da motivação sobre os fatos, vale a pena frisar que se o raciocínio do juiz sobre as provas e sobre os fatos comportar – como frequentemente ocorre – a formulação de juízos de valor, também esses juízos serão justificados, explicitando-se os critérios valorativos que os guiaram e as razões pelas quais esses critérios foram julgados preferíveis em detrimento de outros critérios de valoração.

Além disso, não vale a consideração segundo a qual a valoração das provas inclui – sobretudo se ocorre o contato direto do juiz com o meio de prova, ou seja, por exemplo, com a testemunha – elementos de intuição subjetiva que não poderiam ser racionalizados e que, portanto, não poderiam ser objeto de motivação específica.[225] Se esse argumento referir-se, como pretendem aqueles que sustentam a *intime conviction*, a toda a valoração das provas (e, portanto, a todo o juízo sobre os fatos), estaremos de novo no âmbito de uma concepção irracional da decisão, em que o juízo sobre os fatos não seria outra coisa senão

---

[222] Sobre o tema v. *supra*, item 3.2.

[223] V. mais amplamente Taruffo, 1990: 777.

[224] Cfr. Wagenaar, van Koppen e Kronbag, *op. cit.*: 61, 73, 237; van Zandt, *op. cit.*: 797.

[225] Sobre esse tema cfr. em sentido crítico Andrés Ibáñez, 2005a: 191.

um ato de imperscrutável intuição subjetiva, como tal impassível de justificativa racional. Foram recordadas acima, todavia, as razões pelas quais uma concepção desse gênero não é aceitável.[226] Todavia, propõe-se uma versão mais fraca e mais limitada dessa concepção, segundo a qual na valoração das provas – e em particular da prova testemunhal – haveria, de qualquer modo, fatores intuitivos que condicionam a decisão do juiz, mas que não são passíveis de racionalização justamente por sua irredutível subjetividade.[227] A propósito, dever-se-ia responder, parafraseando Inocêncio III, que *quod dictum non est in sententia non est de hoc mundo*, para indicar que aquilo que não pode ser expresso e justificado com argumentos racionais não pode ser considerado relevante para fins da decisão: o que não se pode exprimir (e, portanto, não se pode justificar) simplesmente não existe.[228] Em outros termos, o juiz não pode fundar sua decisão em fatos simplesmente invocando fatores de que não tem condições de falar porque pertencem à sua impenetrável subjetividade.

Por fim, como se disse, é necessário que a motivação do juízo sobre os fatos seja congruente e coerente: é intuitivo, de fato, que um conjunto caótico de enunciados e de argumentos desconexos e contraditórios não pode desempenhar qualquer função justificativa. A jurisprudência prevalente emprega, todavia, um critério excessivamente simplista e fortemente restritivo, julgando haver contradição na motivação somente quando essa contém argumentações que conflitam entre si de maneira tão radical que se anulam.[229] À parte o fato de que nesse caso ter-se-ia, na realidade, ausência de motivação, é bastante curiosa a ideia de que duas argumentações em conflito se anulem. Em realidade, uma argumentação não anula, de fato, a argumentação contrária: no máximo, fica sem solução a dúvida sobre qual das duas argumentações o juiz tenha desejado utilizar. Em todo caso, o discurso justificativo pode ser incoerente (e, portanto, inidôneo a desempenhar sua função) de muitas outras formas:[230] podem haver pseudoinferências em que as conclusões não sejam retiradas das premissas, enunciados verdadeiros tomados por falsos e enunciados falsos tomados por verdadeiros, enunciados incompatíveis sobre o mesmo fato inseridos no mesmo contexto, termos usados sem razão em significados diferentes, acontecimentos narrados de modo que resultem em contraste recíproco, lacunas narrativas, mudanças injustificadas nos papéis dos personagens, provas consideradas confiáveis e não confiáveis no mesmo contexto, juízos de valor não justificados ou não coerentes com outros juízos de valor, e assim por diante, nas infinitas armadilhas e possibilidades de pato-

---

[226] V. *supra*, item 4.1, e Cap. IV, item 4.

[227] Sobre o assunto cfr. em particular Andrés Ibáñez, *op. ult. cit.*: 203 e ss., que fala adequadamente de «*decisionismo intimista*» (Andrés Ibáñez, 2005: 9).

[228] Nesse sentido cfr. Andrés Ibáñez, *op. ult. cit.*: 219.

[229] V. referências em Carpi e Taruffo, *op. cit.*: 1032.

[230] Cfr. Taruffo, 1975: 561 e ss.

logia das argumentações racionais.[231] Todas essas situações e muitas outras (que seria penoso aqui citar) fazem faltar a coerência da argumentação justificativa da decisão sobre os fatos, e, portanto, influem negativamente sobre a racionalidade de tal decisão.

Se, ao invés disso, a motivação sobre os fatos existir efetivamente, for completa e coerente, poder-se-á, então, dizer que a narrativa dos fatos construída pelo juiz é dotada de uma justificativa racional válida, já que confirmada pela análise crítica de todas as provas disponíveis.

Nesse sentido, poder-se-á dizer que essa enuncia a verdade.

[231] Sobre a infinita variedade de falácias argumentativas cfr. Atienza, 2004.

BIBLIOGRAFIA

ABRAMSON, J., 1994: *We, the Jury. The Jury System and the Ideal of Democracy.* Cambridge: Mass.-London.

AGAZZI, E., 2007: *Verità e conoscenza scientifica.*

ALI/UNIDROIT, 2006: *Principles of Transnational Civil Procedure.* Cambridge.

ALLEN, R. J., KUHNS, R. B. e SWIFT, E., 1997: *Evidence. Text, Cases and Problems.* New York.

ALLEN, R. J. e LEITER, B., 2001: «Naturalized Epistemology and the Law of Evidence», em *Virg. L. Rev.* (87).

AMORETTI, M.C. e MARSONET, M., 2007: «Introduzione. Un percorso tra conoscenza e verità», em AMORETTI, M.C. e MARSONET, M (organizadores), *Conoscenza e verità.* Milão: XV, XVIII.

AMSTERDAM, A. e BRUNER, J., 2002: *Minding the Law.* Cambridge-Mass.-London.

ANDOLINA, I. e VIGNERA, G., 1997: *I fondamenti costituzionali della giustizia civile. Il modello costituzionale del processo civile italiano*, II ed. Turim.

ANDRÉS IBÁÑEZ, P., 2005: *Los «Hechos» en la Sentencia Penal.* México, D.F.

___, 2005a: «Sobre El valor de la inmediación (Uma aproximación crítica)», em ANDRÉS IBÁÑEZ, P., *Los «Hechos» en la Sentencia Penal.* México, D.F

___, 2008: «Teoría/Practica de la jurisdicción. Sobre el valor de la inmediación (Una aproximación crítica)», em *XXIX Congreso Colombiano de Derecho Procesal.* Bogotá.

APPLEMAN, J.H., 1965: *Cross-Examination.* Fairfax-Virg.

ARBIB, M.A. e HESSE, M.B., 1992: *La costruzione della realtà*, tr.it. Bolonha.

ARRUDA ALVIM WAMBIER, Teresa e GARCIA MEDINA, J. M., 2003: *O dogma da coisa julgada. Hipóteses de relativização.* São Paulo.

ASCHERI, M., 1989: *Tribunali, giuristi e istituzioni. Dal Medioevo all'età moderna.* Bolonha.

Atienza, M., 2004: *La guerra de las falacias*, II ed., Alicante.

Azzara, C., 2002: *L'Italia dei barbari.* Bolonha.

Bankowski, Z., 2006: « In the Judgment Space: The Judge and the Anxiety of the Encounter», em Bankowski, Z. e MacLean, J. (ed. by), *The Universal and the Particular in Legal Reasoning*. Aldershot.

Barbery, M. 2007: *L'eleganza del riccio,* tr.it., Roma.

Barker, R. A. e Alexander, O. G., 1996: *Evidence in New York State and Federal Courts*. St. Paul, Minn.

Bartlett, R., 1986: *Trial by Fire and Water. The Medieval Judicial Ordeal.* Oxford.

Baumgärtel, G., 1989: «"Geheimverfahren" im Zivilprozess zur Wahrung von Geschäftsgeheimnissen nach Schweitzer Vorbild?», em *Festschrift für W.Habscheid*, Bielefeld.

___, 1991: *Handbuch der Beweislast im Privatrecht*, 2.Aufl. Köln-Berlin-Bonn-München.

Bayles, M.D., 1990: *Procedural Justice. Allocating to Individuals*. Dordrecht-Boston-London.

Beardsley, J., 1986: «Proof of fact in French Civil Procedure», em *Am.J.Comp.L.* (34).

Becker, T. L., 1970: *Comparative Judicial Politics. The Political Functionings of Courts*. Chicago.

Bennett, W. L. e Feldman, M. S., 1981: *Reconstructing Reality in the Courtroom.* New Brunswick.

Benvenuti, F., 1953: *L'istruzione nel processo amministrativo*. Padova.

Bentham, J., [1827]: *Rationale of Judicial Evidence*, (V).

Berthoz, A., 2004: *La scienza della decisione*, tr.it. Turim.

Bethmann-Hollweg, M.A., [1868]: *Der germanisch-romanische Zivilprozess. Von fünften bis achten Jahrhundert (1),* Bonn.

___, [1871]: *Die Carolingier und Ihre Nachfolger. Von achten bis elften Jahrhunderts (2) (in Italien),* Bonn.

Bilotta, B. M., 2008: *Forme di giustizia tra mutamento e giustizia sociale*, II ed. Milão.

Blinka, D. D., 2003: «Trial by Jury in the Eve of Revolution: The Virginia Experience», em *UMKC L.Rev.* (71).

Bloomstein, M., 1968: *Verdict. The Jury System.* New York.

Bodin, H. S., 1976: «Principles of Cross-examination», em Bodin, H.S., *Civil Litigation and Trial Techniques*, New York.

___, 1976a: «Selecting A Jury», em Bodin, H. S., Civil Litigation and Trial Techniques. New York.

BONE, R., 2003: *The Economics of Civil Procedure.* New York.

BONFANTI, M. A., 2003: «Peirce e l'abduzione», em PEIRCE, C. S., *Opere.* Milão.

BORGES, J. L., 1998: *Otras inquisiciones,* Madrid.

___, 2005: *Siete Noches.* Buenos Aires.

BORUTTI, S., 1999: *Filosofia delle scienze umane. Le categorie dell'Antropologia e della Sociologia.* Milão.

___, 2006: *Filosofia dei sensi. Estetica del pensiero tra filosofia, arte e letteratura.* Milão.

BOUGARD, F., 1995: *La justice dans le royaume d'Italie de la fin du VIIIe siècle au début du XIe siècle.* Roma.

BOULET-SAUTEL, M., 1965: «Aperçus sur le système des preuves dans la France coutumière du Moyen Age», em *Rec. Soc. J. Bodin (XVII, La preuve).* I. Bruxelles.

BROOKS, P. e GEWIRTZ (Eds.), 1996: *Law's Stories. Narratives and Rethoric in Law.* New Haven-London.

BRUNER, J., 2002: *Making Stories. Law, Literature, Life.* Mass.-London.

BRUYNING, L.F., 1984: «Il processo longobardo prima e dopo l'invasione franca», em *Riv. St. Dir. It.*

BUONCRISTIANI, D., 2001: *L'allegazione dei fatti nel processo civile. Profili sistematici.* Torino.

BURNS, R. P., 2005: «Fallacies on Fallacies: A Reply», em *Int'l Comment. On Evidence* (3).

BURROW, 2000: *The Crisis of Reason. European Thought, 1848-1914.* New Haven-London.

CAMPITELLI, A., 1994: «Gli interventi del legislatore canonico in tema di processo», *L'educazione giuridica. VI – Modelli storici della procedura continentale.* (II – Dall'ordo iudiciarius al codice di procedura). Nápoles.

CARNELUTTI, F., 1992: *La prova civile. Parte generale. Il concetto giuridico,* rist. Milano.

CARPI, F. e TARUFFO, M. 2006: *Commentario breve al codice di procedura civile.* 5. ed., Padova.

CARRATTA, A., 1995: *Il principio della non contestazione nel processo civile.* Milano.

___, 2003: «Prova e convincimento del giudice nel processo civile», em *Riv. Dir. Proc.*

CARTER, I., 2005: «Verità e potere in Williams e Lukes», BORUTTI, S. e FONNESU, L. (orgs.), *La verità. Scienza, filosofia, società.* Bolonha.

CASTELLANI, E., 2005: «Verità e scienze fisiche», BORUTTI, S. e FONNESU, L. (orgs.), *La verità. Scienza, filosofia, società.* Bolonha.

CASTELLANO, C., 2004: *Il mestiere di giudice. Magistrati e sistema giuridico tra i francesi e i Borboni (1799-1848),* Bolonha.

CATELLANI, P., 1992: *Il giudice esperto. Psicologia cognitiva e ragionamento giudiziario*. Bolonha.

CAVALLONE, B., 2008: «Riflessioni sulla cultura della prova», em *Riv. It. Dir. Proc. Pen.*

___, 2008a.: «"Comme vous aultres, messieurs" (François Rabelais teorico del processo e del giudizio)», em *Riv. Dir. Proc.*

CAVANNA, A., 1982: *Storia del diritto moderno in Europa. I. Le fonti e il pensiero giuridico,* Milão.

CEA, C. M., 2002: «Il principio di non contestazione al vaglio delle sezioni unite», em Cass.S.U. 23 gennaio 2002 n. 761 em *Foro It.*, (I).

CELANO, B., 1994: *Dialettica della giustificazione pratica: saggio sulla legge di Hume*. Turim.

CENDON, P. e ZIVIZ, P., 1992: «L'inversione dell'onere della prova nel diritto civile», em *Riv. Trim. Dir. Proc. Civ.*

CENTRE NATIONAL DE RECHERCHES DE LOGIQUE, 1961: *Le fait et le droit. Etudes de logique juridique.* Bruxelles.

CHADWICK, H., 1993: «La logica di Boezio», em GARDINALI, M. e SALERNO, L. (orgs.), *Le fonti del pensiero medievale*. Milão.

CHASE, O. G., 2002: «American "Exceptionalism" and Comparative Procedure», em *Am. J .Comp. L.* (50).

___, 2005: *Law, Culture and Ritual. Disputing Systems in Cross-Cultural Context,* New York-London.

CHIARLONI, S., 2008: «Giusto processo, Garanzie processuali, giustizia della decisione», em *Riv. Trim. Dir. Proc.*

CHIASSONI, P., 2002: «Finzioni giudiziali», em D'USSEAUX, F.B. (org.), *Le finzioni del diritto*. Milão.

CHRISTODOULIDIS, E., 2006: «Eliding the Particular: A Comment on Neil MacCormick's "Particulars and Universals"», em BANKOWSKI, Z. e MACLEAN, J. (ed. by), *The Universal and the Particular in Legal Reasoning*. Aldershot.

CIACCIA CAVALLARI, B., 1992: *La contestazione nel processo civile*. (I. La contestazione tra norme e sistema). Milano.

___, 1993: *La contestazione nel processo civile.* (II. La non contestazione: caratteri ed effetti). Milano.

CLERMONT, K. M., 1987: «Procedure's Magical Number Three: Psychological Bases for Standards of Decision», em *Corn. L. Rev.* (72).

___ e SHERWIN, E., 2002: «A Comparative View of Standards of Proof», em *Am. J. Comp. Law* (50).

COHEN, L. J., 1977: *The Probable and the Provable*. Oxford.

COLISH, M., 2001: *La cultura del Medioevo,* tr.it., Bolonha.

COLLINS, R., 1986: «Visigothic law and regional customs in disputes in early medieval Spain», em DAVIS, W. E FOURACRE, P., *The Settlement of Disputes in Early Medieval Europe,* Cambridge e.a.

COLOMA CORREA, R., 2006: «Vamos a contar mentiras tra la rá... O de limites a los dichos de los abogados», em *Rev. de Derecho* (XIX, n. 2).

COMANDUCCI, P., 1992: *Assaggi di metaetica.* Turim.

COMEZ, A. O., 1984: «L'ordo iudiciarius di Ivo di Chartres», em *L'educazione giuridica. VI - Modelli storici della procedura continentale.* (II – Dall'ordo iudiciarius al codice di procedura). Nápoles.

COMOGLIO, L. P., 1970: *La garanzia costituzionale dell'azione e il processo civile.* Padova.

___, 1976: « Incapacità e divieti di testimonianza nella prospettiva costituzionale», em *Riv.dir.proc.*

___, 1980: *Il principio di economia processuale,* (I). Padova.

___, 1987: «Allegazione», em *Dig. Disc. Priv.*, Sez. Civ., (I), Torino.

___, 2004: *Le prove civili*, II ed. Torino.

CONSO, G. e GREVI, V., 2005: *Commentario breve al codice di procedura penale.* Padova.

CORDERO, F., 2006: «Un'arma contro due», em *Riv. Dir. Proc.*

CORDÓN MORENO, F., ARMENTA DEU, T., MUERZA ESPARZA, J. J. e TAPIA FERNANDEZ, I. (coord.), 2001: *Comentarios a la Ley de Enjuiciamiento Civil*, (I). Elcano.

COUTURE, E., 2002: *El arte del derecho y otras meditaciones* (I). México.

CUELLO IRIARTE, G., 2007: *La sana crítica. Sistema de valoración de la prueba judicial.* Bogotá.

CUSUMANO, N., 2007: «Le prove nel discorso storico: riflessioni a margin», em ANDÒ, V. e NICOLACI, G., *Processo alla prova. Modelli e pratiche di verifica dei saperi.* Roma.

D'USSEAUX, F. B. (org.), 2002: *Le finzioni del diritto*. Milano.

DAMAŠKA, M., 1986: *I volti della giustizia e del potere. Analisi comparatistica del processo*, tr.it. Bolonha.

___, 1990: «Atomistic and Holistic Evaluation of Evidence: A Comparative View», em CLERK, D.S. (ed.), *Comparative and Private International Law. Essays in Honor of J. H. Merryman*. Berlin.

___, 1991: *I volti della giustizia e del potere. Analisi comparatistica del processo*, tr.it.

___, 1995: «Free Proof and Its Detractors», em *Am. J. Comp. L* (43).

___, 2003: *Il diritto delle prove alla deriva*, tr.it. Bologna.

___, 2003a: «Epistemology and legal regulation of proof», em *Law, Probability and Risk.*

D'Angelo, G. D., 2008: *Le prove atipiche nel processo amministrativo*. Napoli.

Danovi, R., 2001: *Commentario al codice deontologico forense*. Milão.

___, 2004: *La prova contraria*. Milão.

Dawson, J. P., 1960: *A History of Lay Judges*, Cambridge, Mass.

De Angelis, L., 2005: «La prova nel processo del lavoro e la Corte di Cassazione», em *Riv. It. Dir. Lav.*

De la Oliva Santos, A. e Diez-Picazo Giménez, I., 2000: *Derecho procesal civil. El proceso de declaración*. Madrid.

De Maglie, C., 2006: *Multiculturalismo e diritto penale. Il caso americano, in Scritti per Federico Stella*, Milano (I).

Del Core, S., 2004: «Il principio di non contestazione nel processo civile: profili sistematici, riferimenti di dottrina e recenti acquisizioni giurisprudenziali», em *Giust. civ.*, (II).

Del Giudice, P., 1900: «Storia della procedura», em Pertile, A. *Storia del diritto italiano dalla caduta dell'Impero Romano alla codificazione,* II ed., (VI) parte I. Turim.

Dell'Utri, M., 2007: «Conoscere la verità», em Amoretti, M.C. e Marsonet, M (orgs.), *Conoscenza e verità*. Milão.

Delogu, P., 1994: *Introduzione allo studio della storia medievale*. Bolonha.

Denning, A. T., 1955: *The Road to justice*. London.

Denti, V., 1957: *La verificazione delle prove documentali*, Torino.

Dershowitz, A. M., 1996: «Life is Not a Dramatic Narrative», em *Law's Stories. Narratives and Rethoric in Law*. New Haven-London.

Detmold, M., 2006: «The End of Morality: Radical and Descriptive Particularity», em Bankowski, Z. e MacLean, J. (ed. by), *The Universal and the Particular in Legal Reasoning*. Aldershot.

Di Donato, F., 2008: *La costruzione giudiziaria del fatto. Il ruolo della narrazione nel "processo"*. Milão.

Dittrich, L., 2000: *I limiti soggettivi della prova testimoniale*. Milão.

Dominioni, O., 2005: *La prova penale scientifica. Gli strumenti scientifico-tecnici nuovi o controversi di elevata specializzazione*. Milão.

Dondi, A., 1979: «L'evoluzione della "hearsay rule" nel processo civile angloamericano», em *Riv. Dir. Proc.*

___, 1985: *Effettività dei provvedimenti istruttori del giudice civile*. Padova.

___, 1996: «Paradigmi processuali ed "expert witness testimony" nel diritto statunitense», em *Riv. Trim. Dir. Proc. Civ.*

Duxbury, N., 1999: *Random justice: on lotteries and legal decision-making*. Oxford.

ECO, U., 2007: *Dall'albero al labirinto. Studi storici sul segno e sull'interpretazione*, Milano.

EHRENZWEIG, A. A., 1973: *Psychoanalytische Rechtswissenschaft*. Berlin.

EHRLICH, J. W., 1970: *The Lost Art of Cross-Examination*. New York.

ELIAS, N., 1988: *Coinvolgimento e distacco. Saggi di sociologia della conoscenza*, tr.it. Bolonha.

ELLISON, L., 2001: *The Adversarial Process and the Vulnerable Witness*. Oxford.

ENGISCH, K., 1960: «Logiche Studien zur Gesetzesanwendung», em *Aufl*. (2). Heidelberg.

FABIANI, E., 2003: «Il valore probatorio della non contestazione del fatto allegato», em *Corr.giur*.

___, 2005: «Le sezioni unite intervengono sui poteri istruttori d'ufficio del giudice del lavoro», em *Foro It* (I).

___, 2008: *I poteri istruttori del giudice civile.I. Contributo al chiarimento del dibattito*. Nápoles.

FAYE, E., 2005: *Heidegger, l'introduction du nazisme dans la philosophie*. Paris.

___, 2006: «I fondamenti nazisti dell'opera di Heidegger», em *Riv.fil*.

FAZZALARI, E., 1972: «L'imparzialità del giudice civile», em *Riv. Dir. Proc*.

FEDERAL JUDICIAL CENTER, 2000: *Reference Manual on Scientific Evidence*, 2. ed.

___, 2004: *Manual for Complex Litigation. Fourth*.

FEDRIGA, R. e PUGGIONI, S. (orgs.), 1993: *Logica e linguaggio nel Medioevo*. Milão.

FAIGMAN, D. L., 1999: *Legal Alchemy. The Use and Misuse of Science in the Law*. New York.

___, KAYE, D. H., SAKS, M. J. e SANDERS, J., 2002: *Modern Scientific Evidence. The Law and Science of Expert Testimony*, 2. ed. St. Paul, Minn.

FELDMAN, S.M., 2000: *American Legal Thought from Premodernism to Postmodernism*. New York-Oxford.

FERRAJOLI, L., 1990: *Diritto e ragione. Teoria del garantismo penale*. Bari.

___, 2007: *Principia iuris. Teoria del diritto e della democrazia*, (1. Teoria del diritto). Bari.

___, 2007a: *Principia iuris. Teoria del diritto e della democrazia*, (2. Teoria della democrazia). Bari.

FERRAND, F., 2005: «The respective Role of the Judge and the Parties in the Preparation of the Case in France», em TROCKER, N., e VARANO, V. (orgs.), *The Reforms of Civil Procedure in Comparative Perspective*. Torino.

FERRARI, F., 2004: *Una ricerca di diritto comparato*. Milão.

FERRER BELTRÁN, J., 2002: *Prueba y verdad en el derecho*. Madrid-Barcelona.

___, 2007: *La valoración racional de la prueba*, Madrid-Barcelona-Buenos Aires.

FERRI, C., s. d.: *Contraddittorio e poteri decisori del giudice*. Rimini.

FISS, O. M., 2003: «The Forms of Justice», FISS, O. M., *The Law as It Could Be*. New York-London.

___, 2003a: «The Social and Political Foundations of Adjudication», FISS, O. M., *The Law as It Could Be*. New York-London.

FOURACRE, P., 1986: «"Placita" and the settlement of disputes in later Merovingian Francia», DAVIS, W. E FOURACRE, P., *The Settlement of Disputes in Early Medieval Europe*, Cambridge e.a.

FOWLER-MAGERL, L., 1984: *Ordo iudiciorum ver ordo iudiciarius,* Frankfurt am Main.

FULLER, L., 1978: «The Forms and Limits of Adjudication», em *Harv. L. Rev*., (92).

FURNO, C., 1940: *Contributo alla teoria delle prove legali*. Padova.

FRANK, J., 1950: *Courts on Trial: Myth and Reality in American Justice*, Princeton.

FREEDMAN, W., 1966: «Professional Responsibility of the Criminal Defense Lawyer: The Three hardest Questions», em *Mich. L. Rev.* (65).

FRIEDENTHAL, J. H., KANE, M. K. e MILLER, A. R., 1985: *Civil Procedure*. St. Paul, Minn.

FRIEDMAN, L., 1999: *The Horizontal Society*. New Haven-London.

FROSINI, B., 2002: *Le prove statistiche nel processo penale e nel processo civile*. Milano.

FRUS, G., 1991: «Note sull'onere di "prendere posizione"nel processo del lavoro», em *Riv. Trim. Dir. Proc. Civ.*

FURNO, C., 1940: *Contributo alla teoria della prova legale*. Padova.

GADAMER, H.-G., 1972: *Wahrheit und Methode*. Tübingen.

GALLAGHER, W. M. H., 1976: «Technique of Cross-examination», em BODIN, H. S., *Civil Litigation and Trial Techniques*. New York.

GALLI, C. (org.), 2006: *Multiculturalismo. Ideologie e sfide*. Bolonha.

GAMBA, C., 2008: *Diritto societario e ruolo del giudice*. Padova.

GARAPON, A., 2007: *Del giudicare. Saggio sul rituale giudiziario,* tr.it., Milão.

GARCÍA GRANDE, M., 2005: *Las cargas probatorias dinámicas. Inaplicabilidad*. Rosario.

GARDINALI, M. e SALERNO, L. (orgs.), 1993: *Le fonti del pensiero medievale*. Milão.

GASCÓN ABELLÁN, M., 1999: *Los hechos en el derecho. Bases argumentales de la prueba,* Madrid-Barcelona.

GASKINS, R. H., 1992: *Burden of Proof in Modern Discourse*. New Haven-London.

GAUDEMET, J., 1965: «Les ordalies au moyen âge: doctrine, législation et pratiques canoniques», em *Rec. Soc. J. Bodin (XVII, La preuve)*. I. Bruxelles.

GERBER, R. J., 1987: «Victory vs. Truth: The Adversary System and Its Ethics», *Ariz. St. L. J. (19).*

GEWIRTZ, P., 1996: *Law's Stories. Narratives and Rethoric in Law.* New Haven-London.

GHEZZI, M., 2006: GHEZZI, M. e QUIROZ VITALE, M., *L'immagine pubblica della magistratura italiana.* Milano.

GLEICK, J., 1997: *Caos. La nascita di una nuova scienza,* tr.it. Milão.

GOBERT, J., 1986: *Justice, Democracy and the Jury.* Aldershot e.a.

GOLDMAN, A., 1986: *Epistemology and Cognition,* Cambridge, Mass.-London.

___, 1999: *Knowledge in A Social World.* Oxford.

GONZÁLES LAGIER, D., 2005: *Quaestio facti. Ensayos sobre prueba, causalidad y acción.* Lima-Bogotá.

GRAHAM, M., 2003: *Federal Rules of Evidence,* 6. ed. St. Paul, Minn.

GRASSO, E., 1998: «La collaborazione nel processo civile», em GRASSO, E., *I processi civili,* Milão.

GRAZIOSI, A., 2003: *L'esibizione istruttoria nel processo civile italiano.* Milão.

GREEN, M. D., FREEDMAN, D. M. e GORDIS, L., 2000: «Reference Guide on Epidemiology», em *Reference Manual on Scientific Evidence,* Federal Judicial Center.

GREEN, T. A. 1985: *Verdict According to Conscience. Perspectives on the English Criminal Trial Jury. 1200-1800.* Chicago-London.

GRICE, P., 1989: *Studies in the Way of Words.* Cambridge-Mass.-London.

GROSS, S. R., 1991: «Expert Evidence», em *Wisc. L. Rev.*

GROSSI, P., 1997: *L'ordine giuridico medievale.* Bari.

GUARNERI, C. e ZANNOTTI, F. (orgs.), 2006: *Giusto processo?* Padova.

GUASTINI, R., 1993: *Le fonti del diritto e l'interpretazione.* Milão.

___, 2004: *L'interpretazione dei documenti normativi.* Milão.

HAACK, S., 1995: *Evidence and Inquiry. Towards Reconstruction in Epistemology.* Oxford.

___, 1998: *Manifesto of a Passionate Moderate. Unfashionable Essays,* Chicago and London.

___, 2004: «Epistemology Legalized: Or, Truth, Justice, and the American Way» *Am.J.Jur.*

___, 2007: *Defending Science – Within Reason. Between Scientism and Cynicism.* Amherst, N.Y.

___, 2007a: «On Logic in the Law: "Something, but not All"», *Ratio Juris* (20).

___, 2008: *Putting Philosophy to Work. Inquiry and Its Place in Culture.* Amherst, N.Y.

___, 2008a: «What's Wrong with Litigation-Driven Science? An Essay in Legal Epistemology», *Seton Hall L.Rev* (38).

___, 2008b: «On Truth, in Science and in Law», *Brookl. L. Rev.* (73).

___, 2008c: «Proving Causation: The Holism of Warrant and the Atomism of Daubert», em *J. Health & Biom. L.*

HACKING, I., 1987: *L'emergenza della probabilità. Ricerca filosofica sulle origini delle idee di probabilità, induzione e inferenza statistica*, tr. it. Milão.

___, 1990: *The Taming of Chance*. Cambridge.

___, 1999: *The Social Construction of What?*. Cambridge, Mass.-London.

HALL, A. R., e BOAS HALL, M., 1991: *Storia della scienza,* tr.it., Bolonha.

HALL, G. D. G., 1965: *The Treatise on the law and customs of the realm of England commonly called Glanvill*, I e II. Ed. Nelson.

HANLY, C., 2005: «The Decline of Civil Jury Trial in Nineteenth Century England», em *J. Leg. Hist.* (26).

HAREIRA, A., 1986: «An Early Olistic Conception of Judicial Fact-finding», em *Jur. Rev.*

HART, H. L. A. e HONORÉ, T., 1959: *Causation in the Law*. Oxford.

HASKINS, CH. H., 1972: *La rinascita del XII secolo,* tr.it. Bolonha.

HASTIE, R., PENROD, S.D. e PENNINGTON, N., 1983: *Inside the Jury*. Cambridge-Mass.

HAYS, M., 1976: «Tactics in Direct Examination», in BODIN, H. S. (ed. by), *Civil Litigation and Trial Techniques*, New York.

HAZARD, G. C. e DONDI, A., 2004: *Legal Ethics. A Comparative Study*. Stanford.

___ e TARUFFO, M., 1993: *La giustizia civile negli Stati Uniti, Bolonha.*

HOFFER, P. C., 1997: *The Salem Witchcraft Trial. A Legal History*, Lawrence, KA.

HUNTER, J., 2007: «Battling a Good Story: Cross-examining the Failure of the Law of Evidence», em *Innovations in Evidence and Proof. Integrating theory, Research and Teaching*. Oxford-Portland, Ore.

IACOVIELLO, F. M., 1997: *La motivazione della sentenza penale e il suo controllo in Cassazione*. Milão.

IBBETSON, D. J., 1996: *Juge e jury dans la* common law, JACOB, R. (dir.), *Le juge et le jugement dans les traditions juridiques européennes. Études d'histoire comparée.* Paris.

IMWINKELRIED, E.J., 1990: «The Case for Recognizing a New Constitutional Entitlement: The Right to Present Favorable Evidence in Civil Cases», em *Utah L. Rev* (1).

IRTI, N., 2001: «Dubbio e decisione», em *Riv. Dir. Proc.*

JACKSON, B., 1988: *Law, Fact and Narrative Coherence.* Meryside.

JACKSON, J., 2006: « Universalizability and Intuition: Solomon and Secularization», em BANKOWSKI, Z. e MACLEAN, J. (ed. by), *The Universal and the Particular in Legal Reasoning*. Aldershot.

___, 2007: «Taking Comparative Evidence Seriously», em ROBERTS, P. e REDMAYNE, M. (editors), *Innovations in Evidence and Proof. Integrating Theory, Research and Teaching*, Oxford-Portland.

JACOB, R., 1996: «Jugement des hommes et jugement de Dieu à l'aube du Moyen Âge», em JACOB, R. (dir.), *Le juge et le jugement dans les traditions juridiques européennes. Études d'histoire comparée.* Paris.

JAMES, F., HAZARD, G. C., LEUBSDORF, J., 1992: *Civil Procedure.* 4. ed. Boston-Toronto-London.

JOHNSON-LAIRD, P. N., 1999: «Causation, Mental Models and the Law», em *Brookl. L. Rev.* (65).

JOINER, C.W., 1962: *Civil Justice and the Jury*. Englewood Cliffs.

JOLOWICZ, J. A., 1975: «The Acrive Role of the Court in Civil Litigation», em CAPPELLETTI, M. e JOLOWICZ, J. A., *Public interest Parties and the Active Role of the Judge in Civil Litigation*. Milão-New York.

___, 1996: «The Woolf Report and the Adversary System», C.J.Q. (15).

___, 2003: «Adversarial and Inquisitorial Models of Civil Procedure», em *Int. Comp. L. Q.*, (52).

JOÜON DES LONGRAIS, F., 1965: *La preuve en Angleterre depuis 1066, Rec. Soc. J. Bodin (XVII, La preuve).* I. Bruxelles.

KAGAN, R., 2001: *Adversarial Legalism. The American Way of Law,* Cambridge, Mass-London.

KALVEN, H. JR. e ZEISEL, H., 1966: *The American Jury*. Boston.

KAYE, D. H. E FREEDMAN, D. A., 2000: «Reference Guide on Statistics», em *Reference Manual on Scientific Evidence*, Federal Judicial Center.

KIRALFY, A. (gen. ed.), 1987: *The Burden of Proof.*

KOCH, H.-J. e RÜSSMANN, H., 1982: *Juristische Begründungslehre. Eine Einführung in Grundprobleme der Rechtswissenschaft*. München.

KOJIMA, T: 2008: «Comment», em DEGUCHI, M. e STORME, M. (ed. by), *The Reception and Transmission of Civil Procedural Law in the Global Society.* Antwerpen-Apeldoorn.

LACEY, N., 2006: «Thoughts on MacCormick's "Particulars and Universals"», em BANKOWSKI, Z. e MACLEAN, J. (ed. by), *The Universal and the Particular in Legal Reasoning*. Aldershot.

LANDSMAN, S., 1984: *The Adversary System. A Description and Defense*. Washington-London.

LANGBEIN, 2003: *The origins of adversary criminal trial*. Oxford-New York.

LAUDAN, L., 2006: *Truth, Error, and Criminal Law. An Essay in Legal Epistemology*. Cambridge.

LE GOFF, J., 1995: *Gli intellettuali nel Medioevo,* tr.it. Milão.

LEA, E. C., 1910: *Forza e superstizione, ossia compurgazione legale, duello giudiziario, ordalia e tortura,* tr.it.. Piacenza.

LENOBLE, J., 1990: «Narrative Coherence and the Limits of the Hermeneutic Paradigm», em NERHOT, P. (ed. by) *Law, Interpretation and Reality. Essays in Epistemology, Hermeneutics and Jurisprudence*. Dordrecht e.a.

LÉVY, J. PH., 1965: «L'évolution de la preuve, des origines à nos jours», em *Rec.Soc. J.Bodin (XVII, La preuve)*. I. Bruxelles.

___, 1965a: «Le problème de la preuve dans les droits savants du Moyen Age», em *Rec.Soc.J.Bodin (XVII, La preuve)*. I. Bruxelles.

LEVY, L. W., 1999: *The Palladium of Justice. Origins of the Trial by Jury*. Chicago: 4.

LEVY-BRUHL, H., 1964: *La preuve judiciaire. Etude de sociologie juridique*. Paris.

LIEBMAN, E. T., 1962: «Fondamento del principio dispositivo», em LIEBMAN, E. T., *Problemi del processo civile*. Napoli.

___, 1977: «Proposte per una riforma del processo civile di cognizione. Testo proposto», em *Riv. Dir. Proc.*

___, 1962: «Fondamento del principio dispositivo», em LIEBMAN, E. T., *Problemi del processo civile*, Nápoles.

LIND, E. A. e TYLER, T. R., 1988: *The Social Psychology of Procedual Justice*. New York-London.

LITOWITZ, D. E., 1997: *Postmodern Philosophy and Law*. Lawrence, Ka.

LUHMANN, N., 1995: *Procedimenti giuridici e legittimazione sociale*, tr.it. a partir da II ed., Milão.

LUKES, S., 2005: «Verità e potere», BORUTTI, S. e FONNESU, L. (orgs.), *La verità. Scienza, filosofia, società*. Bolonha.

LUZZATI, C., 1990: *La vaghezza delle norme. Un'analisi del linguaggio giuridico*. Milão.

___, 1999: *L'interprete e il legislatore. Saggio sulla certezza del diritto*. Milão.

LYNCH, M., 2004: *La verità e i suoi nemici,* tr.it. Milão

LYOTARD, J.F., 1981: *La condizione postmoderna*, tr.it. Milão.

MACCORMICK, N., 1984: «Coherence in Legal Justification», W. KRAWIETZ E.A. (ed. by), *Theorie der Normen. Festgabe für Ota Weinberger zum* (65 Geburstag). Berlin.

___, 2006: «Particulars and Universals», em BANKOWSKI, Z. e MACLEAN, J. (ed. by), *The Universal and the Particular in Legal Reasoning*. Aldershot.

___ e Weinberger, O., 1986: *An Institutional Theory of Law. New Approaches to Legal Positivism.* Dordrecht.

Macioce, F., 2005: *Lealtà. Una filosofia del comportamento processuale.* Torino.

Magris, C., 2008: *Alfabeti. Saggi di letteratura.* Milano.

Marconi, P., 2007: *Per la verità. Relativismo e filosofia.* Turim.

Marcus, R.L., 2005: «Putting American Procedural Exceptionalism into a Globalized Context», em *Am. J. Comp. L.* (53).

Marsonet, M., 2007: «Verità, scienza e diritto», em Amoretti, M. C. e Marsonet, M. (orgs.), *Conoscenza e verità.* Milão.

Marty, G., 1929: *La distinction Du fait et Du droit. Essay sur le pouvoir de contrôle de la Cour de Cassation sur les juges du fait.* Paris.

Massimi, M., 2005: «Oggettività e verità tra meccanica quantistica e filosofia della scienza», em Borutti, S. e Fonnesu, L. (orgs.), *La verità. Scienza, filosofia, società.* Bolonha.

Matsumoto, 2008: «The Reception and Transmissionof the Law of Civil Procedure in Japan – The Experience in Japan», em Deguchi, M. e Storme, M. (ed. by), *The Reception and Transmission of Civil Procedural Law in the Global Society.* Antwerpen-Apeldoorn.

Mazzeo, A., 1984: «I "preparatoria judicii" nell'ordo judiciarius del XIII secolo», em *L'educazione giuridica. VI – Modelli storici della procedura continentale.* (II – Dall'ordo iudiciarius al codice di procedura). Nápoles.

McCart, S. W., 1965: *Trial by Jury.* Philadelphia-New York.

McEwan, J., 1988: *Evidence and the Adversarial Process – The Modern Law*, 2. ed., Oxford.

___, 2007: «Reasoning, Relevance and the Law Reform: the Influence of Empirical Research on Criminal Adjudication», em Roberts, P. e Redmayne, M., *Innovations in Evidence and Proof. Integrating Theory, Research and Teaching.* Oxford-Portland, Ore.

Melissaris, E., 2006: «Diachronic Universalization and the Law», em Bankowski, Z. e MacLean, J. (ed. by), *The Universal and the Particular in Legal Reasoning.* Aldershot.

Menashe, D.; Shamash, M. E., 2005: «The Narrative Fallacy», em *Int'l Comment. On Evidence* (3).

___; ___, 2007: «Pass These Sirens By: Further Thoughts on Narrative and Admissibility Rules», em *International Commentary on Evidence* (5), Iss.1.

Mengozzi, G., 1924: *Ricerche sull'attività della Scuola di Pavia nell'Alto Medioevo,* Pavia.

Merlo, G. G., 2006: *Streghe.* Bolonha.

Micheli, G. A., 1966: *L'onere della prova* (1942), rist. Padova.

MICHELON, C., 2006: «Practical Reason and Character Traits: Remarks on MacCormick's Sentimentalist Theory of Moral Perception», em BANKOWSKI, Z. e MACLEAN, J. (ed. by), *The Universal and the Particular in Legal Reasoning*. Aldershot.

MILLER, C. J., 2000: *Contempt of Court*. Oxford.

MINDA, G., 1995: *Postmodern Legal Movements. Law and Jurisprudence at the Century's End*. New York.

___, 2001: *Teorie postmoderne del diritto*, tr.it., Bolonha.

MINOW, M. E e SPELMAN, E. V., 1990: «In Context», em *South Car.L.Rev.*(63).

MITNICK, J. M., 1988: «From Neighbor-Witness to Judge of Proofs: The Transformation of the English Civil Juror», em *Am. J. Leg. Hist.* (32).

MONAHAN, T. e WALKER L., 1990: *Social Sciences in Law,* 2. ed., Westbury, N.Y.

MONTERO AROCA, J., GÓMEZ COLOMER, J. L., MONTÓN REDONDO, A. e BARONA VILAR, S., 2001: *Derecho Jurisdiccional (II). Proceso civil*. Valencia.

MONTESANO, L., 1978: «Le prove disponibili d'ufficio e l'imparzialità del giudice», em *Riv. Trim. Dir. Proc. Civ.*

MOORE, L.E., 1988: *The Jury. Tools of Kings Palladium of Liberty,* 2. ed. Cincinnati.

MORRIS, A., 1991: «Science and the Mythopoietic Mind: The Case of H.D.», em HAYLES, N. K., *Chaos and Order. Complex Dynamics in Literature and Science*. Chicago.

MURRAY, P. e STÜRNER, R., 2004: *German Civil Justice*. Durham, NC.

NANCE D. 1988: «The Best Evidence Principle», em *Iowa L. Rev.* (73).

NANNINI, S., 2007: «Il concetto di verità in una prospettiva naturalistica», em AMORETTI, M. C. e MARSONET, M. (orgs.), *Conoscenza e verità*. Milão.

NELSON, J. N., 1986: «Dispute Settlement in Carolingian West Francia», em DAVIS, W. e FOURACRE, P., *The Settlement of Disputes in Early Medieval Europe.* Cambridge e.a.

NERHOT, P., 1990: «Interpretation in Legal Science: The Notion of Narrative Coherence», em NERHOT, P. (ed. by), *Law, Interpretation and Reality. Essays in Epistemology, Hermeneutics and Jurisprudence.* Dordrecht e.a.

NIINILUOTO, I., 1987: *Truthlikeness*. Dordrecht-Boston-Lancaster-Tokyo.

NISBETT, R. e ROSS, L., 1989: *L'inferenza umana. Strategie e lacune del giudizio sociale*, tr.it. Bolonha.

NOBILI, M., 1974: *Il principio del libero convincimento del giudice*, Milano.

NÖRR, K. W., 1967: *Zur Stellung des Richters im gelehrten Prozess der Frühzeit: Iudex secundum alligata non secundum conscientiam iudicat.* München.

___, 1993: «Päpstlicher Dekretalen und römisch-kanonischer Zivilprozess», em NÖRR, K.W, *Iudicium est actum trium personarum. Beiträge zur Geschichte des Zivilprozess in Europa,* Goldbach.

___, 1993a: «Päpstliche Dekretalen in den ordines iudiciorum der frühen Legistik», em NÖRR, K. W, *Iudicium est actum trium personarum. Beiträge zur Geschichte des Zivilprozess in Europa,* Goldbach: 68.

___, 1993b: «*A* propos du *Speculum Iudiciale* de Guillaume Durand», em NÖRR, K.W, *Iudicium est actum trium personarum. Beiträge zur Geschichte des Zivilprozess in Europa,* Goldbach.

___, 1993c: «Ordo iudiciorum und ordo iudiciarius», em NÖRR, K.W, *Iudicium est actum trium personarum. Beiträge zur Geschichte des Zivilprozess in Europa,* Goldbach.

___, 1993d: «Prozesszweck und Prozesstypus: der kirkliche Prozess der Mittelalters im Spannungsfeld zwischen objektiver Ordnung und subjektiven Interessen», em NÖRR, K.W., *Iudicium est actum trium personarum. Beiträge zur Geschichte des Zivilprozess in Europa,* Goldbach.

NORRIS, C., 1990: *What's Wrong with Postmodernism. Critical Theory and the Ends of Philosophy.* Baltimore.

___, 2005: *Epistemology. Key Concepts in Philosophy,* London-New York.

OBERTELLO, L., 1993: «Boezio, le scienze del quadrivio e la cultura medievale», em GARDINALI, M. e SALERNO, L. (orgs.), *Le fonti del pensiero medievale.* Milão.

OLSON, T., 2000: «Of Enchantment: the Passing of the Ordeals and the Rise of the Jury Trial», em *Syr. L. Rev.* (50).

ORMAZABAL SÁNCHEZ, G., 2004: *Carga de la prueba y sociedad de riesgo.* Madrid-Barcelona.

PADOA SCHIOPPA, A., 1989: «Aspetti della giustizia milanese dal X al XII secolo», em *Atti dell'II Congresso Internazionale di Studi sull'Alto Medioevo* (I). Spoleto.

PAGLIARO, A., 2005: «Causalità e diritto penale»,em *Cass. Pen.*

PARDO, M.S., 2000: «Juridical Proof, Evidence and Pragmatic Meaning: Toward Evidentiary Holism», em *Northw. L. Rev.* (95).

PARRINI, P. 2005, «Verità e realtà», em BORUTTI, S. e FONNESU, L. (orgs.), *La verità. Scienza, filosofia, società.* Bolonha.

PASSANANTE, L., 2000: «La riforma del processo civile inglese: principi generali e fase introduttiva», em *Riv. Trim. Dir. Proc. Civ.*

PATETTA, F., 1890: *Le ordalie,* Torino.

PATTI, S., 1987: «Prove. Disposizioni generali», em SCIALOJA, A. e BRANCA, G., *Commentario del Codice Civile.* Bolonha.

PAVLAKOS, G., 2006: «Two Conceptions of Universalization», em BANKOWSKI, Z. e MACLEAN, J. (ed. by), *The Universal and the Particular in Legal Reasoning.* Aldershot.

PECZENIK, A., 1989: *On Law and Reason.* Dordrecht e.a.

PEIRCE, C. S., 2003: *Opere*, tr.it. por BONFANTINI, M. A. Milão.

PENNINGTON, N., 1993: HASTIE, R. (ed.). *The Story Model for Juror Decision Making, in Inside the Juror: The Psychology of Juror Decision Making*. New York.

___ e HASTIE, R., 1991: «A Cognitive Theory of Juror Decision Making: the Story Model», em *Cardozo L. Rev*. (13).

PERELMAN, C., 1974 : «Les présomptions et les fictions en droit», em PERELMAN, C. e FORIERS, P. Bruxelas.

PÉREZ GIL, J., 2008: «Probar la discriminación. Una mirada a las normas sobre la carga de la prueba en la ley de igualdad», em CARPI, F. e ORTELLS, M. (eds.), *Oralidad y escritura en un proceso civil eficiente. Oral and written proceedings: efficiency in civil procedure* (II). Valencia.

PERROT, R., 1983: «Le droit à la preuve», em *Effektiver Rechtsschutz und Verfassungsmässige Ordnung*. Bielefeld.

___, 2002: *Institutions judiciaires*. 10. ed., Paris.

PICARDI, N., 1987: «Processo. I. Processo civile. B) Diritto intermedio», em *Enc. Dir.*, (XXXVI). Milão: 93.

___, 2007: «Giurisdizione e sovranità. Alle origini della giurisdizione statutale», em *Riv. Trim. Dir. Proc. Civ*. 689.

___, 2007a: «Il giudice secondo l'ideologia medievale», em *Riv. Dir. Proc.*

PICÓ I JUNOY, J., 1996: *El Derecho a la prueba en el proceso civil*. Barcelona.

___, 2007: *El juez y la prueba. Estudio de la errónea recepción del brocardo* iudex iudicare debet secundum allegata et probata, non secundum conscientiam *y su repercusión actual*. Barcelona.

___, 2007a: «Iudex iudicare debet secundum allegata et probata, non secundum conscientiam: storia della erronea citazione di un brocardo nella dottrina tedesca e italiana», em *Riv. Dir. Proc.*

PINO, G., 1998: «Coerenza e verità nell'argomentazione giuridica. Alcune riflessioni», em *Riv. Int. Fil. Dir.*

PLUCKNETT, T. 1956: *A Concise History of Common Law,* 5. ed. London.

POLE, J. R., 2002: «"A Quest of Thoughts": Representative and Moral Agency in the Early Anglo-American Jury», em CAIRNS, J.W. and MCLEOD, G. (eds.),*The Dearest Birth Right of People in England. The Jury in the History of the Common Law,* Oxford-Portland, Ore.

POSNER, R., 1999: «An Economic Approach to the Law of Evidence», em *Stanf. L. Rev*. (51).

PRANDI, S., 1994: «Metafore e verità, Confini della filosofia», em BORUTTI, S., e PAPI, F., *Verità e conoscenza nella filosofia contemporanea*. Como-Pavia.

PROTO PISANI, A., 2000: «Il nuovo art.111 Cost e il giusto processo civile», em *Foro It*. (V).

___, 2003: «Allegazione dei fatti e principio di contestazione nel processo civile», em *Foro It*. (I).

RABELAIS, F., [1552]: *Le Tiers Livre*, ed. em *Les Cinq Livres*, Paris, 1994.

RADDING, CH.M., 1988: *The Origins of Medieval Jurisprudence. Pavia and Bologna,* New Haven-London.

RAWLS, J., 1971: *A Theory of Justice*. Cambridge, Mass.

REDMAYNE, M., 1999: «Standards of Proof in Civil Litigation», em *Mod. L. Rev.* (62).

RICCI, G. F., 1999: *Le prove atipiche*. Milão.

RIGOTTI, F., 2006: *Il pensiero pendolare*. Bolonha.

ROBERTS, P., 2007: «Rethinking the Law of Evidence: a Twenty-First Century Agenda for Teaching and Research», em ROBERTS, P. e REDMAYNE, M. (editors), *Innovations in Evidence and Proof. Integrating Theory, Research and Teaching*, Oxford-Portland.

___ e ZUCKERMAN, A., 2004: *Criminal Evidence*. Oxford.

RÖHL, K.F. e MACHURA, S., 1997: *Procedural Justice*. Aldershot.

ROSONI, I., 1995: *Quae singula non prosunt collecta iuvant. La teoria della prova indiziaria nell'età medievale e moderna*. Milão.

ROTHSTEIN, P.F., RAEDER, M.S. e CRUMP, D., 2003: *Evidence*. 4. ed., St. Paul, Minn.

ROYER, J. P., 1995: *Histoire de la justice en France, de la monarchie absolue à la République*. Paris.

RUBINFELD, D.L., 2000: «Reference Guide on Multiple Regression», em *Reference Manual on Scientific Evidence*, Federal Judicial Center.

RUMIATI, R., 1990: *Giudizio e decisione. Teorie e applicazioni della psicologia della decisione*. Bolonha.

___, 2000: *Decidere*, Bolonha.

___ e BONINI, N., 2001: *Psicologia della decisione*, Bolonha.

SALTZBURG, S. A., MARTIN, M. M. e CAPRA, D. J., 2002: *Federal Rules of Evidence Manual*, (1), (2), (3) e (5).

SALVIOLI, G., 1925: «Storia della procedura civile e criminale», em DEL GIUDICE, P., *Storia del diritto italiano* (III) parte I. Milão.

SCALAMOGNA, M., 2005: «La ripartizione dell'onere probatorio nella responsabilità medica: l'ultimo (?) "revirement" giurisprudenziale», em *Riv. Crit. Dir. Priv.*

SCARSELLI, G., 1998: «Lealtà e probità nem compimento degli atti processuali», em *Riv. Trim. Dir. Proc. Civ.*

___, 2000: « L'incompatibilità del giudice nel processo civile dopo la riforma dell'art.111 Costituzione e la sentenza n. 38/1999 della corte Costituzionale», em *Questione giustizia.*

SCHAUER, F., 2003: *Profiles, Probabilities and Stereotypes*. Cambidge-Mass.-London.

SCHOPENHAUER, A., 1988: *Die Welt als Wille und Vorstellung*, (Band I), §52. Zürich.

SCHUM, A., 1994: *Evidential Foundations of Probabilitic Reasoning* (III). Evanston.

SCHWIKKARD, P.J., 2007: «Convergence, Appropriate Fit and Values in Criminal Process», em *Innovations in Evidence and Proof. Integrating theory, Research and Teaching*. Oxford-Portland, Ore.

SEARLE, J. R., 1980: *Speech Acts. An Essay in the Philosophy of Language*. Cambridge.

___, 1996: *La costruzione della realtà sociale*, tr.it. Milão.

___, 1998: *Mind, Language and Society. Philosophy in the real World.* New York.

___, 2004: *Mind. A Brief Introduction.* Oxford.

SHAPIRA, G., 1998: «Economic Analysis of Evidence. A caveat», em *Cardozo L. Rev.*

SHAPIRO, B., 2000: *A Culture of Fact. England, 1550-1720.* Ithaca-London.

SINATTI D'AMICO, F., 1968: *Le prove giudiziarie nel diritto longobardo. Legislazione e prassi da Rotari ad Astolfo.* Milão.

SMITH, L., 2008: *Caos*, tr.it. Turim.

STEIN, A., 2005: *Foundations of Evidence Law.* Oxford.

STEIN, F., [1893]: *Das private Wissen des Richters. Untersuchungen zum Beweisrecht beider Prozesse.* Leipzig.

STELLA, F., 1990: *Leggi scientifiche e spiegazione causale nel diritto penale*. Milão.

___, 2003: *Giustizia e modernità. La protezione dell'innocente e la tutela delle vittime*, III ed., Milão.

STICKLER, A. M., 1984: *L'educazione giuridica. VI - Modelli storici della procedura continentale.* (II – Dall'ordo iudiciarius al codice di procedura). Nápoles: 3. L.Fowler-Magerl, *Ordo iudiciorum ver ordo iudiciarius,* Frankfurt am Main.

STRYKER, L. P., 1963: *The Arty of Advocacy*. New York.

SWARD, E. E., 2001: *The Decline of the Civil Jury*. Durham

TALEB, N. N., 2007: *The Black Swann. The Impact of the Higly Improbable.* New York.

TANIGUCHI, I. 1997: «The 1966 Code of Civil Procedure of Japan – A Procedure for the Coming Century?», em *Am. J. Comp. L.*, (54).

TADROS, V., 2006: «Two Particular Truths: A Response to MacCormick's "Particulars and Universals"», em BANKOWSKI, Z. e MACLEAN, J. (eds.), *The Universal and the Particular in Legal Reasoning*. Aldershot.

TARELLO, G., 1980: *L'interpretazione della legge*. Milão.

TARUFFO, M., 1970: *Studi sulla rilevanza della prova.* Padova.

___, 1975: *La motivazione della sentenza civile*. Padova.

___, 1979: *Il processo civile "adversary" nell'esperienza americana*. Padova.

___, 1980: *La giustizia civile in Italia dal '700 a oggi*. Bologna.

___, 1981: «Introduzione», em THIBAUT, J.W. e WALKER, L., *Il giusto processo. Un'analisi psicologica dei modelli processuali*, tr.it., Milão.

___, 1984: « Il diritto alla prova nel processo civile», em *Riv. Dir. Proc.*

___, 1988: «Prove testimoniale. Diritto processuale civile», em *Enc. Dir.* (XXXVII). Milão.

___, 1990: «Diritto processuale civile dei paesi anglosassoni», em *Dig. Disc. Priv. Sez. Civ.* (VI), Torino.

___, 1992: *La prova dei fatti giuridici.Nozioni generali.* Milão.

___, 1993: «Involvement and Detachment in the Presentation of Evidence», em KEVELSON, R. (ed.), *The Eyes of Justice*, New York e.a.

___, 1995: «Onere della prova», em *Dig. Disc. Priv., Sez. Civ.*, (XIII). Torino.

___, 1996: «Involvement and Detachment in the Presentation of Evidence», em KEVELSON, R., (ed.), *The Eyes of Justice*, New York e.a.

___, 1996a: «Le prove scientifiche nella recente esperienza statunitense», em *Riv. Trim. Dir. Proc. Civ.*

___, 1999: «Motivazione della sentenza civile (controllo della)», em *Enc. Dir.*, agg. III.

___, 2002: «Elementi per un'analisi del giudizio di fatto», em TARUFFO, M., *Sui confini: Scritti sulla giustizia civile*. Bolonha.

___, 2002a: «Senso comune, esperienza e scienza nel ragionamento del giudice», em TARUFFO, M., *Sui confini: Scritti sulla giustizia civile*. Bolonha.

___, 2002b: «Idee per una teoria della decisione giusta», em TARUFFO, M., *Sui confini: Scritti sulla giustizia civile*. Bolonha.

___, 2002c: «Considerazioni su prova e verità», em TARUFFO, M., *Sui confini: Scritti sulla giustizia civile*. Bolonha.

___, 2004: «Considerazioni su scienza e processo civile», em COMANDÉ, G. e PONZANELLI, G. (orgs.), *Scienza e diritto nel prisma del diritto comparato*, Torino.

___, 2005: «Giuseppe Pisanelli e il codice di procedura civile del 1865», em VANO, C. (org.), *Giuseppe Pisanelli. Scienza del processo cultura delle leggi e avvocatura tra periferia e nazione*. Napoli.

___, 2005a: «Conoscenza scientifica e decisione giudiziaria: profili generali», em *Decisione giudiziaria e verità scientifica*. Milão.

___, 2005b: «La prova scientifica nel processo civile», em *Riv. Trim. Dir. Proc. Civ.*

___, 2005c: em *Codice Civile Ipertestuale*, II ed., (II), Torino.

___, 2006: «La prova del nesso causale», em *Riv. Crit. Dir. Priv.*

___, 2006a: «Poteri probatori del giudice e delle parti in Europa», em *Riv. Trim. Dir. Proc. Civ.*

___, 2007: «Poteri probatori delle parti e del giudice in Europa», em TARUFFO, M., *Le prove nel processo civile*. Milão.

___, 2007a: «Precedente e giurisprudenza», em *Riv. Trim. Dir. Proc. Civ.*

___, 2008: «Considerazioni sulle massime d'esperienza», em *XXIX Congreso Colombiano de Derecho Procesal*. Bogotá.

___, 2008a: «Accordi di parte e processo», em *Riv. Trim. Dir. Proc. Civ.* (suplemento ao n. 3).

THAYER, J. B., [1898]: *A Preliminary Treatise on Evidence at the Common Law*. Boston (repr. New York 1969).

THIBAUT, J. W. e WALKER, L., 1981: *Il giusto processo. Un'analisi psicologica dei modelli processuali*, tr.it., Milão.

TILLERS, P., 1983: WIGMORE, J. H., *A Treatise on the Anglo-American System of Evidence in Trials at Common Law* (I), rev. 3. ed. Boston-Toronto.

TOULMIN, S., 2007: *The Uses of Argument*, Cambridge 1958; Updated edition. Cambridge.

TUZET, G., 2006: *La prima inferenza. L'abduzione di C. S. Peirce fra scienza e diritto*. Turim.

TRAVAGLIO, M., 2006: *La scomparsa dei fatti*, Milano.

TRIBE, L., 1971: «Trial by Mathematics: Precision and Ritual in the Legal Process», em *Harv. L. Rev.* (84).

TRUJILLO, I., 2003: *Imparzialità*, Torino.

TWINING, W., 2006: *Rethinking Evidence. Exploratory Essays*, 2. ed. Cambridge e.a.

TYLER, T. (ed.), 2005: *Procedural Justice* (I e II), Aldershot.

VALLEBONA, A., 1988: *L'onere della prova nel diritto del lavoro*. Padova.

___, 1992: «L'inversione dell'onere della prova nel diritto del lavoro», em *Riv. Trim. Dir. Proc. Civ.*

VALLERANI, M., 2005: *La giustizia pubblica medievale*. Bolonha.

VAN CAENEGEM, R. C., 1988: *The Birth of English Common Law*, 2. ed. Cambridge e.a.

___, 1987: *Judges, Legislators and Professors. Chapters in European Legal History*. Cambridge e.a.

___, 1992: *An Historical Introduction to Private Law*, tr.ingl. Cambridge e.a.

VAN ZANDT, N.H., 1991: «An Alternative Theory of Practical Reason in Judicial Decisions» ,em *Tul. L. Rev.* (65).

VASSALLO, S., 2007: «Contro la verifobia: sulla necessità epistemologica della nozione di verità», em AMORETTI, M.C. e MARSONET, M (orgs.), *Conoscenza e verità*. Milão.

VERDE, G., 1974: *L'onere della prova nel processo civile*. Napoli.

VINCENT, C., 1995: *Storia dell'Occidente medievale,* tr.it. Bolonha.

VOLPINO, D., 2007: *L'oggetto del giudicato nell'esperienza americana.* Padova.

WAGENAAR, W. A., VAN KOPPEN, P. J. e KRONBAGH, H. F. M., 1993: *Anchored Narratives. The Psychology of Criminal Evidence.* Harvester, Wheatsheaf.

WALKER, N., 2006: «The Burden of Universalism», em BANKOWSKI, Z. e MACLEAN, J. (eds.), *The Universal and the Particular in Legal Reasoning.* Aldershot.

WALPIN, G., 2003: «America's adversarial and jury systems: more likely to do justice», em *Harv. J. L. & Publ. Pol.* (26).

WATZLAWICK, P. (org.), 1988: *La realtà inventata. Contributi al costrutivismo,* Milão.

WEINER, S. A., 1966: «The Civil Jury Trial and the Law-Fact Distinction», em *Cal. L. Rev.* (54).

___, 1968: «The Civil Non-Jury Trial and the Law-Fact Distinction», em *Cal. L. Rev.* (55).

WEINSTEIN, J., 1961: «Probative Force of Hearsay», em *Iowa L.Rev.* (46).

WICKAM, C., 1986: «Land disputes and their social framework in Lombard-Carolingian Italy, 700-900», em DAVIS, W. E FOURACRE, P., *The Settlement of Disputes in Early Medieval Europe.* Cambridge e.a.

WIGMORE, J. H., 1974: *A Treatise on the Anglo-American System of Evidence in Trials at Common Law* (I), rev. 3. ed. Boston-Toronto.

WILLIAMS, B., 2002: *Truth and Truthfulness. An Essay in Genealogy.* Princeton-Oxford.

___, 2005: «Truth, Politics and Self-Deception», em HAWTHORN, G. (ed.), *In the Beginning Was the Deed. Realism and Moralism in Political Argument.* Princeton-Oxford.

WINTER, S. L., 2001: *A Clearing in the Forest. Law, Life and Mind.* Chicago-London.

WOLFRAM, C. W., 1973: «The Constitutional History of the Seventh Amendment», em *Minn. L. Rev.* (57).

WROBLEWSKI, J., 1983: «Facts in Law», em WROBLEWSKI, J., *Meaning and Truth in Judicial Decision,* 2. ed., Helsinki.

ZAGREBELSKY, G., 2008: *Contro l'etica della verità.* Bari.

ZUCKERMAN, A., 2004: *Civil Procedure.*

Impressão e acabamento
(Colofão Psi7)